인간행동과사회환경

전남련 · 김치건 · 김선미 · 정명희 · 정채기 · 엄영숙 · 김철벽 · 김연옥

태영출판사

머리말

주 여호와께서 학자들의 혀를 내게 주사 나로 곤고한 자를 말로 어떻게 도와줄 줄을 알게 하시고 아침마다 깨우치시되 나의 귀를 깨우치사 학자들 같이 알아듣게 하시도다 (이사야서 50:4)

사회복지학은 인간의 욕구에 따른 사회문제를 해결하여 모든 사람들이 최적의 만족스럽고 행복한 생활상태를 누릴 수 있도록 돕는 학문이다. 사회복지학은 심리학과 사회학 이론의 지식을 기반으로 하는 응용과학으로 인간행동과 사회행태에 관한 이론과 지식을 활용하여 개인과 사회환경간의 불균형에서 비롯한 사회복지 문제를 해결해 나가는 도움을 주는 실천학문이다.

최근 우리 사회의 급속한 변화, 다양화, 복잡화에 따라 사회복지사의 도움을 필요로 하는 사람들이 늘어나고 있다. 인간행동과 사회환경의 교과목은 도움을 필요로 하는 사람들에게 어떤 도움을 어떻게 제공할 수 있나?에 대한 답을 주기 위한 가장 기초적인 '환경 속의 인간'을 이해하고, 인간발달과 심리에 대한 이해를 바탕으로 사회복지실천을 위한 구체적 방법과 기술을 활용할 수 있도록 돕는 실천학문이다.

이 책은 학생에게 가장 기본이 되는 사회복지실천의 기초지식이라고 할 수 있는 인간의 행동과 발달에 대한 이론적 기초를 구축하기 위해 인간행동과 사회환경의 다양한 요소에 관한 지식을 네 분야로 나누어 소개한다.

첫째, 전 생애에 걸친 인간의 성장과 발달을 생애주기적 관점에서 이해하고, 각 발달단계에서 습득하여야 할 발달과업을 알고 이것을 사회복지실천에 연계하며 적용할 수 있도록 소개하였다.

둘째, 사회복지실천의 주요 관점인 '환경 속의 인간'의 관점에서 인간행동을 설명하는 대표적인 발달심리 학자들의 이론을 소개하였다.

셋째, 정신 · 심리장애로 자신이나 타인의 건강, 발달 및 행복한 삶을 저해하는 이상행동을 이해할 수 있도록 이상행동에 대한 구체적인 내용을 소개하였다.

넷째, 인간과 사회환경의 상호작용을 체계론적 관점에서 이해하고 개인, 가족, 집단, 지역사회, 조직, 문화가 인간행동에 미치는 영향을 소개하였다.

이 책은 사회복지사 1급 시험 기출 문제를 2003년부터 지금까지의 내용을 가능한 한 많이 포함하려고 노력하였다. 이 책을 집필하는 과정에서 여러 차례 집필내용을 수정, 검토하면서 학생들에게 쉽게 전달될 수 있는 알찬 내용을 담으려고 정성을 기울였으나 미흡한 점이 많다.

부족한 점은 강의를 해나가면서 계속 보완하고자 한다. 이 책이 출판될 수 있었던 것은 하나님의 크신 은혜이며 옆에서 도와준 여러분의 수고가 있었기 때문이다. 먼저 인간행동과 사회환경 수업을 듣고 자신이 사용하고 있는 방어기제를 구체적으로 설명하고 여러 학자들이 포함하고 있는 방어기제까지 널리 소개해 준 평택대학교 사회복지과 학생들과 원고정리를 도와준 이정은 · 이여선 조교와 출판을 받아 준 태영출판사 김현태 사장님과 직원 여러분, 그리고 이 책이 나오기까지 마음으로 후원해 준 글로벌멘토링연구회 회원 여러분에게 감사를 드린다.

아무쪼록 이 책이 사회복지학을 공부하는 학생과 사회복지사 1급 시험을 준비하는 수험생에게 도움이 되길 바란다.

2012년 3월

글로벌멘토링연구소에서

저자대표 전남련

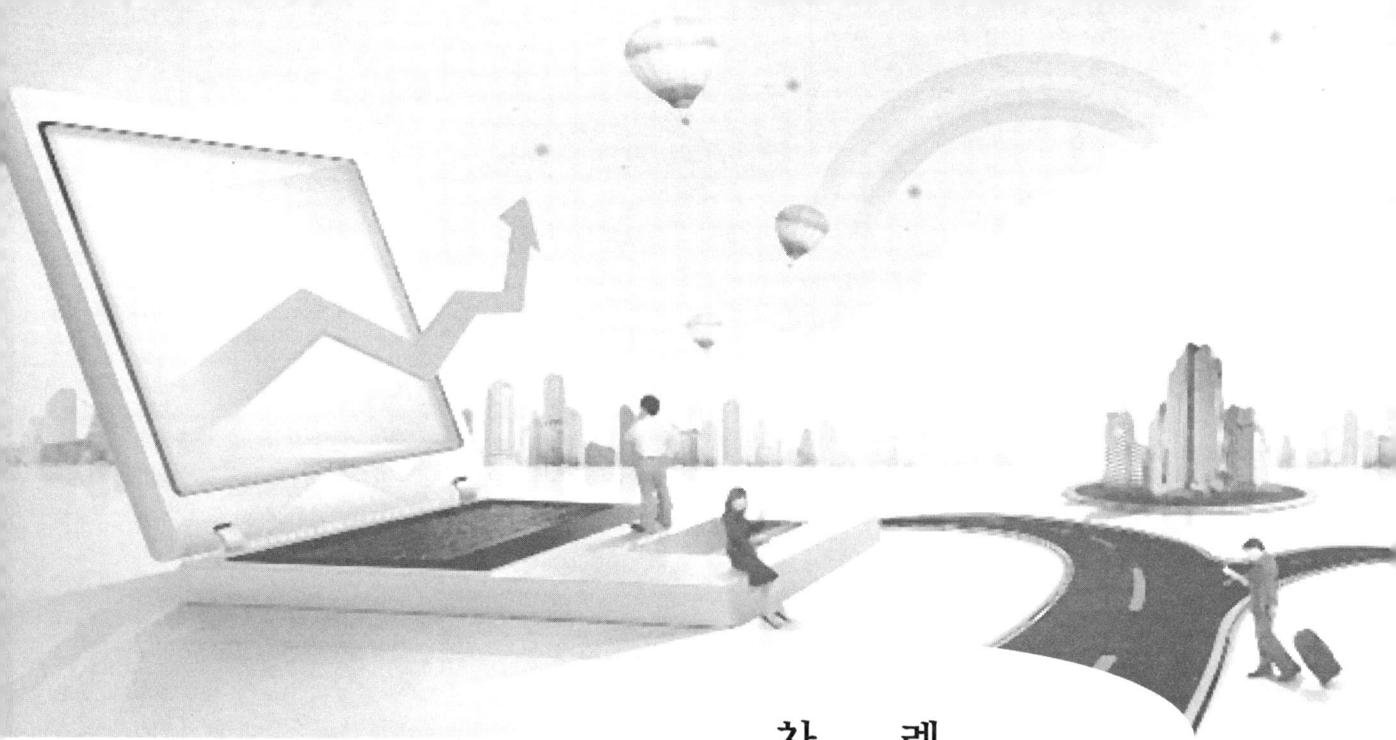

차 례

제 I 부 인간의 발달과 성장

제 II 부 성격이론

제 III 부 이상행동

제 IV 부 사회체계와 인간행동

제 I 부

인간의 발달과 성장

제1장

발달이론

1. 발달의 개념
2. 발달의 원리
3. 발달 단계와 발달 과업
4. 인간발달과 사회복지실천의 기여

우리가 인간의 발달이론을 공부하는 것은 발달 이론을 활용하여 인간이 현재와 같은 행동을 하는 이유를 설명하고, 환경이 행동에 미치는 영향을 더 잘 이해할 수 있게 하기 위함이다.

사회복지사는 사회복지 실천과정에서 내담자의 욕구나 문제에 대한 정확한 평가를 하기 위해서 인간발달에 대한 지식을 갖고 있어야 한다. 이런 발달에 관한 지식은 사회복지사들이 어떤 개인적인 편견에 근거하여 행동하려는 유혹에서 벗어나게 할 뿐 아니라 개입을 계획하고, 특정한 사회복지적 개입의 결과를 예측할 수 있게 해 주기 때문이다.

그러므로 I부에서는 인간의 인지 · 사회 · 정서 · 신체 · 심리적 기능 간의 상호작용을 이해하며 사회적인 환경이 인간의 발달에 미치는 영향력을 알아보기 위해 수태에서부터 노년기에 이르기까지 인간의 전 생애 동안에 일어나는 변화에 대해 자세히 살펴보고자 한다.

1. 발달의 개념

발달이란 어원적으로는 유기체 내에 잠재해 있는 본질 또는 가능성이 점차 그 모습을 드러내는 현상을 의미한다.[1] 인간발달에 대해 학자에 따라 다양하게 정의하고 있는데 이를 정리하면 다음과 같다. Specht와 Craig는 "인간의 발달(development)이란 시간에 따라 일어나는 신체구조, 사고, 행동의 변화를 가리킨다. 이러한 변화는 점진적으로 진행되고 축적되며, 그 결과로 신체의 확장, 복잡한 활동수행 능력의 증가 등을 가져온다"고 했으며[2] Greene는 "발달은 신체 · 심리 · 사회적 변인을 포괄하며, 일생에 걸쳐 일어나는 안정성과 변화의 역동이다"라고

1) 강봉규, 「발달심리학」, 서울 : 정훈출판사, 1994.
2) R. Specht, G. J. Craig(1987), *Human Development* : A social work perspective, 2nd ed. (Englewood Cliffs, NJ: Prentice-Hall).

했으며,[3] Birren과 Woodruff는 "발달은 덜 분화된 상태에서 더 분화된 상태로, 덜 복잡한 유기체로부터 더 복잡한 유기체로, 능력과 기술의 낮은 단계에서 높은 단계로 진행해 나가는 과정이다"[4]라고 했으며 Zanden은 "발달이란 임신에서부터 사망에 이르기까지 시간적 흐름에 따라 유기체에서 일어나는 질서정연하고 연속적인 변화이다"[5]라고 하였다.

이를 종합하여 보면 발달이란 인간의 신체적 · 심리적 · 사회적인 요인들이 서로 상호작용하여 임신에서부터 사망에 이르기까지 전 생애에 걸쳐 일어나는 질서정연하면서도 안정적이며 체계적인 과정을 따라 이루어지는 일련의 변화라고 볼 수 있다. 뉴만은 인간의 발달에 관한 기본 전제들을 다음과 같이 제시하였다.[6]

① 인간의 성장과 발달은 삶의 모든 기간에 걸쳐 일어난다. 그러므로 인간발달은 태내에서 수태되었을 때부터 죽을 때까지 긴 인생과정에서 일어나는 변화를 모두 포함한다.

② 인간의 삶이란 시간에 따라 진행되는 지속성(continuity)과 변화(change)를 보인다. 즉, 인간의 발달은 시간의 흐름에 따라 멈추는 것이 아니라 계속 지속되어야 하며 변화가 일어나야 한다는 것이다.

③ 인간을 전체로서 이해해야 한다. 인간의 발달은 언어, 인지, 신체, 사회, 정서적인 발달의 어느 한 부분만이 아닌 통합적인 방법으로 살펴보면서 인간발달을 연구해야 한다.

④ 인간의 발달과 행동은 그에 관련된 상황이나 인간관계의 맥락에서 분석되어야 한다. 인간은 사회화 환경에 적응하는 능력이 있으므로 인간의 행동양식이나 변화는 인간이 성장해 온 그 문화와 사회적 환경을 반영할 수밖에 없다.

발달과 유사한 의미로 사용되는 용어로는 성장, 성숙, 학습이라는 용어가 있다. 성장(growth)은 신체 크기의 증대, 근력 증가 등과 같은 양적인 확대를 의미하며, 유전인자에 계획되어 있는 계획표(programing)에 따라 크기, 복잡성, 기능이 정점(optimal point)에 이를 때까지 계속적으로 양적인 확대가 이루어지다가 일정한 시기

---

3) R. R. Greene(1986), *Social Work with the Aged and Their Families*. NY: Aldine De Gruyter.
4) 이인정 · 최해정 공저, 「인간행동과 사회환경」, 나남출판사, 2000, p. 13에서 재인용.
5) 김동배 · 권중돈 공저, 「인간행동과 사회환경」, 학지사, 1998, p. 29에서 재인용.
6) B. M. Newman, & P. R. Newman(1991), *Development through Life : A Psychosocial Approach*, 5th ed. (Califonia: Books / Cole Publishing Co.).

가 지나면 정지되는 인간의 신체적 부분에 한정하여 변화를 설명하고자 할 때 사용하는 용어이다.

그러나 발달(development)은 신체뿐 아니라 심리적인 측면과 사회적인 측면에서의 변화를 모두 포함하며, 양적인 확대 뿐만 아니라 양과 질적인 면에서 상승적 또는 퇴행적 변화를 모두 포함하기 때문에 성장보다는 넓은 개념이다.

성숙(maturation)은 유전인자에 포함되어 있는 계획에 따라 전개되는 유기체의 형태, 조직, 복잡성, 통합성, 기능상의 변화를 가리키는 것으로, 경험이나 훈련에 관계없이 인간의 내적 또는 유전적 기제의 작용에 의해 나타나는 체계적이고 규칙적으로 진행되어 가는 신체 및 심리적 변화를 의미한다. 예를 들면 태아의 태내발달이나 영아들의 치아 출현, 영구치나 사랑니의 출현, 폐경기의 도래 등을 들 수 있다. 그러나 발달은 유전과 환경과의 상호작용에 의해 이루어지는 변화를 의미하므로, 발달이 더욱 넓은 개념이다.

학습(learning)은 경험, 훈련, 또는 연습의 결과로서 일어나는 개인 내적인 변화이다. 즉, 경험과 훈련에 의해 가치관, 태도 등을 형성하면서 기술을 습득하고 지식을 얻는 과정을 의미한다. 그러나 발달은 경험이나 훈련은 물론 유전적 요인에 의해서 일어나는 변화까지도 포함하고 있으며, 내적인 변화 뿐만 아니라 외적인 변화까지도 포함하고 있기 때문에 발달이 더욱 넓은 의미를 지니고 있다.[7]

2. 발달의 원리

발달이란 임신에서부터 출생, 성장, 노화 과정을 거쳐 사망에 이르기까지 전 생애를 통해 신체적, 심리적, 사회적인 요인들이 서로 상호작용하여 계속적이고 체계적으로 일어나는 일련의 변화를 말한다. 인간의 발달에는 개인차가 존재하기는 하지만 변화는 예측 불가능한 것이 아니며 질서정연하면서도 안정적이며 체계

7) 김동배 · 권중돈 공저, 앞의 책, pp. 29~30 참조.

적인 과정을 따라 이루어지는 규칙적인 변화이다. 인간의 전 생애에 걸친 발달은 일관성이 있으며 다음과 같은 원리에 따라 진행된다.[8)]

① 발달에는 일정한 순서와 방향이 있다.

발달은 머리에서 꼬리방향(cephalo → caudal direction)으로, 즉 머리(head)에서 미부(tail)의 방향으로 진행되며, 가까운 곳에서 먼 방향(proximo → distal direction), 즉 신체의 중심부위에서 말초 부위로, 전체에서 특수의 방향(mass → specific direction)으로 대근육에서 소근육으로 발달해 나간다.

② 발달은 계속적이며 점진적이다.

발달은 일생 동안의 계속적이고, 점진적이며, 순서적인 과정으로 일어난다. 즉, 유아기를 거쳐야 아동기가 오고 아동기를 거쳐야 청년기가 오는 것이다. 그러나 발달은 연속적인 과정을 거치지만 그 속도는 일정하지 않다.

③ 발달은 유전과 환경의 상호작용에 의해 이루어진다.

발달은 개인의 유전적인 요인과 환경에 의해 영향을 받으며, 유전과 환경과의 상호작용으로 이루어지는 것이다.

④ 발달은 결정적인 시기가 있다.

발달은 각각의 발달 단계마다 그 단계에서 중요한 발달적 특징이 있다. 각 발달 영역에는 급격한 성장을 보이는 시기가 있는데, 이를 결정적 시기(critical period)라 한다. 즉, 영유아기에 말을 배워야 할 시기에는 말을 배워야 하고 걸음마를 배워야 할 시기에는 걸음마를 배워야 한다. 언어발달, 지적발달, 신체발달, 사회 · 정서 발달에도 결정적인 시기가 있다. 그러므로 이 시기에 제대로 배우지 못하면 다음 시기에 배운다고 해도 효과는 크지 않다는 것이다.

---

8) 계영애 외 공저, 「유아교육개론」, 정민사, 2005, pp. 124~125.
최순남, 「인간행동과 사회환경」, 한신대학교 출판부, 1997, pp. 51~52.
김태련 · 장휘숙 공저, 「발달심리학」, 박영사, 1994.

⑤ 발달에는 개인차가 있다.

발달은 개인이 타고난 소질과 주어진 환경이 서로 다르기 때문에 개인에 따라 발달의 속도, 정도, 질이 동일하지 않다. 예를 들면 어떤 사람은 어렸을 때 신체적인 성장이 빠른 사람이 있는가 하면 또 어떤 사람은 사춘기에 급격하게 발달하는 경우가 있다.

⑥ 발달은 분화와 통합성이 있다.

인간의 행동은 전체적이고 미분화된 신체운동으로부터 부분적이고 행동으로 분화 · 발달된다. 이러한 분화된 기능은 또 다시 통합되는 과정을 겪는다. 발달은 이렇게 분화와 통합의 과정을 반복하면서 이루어진다. 발달의 영역은 서로 상호 관련되어(interrelated) 있다. 신체발달, 인지발달, 언어발달, 정서발달, 사회성 발달 등의 각 발달 영역은 상호 관련성이 있기 때문에 서로 영향을 미치면서 발달해 나간다.

3. 발달 단계와 발달 과업

1) 인간 발달 단계의 구분

인간의 발달은 어떻게 나눌 수 있을까? 인간의 삶을 나누는 방법에는 시기(phases), 단계(stages), 계열(sequence)의 세 가지 방법으로 나눌 수 있다.[9]

첫 번째로, 발달의 시기(developmental phases)는 생활 연령에 따라 인간의 삶을 나누는 것으로 흔히 한 문화권에서 인정되는 특성에 따라 이루어진다. 예를 들면 사춘기와 같은 신체적 성장이나 아기를 낳아 부모가 되는 사회적 지위의 변화, 성인이 되면 투표권을 얻는 것 등과 같은 법적 지위 등의 변화에 관심을 구분하는

9) 유효순, 「아동발달」, 창지사, 2000, pp. 25~28.

것으로 이를 일생 동안 나누면 다음과 같이 여섯 시기로 나눌 수 있다.

① 태아기(prenatal : 수정에서 출생까지)
② 유아기(infancy : 출생부터 18개월까지)
③ 아동기(childhood : 18개월부터 13세까지)
④ 청소년기(adolescence : 13세부터 20세까지)
⑤ 성인기(adulthood : 20세부터 60세까지)
⑥ 노년기(old age : 60세 이상)

두 번째로, 생물학에서 빌어 온 개념인 단계(stage)를 사용한 것이다. 예를 들면 나비의 일생을 알에서 유충, 번데기, 나비의 네 단계로 나누는 것처럼 몇몇 심리학자들은 생물학에서 사용되는 이러한 단계의 개념을 빌어 인간의 삶도 단계로 나누고 있다. 즉, Erikson의 성격발달을 출생에서 노년까지 8단계로 나눈 것이 좋은 예가 된다.

세 번째로, 계열(sequences)을 이용하는 것이다. 계열이란 서로 관련된 사상들의 연속으로, 각각의 사상은 다음 사상의 원인이 되거나 기초가 된다. 예를 들면 아동이 수 개념을 배우고 덧셈에 익숙하게 되면 곱셈을 쉽게 배우는 경우가 이에 속한다. 계열은 아동이 한 과제에서 다음 과제로 학습의 전이를 하는 데 도움을 준다. 계열은 단계와는 달리 완만한 발달 과정을 그린다.

2) 발달 단계와 발달 과업

인간은 전 생애를 살아가면서 어느 시기에 반드시 해결해야 하는 과제가 있다. 인간이 그러한 과제를 그 시기에 잘 해결하면 그 이후의 삶이 만족스럽고 행복하게 살 수 있는 가능성이 증가하게 되고, 반대로 잘 해결하지 못한다면 그 이후의 시기는 불만족스럽고 불행한 삶을 살게 될 가능성이 증가하게 된다. Havighust는 인간의 삶을 기술하는 데 있어 특정한 발달 과업을 중심으로 발달시기를 나누고 있다. 그는 발달 과업이란 한 개인의 삶에 있어서 특정 시기에 나타나는 것으로, 발달 과업을 성공적으로 성취하면 그 개인은 행복감과 성취감을 느끼게 되고 후속 과제를 성공적으로 완성할 수 있다고 하였으며, 발달 과업에 실패하면 불행감과 패배감을 느끼게 되고 후속 과제 수행에 어려움을 겪게 된다고 하였다. Havighust는 발달 과업은 신체적 성숙, 사회적 압력 및 개인적 선택에서 나온다고 하였다. 헤비거스트의 발달시기와 발달 과업을 표로 제시하면 〈표 I-1〉과 〈표 I-2〉와 같다.[10)]

표 I-1 Havighust의 발달시기

발달 시기	연 령
1. 태아기	수정부터 9개월간
발아기	0~2주
배아기	2~8주
태아기	8주~출산까지
출생	수정 후 평균 266일
2. 유아기	출생 후부터 18개월까지
신생아기	출생~2주까지
유아기	2주~18개월까지
3. 아동기	18개월부터 13세까지
초기	18개월~6세까지
중기	6세~10세까지
말기	10세~13세까지
4. 청소년기	13세부터 20세까지
초기	13세~15세까지
후기	15세~20세까지
5. 성인기	20세부터 60세까지
초기	20세~40세까지
후기	40세~60세까지
6. 노년기	60세 이후

10) R. J. Havighust(1972), *Developmental Tasks and Exucation*(3rd ed.), New York: David Mckay.
류동훈, 「신교육학탐구」, 창지사, 2003, pp. 100~107. 참조.
김동배 · 권중돈 공저, 앞의 책, p. 32.

표 I-2

Havighust의 발달 과업

발달 단계	발달 과업
1. 영유아기	• 걸음마 배우기, 고형음식물 먹기, 말 배우기, 배설물 통제, 성차 인식과 성적 성숙학습, 생리적 안정, 사회적 · 물리적 환경에 대한 간단한 개념 형성, 타인과 정서적 관계 형성 학습, 선악의 구별과 양심의 발달
2. 아동기	• 놀이에 필요한 신체 기술 학습, 자신에 대한 건전한 태도 형성하기 • 친구사귀는 방법 배우기, 성 역할 학습, 읽기 · 쓰기 · 셈하기(3R)의 기초 기능학습, 일상생활에 필요한 학습, 양심 · 도덕 가치체계 발달 • 인격적 독립의 성취, 사회집단제도에 대한 민주적 태도 발달
3. 청소년기	• 자신의 신체 및 성역할 수용, 동성 또는 이성 친구와의 새로운 관계형성, 남성 또는 여성으로서의 역할학습, 부모와 다른 성인으로부터 정서적 독립, 경제적 독립의 필요성 인식, 직업선택 및 준비, 결혼과 가정생활 준비, 사회적 책임에 맞는 행동을 원하고 이를 실천하기, 유능한 시민으로서의 기본적인 지적 기능과 개념 획득, 과학적 세계관에 근거한 가치체계의 발달
4. 청년 · 성인 초기	• 배우자 선택, 배우자와의 생활방법 학습, 가정형성, 자녀양육과 가정관리, 시민으로서 의무완수, 친밀한 사회적 집단 형성
5. 중 · 장년기	• 사회적 의무의 완수, 경제적 표준생활 확립과 유지, 10대 자녀의 훈육과 선도, 적절한 여가활용, 배우자와의 친밀한 관계유지 • 중년기의 생리적 변화 인정 및 적응, 노년기 부모에의 적응
6. 노년기	• 신체적 건강 쇠퇴에의 적응, 은퇴와 수입감소에의 적응 • 배우자의 사망에 대한 적응, 동년배와의 유대관계 재형성 • 사회적 시민의 임무수행, 생활에 적합한 물리적 환경의 조성

4. 인간발달과 사회복지실천의 기여

인간은 유전과 환경과 끊임없이 상호작용하여 언어 · 인지 · 사회 · 정서 · 신체

발달 상호간에 밀접한 관련성이 있으며 통합적으로 기능한다고 볼 수 있다.[11)]

〈표 I-3〉은 Green과 Ephross가 인간발달이론이 사회복지 실천에 기여하는 바를 요약한 것이다.[12)]

표 I-3 **인간발달이론의 사회복지실천에 대한 기여**

- 생활주기를 순서대로 정리할 수 있는 준거틀을 제공해 준다.
- 임신에서부터 사망에 이르기까지 각 단계에서 수행해야 할 발달 과업이 무엇인지를 제시해 준다.
- 전 생애에 걸쳐 일어나는 안정성과 변화의 과정을 설명할 수 있다.
- 생활전이(life transition)에 따른 안정성과 변화를 파악할 수 있다.
- 특정 발달단계에서 특징적으로 나타나는 발달적 요인을 설명해 준다.
- 발달을 구성하는 다양한 신체 · 심리 · 사회적 요인을 파악할 수 있다.
- 이전 단계의 결과가 다음 생활단계에 미치는 영향을 파악할 수 있다.
- 이전 단계의 결과에 의해서 형성된 각 단계에서의 성공과 실패를 설명할 수 있다.
- 개인적인 발달상의 차이를 파악할 수 있다.

---

11) 발달은 유전인자와 환경과의 끊임없는 상호작용에 의해 이루어진다. 지능이 선천적으로 타고난 인간의 기본능력이냐? 학습된 능력이냐? 에 대한 견해를 보면 Woodworth는 60%, Newman & Freeman은 65~80%, Leahy(레히)는 78%가 유전에 의해 개인의 지적 능력이 결정된다고 주장했다. 그러나 여러 가지 통계적인 방법으로 추정하는 바에 의하면, 유전적 차이가 IQ의 75~80%를 결정하고, 환경적 차이가 20~25%를 결정한다고 한다.
최순남, 앞의 책, p. 51. 이성진, 「교육과 심리」, 한국방송통신대학 출판부, 1990, p. 43.

12) R. R. Green, P. H. Ephross(1991), *Human Behavior Theory and Social Work Practice*, NY: Aldine de Gruyter.

예상문제

1. 다음 중 인간발달의 기본전제에 대한 옳은 설명만으로 묶인 것은?

> ㉠ 인간은 전체로서 이해되어야 한다.
> ㉡ 인간의 발달과 성장은 전 생애에 걸쳐 일어난다.
> ㉢ 인간의 삶은 시간에 따라 진행되면서 지속성과 변화를 보인다.
> ㉣ 인간의 발달과 행동은 그에 관련된 상호보다 인간관계의 맥락을 강조한다.

① ㉣　　② ㉠, ㉢　　③ ㉡, ㉣
④ ㉠, ㉡, ㉢　　⑤ ㉠, ㉡, ㉢, ㉣

2. 다음 중 인간 발달이론이 사회복지실천에 기여한 내용이 아닌 것은?
① 개인적인 발달상의 차이를 파악할 수 있다.
② 특정 발달단계에서 특징적으로 나타나는 발달적 요인을 설명할 수 있다.
③ 생활주기를 순서대로 정리할 수 있는 준거들을 제공할 수 있다.
④ 각 발달단계에서 동일한 발달적 요인을 설명할 수 있다.
⑤ 발달을 구성하는 다양한 신체 · 심리 · 사회적 요인을 파악할 수 있다.

3. 다음 중 경험 또는 훈련에 관계없이 유전적 기제의 작용에 의해 체계적이고 규칙적으로 진행되는 생물학적 과정을 뜻하는 것은?
① 성숙　　② 변화　　③ 성장　　④ 학습　　⑤ 발달

4. 인간발달의 원리로 옳은 것은?
① 분화와 통합의 과정을 거친다.
② 말초에서 중심으로 발달한다.
③ 다음 단계의 발달이 이전 발달 단계에 영향을 준다.
④ 발달은 개인 차이가 있어 예측하기가 힘들다.
⑤ 발달에는 특정한 시기가 있다.

5. 인간발달이론에 관한 설명으로 옳은 것은?

㉠ 인간발달단계는 최적의 시기가 있다.
㉡ 발달은 연속적 과정이다.
㉢ 유전과 환경의 상호작용이다.
㉣ 인간발달은 퇴행적 변화까지 포함한다.

① ㉠, ㉡, ㉢ ② ㉠, ㉢ ③ ㉡, ㉣
④ ㉣ ⑤ ㉠, ㉡, ㉢, ㉣

6. 다음 인간발달에 대한 설명으로 옳지 않은 것은?

① 환경과 인간의 상호작용을 강조한다.
② 전 생애에 걸쳐 일어난다.
③ 인간발달은 일정한 속도로 진행된다.
④ 심리적 · 신체적 기능 사이의 관련성을 설명한다.
⑤ 사회복지실천의 원조과정과 인간 발달이론은 연관이 있다.

7. 다음 중 인간발달의 관점으로 옳은 것을 모두 고른 것은?

㉠ 개인습관 ㉡ 환경적 요인
㉢ 유전적 요인 ㉣ 생물학적 요인

① ㉠, ㉡ ② ㉠, ㉡, ㉢, ㉣ ③ ㉡, ㉣
④ ㉢, ㉣ ⑤ ㉡, ㉢, ㉣

8. 경험 · 훈련 또는 연습과 같은 외부자극의 결과로 인해 개인이 내적으로 변하는 것을 무엇이라고 하는가?

① 학습 ② 성장 ③ 성숙 ④ 발달 ⑤ 발전

9. 발달의 특성이 아닌 것은?

① 청소년기에 완성된다.
② 상부에서 하부로, 중심 부위에서 말초 부위로 진행된다.

③ 보편적으로 진행되지만 개인차가 있다.
④ 일정한 순서가 있기 때문에 어느 정도 예측이 가능하다.
⑤ 발달이 가장 용이하게 이루어지는 결정적 시기가 있다.

10. 인간행동의 발달에 있어 발달원리의 특성이 아닌 것은?

① 예측할 수 있다.
② 일정한 방향이 있다.
③ 개인차가 존재한다.
④ 결정적 시기가 있다.
⑤ 특정 시기에만 존재한다.

11. 다음 중 인간발달의 원리에 대한 설명으로 틀린 것은 무엇인가?

① 인간이 출생에서 사망에 이르기까지의 연속적인 변화의 양상과 과정이다.
② 생애 초기의 발달은 성인기 발달에 영향을 미친다.
③ 발달에는 결정적인 시기가 존재한다.
④ 일정한 방향으로 점진적으로 증진되며 일어난다.
⑤ 발달에는 보편적인 순서가 있으며 개인의 속도와 양상도 동질적이다.

정답 1. ⑤ 2. ④ 3. ① 4. ① 5. ⑤ 6. ③ 7. ② 8. ① 9. ①
10. ⑤ 11. ⑤

제2장

태아기의 발달

1. 태내기의 발달
2. 태아기의 발달과 사회복지 실천과제

인간의 발달과 성장은 수정되는 순간부터 시작된다. 그러므로 태아기의 발달도 인간발달의 중요한 시기로 보기 때문에 본서에서는 인간발달의 시기를 구분한 여러 학자들의 견해와 저자의 견해를 접목하여 태아기를 임신에서 출산까지로 보고 영유아기를 0세에서 6세까지로 본다. 이는 우리나라 영유아보육법이 만 6세까지 되어 있기 때문에 이를 수용하여 0~6세까지를 포괄적으로 본다(원칙적으로는 0~2세를 영아기, 2~6세를 유아기로 나누어야 하나 더 세분화하기가 힘들어서 영유아기를 한 기로 본다).

아동기는 6~13세로, 청소년기는 13~20세, 청년기는 20~35세, 장년기는 35~60세, 노년기는 60세 이후로 보고 각 시기별로 나타나는 발달적인 특성을 살펴보고자 한다. 여러 학자들의 발달시기 구분과 저자의 발달시기를 구분하여 표로 제시하면 〈표 I-4〉와 같다.

표 I-4 **인간발달시기 구분 비교**

	Havighust	이종복 · 전남련	이인정 · 최혜경
1	태아기(수정~9개월간)	태아기(임신~출산)	태아기(임신~출산)
2	유아기(출생 후~18개월)	영유아기(0~6세)	유아기(0~2세)
3	아동기(18개월~13세)	아동기(6~13세)	학령전기(2~4세)
4	청소년기(13~20세)	청소년기(13~20세)	아동기 < 전기(4~6세) 후기(6~12세)
5	성인기(20~60세)	청년기(20~35세)	청소년기 < 전기(12~18세) 후기(18~22세)
6	노년기(60세 이후~)	장년기(35~60세)	청년기 (22~35세)
7		노년기(60세 이후~)	장년기 (35~60세)
8	앞의 〈표 I-1〉 참조		노년기 < 전기(60~75세) 후기(75세~)

출처 : 이종복 · 전남련(2011), 「인간행동과 사회환경」, 학현사, p. 27.

1. 태내기의 발달

태내의 발달에 관한 중요한 것 중의 하나는 그 발달이 얼마나 규칙적이고 예측 가능한가 하는 것이다. 발달은 대개 부드럽고 고정된 순서와 고정된 시간 간격으로 여러 가지의 변화를 수반하면서 성숙의 영향을 받아 진행된다고 볼 수 있다. 태아는 손톱을 자라게 하기 위하여 학습하지 않으며 외부의 어떤 자극을 필요로 하는 것도 아니다. 눈, 귀, 내부기관, 신경 계통 등은 모두가 유전인자 내에 있는 발달적 암호에 의해 어떤 식으로 통제를 받는 것이다. 태아의 발달은 유전적인 요인과 환경적인 요인으로 나누어 볼 수 있다.[1)]

1) 유전

유전적 요인은 유전 인자(gene)에 의해 결정된다. 유전 인자는 염색체(DNA)에 의해 전달되므로 염색체가 바로 유전적 요소를 통제하는 주 단위가 된다. 정자와 난자는 각각 23개의 염색체를 갖게 된다. 이러한 23쌍의 염색체는 복사되어 새로 형성된 신체의 세포 각각에 전달된다. 즉, 인간의 모든 세포는 복사되어 정자와 난자만을 제외하고 23쌍의 염색체를 갖는다. 이러한 염색체 중 23번째의 염색체가 바로 한 생명체의 성을 결정하는 염색체이다. 만약 이 염색체 하나가 큰 염색체(X염색체)와 작은 염색체(y염색체)로 구성되면 이 염색체는 Xy가 되어, 그 생명체는 남성이 된다. 그러나 두 개의 큰 염색체로 구성된 경우(XX)는 여성이 된다. 난자는 오직 X염색체만 운반하므로 수정시 정자가 갖고 있던 23번째 염색체가 X염색체인 경우에는 여아가 되며, y염색체인 경우에는 남아가 된다.

유전 인자는 신체의 크기, 피부색 등 여러 가지 유전적 요소를 전달하게 되며

---

1) 유효순, 앞의 책, pp. 74~81.
김경중 외 공저, 「아동발달심리」, 학지사, 1998, pp. 27~43.

양쪽 부모가 갖는 질병이나 이상 특질도 전달하게 되는데 PKU나 혈우병도 이에 속한다. 염색체 결합에 이상이 있으면 특수 아동을 낳게 된다. 정신지체의 원인이 되는 다운증후군(몽골리즘이라고도 함 Down's Syndrome, trisomy 21)이 그 예이다. 다운증상은 12, 15, 21번째의 염색체쌍이 또 하나의 염색체를 갖기 때문에 일어나는 현상이다. 즉, 정자나 난자가 적절한 감수분열을 하지 못하여 염색체 21이 정상적인 2개가 아닌 3개로 복사된 것이다. 여아이면서 23번째 염색체 중 X가 하나 더 있거나(XXX), X가 하나 뿐인 경우(XO)도 있다. 이런 경우 신체적인 결합은 없으나 불임이나 정신지체의 증상을 나타낸다. 남아의 경우는 X가 하나 더 있거나(XXy), 또는 y가 하나 더 있는 경우(Xyy)가 있다.

이 같은 발생률은 1/600~1/1,000 정도이다.[2] 이러한 아동들은 구분되는 얼굴 특징을 갖고 있으며, 전형적으로 발달이 뒤떨어진다. 이런 비정상적인 아기를 가질 위험은 35세 이상이 된 어머니에게서 가장 크게 나타난다. 35~39세의 여성들에게서 다운증후군 아이가 태어날 확률은 280명 중 1명, 40세 이상 여성에게서는 100명 중 1명, 45세의 어머니에게서는 30명 중 1명 꼴이 된다.[3] 또한 유전병 학자들은 다양한 종류의 환경적 독소에 대한 노출이 다운증후군을 가진 자녀를 낳게 될 위험이 있다고 주장한다. 캐나다에서 실시 된 대규모의 연구에 의하면 기계공, 농부, 제재소 노동자와 같은 직업을 가진 사람들이 용해제, 석유, 납, 살충제에 정기적으로 노출되어 있기 때문에 깨끗한 환경에서 일하는 사람보다 다운증후군을 가진 아기를 낳는 위험이 더 높다는 것이 나타났다.[4]

가장 흔한 성염색체의 이상은 XXy형태이다. 이것은 클라인펠터 증후군(Klinefelter Syndrome)으로 1,000명의 남성 중 한두 명에게서 생긴다. 이러한 남아는 겉으로는 정상적으로 보이지만 검사해 보면 발달이 불충분한 것으로 나타나고, 성인이 되면 정자가 부족하게 되며, 정신지체는 없으나 언어와 학습면에서 무능력한 것으로 나타난다. 그리고 그리 흔하지는 않지만 Xyy형태가 있는데, 이 남아들은

2) E. O. Nightingale & M. Goodman(1990), *Before birth* : *Prenatal testing for genetic disease*, Cambridge, MA : Harvard University Press.
3) M. E. D'Alton & A. H. Decherney(1993), Prenatal diagnosis, *New England Journal of Medicine*, 328, pp. 114~118.
4) A. F. Olshan, P. A. Baird & K. Teschke(1989). Paternal occupational exposures and the risk of Down Syndrome, *American Journal of Human Genetics*, 44, pp. 646~651.

발달하면서 비정상적으로 키가 크고 가벼운 정신지체를 갖는다. 단일 X형태(XO), 즉 터너 증후군(Turner's Syndrome)과 트리플-X형태(XXX)도 있다. 이러한 두 가지의 경우에는 여아로 발달한다. 터너 증후군을 가진 여아들은 아슬아슬한 성장을 보이며, 대개 불임이고 호르몬 치료를 하지 않으면 사춘기 때에 월경이 없거나 가슴이 발달하지 않는다. 또한 이들은 인지적 기술에서 흥미로운 불균형을 보여서 공간능력에서는 부진한 수행을 보이지만, 언어 기술에서는 정상아들보다 더 높은 수행을 보인다.[5] 트리플-X 형태를 가진 여아들은 신체의 크기는 정상적이지만 발달의 면에서는 정상아동들보다 더 늦으며, 터너 증후군의 여아들과 반대로 언어 능력이 현저하게 떨어진다.[6]

2) 환경

임신 중 태아에게 영향을 줄 수 있는 요인은 여러 종류가 있으며 크게 영양, 임신부의 특성 및 습관, 약물과 질병으로 나누어 살펴보면 다음과 같다.

(1) 영양

태아에게 가장 위험한 것 중의 하나가 부적절한 영양공급이다. 태아에게 필요한 영양분 중 가장 큰 비중을 차지하고 있는 것은 칼로리와 단백질이다. 임신을 하면 평상시보다 많은 염산, 철분, 칼슘 등이 임산부에게 필요하게 된다. 아연과 같은 미량 원소들은 비록 양이 아주 적더라도 정상적인 발달을 위해 필요 불가결한 영양소이다. 적절한 영양공급은 임신부의 영양 상태에서 결정된다. 영양섭취가 적절하게 이루어지지 않을 경우에 발생할 수 있는 현상으로는 사산아, 저체중아의 출산을 들 수 있으며, 출생 후에도 지적 결함, 구루병, 뇌성마미, 발작, 일반적인 허약증세, 질병에 걸릴 가능성 등이 높은 것으로 나타나 있다.

---

5) S. Golombock & R. Fivush(1994), *Gender development*, Cambridge, England : Cambridge University Press.

6) J. Rovet & C. Netley(1983), The triple X chromosome syndrome in childhood : Recent empirical findings, *Child Development*, 54, pp. 831~845.

(2) 임신부의 특성

임신부의 특성으로는 임신부의 정서적 상태, 임신연령, 체격, 혈액(Rh), 혈액의 산소수준, 피로 등을 들 수 있다.

① 임신부의 정서적 상태 : 임신부의 정서적 긴장은 태아에게 해로운 영향을 끼친다. Emmy Werner(1986)는 중산층 여성들을 대상으로 하는 종단연구에서 연구에 참가한 여성들은 임신에 관해 부정적인 감정을 갖고 있거나 임신 기간 중에 불안을 느끼거나 어떤 심리적인 충격을 경험했다고 한다. 그들은 스트레스나 불안이 낮은 중산층 여성들의 경우보다 더 많은 출산 합병증을 나타냈고, 그들의 자녀들 중에는 저체중 신생아들이 많은 것으로 나타났다고 한다.

임신 중에 정서적 긴장을 느끼게 되는 원인으로는 부부 간의 불화, 남편 이외의 다른 가족들 간의 갈등, 가정의 문제, 또는 원하지 않았던 임신의 경우를 들 수 있다. 임신부의 정서적 긴장은 태아에게 해로운 영향을 끼치지만 임신부가 행복하고 안락함을 느끼는 경우는 태아의 신체적, 정신적 건강에 도움을 줄 수 있다. 임신에 대한 태도는 그 아이를 임산부가 얼마나 바라는가에 달려 있으며, 이것은 자녀의 수, 경제적 여건, 남편과의 관계, 정서적 성숙 정도 등에 따라 결정된다.

② 임신부의 연령 : 임신부가 건강하고 정상적인 아동을 낳을 확률은 20세에서 30세 사이의 임산부가 가장 높다. 10대 임산부의 경우 저체중아, 지체아를 낳거나 출산시 결함을 입을 가능성이 높은 것으로 알려지고 있다. 이는 10대들이 음식을 제대로 먹지 않는 습관을 갖고 있어 영양 문제 때문일 가능성이 높고 또한 10대들은 아직 신체적인 성숙이 충분히 이루어지지 못했기 때문에 수태와 임신의 과정에서 문제가 생긴 것으로 볼 수 있다. 그러나 임신부의 연령이 높을 경우에는 사산율이 높고 정신지체아, 특히 다운증후군과 같은 염색체 이상의 아동을 낳을 확률이 높다. 사산율은 임신부의 연령이 20~24세일 경우가 가장 낮고, 35세 이상일 경우가 가장 높다. 다운증세의 아동을 낳을 확률은 30세 이전에는 약 1/1,000이고 40세 때는 1/100이며 45세 때는

1/45로 높아진다.[7)]

③ 임산부의 체격 : 임산부가 비만증일 경우에도 위험성이 높다.

④ 임산부의 혈액 : 부모의 혈액형이 불상승(Rh)일 때, 태아는 심한 빈혈증을 일으키게 되어 사산아 또는 조산아가 되거나 뇌손상을 입을 가능성이 높다.

⑤ 임산부의 혈액의 산소 수준 : 태아의 혈액에 충분한 산소 공급이 이루어져야 하는데 산소 공급이 적정 수준에 미치지 못할 경우(산소결핍증 : anoxia), 태아의 신경 조직과 뇌에 손상을 주어 유아가 뇌성마비, 발작, 지적결함 및 과활동 증상이나 학습 장애를 보이게 된다. 산소결핍증(anoxia)은 주로 출산 중에 일어나기 쉬우며, 임신부의 피로 상태와도 관련이 높다.

(3) 임신부의 습관

임신부의 습관으로 크게 고려되는 요소로는 흡연, 음주, 카페인 등을 들 수 있다.

① 흡연 : 흡연하는 여성의 자녀들은 비흡연 여성의 자녀들보다 출생시 평균적으로 0.2kg 가량이 더 적다(Floyd, etal., 1993). 니코틴은 혈관을 수축시키며 태반으로 가는 혈액의 흐름을 감소시킨다. 따라서 태아에게 보내지는 영양물을 감소시키게 되고, 이러한 영양의 결핍으로 인하여 장기적으로 학령기 때에 주의집중 시간이 짧아지거나 학습에 장애를 갖게 될 위험이 커진다. 어머니가 임신 중에 심하게 흡연한 자녀들 중에서 문제 행동이 높은 비율로 발생한다는 증거도 나타나고 있다.[8)]

② 음주 : 임산부가 심한 음주가이거나 알코올 중독자인 경우에 그 자녀는 태아 알코올 증후군(FAS) 증세를 나타내게 된다.[9)] 이러한 자녀들은 일반적으로 정상 아동들보다 신체가 더 작으며 뇌도 더 작다. 또한 심장결함을 갖고 있으며 얼굴 모습도 현저하게 다르다. 이들은 아동, 청소년, 성인으로 자라면서 계속적으로 정상인보다 더 작은 머리와 신체를 가진다. IQ점수도 낮아서

---

7) 다운증후군이 발생할 확률은 연구자들의 보고에 따라 약간씩 차이가 있으나 대개는 위와 비슷한 수준이다. (Craig, 1996; Masters & Johnson, 1985)는 임산부가 35세 미만일 때는 1,500명 중 한 명, 35세에는 300명 중 한 명, 45세 이상일 때는 25명 중 한 명 꼴로 나타날 가능성이 높다.

8) D. M. Fergusson, L. J. Horwood & M. T. Lenskey(1993). Mental smoking before and after pregnancy : Effects on behavior outcomes in middle childhood. *Pediatrics*, 92, pp. 815~822.

9) 임산부가 술을 많이 마시면 태아 내에서 중추신경계통 장애, 체중미달, 안면기형 등을 일으키는 증상(fetal alcohol syndrome)이 발생할 가능성이 매우 커진다.

약한 정신지체의 범위에 속한다. 그러나 최근 연구들은 임산부가 하루에 포도주 두 컵과 같이 적절하거나 '사교적인' 음주라고 할 수 있는 정도의 음주를 한 어머니의 자녀들도 IQ 85 이하가 될 위험이 증가했으며 주의집중 시간이 짧게 나타났다고 지적하였다.

③ 카페인 : 커피나 차, 콜라에 함유되어 있는 카페인 역시 양수에 나쁜 영향을 줄 가능성이 있으며, 유산의 가능성이 높아진다.

(4) 약물과 질병

약물과 질병도 태아의 발달에 손상을 준다. 그 영향은 임신 3개월경까지가 가장 큰데 이 기간에는 임산부가 자신의 임신 여부를 깨닫지 못하는 경우가 많기 때문이다.

약물의 치명적 영향으로 널리 알려진 것은 1960년대 유럽에서 임산부가 복용한 탈리도마이드(Thalidomide) 진정제의 사례이다. 임산부가 아침에 생기는 구토증을 진정시키느라고 배아기(embryonic period : 임신 3~8주) 때 이 약을 복용하였는데, 아기에게 사지 발달의 지체가 나타났다. 팔과 다리가 없는 아이가 태어나거나, 팔과 다리가 배아기의 형태와 유사한 미발달된 상태로 태어났다. 이러한 사지의 발달은 피임약과 같은 호르몬의 섭취와도 관련이 있고, 아스피린 같은 약도 안전하지 않다. DES(Diethylstilbestrol)는 임신한 여성의 유산을 막기 위해 한번에 투여되는 합성 에스트로겐이다. DES를 투여한 여성의 여아는 암에 걸리는 비율이 높은 것으로 나타났고, 남아의 30%는 생식능력이 없는 것으로 나타났다(Rosenblith, 1992). 아스피린은 임신 초기(3개월)에 섭취하게 되면 태아의 신체적 기형의 위험이 있다고 한다. 홍역과 같은 질병은 태아에게 심각한 영향을 미치는 것으로 알려져 있다. 임신부가 임신 3개월 이내에 홍역이 걸렸을 경우 지체아, 빈혈 등의 특수아를 낳을 확률이 높다. 일반 감기는 태아에 영향을 미치지 않으나 독감의 경우는 다르다. 또한 매독, 당뇨, 임질 등도 태아의 발달에 큰 해를 준다.

방사선(X-ray)의 영향도 빼 놓을 수 없다. 임신 중에 암 치료나 건강 진단을 위해, 또는 핵 방사능이라는 직업상의 경우로 방사선을 쬐일 경우, 태아가 죽거나, 기형아가 되거나, 뇌 상해 또는 특정한 종류의 암에 걸릴 가능성이 높은 것으로 보고되어 있다. 난자가 수정되어 자궁에 착상을 하게 되는 임신 2주 사이에 방사능을 쬐었을 경우에는 기형아를 낳을 가능성이 크다. 그 후의 방사선의 영향은 그리 크지는 않으나 계속 위험한 것으로 알려지고 있으며, 특히 뇌와 다른 신체 조직에 결함을 초래하는 것으로 보고되어 있다.

2. 태내기의 발달과 사회복지 실천과제

태아기의 발달과 관련하여 사회복지실천에서 관심을 기울여야 할 문제는 생물학적 문제, 심리적인 문제, 사회적인 문제로 나누어 볼 수 있다.

생물학적인 문제와 관련하여 고려해 볼 수 있는 문제는 불임의 문제이다. 만약 결혼한 부부가 임신을 하지 못하면 가정의 해체로까지 이어질 수 있기 때문에 사회복지사는 실현 가능한 불임대책에 대한 정보를 제공할 수 있어야 한다. 또한 임산부의 연령, 영양상태, 질병 등은 태아의 발달에 큰 영향을 미치므로 가급적 최고 수준의 건강상태를 유지하고 있을 때 임신을 하고 출산하는 것이 바람직하다. 그러므로 사회복지사는 가임여성과 배우자를 대상으로 하여 임신 전에 철저한 의료적 진단을 받을 수 있도록 권유해야 하며, 또한 임신한 부부를 대상으로 하여 유전적 질병, 흡연, 음주, 방사선, 환경오염, 약물복용 등으로 인한 선천성 장애의 예방 방법과 대책을 알려주어야 한다. 그리고 만약 임산부의 건강을 위협하는 조건이 존재하면 철저한 의료적 진단과 그에 따른 개입이 이루어져야 한다.

심리적인 문제와 관련하여 고려해 볼 수 있는 문제는 원하지 않는 아이의 임신으로 인한 임신부의 부정적인 심리반응이다. 특히 성폭력에 의한 임신, 계획에 없던 아이의 임신 등은 심리적인 문제뿐만 아니라 다른 생활영역에도 미치는 영향이 크기 때문에 사회복지사는 가족 및 사회생활계획을 수정하는 데 필요한 여러 가지 정보를 제공하고 임산부가 올바른 판단을 할 수 있도록 도와야 한다.

사회적인 문제와 관련하여 고려해 볼 수 있는 문제는 가족의 사회 · 경제적 안정의 문제이다. 재정적인 결핍으로 임신 중에 필요한 영양과 의료적 보살핌을 받지 못하는 경우 사회복지사는 이들이 적절한 의료적 보호를 받을 수 있도록 필요한 자원을 연결하여야 한다. 의료적 지원 이외에도 직접적으로 재정적인 지원을 해 주거나 가사지원서비스 등 다양한 서비스를 연결하여 안정적인 물리적 환경을 제공하여야 한다.

예상문제

1. 태아기의 발달과 관련하여 틀린 것은?

① 배란기→배아기→태아기 순으로 이루어진다.
② 다운증후군은 21번째 염색체가 하나 더 많아서 생기는 증후군이다.
③ 난자와 정자가 만나면서 염색체 48개가 생성된다.
④ 알코올은 태아에게 태아 알코올 증후군을 가져온다.
⑤ 여성에게 남성적인 측면이 나타날 수 있는 염색체의 이상 증후군은 터너 증후군이다.

2. 임산부가 태아에게 미치는 부정적 영향이 아닌 것은?

① 흡연 ② 영양결핍 ③ 고령 임신
④ 지지적 관계 ⑤ 유전적 질병

3. 임산부의 약물복용이 태아에게 가장 많은 영향을 미치는 시기는?

① 임신 전 ② 1~3개월 ③ 4~6개월
④ 8~9개월 ⑤ 임신 전체 기간

4. 태내기 때 어머니의 중요한 영향으로 모두 묶인 것은?

㉠ 어머니의 연령 ㉡ 어머니의 건강상태
㉢ 어머니의 약물복용 ㉣ 어머니의 교육정도

① ㉠, ㉡, ㉢ ② ㉠, ㉡ ③ ㉡, ㉣
④ ㉣ ⑤ ㉠, ㉡, ㉢, ㉣

5. 다음 중 임산부의 태아에게 영향을 미치는 요소인 것은?

㉠ 영양상태 ㉡ 분만 횟수
㉢ 유전적 결함 ㉣ 환경오염

① ㉠, ㉡, ㉢　　② ㉠, ㉡　　③ ㉡, ㉣
④ ㉣　　⑤ ㉠, ㉡, ㉢, ㉣

6. 다음 중 태아기에 고려할 수 있는 사회복지실천 개입영역이 아닌 것은?

① 불임상태에 대한 부부상담
② 임신과 관련된 심리적 문제 상담
③ 출산에 대비한 심리 · 정서적 문제 상담
④ 임산부와 가족에 대한 사회적 정보제공
⑤ 선천성 장애에 따른 문제 상담

7. 다음 중 임산부가 태아에게 영향을 미치는 요인이 아닌 것은?

① 임산부의 섭식은 태아에게 영향을 미친다.
② 임산부의 연령은 임산부 자신과 태아에게 영향을 미칠 수 있다.
③ 알코올은 태아에게 태아 알코올 증후군을 가져온다.
④ 흡연은 저체중아 출산, 임신기간의 단축, 자연유산의 증가 등을 가져온다.
⑤ 임산부의 정서 · 심리 상태는 태내 발달에 영향을 미치지 않는다.

정답

1. ③　2. ④　3. ②　4. ①　5. ⑤　6. ①　7. ⑤

제3장

영유아기의 발달

1. 신체·운동 발달
2. 인지 발달
3. 정서 발달
4. 언어 발달
5. 사회성 발달
6. 영유아기의 발달과 사회복지 실천과제

본서에서는 영유아기를 0~6세까지로 보는데 이는 우리나라 영유아보육법이 만 6세까지로 되어 있기 때문이다. 그러므로 본 장에서는 영유아기의 신체 발달, 인지 발달, 정서 발달, 언어 발달, 사회성 발달로 나누어 영유아기의 발달에 대한 이론을 개괄적으로 살펴보고 영유아기의 발달과 사회복지 실천과제, 영유아기의 발달과 관련된 예상문제를 함께 살펴보고자 한다.

1. 신체 · 운동 발달

1) 신체 발달

신체 발달은 유전과 성별, 영양상태 등 여러 요인에 의해 영향을 받을 수 있다. 아동의 신체적 성장에서 가장 뚜렷한 지표는 키와 몸무게이다.

특히 영아기의 키와 몸무게는 가장 극적인 변화를 가져온다. 영아의 몸무게는 생후 5개월경에는 출생시의 2배가 되며, 1년경에는 3배가 된다. 신장은 1년간 1.5배가 되어 신장보다 체중의 증가가 더 두드러진다. 그리고 뇌의 급격한 성장으로 머리는 다른 신체부위에 비해 크다. 머리 둘레는 생후 1년이 되면 가슴둘레와 거의 비슷해진다.

걸음마기(15~24개월)에는 유아들의 걷는 모습이 보통 '오리걸음마'이다. 만 1세에서 3세까지, 신체성장은 첫 1년에 비해 1/2의 발달을 보인다. 걸음마기가 되면 유아들이 걷기 시작하면서 이동성이 생겨 독립심을 발달시킨다. 팔 · 다리도 길어지고 몸통도 전체적으로 균형이 잡히고 머리도 전체적인 크기의 비율이 적어진다. 유아기(만 2~5세 반까지)는 유아의 성장이 둔해진다. 몸무게는 1년에 2kg 정도 증가하고, 키는 약 7.5cm 정도 크게 된다. 키도 크고 자세도 바르게 되면서 몸도 날씬해지고 보다 똑바른 자세를 하게 된다.[1)]

1) 서영숙 · 김경혜 공저, 「영유아 보육론」, 양서원, 2003, p. 169.

3세경에는 키가 92~95cm, 체중은 13~15kg 정도에 이르지만 청소년기까지 키는 매년 5~6cm 정도, 체중은 매년 2~3kg씩 증가한다. 걸음마기 유아의 신체적 특성을 보면, 머리에 집중되어 있던 신체적 성장이 신체 하부로 확산되어 가긴 하지만 아직까지는 머리가 크고 가슴이 작고 배불뚝이인데다가 다리는 짧다. 만 5세경이 되면 신장은 출생시의 약 2배가 되어 108cm 정도가 되며 6세경에는 5cm 정도 더 큰다. 체중은 5세경에는 출생시의 5배 정도인 18kg에 달하며 6세경에는 19~20kg에 이르게 된다. 6세경에는 영구치가 1~2개 나기 시작한다.[2]

2) 운동 발달

운동 발달이란 어린이가 자신의 운동에 대해 자발적으로 통제할 수 있게 되는 것을 말한다. 유아기의 운동 발달은 신경 조직의 성숙과 병행되어 이루어지며 유전적 성숙계획에 따라 이루어진다. 즉 운동 능력의 발달은 신경계통의 발달과 병행하며 생물학적 성숙을 바탕으로 일상생활에서 경험이 동반될 때 극대화될 수 있으므로 성숙과 학습의 상호작용에 의해서 발달하는 것으로 볼 수 있다. 운동발달의 속도는 개인차가 크지만 일정한 순서대로 진행된다.

영아기에 아이들은 움직이면서 배운다. 아기들은 머리를 드는 운동을 함으로써 발달이 시작되는데, 이것은 가르쳐지는 것이 아니라 목 근육이 강화되면서 발달하는 것이다.

목 들기를 한 다음에 윗몸을 들어올릴 수 있는데 이는 이전 단계의 기술을 완전히 성취해야 하나의 행동을 할 수 있다. 아이들은 보통 서기 전에 앉는 행동이 이루어지며, 걷기 전에 서는 행동이, 뛰기 전에 걷는 행동이 먼저 이루어지게 된다.[3]

영아기의 운동 발달과제로는 목가누기, 뒤집기, 앉기, 기기, 걷기, 잡기 등이다. 목가누기는 생후 2개월 정도에, 뒤집기는 약 4개월경에, 앉기는 6개월경에, 기기는 7~9개월 사이에, 8개월경이 되면 붙잡아 주면 설 수 있게 되고, 10개월경이 되면 도움 없이 혼자 설 수 있게 된다. 그러나 도움 없이 걷게 되는 것은 평균 12~14개월

---

2) 김동배 · 권중돈 공저, 앞의 책, pp. 78~82.

3) S. R. Curtis(1982), *The joy of movement in early childhood*. N.Y.: Teachers College Press. 서영숙 외 공저, 앞의 책, p. 170. 재인용.

사이이다. 또한 8~9개월경이 되면 손가락과 엄지를 이용하여 물건을 집을 수 있게 된다. 걸음마기에 들어서면 아기가 더욱더 자기 마음대로 할 수 있게 된다.

대근육은 이전보다 더욱 뚜렷해지고 유연해지며, 소근육의 통제가 시작된다. 3세가 되면 소근육 활동이 더욱 능숙해지고 양손을 사용하기도 하지만 왼손잡이, 오른손잡이가 결정된다.[4] 그러나 90%가 오른손잡이이다.

이 시기에 유아들은 기어오르기, 뛰기, 뒹굴기, 밀기, 당기기 등 대근육 활동에 흥미를 갖지만 근육의 협응과 균형이 아직 잘 발달되지 않아 잘 넘어지거나 부딪히기도 한다. 또 계단을 오르내리는 것을 즐기는데, 한 계단에 두 발을 모은 다음 계단을 오르내리다가 2년 6개월 정도가 되면 도움 없이 난간을 잡고 계단을 오르내리게 된다.

유아기에는 대근육, 어깨, 몸, 팔, 다리가 잘 발달되어서 달리고 점프하고 장애물을 넘고 기어오르는 활동을 좋아하며, 유연하게 해낸다. 또한 세발자전거를 탈 때 속도를 내고 기교를 부릴 수 있으며, 계단을 오르내릴 때 발을 교대로 해서 오르내릴 수 있다. 음악을 좋아하고 리듬에 맞춰 걸어갈 수 있으며 미끄러지고 스케이트타는 동작 등을 할 수 있게 된다. 3세경이 되면 유아의 걸음폭이 더 길어지고 비교적 일정해지지만, 갑자기 멈춘다든지 돈다든지 하는 것은 미숙하다. 그러나 연령이 증가함에 따라 운동의 힘, 속도, 협응이 가능하므로 이동능력 또한 계속 증가하게 된다. 3세경이 되면 다른 사람의 도움 없이 각 층계에 발을 교대로 놓으면서 올라갈 수 있게 되고, 4세경이 되면 같은 방식으로 층계를 내려올 수도 있게 된다. 뛰기는 걷기보다 늦게 발달한다. 3~4세경이 되면 대부분 유아들은 30~60cm의 높이에서 뛰어내릴 수 있으며 약 60cm 정도 멀리뛰기를 할 수 있다.

표 I-5 아동의 대근육 기술발달

연 령	대근육 기술발달 내용
2세	뛸 수 있다. 한 번에 한 층계씩 계단을 올라가며 큰 공을 찰 수 있다.

4) G. S. Morrison(1988), *Education and development of infants toddlers, and preschoolers*, Boston: Scott, Foresman and Company.

3세	한 발로 설 수 있다. 양발을 교대로 사용하여 계단을 올라가며, 맨 아래 계단에서 깡충 뛸 수 있다. 양발로 뛸 수 있다.
4세	세발자전거를 타며, 매우 자연스럽게 뛴다. 공을 머리 위로 해서 멀리 던질 수 있으며, 한 발로 뛸 수 있다.
5세	직선을 따라 걷는다. 발을 바꿔가며 층계를 내려간다. 음악에 맞추어 걷는다. 땅에서 튀어오르는 공을 잡는다.
6세	한 발 뛰기, 뛰어넘기, 오르기 등을 할 수 있다.
7세	자전거를 탄다.

출처 : 유효순, 「아동발달」, p. 113.

아동기 동안 이러한 뛰기는 계속 증가하여 5세경이면 약 40cm 넓이를, 12세경이 되면 약 150cm 넓이를 뛸 수 있다.

아동의 대근육 기술발달은 〈표 I - 5〉와 같다.

소근육 운동은 연습할 기회를 많이 가질수록 더 향상되게 된다. 유아들은 모양을 따라 가위로 오릴 수 있고, 책을 잡고 넘기는 데 한 손만을 사용하게 되며, 쉽게 연필을 쥘 수 있고 붓으로 그림을 그릴 수 있다. 또한 이 시기의 유아들은 스스로 옷을 입을 수 있으며, 입을 옷을 고르며 단추를 잠그고 지퍼를 올릴 수 있고, 빈 컵에 물을 따를 수 있고 숟가락과 포크를 이용하여 혼자서 먹을 수 있다. 유아가 스스로 밥을 먹고, 옷을 입고, 대소변을 가릴 줄 아는 등 기본생활습관과 관련된 기술을 자조기술(Self-help Skill)이라고 하는데, 이 시기에는 기본생활습관을 형성할 수 있는 환경을 마련해 주고 독립심을 키워 주어야 한다. 4~5세경이 되면 옷을 입는 데 많은 진전을 보이며, 6~7세가 되면 대부분의 유아들은 혼자 단추를 끼거나 뺄 수 있으며 운동화 끈도 적절히 맬 수 있게 된다.

학령기 아동들은 게임을 즐길 수 있는데, 이를 통해 근력, 기술, 힘, 지구력 등을 시험해 볼 수 있다. 이어달리기, 야구, 축구와 같은 집단경기를 좋아하며, 개인경기로는 태권도, 달리기, 줄넘기, 자전거타기 등 신체활동을 좋아한다.

또한 이 시기에는 소근육 발달이 보다 정교해지면서 눈과 손의 협응이 발달되어 미술 · 공예 활동, 조작 활동 등을 잘할 수 있다.

3) 감각 발달

여기서는 신생아기의 감각발달을 중심으로 살펴본다.

출생에서 5개월 사이의 영아는 매우 빠른 신체적 발달을 보인다. 출생시부터 여러 가지 다양한 반사 운동을 나타내고 점차로 신체의 여러 부분은 통제적이고 협응적이게 되며, 보고, 듣고, 만지고, 냄새 맡고, 맛보는 데 있어서 차이점을 알아내는 감각 능력이 정교해진다.

반사 행동은 신생아들이 나타내는 매우 조직화된 행동 패턴을 말한다. 밝은 빛 앞에서 눈을 감는 반사, 눈깜박이기, 하품, 재채기, 구역질과 같은 자기보호적인 생존반사는 평생 지속되지만 신생아기에 나타나는 대부분의 반사(빨기반사, 모로반사, 바빈스키 반사)는 생후 6개월경이면 사라진다.

신생아도 소리를 들을 수 있고 소리나는 방향으로 고개를 돌릴 수 있으며, 특히 신생아 때는 위, 아래 혹은 앞, 뒤에서 나는 소리보다 옆에서 나는 소리를 더 잘 인식한다. 5개월 정도가 되면, 듣기 능력은 성인의 수준 정도로 발달하여 언어음간에 차이도 식별할 수 있다.

신생아들은 초기 발달단계에서 감각 발달과 운동 발달이 급격하게 이루어진다. 출생 후 36시간이 지나면 동공반응을 할 수 있어 빛의 강도에 따라 눈을 깜박거리고, 움직이는 빛을 따라 시선을 옮기며 따라갈 수 있다.

상당수의 신생아가 출생 직후 사시의 경향을 보이나 출생 후 1개월 정도가 지나면서 두 눈의 협응이 이루어진다. 신생아는 19cm 거리에서 가장 잘 볼 수 있다고 한다. 청각의 발달은 다른 감각기관보다 늦게 이루어져 출생 후 3~4일이 지나면서 소리에 대한 반응이 나타나고, 생후 20일경만 되어도 어머니의 목소리와 다른 사람의 목소리를 구별할 수 있다.[5)]

또한 신생아도 달고, 짜고, 쓴맛 간의 차이를 식별할 수 있고, 특히 설탕물과 같은 단맛을 좋아하며, 쓴맛에는 얼굴을 찡그린다. 그리고 후각이 발달되어 냄새를 식별할 수 있다. 암모니아와 같은 강한 냄새를 맡게 되면 고개를 돌리며 몸을 움직

---

5) 양옥승 외 공저, 「영유아보육개론」, 학지사, 1999, p. 95.

인다. 통각은 시각이나 청각과 달리 자라면서 학습을 통해 느끼게 된다.

신생아의 운동은 거의 대부분 스스로의 통제나 지시 없이 일어나는 반사적인 것이고, 성장과 학습을 통해서 반사적 운동은 점차 사라지면서 통제나 지시에 의한 운동이 나타난다.

수유기 동안, 영아는 여러 가지 운동을 적절하게 사용하는 방법을 배운다. 무엇인가를 보려고 고개를 돌리거나, 본 것을 쥐기 위하여 손을 뻗는 등의 신체 협응력이 발전하고 몸을 뒤집을 수 있다. 그리고 받쳐 주면 앉을 수 있고, 의도적으로 사물을 쥘 수 있다.

수면 시간은 생후 1개월까지는 15시간 이상 누워서 자며 하루에 평균 16~17시간이 된다. 점차적으로 자는 시간이 줄어들고 깨어 있는 시간이 늘어난다.[6)]

신생아는 여러 가지 반사를 가지고 태어난다. 반사란 특정 자극에 의해 불수의적으로 일어나는 자동적인 신체 반응을 말한다. 그 중에는 생후 일정한 시기가 되면 사라지는 것도 있고 성인이 될 때까지 남아 있는 것도 있다. 무릎을 두들겨서 진찰해 보는 무릎반사, 공기가 눈에 훅 불려 들어갈 때 자동적으로 눈을 깜박이는 것, 밝은 빛에 나가면 자동적으로 동공이 좁아지는 것 등은 성인이 될 때까지 남아 있는 반사들이나 아기가 갖고 있는 기초적인 반사 중의 몇몇은 아기의 생존에 필수적이다.[7)]

신생아기에 나타나는 반사는 다음과 같다.

1. 모로 반사(moro reflex)

신생아가 보이는 반사 행동의 하나로서 커다란 소리나 밝은 불빛에 의하여 놀라거나, 혹은 갑자기 목이 뒤로 젖혀질 때 팔을 벌리고 손가락을 쫙 펴며 목을 쭉 폈다가 가슴에 모으고 손을 꽉 쥐는 것을 말한다. 모로 반사는 생존 지향적이며 신생아나 영아가 돌보아 주는 사람을 붙잡을 때 도움을 준다. 생후 5개월 정도면 약해졌다가 8개월 정도면 사라진다.

2. 바빈스키 반사(Babinski reflex)

유아기(乳兒期)에 나타나는 반사행동의 하나로서 아기의 발바닥을 톡톡 건드려 간질이면 발바닥을 부채처럼 쫙 펴면서 발을 안으로 비튼다. 이런 행동은 성인들의 발바닥을 똑같은 방법으로 자극하였을 때 발가락과 발바닥을 안쪽으로 움츠리는 행동과는 대조적인 것이다. 이 반사행동은 생후 6~9개월 사이에 사라진다.

---

6) 최미현 외 공저, 「영유아보육의 이해」, 창지사, 2000, p. 37.
7) 김경중 외 공저, 앞의 책, p. 55.

3. 빨기 반사(sucking reflex)
입에 닿는 것은 무엇이든지 빠는 반사 운동이다.

4. 삼키기 반사(swallowing reflex)
음식물을 삼키는 반사운동. 이 반사는 출생시에 존재하나 처음에는 호흡과 잘 결합되지 않는다.

5. 찾기 반사(rooting reflex)
신생아에게 나타나는 '원초적 반사' 중의 하나로 손가락이나 젖꼭지로 아기의 뺨을 건드리면 머리를 그 쪽으로 돌려 입을 열어서 빨기 동작이 시작된다. 이 반사 행동은 생후 9개월경에 사라진다.

6. 파악 반사(grasping reflex)
신생아에게 나타나는 반사 중 하나로, 아기의 손바닥을 두드리거나 손바닥에 물체를 대면 꼭 잡는 행동이다. 다윈(C. Darwin)이 발견했다고 하여 다윈 반사(Darwinian Reflex)라고도 하며 혹은 잡기 반사라고도 한다. 아기는 손바닥에 무엇인가 닿으면 꼭 잡아 쥐며 이 쥐는 힘이 매우 세서 막대기에 매달려 약 1~2분간 자신을 지탱할 수 있다. 손바닥을 건드리면 선 자세로 일어날 수 있을 정도로 주먹을 세게 쥔다. 이 반사는 생후 3~4개월이 되면 의도적으로 잡는 행동으로 대치되면서 대체로 사라진다.

출처 : 유아교육사전 (용어편), 한국유아교육학회, 1996.

※ 찾기 반사, 빨기 반사, 삼키기 반사는 아기가 젖을 먹기 위해서는 모두 필수적이다. 바빈스키 반사나 파악 반사는 척수에 의해 통제되며, 생후 6개월 정도가 되면 사라진다. 그러나 6개월 이후에도 이 두 반사가 남아 있다면 신경학상으로 어떤 문제가 있다는 징조가 될 수 있어 신경학적인 검사의 일부로 이런 기초적인 반사가 이용되기도 한다.

2. 인지 발달

인지(cognition)란 지각, 판단, 추리, 결정, 이미지 형성, 기억, 이해 등 외적 세계 및 내적 세계로부터 단서를 근거로 사물, 사상에 대한 지식을 획득할 때에 작용하는 능동적인 정보수립 및 처리활동을 의미한다. 그 과정은 생득적 내지는 경험적으로 획득하고 있는 기유지식에 의거하여 외계로부터 정보를 선택적으로 받아들여 변환하고 의미를 부여하고 기억하는 과정이다. 인지과정으로서 지각, 기억, 사고의 모든 것을 포함한다.[8] 인지발달이란 아동의 사고과정, 즉 아동이 이 세상을 어떻게 지각하고 지적으로 표상하는 방식이 발달하는가를 나타내는 것이다.

여기서는 Piaget의 감각운동기 6단계와 전조작기에 대해 자세히 살펴본 후 지능의 발달, 사고의 발달, 개념의 발달로 나누어 살펴본다.

1) 감각운동기 · 전조작기의 인지 발달

생후 1개월된 아기는 '감각운동기' 1단계에 있으며 반사기(modification of reflexes)에 해당된다. 빨기 반사, 파악 반사 등의 반사반응이 나타난다. 이 단계의 도식은 환경에 대처하기 위한 보기, 잡기, 치기, 때리기와 같은 행동패턴도 포함한다. 최초의 도식은 타고난 반사들로 이루어지며 가장 우세한 반사는 빨기 반사이다.

모든 대상을 빨기 도식에 동화시켜 보게 된다. 아기들은 반사적 행동을 되풀이하면서 반사적 자극이 없을 때도 반사를 닮은 행동을 할 수 있는데 이러한 행동은 지적 활동의 기초가 된다.

감각운동기 2단계는 1차 순환반응(primary circular reaction 1~4개월경)이 나타난다. 아기는 우연히 행한 움직임으로 재미있는 일을 만들어 내면 그 행동을 계속 반복하려고 한다.

손가락 빨기와 같이 아기는 자신의 벌려진 입 속에 우연히 손가락을 넣게 되고 빨기를 시작한다. 그러다가 손가락이 입에서 빠지면 재미있는 빨기 행위를 반복할 수 있도록 다시 손가락을 입 속으로 넣으려고 한다. 여기에서 1차적이란, 영아의 행동이 기본적인 반사 기능이거나 기본적인 운동 기능이기 때문에 붙여진 것으로 즉, 자신의 신체에만 국한되어 있다는 의미에서 1차적이라는 용어를 사용한다. 1차 순환반응은 뚜렷한 목적을 가지고 행해지는 것은 아니지만 어떤 도식(예 : 빨기 도식)을 연습하는 것이 그 목적이 될 수 있다.

'감각운동기'의 3단계는 2차 순환반응(secondary circular reaction : 4~8개월경)이다.

4개월 정도가 되면 영아는 비로소 자신의 신체에서 외부세계에 대한 활동으로 주의를 돌릴 수 있게 된다. 즉, 자신의 몸에 대한 행동이 아니라 외부세계에 대한 행동이 반복해서 일어나므로 2차 순환반응이라고 부른다. 이는 선천적인 반사가

8) 「유아교육사전」, 한국유아교육학회 편, 한국사전연구사, 1996, p. 448.

아니라 영아가 학습을 통해 획득한 반응이다.

예를 들면 영아가 손을 내젓다가 모빌을 건드렸을 때 뜻밖에 모빌이 돌아가면서 소리를 내게 되었다. 이때 영아는 다시 모빌을 건드려 그 소리를 다시 한번 들어보며, 다음에는 좀 더 자신있게 흔들어서 모빌의 움직임을 보고 소리를 듣는다. 그리고 나서 상당한 동안 이 행위를 되풀이하게 된다. 이렇게 의도적으로 전에 획득한 반응을 새로운 상황에 적용하려는 것이 이 단계의 특징이다.

8개월 이후에는 새로운 것에 대한 호기심이 강해지면서 2차적 도식의 협응과 의도성이 발달한다. 협응을 통하여 앞에서 학습한 것들을 결합시키며, 자발적으로 물건을 보고, 잡고, 촉각적으로 탐색해 본다. 이전보다 더욱 바깥 세계로 지향된 행동을 한다. 간단한 성취에 수단과 목적을 분리시킨다.[9]

이 시기의 영아는 그들 자신과 분리된 대상을 인식하게 되어, 지켜보고 있는 대상이 사라지더라도 시각적으로 그 대상을 찾는 대상 영속성이 나타난다. 원하는 물건을 잡기 위하여 주변의 장애물을 치울 수 있게 되는 간단한 문제 해결 능력이 생기며, 딸랑이 소리를 듣기 위해서 반복적으로 딸랑이를 칠 수 있는 것처럼 환경의 변화에 반응할 수 있고 변화를 일으키는 행동을 반복할 수 있다.

영아들은 자신과 분리된 존재로서 타인을 인식하기 시작하면서 타인이 행위의 원인이 될 수 있다는 것을 알게 되고, 그들이 성취할 수 있는 것과 성취하고자 하는 것을 구분하기 시작한다. 또한 흥미 있는 행동에 대한 의도적인 모방이 나타나게 된다.[10]

Karmer 등은 대상 영속성, 즉 시야에서 사라진 물체가 계속 존재함을 아는 것은 이 시기에 발달된다고 한다.[11] 장난감을 담요 속이나 등 뒤에 숨기고 아기가 그것을 찾도록 하는 것과 같은 숨기기 놀이는 대상 영속성을 연습하도록 해 준다 (LeCompte & Gratch, 1972).[12]

9) 양옥승 외 공저, 앞의 책, p. 101.
10) 최미현 외 공저, 앞의 책, p. 47.
11) J. A. Karmer, K. T. Hill & L. B. Cohen(1975), Infant's development of object permanence : A refined methodology and new evidence for piaget's hypothesized ordinality, *Child Development*, 46.
12) G. K. Lecompte & G. Gratch(1972), Violation of a rule as a method of diagnosing Infant's level of object concept, *Child Development*, 43.
서영숙 외 공저, 앞의 책, p. 134. 재인용.

아기를 격려해 주면 행동을 뽐내 보이기도 하고 반복하며 즐거워한다. 아기들은 커다란 종이에 크레용으로 아무렇게나 긋는다. 소리를 모방하고 대화를 주의 깊게 들으면서 언어연습을 한다. 책에 그려져 있는 그림을 손으로 가리키기도 하며 간단한 이야기를 들으며 감상한다. "안돼"라는 의미를 알고 그에 알맞게 반응을 한다. 따라해 보기 놀이를 즐기기도 한다.

이 시기는 Piaget의 인지발달단계 '감각운동기' 중 제4단계 2차 순환반응의 조정(통합)(coordination of secondary reaction : 8~12개월경)이 나타나는 시기이다.

이제 영아는 자신이 바라는 목표를 획득하기 위하여 이미 전에 획득한 도식을 병합하고 통합할 수 있게 된다. 즉 목적을 성취하기 위해 이전에 획득한 두세 가지 도식을 결합시킬 수 있다.

Piaget는 어린 딸이 성냥갑을 잡으려는 행동을 보이자 손으로 성냥갑을 가림으로써 장애물을 제시했다. 처음에는 그것을 무시하거나 넘어서 돌아가려고 애를 썼으나 며칠 후에 손을 치움으로써 방해물을 제거하고 성냥갑을 잡는 데 성공했다. 즉, 두 가지 도식인 잡는 것과 치우는 것을 협응시키게 된 것이다. 또 한 예를 들면 9개월 정도가 되면 영아가 베개 밑에 있는 장난감을 집기 위하여 베개를 치울 수 있게 되며, 목표를 획득하기 위하여 사물이나 타인을 이용할 수도 있게 된다. 즉, 상자 안에 있는 과자를 먹고 싶은데 혼자 힘으로 열 수 없다면 엄마의 손을 상자에 가져다 올려놓아 열게 할 수도 있다.

Piaget에 의하면 이 단계에서 나타나는 영아의 행동은 명백히 의도적이며 최초의 지적인 행동의 신호를 보인다고 한다.

또한 이 단계의 어린이는 기대하는 사건에 신호를 사용할 수 있는 능력이 생기는데 이것은 인과관계를 이해할 수 있는 능력과 밀접히 연관된다.

예를 들면 아빠가 양복을 입을 때 직장에 나가는 것이라는 사실을 아는 아이는 떠나게 하는 원인이 재킷을 입는 것이라고 생각한다. 또한 자도록 하는 원인은 목욕을 하고 잠옷을 입고 기도하는 등의 관례적인 어떤 행위와 관련되는 것이라는 사실을 아는 것이다.[13)]

15~24개월이 되면 영아의 정신적 기능은 이제까지의 감각운동적 수준에서 상징적 수준으로 발달한다. 그러나 원시적 상징 사용의 단계로서 사건을 표현하는 내면

---

13) 전남련, 「아동복지」, 형설출판사, 2002, p. 141.

화된 감각적 이미지나 단어를 가지고 지각이나 행위 없이 구체적 사건을 생각할 수 있다.

직접적인 시행착오의 힘든 과정 없이 머릿속으로 상상해 보고 문제를 해결하며, 인과관계에 대해서도 이해한다. 눈 앞에서 모방 대상이 사라진 후에도 그 행위를 모방할 수 있다.14)

대상 영속성이 확고해지면서 영아는 사물이나 사람이 그들이 볼 수 없더라도 존재하고 있음을 안다. 또 자신의 행동이 미치는 영향이나 타인의 행동을 관찰하는 데 관심이 있고 시행착오를 통한 여러 가지 탐색 활동이 나타난다. 이러한 어린 탐색자들은 활동을 시도하고, 경험하고, 실행하며, 그들의 행동결과를 관찰하며 점차 정신적 시행착오를 시도하게 된다.

영아들은 타인이 행동을 야기시킨다는 것을 인식하고, 타인의 행동을 모방하는 것이 놀이의 일부가 되고, 또한 지나간 사건도 모방할 수 있다. 즉, 사건을 이후에 내면적으로 표상하고 재생산함으로써 그 아이디어를 기억할 수 있는 기억력이 증진되어 지연 모방이 시작된다. 예를 들어 영아의 얼굴을 씻어 주는 양육자의 행위는 나중에 영아가 인형의 얼굴을 씻어 주는 모방 형태로 나타난다.15)

이 시기는 Piaget의 감각운동기 제5단계 3차 순환반응(tertiary circular reaction : 12~18개월경)과 제6단계 : 표상적 사고(representational thought : 18~24개월경)에 해당된다.

12개월이 되면 영아는 단지 목표를 획득하는 것에만 관심을 두지 않고 어떻게, 왜 그러한 일이 일어나는가를 알고자 한다. 즉, 행동의 결과를 살피기 위해 의도적으로 자신의 행동을 다양하게 변화시킬 수 있다. 그리고 적극적으로 환경을 탐색하기 시작한다.

예를 들면 목욕을 하다가 고무로 된 장난감 오리를 물 밑에서 놓아 보았더니 오리가 물 위로 떠올랐다. 아기는 다시 오리를 물 속으로 집어넣어 본다. 이번에도 오리는 물 위로 튀어올랐다. 이제 오리를 거꾸로 하여 물 속으로 밀어넣는다. 그래도 오리는 물 위로 튀어올랐다. 아기는 계속 몇 번이고 오리를 물 속으로 밀어넣으려 한다. 또한 손이 닿지 않는 곳에 있는 장난감에 붙어 있는 끈을 잡아당기거나,

---

14) 양옥승 외 공저, 앞의 책, p. 104.
15) 최미현 외 공저, 앞의 책, p. 50.

장난감이 놓여 있는 작은 깔개를 잡아당김으로써 장난감을 손에 넣을 수 있다.

Piaget는 아기가 어떤 목적을 획득하기 위해 수단을 사용하는 실험을 했는데, 한 실험에서 매력적인 장난감이 아이가 닿을 수 없는 곳에 있었다. 아기는 이 시트 위의 줄을 이용하여 장난감을 가까이 가져왔다. 다른 실험에서, 장난감이 융판 위에 있는데 아기는 장난감을 가까이 가져오기 위해 융판을 끌어야 된다는 것을 발견했다.

표상적 사고단계에서 영아는 직접해 보지 않고서도 사고하는 것이 가능하기 때문에 좀더 내면적으로 사고한 후에 행동을 하게 된다. Piaget에 의하면 표상적 사고란 행동하기 전에 문제에 대해 정신적으로 추론하는 것을 의미하는데, 이 때의 표상은 행동을 통해 이루어진다.

Piaget는 그의 딸 루시엔느가 조금밖에 열려져 있지 않은 서랍형 성냥 중에서 고리를 꺼내기 위해 애를 썼으나 실패했다. 그러자 갑자기 행동을 멈추고 가만히 보고 있다가 자기 입을 벌렸다 오므렸다 하더니 재빨리 성냥갑 서랍을 열어서 고리를 꺼냈다. 이것은 비언어적인 상징 표상으로서, 행동하기 전에 상황에 대해 행동적 수준이기는 하지만 사고를 함으로써 신속하게 문제를 해결한 것이다.

이와 같은 감각운동 단계의 행동적 지능을 Piaget는 감각적 지능이라고 부르고 이것이 후기에 발달하는 개념적 지능의 기초가 된다고 주장했다.[16)]

전조작기(preoperational period)는 2~6 · 7세까지로 유아가 언어와 같은 상징적 매체를 사용하기 시작하면서 사고 기술에 커다란 진전을 이루는 시기이나 사고가 직관적이어서 효율적인 논리를 사용할 수 없다. 상징적 사고를 하기 시작하는 것으로 전조작적 단계가 시작된다는 것을 알 수 있다. 예를 들면 막대기가 총이 될 수도 있고, 우유컵이 될 수도 있다. 즉 어떤 사물을 상징하는 상(像), 단어, 행동 등을 어떤 기호로 쓸 수 있게 된다.

전조작기 유아의 특징은 상징적 사고, 직관적 사고, 자아 중심성, 물활론적 사고, 도덕적 실재론, 꿈의 실재론, 보존 개념 등에서 잘 나타난다. 상징적 사고, 직관적 사고, 자아중심적 사고, 물활론적 사고는 뒤의 사고의 발달을 참조하고 여기서는 도덕적 실재론, 꿈의 실재론, 보존 개념에 대해서만 살펴본다.

---

16) 전남련, 앞의 책, pp. 142~143.

(1) 도덕적 실재론(moral realism)

Piaget의 연구에 의하면 놀이의 규칙과 도덕적 문제에서 전조작기 아동은 도덕적 실재론을 가지고 있음을 알 수 있다. 놀이규칙에 관한 연구에서 Piaget는 아동들이 즐겨하는 공기놀이의 규칙에 대해 그 규칙이 변경될 수 있는가 없는가에 관하여 물어 보았다. 전조작기 아동은 규칙이란 지키지 않으면 벌을 받기 때문에 절대적으로 지켜야 한다고 보며, 규칙은 본래부터 정해져 있는 것이므로 변경할 수 없다는 생각이 지배적이다.

도덕적 판단에 관한 연구에서는 아동이 자신이 저지른 잘못을 그러한 행동을 하게 된 동기나 의도를 근거로 해서 판단하는가 또는 잘못의 결과를 근거로 해서 판단하는가를 알아보았더니 전조작기 아동은 그 행위의 의도가 어떠하든 간에 저지른 잘못의 결과가 클수록 더 나쁘다고 판단하였다. 즉, 행위의 의도보다는 결과에 근거해서 판단을 하여 과실이 큰 것은 더 많은 벌을 받아야 한다고 생각했다. 즉 전조작기 아동은 도덕적 규범이나 규칙이 외부의 절대적인 힘에 의해서 주어진 것이므로 그것은 절대적으로 지켜야 하며, 임의적인 변경이 불가능한 것으로 생각한다.

(2) 꿈의 실재론(dream realism)

유아들은 자신의 꿈이 다른 사람에게도 보이며, 밤이나 하늘로부터 또는 바깥의 빛으로부터 창문을 통하여 들어오는 것이라고 생각한다. 또한 꿈을 꾸고 있는 동안 꿈이 자기 주위에 그대로 남아 있다고 생각하며 꿈이 실제라고 믿는다. 이것이 꿈의 실재론이다.

Piaget는 유아의 꿈에 대한 이해가 세 가지 발달단계를 따라 이루어진다고 하였다.

첫째 단계는 4세경으로 이 때의 유아들은 꿈은 실제의 사건이라 생각한다.

둘째 단계는 5~6세경으로 꿈은 사람의 머리 밖에서 일어난다고 생각한다.

셋째 단계는 7세경으로 유아는 비로소 꿈은 사람 속에서 일어나는 생각이나 상상이라는 것을 이해한다.

(3) 보존개념(concept of conservation)

보존개념은 물체의 외형상의 변화에도 불구하고 특정한 양과 질은 변하지 않고 그대로 남아 있다고 판단할 수 있는 능력이다.

즉 물질의 양, 수, 길이, 면적 등은 그 형태나 위치를 변화시키더라도 동일하다는 개념을 말한다.

피아제(J. Piaget)의 인지발달 단계에서 전조작기의 끝에 가서야 획득되는 개념이다.

아동의 물체의 양적인 관계를 보존하는 능력은 일정한 순서로 발달하며 대개 다음과 같은 세 단계를 거친다.

첫째 단계는 보존개념이 전혀 이루어지지 않는 단계이다. 이 단계의 유아는 물체의 특정한 양적 속성이 외형적인 변화에 의해 달라진다고 생각한다.

둘째 단계는 유아가 지각적으로 사물에 대한 변형의 두 측면을 볼 수 있으나 한꺼번에 두 측면에 대해 충분히 고려할 수 없기 때문에 일관된 보존반응을 하지 못한다.

셋째 단계에서는 모든 물체의 속성에 상관없이 지각적 변형에 의해서 사물 자체의 양과 질이 영향을 받지 않는다는 것을 이해하게 되어 보존개념을 완전히 획득하게 된다.

이와 같이 다양한 보존개념들은 일정한 시기에 한꺼번에 획득되는 것이 아니다.

일반적으로 양의 보존개념은 만 6~7세경에, 무게의 보존은 8~10세경에, 부피 보존개념은 11~12세경에 이해하게 된다.

보존개념의 획득에 있어서 나타나는 시간적 차이를 수평적 격차(horizontal decalarge)라고 한다.

Piaget에 의하면 보존이란 사물의 양적인 측면에서 무엇이 그 사물에 첨가되거나 없어지지 않으면 그 양은 변하지 않는다는 것을 아는 것으로 다음과 같은 세 가지 원리에 의해 형성된다.

① 동일성의 원리 : 양 보존에서 두 컵에 물을 더 붓거나 버리지 않았으므로 두 컵의 물이 같다고 설명하는 것이다.

② 보상성의 원리 : 한쪽 컵은 밑면이 더 넓적하므로 컵의 물의 높이가 낮아도 두 컵의 물의 양은 같다고 설명하는 것이다.

③ 역조작의 원리 : 이 컵의 물을 먼저 컵에다 다시 부으면 물의 높이가 똑같게 된다고 설명하는 것이다.

그러나 전조작기 유아들은 어떤 상황에서 지각적으로 가장 현저한 자극에 초점을 맞추고 다른 면들을 무시해 버리는 중심화 경향을 보이는 비논리적인 추론을 한다. 그러므로 보존개념 실험에서 혼란을 일으키는데 이것은 전조작기 유아들이 아직 보존개념을 획득하지 못하였기 때문이다.

보존개념 실험의 예는 2부 Piaget의 인지발달 이론에서 소개한다.

2) 지능의 발달

역사적으로 많은 심리학자들은 지능을 단일의 능력으로 설명하려 하였다. 그러나 오늘날에는 지능을 여러 다양한 능력들의 종합으로 설명하고 있다.

이러한 능력들의 종합은 정지상태에 있지 않고 일생 동안 고정되어 있지도 않으며 끊임없이 변화한다. 이러한 변화는 지능을 구성하고 있는 능력 등의 수와 복잡성에 의해 이루어진다. 각 개인의 이러한 능력들은 성숙과 그 개인이 갖고 있는 학습경험의 상호작용의 산물이라고 볼 수 있다. 즉 선천적인 유전요인과 후천적인 학습이나 경험과의 상호작용에 의해서 발달하는 것으로 받아들여지고 있다.

웩슬러(Wechsler)는 지능을 '목적을 향해 행동하고 합리적으로 사고하며, 환경을 효과적으로 다루는 개인의 종합적 능력'으로 정의했다.

Binet는 지능을 잘 판단하고 이해하고 추리하는 것을 본질로 하는 활동이며, 기타 환경에의 적응능력, '자기 판단의 힘과 같은 기본적 능력'이라 했으며, Terman은 '추상적 사고를 할 수 있고, 모든 문제해결에 추상적 상징을 사용할 수 있는 능력'이라고 정의했다.

심리학자들은 개인검사를 통하여 이러한 지능을 유추할 수 있다고 하였으며, 검사에서 개인이 수행한 정도를 IQ(Intelligence Quotient : 지능지수)로 나타낸다. 여기

에서 많은 일반인들이 지능을 곧 IQ라고 생각하는 오류가 생겨나게 되었다.[17]

발달심리학자들에 의하면 지적 능력은 유전에 의해 많이 좌우되지만 고정된 것이 아니라 상승하거나 감소하기도 하는 것으로 본다. 블룸의 연구에 의하면[18] 1세까지는 약 20%의 지능이 발달하고, 4세까지는 50%, 8세까지는 80%의 지능이 발달하여 8세 이전에 대부분의 지적 성장이 일어난다고 하며, 나머지 20%는 8~17세 사이에 지능이 발달한다고 했다.

지능 발달에 영향을 미치는 요인은 유전 요인 이외에 환경 요인으로 가정환경, 학교 환경, 영양 상태 등을 들 수 있다. 가정환경 요인을 보면 부모의 사회 · 경제적 지위가 아동의 지능과 정적 상관이 있다고 한다. 즉, 부모의 사회 · 경제적 지위가 높을수록 아동의 지능이 더 높고, 전문직에 종사하는 부모의 자녀가 다른 직업을 가진 부모의 자녀보다 약 20점 정도나 높은 지능지수를 나타냈다고 한다. 이는 중류나 상류층 사람들이 하류층보다 가정이나 학교에서 지적 발달을 자주 하는 환경을 보다 많이 제공하기 때문이라고 연구자들은 설명한다. 학교환경에서는 교사의 능력, 교육과정, 학교의 시설 등이 지능 발달에 영향을 미치는데, 교사의 허용적인 태도와 지적 호기심을 유발시키는 능력은 아동의 지적 발달을 촉진시킬 수 있다.

3) 사고의 발달

Piaget에 의하면 전조작기는 2~7세까지로, 유아가 언어와 같은 상징적 매체를 사용하기 시작하면서 사고 기술에 커다란 진전을 이루는 시기이나 사고가 직관적이어서 효율적인 논리를 사용할 수 없다. 상징적 사고를 하기 시작하는 것으로 전조작적 단계가 시작된다는 것을 알 수 있다. 예를 들면 막대기가 총이 될 수도 있고, 우유컵이 될 수도 있다. 즉 어떤 사물을 상징하는 상(像), 단어, 행동 등을 어떤 기호로 쓸 수 있게 된다. 전조작기 유아의 특징은 상징적 사고, 직관적 사고, 자아중심성, 물활론적 사고, 도덕적 실재론, 꿈의 실재론, 보존개념 등에서 잘 나타난다.

---

17) 유효순, 앞의 책, pp. 214~215.

18) B. S. Bloom(1964), *Stability and change in human characeristics*, N.Y.: John Willey & Sons.

(1) 상징적 사고

전조작기 유아의 놀이에는 비언어적인 상징행동이 많이 나타난다. 예를 들면 유아는 베개를 아기라고 재우는 흉내를 내며, 볼펜을 가지고 담배라고 담배 피우는 흉내를 낸다. 이러한 상징적 놀이는 언어의 발달과 함께 급속히 발달하며 아동의 연령에 따라 놀이의 형태도 변화한다.

유아가 3세 반 정도가 되면 흉내놀이(pretend play), 즉 가상놀이를 할 수 있다. 이러한 흉내놀이는 바로 유아가 상징적 사고를 할 수 있다는 최초의 증거이다.

새처럼 행동하는 것, 블록을 갖고 자동차인 것처럼 노는 것 등이 간단한 종류의 환상적 놀이, 즉 상징적 놀이(symbolic play)이다.

또는 엄마, 아빠가 되어 역할놀이를 하게 되는 가상놀이(make-believe play)또는 가정놀이를 하는데 이러한 활동은 '마치 ~인 것처럼' 행동할 수 있는 정신적인 표상능력(representation abilities)을 나타내는 것이다.

Erikson(1968)에 의하면 이와 같은 유아의 상징적 놀이는 이들이 두려움이나 좌절감을 극복하고 불유쾌했던 사건에서 벗어나도록 해 준다고 했다.

(2) 직관적 사고

전조작기 아동은 상징적인 표상에 의한 사고가 가능하나 문제해결에 있어 아직은 지적 조작능력이 부족하다. 따라서 이들의 사고는 현재 그들이 본 것, 들은 것에 의해 결정된다. 이러한 전조작기 아동의 사고방식을 직관적 사고라 하며 이것은 유목화나 보존개념 실험에서 잘 나타난다.

(3) 자아중심적 사고(Egocentrism)

취학전 유아들은 타인이 유아 자신이 보는 것처럼 사물을 보지 않는다는 것을 이해하지 못한다. 이와 같이 타인의 조망을 이해하지 못하는 것을 Piaget는 자아중심적 사고라 했다. 자아중심성(egocentrism)이란 유아들이 이기적인 존재여서 자신의 관점만을 주장하는 것이 아니라, 단순히 자신의 관점과 다른, 다른 사람의 관점이 존재한다는 사실을 알지 못하기 때문에 모든 사람이 유아 자신이 보는 대로 세상을 보고 있다고 생각하는 것을 말한다.

자아중심적 사고는 Piaget와 Inhelder의 세 산모형 실험을 통해 잘 알려져 있다. 유아에게 색깔과 크기가 다른 세 산을 각기 다른 위치에 배열한 장면을 보여주고, 그 산들의 모습을 그린 그림들 중에서 유아 자신이 보고 있는 대로의 모습과 같은 것을 고르게 하면 대부분 유아는 잘 해 낸다. 그러나 자신과 다른 위치에 있는 인형이나 실험자에게 보일 모습의 그림을 고르라고 하면 많은 유아들이 자신이 보고 있는 관점을 나타내는 그림을 고른다. Piaget에 의하면 이러한 결과는 유아가 다른 사람들이 그들 나름의 관점을 갖고 있다는 사실을 알지 못하기 때문에 타인의 입장에 자신을 놓을 수 없어서 일어난다는 것이다.

(4) 물활론적 사고(animism)

유아는 무생물도 살아 있으며, 자기들처럼 감정을 갖고 있고, 의도를 가지며 사고를 할 수 있다고 생각한다. 즉 세상 만물이 모두 생명이 있다고 생각하는 이러한 사고를 물활론이라고 한다.

Piaget에 의하면 유아의 생명에 대한 개념의 발달은 네 단계로 이루어진다.

첫째 단계, 사람에게 어떤 영향을 주는 대상은 살아 있다고 믿는다. 즉, 존재하는 모든 사물에 의지나 생명이 있다고 생각하는 단계이다(4~6세경에 나타난다). 예를 들면 자전거, 난로, 태양, 산, 전등 등 모든 것이 살아 있다고 생각한다.

둘째 단계, 움직이는 것은 살아 있다고 믿는다(주로 6세 이후 8~9세경의 아동에게서 나타난다). 따라서 자전거나 태양은 움직이므로 살아 있지만 산이나 전등은 움직이지 않으므로 살아 있지 않다고 생각한다.

셋째 단계, 스스로 움직이는 것만이 살아 있다고 믿는다(8세 이후~12세까지의 아동에게 주로 관찰된다). 해는 스스로 움직이므로 살아 있으나 자전거는 스스로 움직이지 않으므로 살아 있지 않다고 생각한다.

네 번째 단계, 유아는 비로소 과학적이고 생물학적인 생명관을 갖는다(11~12세 이후에 정착된다). 즉, 이 때에 비로소 동물과 식물만이 살아 있다고 한다.

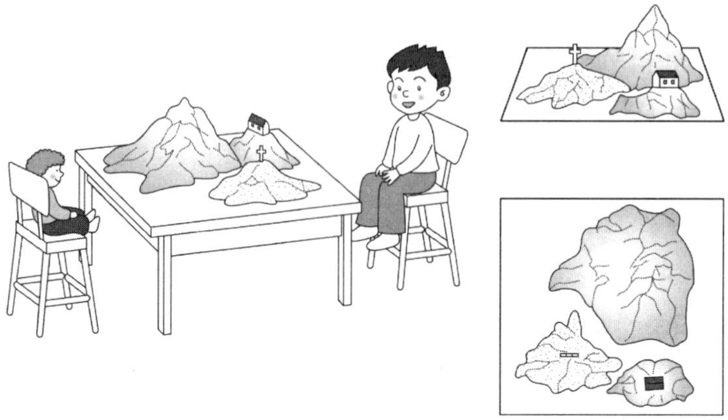

[그림 I-1] Piaget와 Inhelder의 세 산모형 실험

4) 개념의 발달

유아들이 어떻게 개념을 배우는가에 관한 연구는 Piaget의 연구에서 다음과 같이 네 가지 영역(분류, 서열화, 공간개념, 시간개념)으로 구분하였다.

(1) 분류(classification)

분류하기는 같거나 비슷한 것들을 한 묶음으로 놓는 것이다. 즉 유아가 어떤 물체를 보고 색깔, 모양, 크기 등 형태나 특징을 감지하고 구분하는 것을 뜻한다. 0~2세까지는 초보적 형태의 운동분류(motor classification)를 한다. 또한 장난감을 흔들어 보이면 아이는 이 장난감을 단지 흔들리는 물체로 분류하며, 2~4세 중에는 초보적인 형태로 사물이나 대상을 분류한다. 예를 들면 원, 삼각형, 사각형 등 어떤 물체를 모양별로 분류하는 경향이 있다. 4~7세까지는 색깔이나 모양 등 나름대로 어떤 기준을 정해서 분류하는데 이를 준분류(guas classification)라고도 한다. 7세 이상이 되면 대개 명확한 분류를 할 수 있게 된다. 색깔, 모양, 크기, 재료 등 분류대상의 특징에 따라 다양한 기준을 자신이 정해서 그 기준에 따라 사물을 분류한다.19)

19) 「유아교육사전」, p. 225.

(2) 서열화(seriation)

서열은 시작과 방향이 있고 어떤 규칙을 반영하도록 사물이나 사물의 한 세트를 배치하는 것을 의미한다. 즉 서열이란 사물과 사물 사이의 어떤 차이를 인식하고 그 차이에 따라 사물을 정리할 수 있는 기술이다. 따라서 서열은 좀 더 높은 수준의 비교라고 할 수 있으며, 두 개 이상의 사물이나 한 세트를 비교하는 것을 포함한다.

유아는 서열의 과정을 통해 자기 주변의 세계를 조작하고, 사물 간의 관계를 파악하게 되며, 사건이나 사물의 순서를 알고 나아가 일반화의 법칙을 이해할 수도 있다. 또한 유아는 서열 활동을 통해 사물이 배치될 때에는 어떤 규칙을 반영하는 시작과 방향이 있어야 된다는 것을 알게 된다.[20)]

(3) 공간개념(concept of space)

공간개념은 사물이 공간에서 어떻게 관련되어 있는지와 사물들 간에는 어떤 관련성이 있는지에 관한 것이다.

위, 아래, 오른쪽, 왼쪽, 먼 곳, 가까운 곳 등 대상의 위치, 방향, 거리 등을 정확하게 이해하는 것이다.

영아기의 아기는 물체를 시각적으로 추적하고, 그것을 손을 뻗쳐 움켜잡으려고 시도해 봄으로써 공간개념을 발달시키기 시작한다. 걸음마기 아기들은 주변에 널려 있는 물건들 사이에서 자기 몸을 조성하여 돌아다니기 시작하면서 공간개념을 발달시킨다.

유아기 아동은 작은 물건을 커다란 용기에 집어넣거나, 놀잇감과 같은 물건들을 재배열해 봄으로써 공간개념을 실행한다.[21)]

Piaget와 Inhelder는 유아의 공간개념 발달을 세 단계로 구분했다.

제1단계는 위상적(topological) 공간개념으로서 4~6세에 해당된다.

이 시기의 유아는 도형의 형태가 갖는 위상적 특징에 의해 특정 공간 내에서 도형의 위치를 변별해 낸다. 두 번째 단계는 투사적(Projective) 공간개념으로 7~8세 경에 나타난다. 이 단계는 참조체계를 제대로 사용하지 못하고 사물 자체의 속성만

20) 「유아교육사전」, pp. 294~295.
21) 서영숙 외 공저, 앞의 책, p. 205.

을 파악한다.

세 번째 단계는 유클리드(euclid)적 공간개념으로 9~10세경에 나타난다. 이 단계에 들어서면 모든 공간적 단계를 보는 이의 시각과는 무관하게 유지하며, 여러 각도에서 보는 사물의 위치 관계를 정확하게 파악할 수 있다.22)

(4) 시간개념(concept of time)

시간개념은 시간과 관련되어 시간이 어떻게 흐르는지에 관한 것이다. 이는 스스로 구체적으로 느끼는 시간이 아니고 사회적 약속에 의해서 받아들여지는 추상적 상징으로서의 시간에 대한 개념 발달을 말한다.

Piaget에 의하면 유아의 경우 물체가 움직이고 있는 시간은 위치의 변화로서 파악된다. 그러므로 2개의 물체가 동시에 멎어도 장거리를 움직이는 물체가 장시간 움직인 것으로 간주한다.

연령 또한 신장 등의 공간적 단서로 인식하고 연장자는 키가 크고 연소자는 키가 작다고 생각한다. 시간개념이 공간적 단계에서 독립해 객관적 시간개념을 갖게 되는 것은 9세 이후라고 한다.23)

3. 정서 발달

심리학자들은 정서를 인지적 요소(cognitive component)와 생리적 요소(physiological compoment)가 있는 각성상태라고 한다.

정서의 인지적 요소는 중추신경 조직이 관련되는 정서의 지적 요소라 볼 수 있다. 정서에는 지각, 지식, 느낌 등이 포함된다.

22) 「유아교육사전」, p. 46.
23) 「유아교육사전」, pp. 325~326.

정서의 생리적 요소란 심장박동, 땀, 근육의 긴장 등과 같이 어떤 정서를 느낄 때 오는 생리적 변화를 말한다. 이러한 생리적 변화를 일으키는 호르몬에는 두 가지가 있다. 하나는 아드레날린(adrenaline)으로 이것은 심장박동을 증가시키고, 땀을 분비시키며, 혈관을 수축하고 소화를 막는다(우리가 흥분을 하거나 두렵거나 사랑에 빠졌을 때 배고픔을 느끼지 않는 것은 아드레날린이 분비되어 소화가 잘 되지 않기 때문이라고 한다). 다른 하나는 비아드레날린(non-adrenaline)으로 이것은 심장박동을 감소시키고, 혈관을 확장시키며, 타액의 분비를 촉진시킨다.

일반적으로 아드레날린이나 비아드레날린은 모두 우리가 정서를 느낄 때 분비되지만, 두려움을 느낄 때는 특히 아드레날린의 분비가 높고, 화가 났을 때는 비아드레날린의 분비가 높다.

아드레날린이나 비아드레날린의 양에 따라 약한 정서와 강한 정서로 분류할 수 있는데 약한 정서 상태는 동기 에너지의 근원이 되는 운동선수가 시합 전 약간의 흥분을 느끼는 것과, 시험을 보기 직전에 약간 긴장을 하는 것 등인데 이러한 약한 정서 상태는 일의 결과나 수행에 긍정적인 영향을 미친다. 그러나 강한 정서 상태는 개인의 수행에 부정적인 영향을 주는 것으로, 운동선수가 매우 긴장하였을 때 경기 도중에 적절히 행동을 할 수 없는 것과 시험을 볼 때에도 너무 긴장하면 시험 문제에 정확하게 답을 할 수 없는 것 등이다.[24)]

Kostelnik 등은 긍정적인 정서는 아동에게 안정감과 편안함을 주며 아동으로 하여금 어떤 행동이나 관계가 자기에게 좋은 것으로 여기게 하는 반면, 부정적인 정서는 기분을 나쁘게 하고 위험하거나 불편함의 신호가 되게 한다고 했다.[25)]

정서 발달은 생물학적 성숙요인과 경험적 요인, 이 두 요인 간의 상호작용에 의해 이루어진다고 볼 수 있다.

1) 영유아의 정서 발달 과정

영아는 출생 후 처음 3개월 동안에 기쁨, 분노, 경악, 괴로움 등의 정서를 표현할

---

24) 유효순, 앞의 책, pp. 271~272.

25) M. J. Kostelnik, L. C. Stain, A. P. Whiren & A. K. Soderman(1993), *Guiding children's social development*, South-Western Publishing Co.

수 있고 출생 후 일년 이내에는 신중성, 두려움, 싫증, 화, 놀라움 등의 정서를 표현할 수 있다. 부끄러움, 수줍음, 죄책감, 애정, 반항심 등은 두 살이 되기 전에 나타나고, 정의감, 자신감, 질투심, 사랑, 경멸감 등은 그보다 훨씬 뒤에 생긴다고 한다.

그러면 아동의 언어적인 정서 표현의 발달은 어떠한가? 에크만(Ekman, 1972)에 의하면[26] 아동이 가지고 있는 정서의 개념은 성인의 정서 개념과 매우 다르다. 그는 성인을 대상으로 정서의 재인, 명명, 분류 등에 관한 연구를 했는데 이 연구결과, 사람들이 정서를 표현하는 방식에는 보편성이 있다고 말하고 있다. 예를 들면 사람들은 특정 정서에 대해 공포, 혐오, 화 등으로 표현하는데 그 방식에는 공통성이 있다는 것이다. 뿐만 아니라 그는 정서에는 원형(prototype : 기쁨, 슬픔, 공포, 화 등)이 있고 이 원형이 혼합된 정서가 있으며, 원형은 선천적인 것이고 혼합된 정서는 학습된 것이라고 보았다. 영아는 '기쁨과 슬픔', '공포' 등의 원형적인 정서는 구분할 수 있지만 혼합된 정서는 구분하지 못한다.[27]

2) 영유아의 정서적 특징

유효순은 유아 정서의 특징을 다음과 같이 정리했다.[28]

① 아동의 정서 표현은 강렬하다. 이들은 사소한 상황에서건 심각한 상황에서건 똑같은 강도로 강렬하게 정서를 표현한다. 우리는 아동이 작은 일에도 좋아서 깡충깡충 뛰고, 조금 화나는 일에도 마구 발버둥치며 우는 것을 종종 본다.

② 아동은 정서적 반응을 매우 자주 보인다. 연령이 증가함에 따라 폭발적으로 정서를 표현하는 것은 바람직하지 않으며 때로는 벌을 받을 수도 있다는 것을 알게 된다. 그래서 점차 자신의 정서적인 반응을 절제하고, 자신의 정서를 변형시키거나 바람직한 방향으로 표현해 가게 된다.

③ 아동의 정서는 일시적이다. 금방 울다가 웃거나, 화를 내다가 미소를 짓고, 금방 질투를 보이다가 애정을 보이는 등 아동의 정서는 쉽게 변한다. 이는

---

26) C. O. Eckerman, J. L. Whatly & S. L. Katz(1975), Growth of Social Play with Peer during the Second Year of Life, *Developmental Psychology*, 11, pp. 42~49.
27) 유효순, 앞의 책, p. 276.
28) 유효순, 앞의 책, pp. 277~278.

아동이 아직 지적으로 미숙하여 상황을 완전하게 이해하지 못하고, 주의력이 부족하기 때문에 나타나는 현상이라고 할 수 있다. 그러나 연령이 증가함에 따라 점차 지속적인 정서 반응을 보인다.

④ 영아의 정서 반응의 유형은 대체로 비슷하다. 그러나 학습과 환경에 의한 영향으로 아동의 정서 반응이 점차 개별화되기 시작한다. 즉, 무서운 것을 보았을 때 어떤 아동은 방에서 소리치며 뛰쳐나가고, 어떤 아동은 주저앉아 울거나 사람 뒤에 숨는다.

⑤ 아동의 연령에 따라 각 정서의 강도가 변한다. 질투심이 강하게 작용하는 연령이 있는가 하면, 약해지는 연령이 있다. 반대로 어떤 연령에서 약한 정서가 다른 연령에서는 강해지는 경우도 있다. 이러한 변화는 욕구, 동기의 변화와 지적 능력의 변화, 혹은 관심사와 가치관의 변화 때문에 생기는 현상이다.

⑥ 아동의 정서는 행동적 증후로 나타날 수도 있다. 예를 들어 아동이 느끼는 어떤 정서가 직접 표현되지 못할 때 이것이 왜곡되어 백일몽, 언어 장애, 손가락 깨물기 등의 행동적 증후로 나타날 수 있다.

3) 영유아의 여러 가지 정서

(1) 애정

다른 사람이나 사물에 대해 사람이 느끼는 긍정적 감정 중의 하나는 애정이다. 애정은 대개 자연스러운 느낌이다. 유아는 자기를 돌보아 주고 배고플 때 우유를 주고 기저귀를 갈아주고 즐겁게 해 주는 사람에게 애정을 보낸다.[29]

취학전 아동이 나타내는 애정의 특징은 상호적이다. 즉, 자기를 좋아하고 귀여워해 주는 사람을 좋아하며 따른다. 뿐만 아니라 이들의 애정은 정서적 성장뿐 아니라 신체적 성장에도 영향을 준다. 예를 들어 시설 아동은 아무리 시설이 좋고 영양 상태가 좋아도 충분한 애정을 베풀어 주는 주양육자가 부족하여 신체적 발육이 늦고 전염병에 걸리기 쉬우며 언어 발달이 늦다.

그러면 아동의 애정은 어떻게 발달하는가. 아동의 애정이나 사랑은 몇 단계를

29) 서영숙 외 공저, 앞의 책, p. 194.

거쳐 발달한다. 첫째 단계는 주로 보호자나 양육자, 즉 부모에 대한 사랑으로 9~12개월 사이에 특히 강해진다. 이 단계에서는 자신의 보호, 방어가 애정과 사랑의 기본적인 요소가 된다. 뿐만 아니라 이들의 사랑은 좀 더 나이 든 아동이나 성인의 사랑과는 질적으로 다르다. 이들의 사랑은 욕구 충족의 사랑으로, 자신의 욕구와 이러한 욕구를 충족시켜 줄 수 있는 부모의 능력을 토대로 이루어진다.

아동은 성장하면서 이러한 초기 단계의 애정을 점차 타인에게 일반화시키게 된다. 즉, 아동이 성장하여 타인을 사랑하게 되는 것은 자신의 욕구가 충족된 초기 사랑과 관련된다. 그러므로 초기 단계의 사랑이 결핍된 아동은 타인과의 관계를 잘 맺지 못하고 비협조적이며 타인에게 공격적이다.

이 단계에서의 사랑과 애정의 표현은 비교적 가시적이다. 깡충깡충 뛴다든가, 손뼉을 치며 좋아하고, 꼭 안거나 또는 뽀뽀를 한다.

두 번째 단계는 취학 아동의 애정으로 이 시기에 들어서면 아동의 애정은 거의 같은 연령의 같은 성의 또래에게로 향한다. 이 때의 애정은 소속감, 타인에 의해 수용된다는 느낌에 대한 욕구와 깊은 관련이 있다.

연령이 증가함에 따라 애정의 표현도 여러 외적 요소의 통제 하에 사회화된다. 따라서 취학 연령이 되면 여아들은 손을 잡고 걷거나 팔을 끼고 걷는 것으로 애정을 표현하게 되며 남아는 서로 어깨를 친다든가 가볍게 레슬링을 하는 등의 행동으로 애정을 표현한다. 이 외에 친구에 대한 애정 표현이 친구와 항상 같이 있고자 하는 욕망으로 표현되며 서로 비밀 노트를 교환한다거나 사소한 일로 자주 전화를 거는 등의 행동으로 나타난다.

세 번째 단계의 사랑은 이성에 대한 사랑이다. 이것은 낭만적 사랑으로, 영아기에 나타나는 욕구 충족의 사랑과 아동기에 나타나는 소속감의 사랑과는 다르다. 이것은 성적 매력과 친근감, 그리고 특정한 인물과 같이 있고자 하는 욕구의 특성을 지닌다.[30)]

(2) 분노

유아들은 여러 가지 방법으로 분노를 나타낸다. 분노는 아이가 자발적으로 행동

---

30) 유효순, 앞의 책, pp. 278~279.

할 수 있을 때 나타난다. 어떤 목적을 달성할 수 없을 때 분노를 표시함으로써 안정된 지지를 받게 된다. 또한 분노는 아동이 하고자 하는 것을 못하게 했거나 공격받고, 방해받고, 이용당하고, 하고 싶지 않은 것을 해야 하고, 아프거나 고통이 오래 되었을 때 드러난다.[31)]

생후 16주 정도가 되면 분노가 나타나는데, 이 때의 분노는 신체적인 고통에서 비롯되며 울음을 통해 표현된다. 분노가 가장 심하게 나타나는 나이는 3세이며, 화를 내는 정도는 개인에 따라 다르다.[32)]

분노의 원인은 영아기에는 아기가 머리나 팔, 다리를 속박당할 때 나타나며 연령이 증가하면서 독립의 요구, 증가된 여러 금지, 제한사항, 만족이 지연되는 데 대해 화를 낸다. 또한 아동은 장난감이 기대한 대로 작동하지 않을 때 가장 많이 화를 낸다.

아동이 좀더 크면 자신의 목표나 목적의 달성에 방해를 받을 때, 또는 자신이 바라는 것이 제대로 되지 않을 때 화를 내게 된다. 이러한 경우는 신체적 장애 때문일 수도 있고 규칙이나 단속에 의한 것일 수도 있으며 자신의 능력이 부족한 때문일 수도 있다. 더 나아가 사랑이나 존경이 부족하거나 외롭거나 성공의 기회가 부족하거나 학교생활이 재미가 없을 때 화를 내게 된다.

아동이 화를 내는 것을 보면 어렸을 때는 그것이 직접적인 신체적 행동으로 나타나는 것을 알 수 있다. 예를 들어 친구가 장난감을 빼앗는다든가 엄마가 잠잘 시간이라고 텔레비전을 끄면서 "가서 자."라고 하면, 소리를 지르고 발버둥을 친다. 그러나 연령이 증가하면서 이러한 신체적 표현은 점점 줄어들고 언어적 표현으로 화를 내게 된다. 즉, 취학 연령이 되면 대부분의 아동은 자신의 화를 외적으로 나타내는 것을 통제하도록 배우게 되어, 화가 나더라도 때리거나 던지거나 하지 않고, 노려보거나 단호하게 말을 한다.[33)]

---

31) A. Clark-Stewart, S. Friedman & J. Koch(1985), *Child Development : A Yopical Approach*, N.Y.: John Wiley & Sons, Inc.
서영숙 외 공저, 앞의 책, pp. 191~192.

32) 서영숙 외 공저, 앞의 책, p. 192.

33) 유효순, 앞의 책, p. 280.

(3) 두려움

아동의 두려움은 종류나 강도가 매우 다양하다. 이러한 모든 종류의 두려움이 다 나쁜 것은 아니다. 어떤 두려움은 해나 위험으로부터 아동을 보호해 주기 때문에 바람직하다. 또 어떤 두려움은 합리적인 반면, 어떤 두려움은 비합리적이다. 앞에서 살펴본 화, 분노와는 달리 이러한 두려움에 대해서는 많은 연구가 이루어졌다.

아동이 두려움을 갖게 되는 원인은 무엇일까? 자아 확신이 약할 때 아동은 더 두려움을 느끼게 된다. 즉, 아동은 아프거나 피곤할 때는 더 쉽게 두려움을 느끼는 경향이 있다. 또 익숙하지 않은 경우나 자신이 없는 경우, 그리고 애정을 잃었을 경우도 더 두려움을 느낀다.

아동은 갑작스런 강한 자극을 대할 때도 두려움을 느낀다. 안전과 보호를 위협하거나 그것의 부재를 나타내는 것, 예를 들어 엄마가 시야에 있지 않은 것도 두려움의 원인이 된다. 그러나 두려움의 원인은 상황, 아동 자신의 기질, 경험, 즉 환경과의 상호작용 등에 따라 다르다.[34)]

두려움의 원인이 유아의 연령에 따라 나타나는 것을 보면 가장 빨리 나타나는 두려움 중의 하나가 낯선 사람에 대한 불안을 느끼는 것이다. 출생 후 1개월 사이의 영아는 큰 소리가 나거나 의지할 수 있는 사물이 없을 때를 제외하고는 거의 두려움을 나타내지 않는다. 대개 두려움은 출생 후 6개월경 이후에 나타나기 시작하는데 7개월경을 전후로 낯선 사람에 대한 두려움을 보이며 8, 9개월경부터는 격리에 대한 불안을 나타내기 시작하여 2세경에 절정에 달했다가 그 후 점차 사라진다. 또한 8개월경을 전후로 깊이에 대한 두려움도 나타난다.

어두움과 혼자 남는 것에 대한 두려움은 2세 반경부터 발달되어 아동기까지 계속될 수도 있다.[35)]

3세 정도 된 유아는 동물, 특히 개에 대한 두려움을 나타내는 경우가 많다. 이 시기의 유아는 원인과 결과에 대한 초보적인 지식이 있으므로 위험한 상황을 예견

---

34) 유효순, 앞의 책, pp. 280~281.

35) B. M. Ostfeld(1971), *Children's fears : What they are and what causes them daycare / Staff Development Program*, N.Y.: Curriculum Development, Inc.

할 수 있으며, 공포반응을 일으켰던 경험이 있는 대상을 접하면 두려워한다.[36]

취학전 아동은 어두움, 상상적 괴물, 부모로부터의 격리, 갑작스럽고 강한 자극, 큰 소리 등에 대해 두려움을 나타낸다. 연령별로 보면 4세경에는 두려움이 많으나 5세경에는 약화되다가 6세 무렵에 다시 두려움이 많아진다. 이는 유아의 지식이 많아졌지만 아직 불충분한 상태에서 상상력이 발달하여 도깨비, 유령 등을 무서워하는 것이거나 또는 잘못 형성된 조건화에 의해서 나타나는 현상이다.

5세까지의 아동이 두려움을 나타내는 상황은 다음과 같이 몇 가지로 나누어 볼 수 있다. 첫째는 갑작스런 소리나 예기치 않은 움직임이 있는 상황, 둘째는 낯선 사람이나 사물 또는 친숙한 사람이 낯선 옷차림을 하였을 경우, 그리고 셋째는 동물들이나 어두움 또는 어두운 곳에 혼자 있게 되는 경우다.

취학 연령이 되면 아동의 사회적 세계가 확장되므로 그가 겪는 두려움의 종류도 다르게 된다. 이 시기에는 사회적 긴장과 관련된 두려움, 즉 학교에 대한 두려움, 실패, 친구를 잃는 것 등에 대한 두려움이 생기게 된다. 또한 상상 속의 괴물 등에 대한 두려움도 이 시기에 잘 나타난다.[37]

Piaget는 4~8세까지의 유아들에게 있어서 공통적으로 나타나는 문제는 악몽인데 이는 아동들이 그들이 상상하는 실제적인 일들을 생각이나 꿈으로부터 분리하여 생각할 수 없기 때문이라고 한다.

(4) 질투

질투란 인간이 피할 수 없는 보편적인 감정이다.

첫째, 질투는 사랑의 표시이다. 즉 질투는 우리가 그것을 느끼는 대상을 긍정적으로 평가하고 있음을 의미한다. 사람들은 자신이 높이 평가하는 것에 대해서만 질투를 느낄 수 있다.

둘째, 질투는 상실의 두려움을 나타내는 측면이다. 질투라는 정서에는 항상 실제의 대상이든 상상의 대상이든 그 대상자로 인한 상실의 요소가 있다.

즉, 질투는 내면에 상실의 두려움, 애정이 고립되는 데 대한 두려움이 있다.

---

36) Kostelnik et als., 1993.
37) 유효순, 앞의 책, pp. 281~282.

유아들에게서 흔히 볼 수 있는 질투는 형제 간의 질투이다. 유아들은 부모의 사랑, 애정, 관심을 원하며 자신이 가장 중요한 사람이고 자신이 최고이길 바란다. 그런데 아동이 부모의 사랑과 이해를 가장 많이 받지 않는다고 느낄 때 질투를 느끼게 되는 것이다. 유아들은 엄마에게 사랑을 받는 첫 번째이며 유일한 사람이 되고자 한다. 그러므로 엄마의 사랑을 다른 사람과 나누어 가지는 것을 받아들이려 하지 않는다. 엄마의 사랑을 나누어 가지게 되면 그 만큼 사랑을 덜 받게 되므로 이것이 바로 질투의 감정을 일으키게 한다.

유아들이 질투를 나타내는 방법은 다양하다. 간접적으로 지나치게 의존적 행동을 보이거나 퇴행을 하기도 한다. 또한 자신에 대한 건전하지 못한 감정을 형성하거나 타인에게 화를 내고, 공격적인 행동을 보이기도 한다. 이렇게 외적으로 질투의 감정을 표현하지 못할 경우 때로는 이것이 억압되어 피부발진, 만성기침, 잦은 감기 등의 신체적 증상이 나타나기도 하며, 손톱을 깨물거나 머리카락을 잡아당기는 등의 신경증적 증상이 나타나기도 한다.[38]

4. 언어 발달

여기서는 영유아의 언어발달을 연령별로 살펴보고 언어 발달 이론과 언어 발달에 영향을 주는 요인에 대하여 함께 살펴본다.

1) 영유아의 언어 발달

유아의 언어 발달(language development)은 크게 언어획득 이전의 시기와 언어시기로 나누어진다. 유아의 언어 발달은 신체 발달이나 인지 발달과 마찬가지로 일정한 발달 순서에 의해서 일어나게 된다. 물론 유아 개인의 발달 속도에 따라 차이는

38) 유효순, 앞의 책, pp. 282~283.

있으나, 대체로 비슷한 과정과 순서를 밟으면서 이루어진다. 언어획득 이전 시기란 유아가 아직 말을 시작하기 전에 소리를 내는 시기를 말한다.

신생아가 출생한 후 시간이 흐르면 목적의식을 갖고 우는데, 이것은 울음을 자기 표현의 초보적 수단으로 사용하는 것이다. 생후 1개월경부터 신생아는 울음소리 외에 호흡과 관련되는 'ㅎ'소리와 모음 비슷한 소리인 웅얼거리는 소리(cooing sound)를 내는데, 웅얼거리는 소리는 3개월경에 옹아리(babbling)로 이어지고 옹아리는 첫 단어가 나타날 때까지 계속된다. 옹아리는 형식을 갖춘 언어의 유형은 아니지만 자음과 모음을 음절로 구성하여 옹알거리는 말로서 인간의 음성과 비슷하다. 언어 시기는 생후 10~13개월 사이에 시작되며, 이때 유아는 첫 단어를 말하게 된다. 대개 '맘마, 아빠, 다다'의 형태로 나타난다. 이 시기를 한 단어말기(the one word speech stage)로 부르며 한 단어말이란 하나의 단어로 구성된 발화형태로 문장의 역할을 한다.

한 단어는 주변세계에서 접하는 사물, 사건, 사건상호 간의 관계 및 사회적 관계를 통해 습득되는 것으로 다양한 의미가 함축되어 있다. 유아는 18개월이 지나면 단어를 두 개 결합시켜서(the two words speech stage) 표현한다. 이때 유아가 말하는 단어의 수는 50여 개에 이르며, 두 개의 단어를 조합하여 말하는 유아는 주축문법이라는 일정한 규칙을 사용한다.

성인의 문법과 다른 유아의 주축문법은 두 단어 조합에서 일관성을 보여 준다. 이 문법에 따라 두 단어말을 분석하면 주축어와 개방어로 나타나는데, '엄마 우유, 엄마 이거, 엄마 무거'의 표현에서 '엄마'는 주축어이고 '우유, 이거, 무거'는 개방어가 된다. 유아는 두 단어로 말하기 시작하며 2개월 정도가 지나면 세 단어로도(more than two words speech stage) 말하기 시작한다. 유아의 두세 단어말은 성인들이 사용하는 전보문과 비슷하다. 즉 이 시기 유아의 말은 대명사, 관사, 전치사, 접속사와 같은 기능어는 생략되어 명사, 동사 및 몇 개의 형용사로 된 핵심적 내용으로 구성되어 있다.

두세 단어말 시기를 지나면서 유아는 비교적 자유로운 언어표현을 할 수 있게 되고, 문법적 규칙을 보다 활발하게 적용하게 된다. 이 시기에는 의문문, 부정문, 수동문, 복문 등을 구성함으로써 문법적 구성능력을 발달시킨다. 이런 문법적 구성

능력은 수많은 문장변화를 가능하게 하는 원동력이 된다.[39]

2세 정도가 되면 두 단어를 결합하여 말하기 시작하다가 2, 3개월 후에는 세 단어를 사용하면서 유아의 언어는 정교화되고 규범적 규칙의 적용을 시도한다. 약 200~300개의 단어를 사용할 정도로 어휘수가 급격히 증가하여 '폭발적 팽창기'라고 부른다. "이거 뭐야"처럼 사물의 명칭을 묻는 말을 자주 사용한다. 그러나 이 시기에는 타인의 입장에서 생각하고 느끼는 추론능력(perspective-taking ability)이 부족하므로 자기중심적 언어가 지배적이다. 3세가 되면 약 900개 정도의 어휘를 사용하고 문장의 기본 구조는 3세말경이면 획득한다. 네 단어 이상의 문장을 사용하면서 급격한 언어발달을 보인다.

질문을 즐기는데, 주로 '무엇'과 '왜'라는 의문사를 많이 사용한다. 3~4세의 대화는 주로 정보를 교환하는 것이 특징이다.[40]

24개월경에 영아의 문장에서 두 단어가 연결되는 서투른 문장이 나타난다. 즉, 자립기의 영아들이 사용하는 문장은 불완전하여, 주어 – 동사, 동사 – 목적어 문장을 사용하지만 주어 – 동사 – 목적어 문장은 거의 사용하지 못한다.

자립기의 영아들도 책을 좋아하는데, 특히 책은 다양한 언어 유형을 담고 있기 때문에 영아에게 자주 읽어 주는 것이 좋다. 책읽는 것을 듣고, 또한 그림책을 보는 등의 경험을 통하여 영아는 자신의 생각을 말로 표현하는 연습을 하게 된다.

또한 영아는 상상놀이를 즐기는데, 이러한 상상놀이는 언어와 상상을 연합시키는 기회를 제공하여, 영아가 자신의 행동과 타인이 말할 것이라고 생각하는 언어를 말하게 해 준다. 상상놀이 경험을 통하여 영아는 자신의 언어를 연습하고 그것을 사회적 상황에 조화시켜 갈 수 있다.

여러 가지 필기구 / 분필, 크레용을 가지고 충분히 놀이함으로써 영아의 끄적거리기는 점점 발달하고, 선긋기를 할 수 있게 된다. 양육자는 영아들의 쓰기 행동모델이 될 수 있다. 즉 양육자는 영아가 보는 앞에서 영아의 이름을 쓰고, 부모에게 메모를 써 주며, 또 영아의 작품 노트에 문장의 글을 써 주는 활동을 함으로써, 영아에게 쓰기 경험을 가지도록 자극할 수 있다.[41]

---

39) 「유아교육사전」, p. 372.
40) 양옥승 외 공저, 앞의 책, pp. 107~110.
41) 최미현 외 공저, 앞의 책, p. 54.

3세아들은 2,000에서 4,000단어 정도의 어휘력 증진을 보이는데, 단어 구성이나 의미에 있어서 과잉 일반화 현상(과잉축소, 과잉확대)이 나타난다. 자신의 요구나 도움을 표현하기 위하여 최소한 3~4단어의 단문을 사용할 수 있다. 차례를 지켜 가며 다른 사람과 대화하는 데 있어서는 어려움을 보이며, 대화의 주제도 빨리빨리 바뀌는 경향이 있다. 정확한 발음을 하는 것에는 아직 어려움이 있다.

간단한 손유희나 운율이 반복되는 노래를 좋아하며, '누가' '무엇을' '어디에서' '왜' 와 같은 질문을 많이 하고, '언제' '어떻게'와 같은 질문의 반응에는 혼동을 나타낸다. 3세아들은 '왜냐하면'과 같은 말을 과도하게 사용하는 경향이 있으며, 시간적 · 시기적 단어는 적절하게 사용하는 예가 드물다. 3세아는 간단한 내용의 이야기를 다른 사람에게 전할 수 있으나, 사건의 순서를 생각해 내기 위해서는 그 계열대로 실제 다시 행동을 해야만 알 수 있다. 3세아들은 간혹 이야기하고 있는 상황을 잊고, 보다 흥미로운 부분에 집중하는 경향이 있다.[42)]

이 연령의 아동은 상상 속의 동화든지 사실이든지 간에 이야기듣는 것을 좋아하며, 레코드나 테이프를 즐긴다.

4세 유아의 어휘력은 4,000~6,000단어 정도로 확장되며, 추상적인 용도에 보다 관심을 가진다. 일반적으로 5~6개 단어로 이루어진 문장을 구술할 수 있다. 간단한 노래 부르기를 좋아하고, 타인에게 자신의 가족과 경험에 대하여 이야기하기를 즐긴다. 많은 종류의 언어적 요구를 표시하며, 다른 사람을 놀리기 시작한다.

비교절이나 부가의문문의 사용과 같이 보다 발전된 문장 구조를 사용하기 시작하며, 새로운 문장 구성을 시도한다. 자신이 할 수 있는 단어 이상의 의사소통을 시도하기도 하며, 그것이 자신의 경험과 관련되어 있다면, 그러한 새로운 어휘는 빨리 학습한다. 이야기 속의 계열이나 4~5단계의 지시문을 다시 말할 수 있다.

5살이 되면, 5,000~8,000단어의 어휘를 사용하고, 어려운 발음이 보다 명료하고 정확해지며, 문장도 보다 완전해지고 복합적이게 된다. 자신의 경험을 언어적으로 표현할 수 있으며, 노래 속에 나타나는 많은 단어들을 이해한다. 서로 간의 대화를 나누는 과정에서도 차례를 지킬 수 있으며, 다른 아이들의 대화에 끼어드는 것이 줄어든다. 특히 새롭고 흥미로운 내용일 경우, 다른 사람의 말을 주의 깊게 듣고 있을 수 있으며, 대화 중에는 대명사에 대한 구체적 언급 없이 의미하고 있는 것을

---

42) 최미현 외 공저, 앞의 책, p. 57.

듣는 사람이 다 이해하고 있을 것이라 여기는 자기중심성의 흔적도 나타난다.

다른 사람의 역할로 행동하는 것을 좋아하고, 간단한 시의 몇 행 정도는 기억할 수 있으며, 텔레비전 쇼나 광고 등에서의 다른 사람들의 완전한 문장이나 표현을 반복한다. 반복되는 이야기, 시, 노래를 즐기며, 동화를 극놀이로 표현하는 것을 좋아한다. 아이디어를 표현하는 데 있어 언어적인 유창성이 증진된다.[43)]

2) 언어 발달 이론

언어 발달을 설명하는 이론은 언어 발달이 유전과 환경요인에 의해 어떻게 영향을 받는가에 따라 여러 가지 이론으로 설명된다. 현재 대두되고 있는 대표적인 이론은 크게 세 가지로 나눠질 수 있다.

첫째는, 언어는 경험적인 훈련에 의한 후천적으로 강화된 환경의 결과라는 입장 - 학습이론

둘째는, 선천적이고 생득적인 능력으로서 지적 성장과 성숙의 과정이라고 보는 입장 - 생득주의 관점

셋째는, 생득적인 능력과 환경의 상호작용으로 보는 입장 - 상호작용주의 관점

여기서는 언어 발달이론 중 대표적인 학습이론, 촘스키와 렌네버그의 이론 생득주의, 상호작용주의 이론에 대해서 살펴본다.[44)]

(1) 행동주의 이론

행동주의 이론은 유아의 언어습득이 선천적인 능력에 의한 것이 아니고 경험적인 훈련과 강화작용, 모방, 반복에 의해서 후천적으로 이루어진다는 입장으로 1960년대에 지배적이었던 이론이다.

행동주의자 Skinner는 유아의 언어 발달은 부모들이 제공하는 강화에 의해 학습되어진다고 했다. 즉 유아의 언어 발달은 옹아리에서 시작되는데 옹아리 속에는 자국의 언어에서 사용되는 요소가 포함되어 있다. 그런데 부모는 아동이 자신들이 사용하는 언어에 포함되는 음소를 발음하면 더 주의를 주거나 좋아하는 경향이

43) 최미현 외 공저, 앞의 책, pp. 59~60.
44) 조정숙 · 김은심 공저, 「유아언어교육」, (서울 : 정민사), 1998, pp. 23~33.

있어서 이러한 부모의 긍정적인 태도가 강화의 역할을 해서 영아가 모국어의 음소를 획득해 나간다는 것이다.

행동주의자들은 산출어(productive language)가 원래 유아의 최초 발성에 대한 선택적인 강화를 통해 조성된다고 본다.

Skinner는 1957년 「언어행동(Verbal Behavior)」이라는 책을 출간하여 언어는 하나의 행동이며, 언어의 출현과 발달 역시 학습의 원리에 의해 설명된다고 했다. 강화와 모방이 음운론, 의미론, 실용적 규칙에 대한 유아의 획득을 설명하는 체계로 이용된다. Skinner에 따르면 유아의 언어획득방법은 다음 세 가지로 요약될 수 있다.[45)]

첫째는 'Mand'의 반응이다. 이것은 '명령(command)'과 '요구(demand)'라는 낱말들을 따서 Skinner가 만들어낸 용어이다. 예를 들면, 영아가 우연히 '무', '무'하는 옹아리를 했다고 하면 엄마는 이를 '물'을 달라고 하는 소리로 해석하고, 물을 주면서 영아의 요구(manding)에 응하고 그러면 영아는 물이 먹고 싶을 때마다 '무', '무' 소리를 낼 가능성이 높아진다는 것이다.

둘째는 'Tact'의 반응이다. 이 용어는 '접촉(contact)'이라는 낱말을 따서 만든 것이다. 영아가 목욕을 하면서 우연히 '무', '무'하는 소리를 엄마가 듣고 이를 '물'이라고 했다고 해석한 엄마는 영아에게 적당한 보상을 준다.

이러한 과정이 목욕을 할 때마다 계속 일어나면 영아는 물을 접촉(contact)하면서 '무', '무' 소리를 물이라는 낱말과 연결시켜 배우게 된다.

세 번째는 'Echoic' 반응이다. 이 말은 어른의 소리를 그대로 반향(echoic)한다는 뜻이다. 영아는 '물'이라고 하는 소리를 계속 듣고, 자기도 '무', '물'이라고 엄마의 흉내를 내면서 말하게 되었는데, 이때 엄마가 뽀뽀를 한다거나 껴안아 주면서 말을 했다고 좋아해 주면, 영아는 이제 완전히 물이라는 단어를 배우게 된다는 것이다.

1950년대 말과 1960년대 초에 이르러 언어심리학자나 언어학자들은 행동주의 이론의 핵심이론인 모방이나 강화가 언어획득의 다양한 측면을 설명하지 못한다고 비판하기 시작했다. Flavell 등은[46)] 첫째, 상당량의 구문 학습이 문장 모방의 영향을 받지 않고 이루어진다는 사실과 둘째, 정확한 문법적 표현과 부정확한 표현

45) 이하숙 · 노명완, 「유아언어교육」, (서울 : 동문사), 1995.

46) J. H. Flavell, P. H. Miller & S. A. Miller(1993), *Cognitive development*(3rd ed.), New Jersey: Prentice Hall.

에 대한 선택적 강화가 구문발달의 주요 형성자 노릇을 못한다는 것을 들고 있다.

Bukatko와 Daehler도 다음과 같이 행동주의 입장을 반박했다.47)

첫째, 부모가 체계적으로 자녀에게 문법적으로 일관된 말을 하도록 지도한다거나 어떤 일관성을 가지고 문법적으로 맞는 문장과 맞지 않는 문장을 다르게 강화한다는 증거가 없고, 오히려 부모가 유아의 언어에 관심을 표명하는 부분은 이야기 내용이 진실한지의 여부에 있다는 연구결과가 있다.

둘째, 모방이론은 취학전기 유아에게서 자주 나타나는 과규칙화(over regularizations) 현상을 설명할 수 없다는 점이다(예 : 불규칙동사인 'go'에 대해 'goed'또는 'run'에 대해 'runed'식 표현).

셋째, 행동주의자들의 언어획득에 대한 설명 방식은 유아를 극단적으로 수동적인 위치에 놓는다는 것이다. 그러나 언어학습의 초기단계에서조차, 유아들은 양육자의 반응에 관계없이 능동적으로 자신이 내는 소리를 실험하여 그들의 부모가 명명해 주도록 특정 사물을 지적하고, 다른 사람들이 그들에게 말하지 않았던 두 단어 혹은 세 단어로 된 문장을 창조해 낸다.

(2) 생득주의 이론

1950년대 말과 1960년대에 행동주의 이론의 제한점이 제기되면서, 언어의 형태와 이들 형태의 표현에 있어서의 기초적인 정신과정에 대해 설명하려는 생득주의 이론이 대두하였다. 이 이론의 대표적인 학자로는 Noam Chomsky를 들 수 있다.

Chomsky는 인간 언어의 선천성(innateness)과 보편성(universality)에 관한 자신의 생각을 언어획득장치(Language Acquisition Device, LAD)와 변형생성이론(transformational generation theory)이라는 개념으로 요약하였다.

Chomsky에 따르면 인간은 태어나면서부터 생물학적인 기초를 가지고 있는 선천적인 언어능력이 있어서 어떤 언어를 배우든지 간에 이 언어획득장치(LAD)의 도움으로 자신의 모국어를 획득하게 된다는 것이다. 따라서 인간이라면 인종이나 지능 등의 개인차에 관계없이 자신의 모국어를 획득하여 사용하는 일에는 그리

---

47) D. Bukatko & M. W. Daehler(1992), *Child development : A topical approach*, Boston: Houghton Mifflin Company.

어려움을 겪지 않게 된다.

이 언어획득장치는 인간언어의 보편성, 즉 보편적인 내재적 언어원리와 구절구조 규칙을 지니며, 이러한 보편성으로 인하여 어떠한 언어에도 기본적인 기초이론이 형성되는데, 이때 유아는 언어획득장치의 도움으로 들어오는 단어를 처리하고, 그 언어에서 발견되는 규칙성에 근거하여 모국어에 대한 가설을 형성하게 된다.[48)]

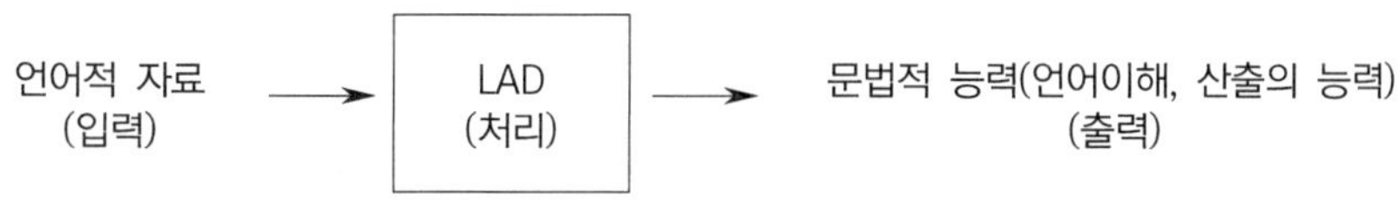

[그림 I-2] Chomsky의 언어획득장치(LAD)

Chomsky[49)]는 유아의 언어 발달이 강화와 모방의 영향을 받은 것은 분명하지만 그것들만으로는 언어 발달을 충분히 설명하지 못한다고 주장한다. 그는 인간의 뇌에 언어 발달과정에 대한 것이 프로그램화되어 있어서 아동이 언어의 추상적이고 복잡한 규칙을 적극적으로 펼쳐 나간다고 생각한다. 인간은 선천적으로 언어획득장치(LAD)를 갖고 태어나는데 이것은 언어 재료를 처리하고, 가공하고, 언어규칙을 구축하고 문법적 문장을 이해하게 해 주는 능력이다.

또한 Chomsky는 모든 언어에는 공통적인 언어 '구조(structure)'와 나이 어린 학습자들에 의해서도 쉽게 인지되는 구문 규칙들이 있다는 사실에 특히 주목하면서 변형생성이론(transformational generation theory)을 주장하였다.

이에 따르면 모든 문장은 의미를 관장하는 기제의 문법관계인 심층구조(deep structure)와 문장의 구성성분 구조로서 표현된 언어 그 자체인 표층구조(surface structure)인 두 수준으로 구성되어 있다. 문장의 '의미', 다시 말해서 우리가 말하고 싶은 내용인 심층구조는 우리가 실제 보고 듣는 문장인 다양한 형태의 표층 구조로 변형될 수 있다는 것이다(그림 I-3 참조).

48) 조정숙 외 공저, 앞의 책, pp. 26~27.
49) N. Chomsky(1972), Language and Mind(2nd ed.), New York: HarCourt Brace Jovanovich, 유효순, 앞의 책, p. 167. 재인용.

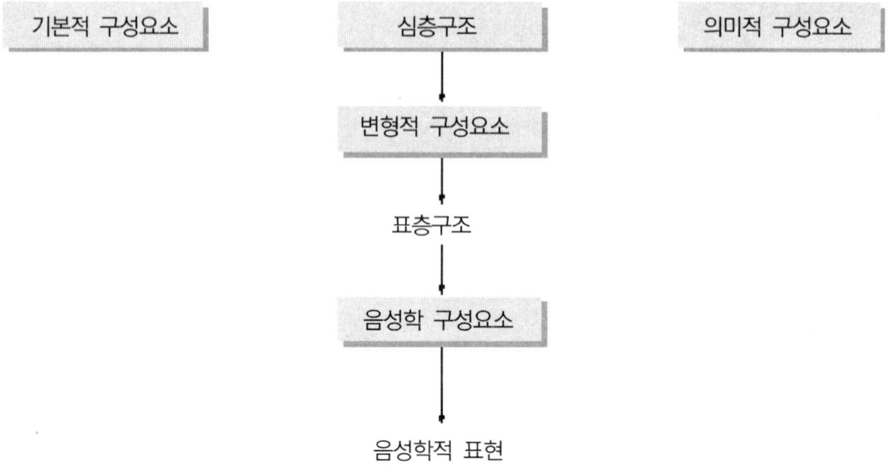

[그림 I-3] 언어의 구조나 표현을 결정하는 규칙이나 조직을 나타내는 변형 문법
출처 : 조정숙 외 공저, 앞의 책, p. 28.

이처럼 기본 의미를 문장으로 전환시키는 규칙들을 Chomsky는 변형규칙이라고 하고 그 전체 체계를 변형문법이라고 설명한 것이다.

예를 들면, 머리 속에서 "나는 사과를 좋아해" 같은 기본적인 생각이나 의미를 가진다면, 변형규칙을 사용하면서 이 생각 · 의미를 많은 다른 종류의 문장들로 만들 수 있다.

만일 의문문을 만드는 규칙을 적용한다면 "나는 사과를 좋아하는가?", 부정문 규칙을 적용한다면 "나는 사과를 싫어해" 등으로 말할 수 있게 된다.

Chomsky는 아주 어린 유아들이 기본 의미를 문장으로 바꾸는 변형규칙을 알고 있다고 보지는 않았으나 유아들이 변형규칙을 사용하도록 '프로그램화'되었다고 보았다. 그것은 유아가 사용하는 최초의 한 단어 문장과 두 단어 문장이 심층구조에 매우 가깝다는 점으로 설명될 수 있다. 처음에 유아는 전체적인 의미를 전달하는 데 적은 수의 단어를 사용한다. 그러나 곧 변형규칙—그가 듣는 언어 내에서 기본적 의미들을 다양한 종류의 복합 문장으로 전환시키는 규칙—을 배우게 된다는 것이다. Chomsky의 이론은 1960년대 후반과 1970년대 전반에 언어 발달 및 교육학 · 심리학 등 여타의 발달이론에 지대한 영향을 미쳤다.

그러나 Flavell과 그의 동료들은 Chomsky의 이론의 가장 큰 단점이 구체성의 결여라고 지적하고 있다. 즉, 어느 누구도 아직까지 선천적으로 타고난 언어의 보편적 특성들에 대한 지식이 어떻게 하여 유아들이 획득하는 특정의 언어에 대한 구체적인 지식으로 전환되는지를 설명해 주지 못하고 있다는 것이다.50)

(3) 상호작용주의 이론

1970년대 중반에 이르러 언어 발달에 있어서 상호작용의 영향을 고려하게 되었는데, 이는 기존의 두 이론의 주장들을 무시하지 않으면서 두 이론이 설명하지 못하는 유아의 능동성과 사회적 상호작용의 요소를 인정하기 때문이다.

상호작용주의 이론에서는 사회적 · 언어학적 · 성숙적 · 인지적 제 요인들이 언어 발달에 영향을 주며, 이러한 요인들이 상호의존적으로 서로 상호작용하고 서로 수정하면서 언어가 발달한다고 본다. 이는 언어습득에 영향을 주는 주된 요인에 대한 생각에 따라 인지적 상호작용주의 이론과 사회적 상호작용주의 이론으로 나누어질 수 있다.

인지적 상호주의자들은 언어 발달이 인지 발달에 의존한다는 견해를 갖고 있다. 즉, 언어는 생득적 특성이라기보다는 인지적 성숙 결과 획득되는 여러 능력 중의 하나라는 것이다. 그러므로 인지 발달에서의 순서가 언어 발달의 순서를 결정짓는다고 본다. Piaget는 언어가 사용되기 이전에 특정한 인지 수준에 도달하여야 한다고 생각하였다. 그는 언어 발달은 인지 발달과 상징적 기능의 이해에 기초한다고 보았다.

또한 문법적 이해의 기초는 생득적 언어습득기구(LAD)에 의한 것이 아니라 감각운동기의 지적 능력의 행동적 쉐마에 의한 것이라고 한다. 따라서 인지적 상호작용주의에서는 경험을 중요하게 생각한다. 이 이론에서는 언어의 복잡한 구조는 유아의 현재 인지적 기능 수준과 언어적 · 비언어적 환경 간의 계속적 상호작용의 결과이다.

이러한 인지적 상호작용주의 접근을 구성주의(constructivism)라고 한다. 언어 발달에 대한 사회적 상호주의의 견해를 가진 대표적인 학자는 Vygotsky를 들 수 있다. Vygotsky는 언어 발달은 사회적 경험이 내면화되는 것이며 사회적 언어는 개인의 언어를 형성해 준다고 보았다. 즉 유아는 처음에는 언어를 사회적 상호작용

50) 조정숙 외 공저, 앞의 책, p. 29.

의 도구로 사용하다가 점차적으로 놀이시 크게 말하거나 의도한 행동을 말로 하면서 환경과 개인적 상호작용을 시작한다. 그 결과 언어가 유아의 행동구조의 근원이 되거나 사고를 지시하는 근원이 된다. 따라서 유아가 언어적 형태를 내면화함에 따라 언어가 사회적 도구에서 개인적 도구로 변환되어 간다고 주장하였다.

사회적 상호작용주의자들은 언어적 상호작용에서의 비언어적 측면—순서적으로 말하기, 상호응시, 함께 주의를 기울이기, 상황, 문화적 관례—을 포함하기 위해 조건화와 모방 이상의 것이 포함되어진다고 보았다. 사회적 상호작용주의자들은 유아를 향한 말의 특성을 지적하면서 유아를 향한 말(Child- Directed Speech, CDS)이 정상적 언어 발달을 조성해 주는 중요한 언어적 경험이라고 지적했다.

이 이론에서는 유아의 언어 발달의 속도나 문법적 능력의 발달과정에 투입언어가 미치는 직접적인 영향력에 관하여 민감하게 관심을 가진다. 따라서 유아의 언어 발달에서 성인의 역할, 특히 어머니의 역할을 강조한다. 어머니의 음성적 행동은 타고난 언어변별 능력과 함께 소리의 흐름을 적절히 분절시킬 수 있는 능력의 습득에 중요하다고 보기 때문이다.

상호작용주의 이론은 언어의 사용과 기능을 강조한 면에서는 학습이론과 유사하다. 그러나 사용되는 언어 자체에 직접적인 강화를 하는 행동주의 이론과는 달리 사회적 상황의 고려에 대한 필요성을 인식하고, 유아를 역동적인 상호작용의 과정에서 능동적인 참여자로 본다는 점에서는 다소 차이가 있다. 그러나 이 이론에서는 영아 때부터 부모와 자녀 간의 의사소통이 언어 발달에 기초한다고 전제하고 있으나 실제로 영아 때부터 부모와 자녀 간의 의사소통을 경험하지 못하는 문화권도 있다는 점과 어떻게 참조를 관련짓는지 또는 어떻게 언어구조가 획득되는지 무엇이 다른 단계로 전환하는지는 설명하지 못하고 있다는 제한점이 있다.[51)]

3) 언어 발달에 영향을 주는 요인

영유아의 언어 발달에 영향을 미치는 요인은 다음과 같다.[52)]

---

51) 조정숙 외 공저, 앞의 책, pp. 29~32.
52) 유효순, 앞의 책, pp. 179~186.

(1) 정서적 접촉

유아의 언어가 정상적으로 발달하기 위해서는 유아가 보호자와 애정적이며 신체적인 접촉을 해야 한다. 그렇게 함으로써 유아는 옹아리를 하고 싶어하게 되고 마침내 의미 있는 언어로 전이를 할 수 있게 된다.

최근 아동의 초기 언어 발달에 있어서 즐겁고 애정적인 관계가 중요하다는 것이 확인되고 있다. 즉, 아기의 발성에 대해서 성인이나 주위 사람들이 미소를 짓거나, 다독거리거나 이야기를 하면서 그들의 기쁨을 표현하는 등의 긍정적인 반응을 해 주는 것이 언어 발달에 중요한 영향을 미친다는 것이다.

(2) 후속반응

유아 언어 발달에 또 하나의 중요한 요인은 유아가 내는 소리에 대한 후속반응이다. 아기가 소리를 내거나 옹아리를 하여도 후속반응이 없으면 아기는 소리를 내려고 하지 않는다. 아기는 자신이 소리를 내면 성인이 반응한다는 경험을 통해서 아기는 원인과 결과관계, 즉 자신의 행동에 어떤 결과를 초래한다는 점을 깨닫게 된다. 이와 같은 신호를 발달시키게 되면 바로 이것이 대화의 능력을 발달시키는 첫 번째 단계가 되는 것이다.

(3) 보호자와의 대화

성인이 아기와 효과적인 대화를 할 수 있는 가장 중요한 방법 중의 하나는 아동을 그들의 대화상대로 생각하는 것이다.

보호자가 아동과 이야기하는 언어유형을 보면 이들이 다른 성인과 이야기할 때와는 아주 다르다. 아동의 연령에 따라 대화의 억양, 높이, 반복 등도 다르다.

예를 들어 2세 아동에게 이야기할 때와 10세 아동에게 이야기하는 것을 비교해 보면 대부분의 어머니는 2세 아동에게 이야기할 때 더 많이 되풀이하며 이야기하고, 고조된 억양으로 이야기함을 알 수 있다.

이 외에 부모가 어린 아동에게 이야기하는 경우에는 정상적인 성인과 대화할 때보다 더 짧은 문장을 사용하고 주로 현재에 관하여 이야기하는 경향이 있다. 이러한 대화의 특징을 모성어(motherese)라 부른다.

(4) 성차(sex differences)

언어 발달에 관한 여러 문헌을 종합해 보면 여아는 언어획득의 모든 측면, 즉 어휘 수, 문장 길이, 발음, 문장의 복잡성 등에서 남아보다 우수하다. 이 외에 여아는 남아보다 취학 후 언어 발달 속도가 빠르다. 초기 청소년기까지도 여아는 어려운 언어적 과제에 대한 이해력이 남아보다 크며 언어유창성이 높다.

이러한 차이는 부분적으로 남녀 간의 신체적 성숙률의 차이에서 오는 것으로 본다. 즉, 여아는 남아보다 일반적으로 신체 성숙률이 빠르며 특히 뇌에서 언어기능을 맡고 있는 좌반구의 초기 발달이 빠르다. 또한 다른 요인으로는 어머니와의 대화를 들 수 있다. 문화 간에 다소 차이는 있으나 일반적으로 어머니는 남아보다 여아에게 이야기를 더 많이 하는 것으로 보고 있다.

(5) 가정환경과 사회계층

일반적으로 하류층의 아동은 어휘가 제한되고 문법적으로 부정확하며 덜 세련된 문장을 사용하지 않는다 하더라도 그들의 사회 속에서 의사소통하는 데는 문제가 없기 때문에 그들 사회에서 통용되는 문장 형태나 어휘를 사용하는 것이 선호된다.

하류층 아동이 비표준 문법을 사용하는 점에 대해서는 두 가지 이론이 대두되고 있다. 하나는 언어결함이론(language deficit theory)으로 이 이론에서는 하류층 아동이 사용하는 언어는 열등하며 결함이 있다고 본다. 이러한 결함은 그들의 지적 성취와 학업성취에 지체를 초래하고 나아가 취업하는 데도 문제가 있다고 본다. 그러나 이러한 결함을 생물학적인 것이 아닌 결손된 환경적 요인 때문이라고 보고 있다.

언어결함이론은 영국의 교육사회학자 번스타인(Bernstein)의 연구에서 유도되었다. 그는 하류층과 중류층의 어머니와 아동 간의 대화를 조사하였는데 결과를 보면 하류층의 어머니는 짧고 문법적으로 단순하며 주로 사물이나 사상을 나타내는 문장을 사용하였다. 그는 이러한 언어적 상호작용을 제한된 언어(restricted language)라 불렀다. 이에 비해 중류층의 어머니는 비교적 감정, 정서, 동기, 의도 등과 같은 추상적이고 사회적인 개념을 강조하였다.

이들의 문장은 하류층 어머니의 문장보다 더 길고 문법적으로 더 복잡하며 정확하였다. 이러한 형태의 언어를 번스타인은 정교한 언어(elaborated language)라 불렀다.

또 다른 이론은 언어차이이론(language difference theory)이다.

이 이론에서는 하류층과 중류층의 언어의 차이는 언어 발달의 결함을 나타내는 것이 아니라고 본다. 즉, 하류층 아동의 회화는 그들의 언어규칙을 습득하지 못했기 때문이 아니라 단지 그들의 사회에서 사용되는 규칙을 적용하기 때문이라고 생각한다.

하류층과 중류층 간에 나타나는 언어의 차이는 아동의 가정환경 구조와 밀접히 관련되어 있는 것 같다. 아동의 언어 발달에 영향을 미치는 가정환경의 한 측면으로 아동이 성인과 상호작용하는 양을 들 수 있다. 일반적으로 하류층 가정에서는 중류층 가정보다 언어적인 상호작용이 적다. 또한 하류층 가정에는 중류층 가정보다 형제가 많으며 형제 간의 연령 차이도 적은 것으로 보고되고 있다. 이러한 상황에서는 부모가 아동 개개인에게 주의와 관심을 기울이기가 어렵다고 볼 수 있다.

(6) 형제 수 출생순위, 형제 간의 연령차

형제가 많은 가정에서 성장한 유아는 형제가 적은 가정에서 자란 유아에 비해 어휘수가 적은 동시에 언어추리와 같은 언어능력 전반에서 열등하다.

출생순위도 언어 발달에 영향을 미치는 것으로 나타나고 있는데, 일반적으로 처음 출생한 아동이 나중에 출생한 아동보다 개념을 습득하는 능력이 높고 사용하는 문장의 길이도 길다. 형제 간의 연령 차이도 중요한데, 바로 위 형제와 연령 차이가 적은 동생이 언어습득 면에서 열등하다고 한다.

(7) 지능

아동의 지능과 언어능력과의 관계에 관한 연구를 보면 지능지수와 어휘의 양,

조음능력, 언어성숙 간에는 정적 상관이 있는 것으로 나타나고 있다. 특수 아동에 관한 연구에서도 보면 지능이 높은 우수아는 언어 발달이 빠르며 정신지체아는 언어 발달에 문제가 있다.

5. 사회성 발달

사회성이란 인간이 다른 사람이나 자신을 둘러싸고 있는 주위환경과 관계를 가지며 살아갈 수 있는 능력이다.

유아들의 하루 일과는 사회적 상호작용에 의해 영향받는다. 가족들과의 관계, 유아교육기관에서의 또래나 친구들과의 관계, 교직원들과의 관계 등 유아들의 하루의 모든 생활은 사회의 다른 구성원들과 연결되어 있으며, 유아들은 그날그날의 경험을 통해 사회를 살아갈 수 있는 사회적 기술을 배워가야 한다. 그러므로 여기서는 영유아의 사회성 발달을 개괄적으로 살펴보고 사회성 발달과 관련된 자아존중감, 자아의 발달, 애착에 대해 살펴본다.

1) 영유아기의 사회성 발달

첫 1개월 동안에 영아는 안전감과 신뢰감의 감정을 발달시킨다. Erikson도 출생~1세까지는 신뢰감 형성에 중요한 시기라 했다. 그러나 영아는 그들 스스로 이러한 감정을 발달시킬 수 없고, 다른 사람이 그들에게 대하는 태도로부터 이러한 감정을 발달시킨다. 따라서 주양육자는 영아가 안전감을 발달시킬 수 있도록 정서적 유대 관계를 형성하고, 적절한 경험을 제공하는 역할을 해야 한다. 그리하여 형성된 안전감이나 신뢰감은 다른 사람과의 안정적 관계를 발달시키는 데 도움을 준다. 특히 중요한 양육자의 행동은 영아의 고통, 요구, 기쁨의 신호에 즉각적이고, 일관적으로 반응하는 것이다.

영아는 출생 후 1개월 동안 배냇미소를 보이는데, 이것은 사회적 의미는 없으며 무의식적으로, 또는 큰 소리에 반응하는 형태이다.

6개월경에는 다른 영아의 장난감을 만지고 미소짓거나 몸짓으로 반응하면서 관심을 보이기도 하며 사회적 상호작용의 의도를 나타낸다. 이 시기의 영아는 낯선 사람에 대한 불안을 경험하며, 두려움을 나타낸다. 즉, 영아는 울거나 움츠리거나 도망가는 등의 반응을 보이는데, 이때 영아들이 낯선 사람에 대해 두려운 감정을 느끼지 않도록 하는 것이 중요하다.

5개월이 지나면서 낯선 사람에 대한 불안 반응인 낯가림(stranger anxiety)이 시작되어 8개월경에 되면 가장 심하게 된다.

낯가림은 아기의 탐색행동을 위축시키고 사회적 발달을 저해하므로 애착형성 이전부터 주양육자 외에 다른 사람들과 접촉할 수 있는 기회를 많이 가지는 것이 좋으며, 낯선 환경이나 낯선 사람에게 소개될 때는 아기의 반응을 보면서 점진적으로 불안을 감소시켜 주어야 한다.

15~24개월의 영아들은 다른 영아들과 눈접촉을 하면서 혼자놀이(단독놀이)를 주로 하지만 평행놀이가 나타나기도 한다.

자아의 지각적 형상에 대한 인식이 생기며 자아의 존재에 대한 의식이 확립된다. 2세경에 이르면 영아들은 자신 있게 걷고 말하고 탐색하기 때문에 자신의 능력에 대한 자신감을 갖게 된다. 따라서 부모가 요구하거나 제시하는 것은 '안 돼', '싫어'라는 말을 빈번히 사용하여 거부하면서 고집을 피우는데 이 시기를 가리켜 '제1반항기' 또는 '무서운 두 살(terrible twos)'이라고 부른다. 그러나 이 시기를 거치면서 영아들은 자신의 소망과 양육자의 요구 사이에 균형을 이루는 것을 학습한다.

유아가 하고자 하는 행동이 계속 방해를 받거나 실패하게 되면 탐색의 욕구가 위축되고 수동적이고 소심한 성격으로 발전할 수 있으므로 양육자는 자율적 탐색을 격려하고 칭찬해 주어서 자율성과 독립성이 발달할 수 있도록 모든 것을 지원해 주어야 한다.[53]

25~36개월의 유아는 소유관념이 시작되어 내 것과 남의 것을 구별할 줄 안다. 그러나 자기중심적이고 소유욕이 강해서 자주 싸우게 된다.

사람에 대한 선호가 분명해져서 자기가 좋아하는 사람에 대하여 애정을 표현하

---

53) 양옥승 외 공저, 앞의 책, pp. 103~104.

고, 좋아하지 않는 사람에게는 다르게 반응한다. 2세 유아는 또래 친구보다 놀잇감에 더 관심을 보인다. 놀이시에 주로 옆에 가까이 있는 친구와 놀며, 남녀 친구를 가리지 않고 옆에서 나란히 노는 평행놀이가 3세까지 나타난다.

3세 유아는 혼자서 노는 데 익숙하지만, 사회적 상호작용이 활발해지면서 또래 관계가 발달한다.

또래와의 이전 경험에 의존하여, 또래와의 놀이에서 방관자적 견지에서 지켜보거나, 보다 친밀해질 때까지 평행놀이에 참여하거나, 연합놀이를 한다. 아직 물건을 서로 나누거나 차례를 지키는 데 어려움을 나타낸다. 또래들 간에 문제를 스스로 해결하는 능력이 아직 부족하여, 갈등이 발생한다면 사회적 상황을 해결하기 위하여 항상 도움을 필요로 한다. 놀잇감, 공간 등의 여러 가지 상황이 좋은 여건 아래에 있다면 다른 사람과 잘 어울려 놀며, 긍정적으로 반응할 것이며, 영아기에 비해서 훨씬 협동적으로 행동하며, 성인들을 기쁘게 하기를 원한다.

만 4세아는 또래와 함께 놀고 극화놀이에 참여하고 상상력을 발휘하는 것을 좋아한다. 여전히 연합놀이를 보이지만 진정한 의미의 주고받기나 협동놀이가 나타나기 시작한다. 나누는 것을 여전히 어려워하지만 소집단의 간단한 게임에서 돌아가며 차례에 따라 노는 것을 이해한다. 때때로 일이 자기 뜻대로 진행이 되지 않을 때 쉽게 화를 낸다. 4살이 되면서 보다 자주 다른 아이들과 어울려 노는 것을 좋아한다. 갈등을 해결할 수 있는 언어적인 기술은 부족하지만, 부정적인 상호작용을 해결하기 위하여 노력한다.

만 5세가 되면 다른 아동들과 극놀이를 즐긴다. 또한 또래들과 놀이를 즐기고, 구조화된 게임을 한다.

2) 자아존중감(self-esteem)

자아존중감은 유아가 자기 자신에 대해 좋게 느끼며 자기의 능력에 대해 자신감을 갖는 것이며, "나는 가치로운 사람이며, 나는 중요한 사람이다"라는 것을 스스로 느끼는 것이다. 자아존중감은 유아 자신이 갖고 있는 자아상과 자신의 생활 속에서 중요한 타인(타자)들로부터의 반응이 어떠한가에 따라 과소 또는 과대로 평가하며 자아 존중감을 형성하게 된다.

유아가 자아 존중감을 갖고 사회화되는 첫 단계는 부모나 가족들과의 상호작용을 통해서이다. 자아존중감은 자신에 대해 어떻게 느끼는지, 다른 사람들이 자신의 행동에 대해 어떻게 반응할 것인가를 예측하는 것, 또는 어떤 것을 성취할 수 있다고 생각하는 것 등에 영향을 준다.[54]

자아존중감이 높은 아동은 자신에 대해 좋게 느끼며, 다른 사람들이 자기를 좋아하며, 스스로 유능하다고 생각하며, 다른 사람들에게 도움을 받고 자기도 도움을 줄 수 있다고 생각하며, 자신의 판단에 자신감을 가진다. 또한 아동은 다른 사람들의 반대에 부딪히게 되더라도 자신이 믿고 있는 생각을 나타내며 자신의 생각을 피력할 수 있다. 장애에 부딪혔을 때에도 어려운 시기에 얻은 과거의 도움으로부터 긍정적인 감정을 이끌어 내며, 자기의 능력과 한계를 현실적으로 평가하려 하며, 어떤 분야의 강한 면과 약한 면을 구분할 수 있다.[55]

반대로 자아존중감이 낮은 것은 우울, 불안, 부적응과 관계가 있다.[56]

자기가치의 평가가 부정적인 아동은 부적절한 감정, 무능함, 거부감에 대한 두려움을 경험한다. 이런 아동은 자기의 능력을 객관적으로 판단하지 못하며 실패하는 것에 주로 초점을 두는 경향이 있다. 또한 다른 사람에게 영향을 주는 데 별로 희망이 없고 대부분의 상호작용이 자기가 희생해야 한다고 예측한다. 결과적으로 자기의 의견을 표현하는 데 주저하고, 독립심이 부족하고, 고립된 느낌이나 혼자라는 느낌을 갖는 경향이 있다.[57] 이런 비관적인 시각을 갖는 유아는 연약한 자아를 보호하기 위해, 예상되는 좌절을 피하기 위해 정교한 방어를 하게 하는데, 자아보호의 대표적인 수단은 자신을 비하하거나, 모든 관계를 거리를 두고 유지하거나, 다른 사람을 깍아 내림으로써 스스로를 높이는 행동들이다. 이런 결과로 자아존중감이 낮으면 삶의 수준이 낮아지게 되며, 행복을 이루기가 어렵게 된다.[58]

Coopersmith(1967)는 아동의 자아존중감 형성에 아동의 사회 · 경제적 배경, 건

---

54) 서영숙 · 김경혜 공저, 앞의 책, p. 180.

55) M. R. Senberg(1979), *Conceiving the Self*, N.Y.: Basic Books.
서영숙 외 공저, 앞의 책, p. 180. 재인용.

56) W. Damon(1983), *Social and Personality development*, N.Y.: W. W. Norton & Company.

57) S. Coopersmith(1967), *The antecedents of self-esteem*, Princeton, N.J.: Princeton University Press.
서영숙 외 공저, 앞의 책, p. 180. 재인용.

58) 서영숙 외 공저, 앞의 책, pp. 180~181.

강, 체격, 지능 등 여러 가지 요인들이 영향을 미치지만 부모의 양육특성과 밀접한 관련을 갖는다고 한다.

Coopersmith(1967)는 자아개념을 형성하는 데 있어서 가장 중요한 요소 중의 하나는 성장하는 유아들에게 쏟는 부모의 관심과 수용 정도라고 했다.[59]

부모 다음으로 자아개념 형성에 영향을 미치는 타인은 교사이다.

서영숙 외는 유아의 자아존중감을 발달시킬 수 있는 교사의 지도방법을 위와 같이 정리했다.[60] 자아존중감이 높은 아동과 낮은 아동의 특성은 〈표 I-6〉과 같다.

표 I-6 자아존중감이 높은 아동과 낮은 아동의 특성

자아존중감이 높은 아동	자아존중감이 낮은 아동
· 자신의 성취에 대해 자부심을 갖는다. · 독립적으로 행동한다. · 책임감 있게 행동한다. · 좌절감을 잘 참는다. · 새로운 일에 도전한다. · 다양한 감정을 나타낸다.	· 불안을 유발하는 상황을 피한다. · 자신의 재능을 낮게 평가한다. · 타인에 의해 자신이 옳게 평가되지 않는다고 느낀다. · 타인을 비방한다. · 자기방어적 태도를 갖는다. · 쉽게 좌절한다.

출처 : 유효순 · 홍순정 공저, 「유아사회지도」, p. 117.

3) 자아의 발달

영아기에 접어들면서 영아들은 주변 환경에 관심을 갖게 되고, 자신과 자신을 둘러싼 환경 속에서 자신과 물체(object), 자신과 타인을 구별하면서 자기의식이

59) 자아개념(self-concept)은 유아가 자기 자신을 어떻게 보는가? 즉 자기표현에 관한 것이다. ('나는 ~이다.' '나는 ~을 좋아한다' 등)
자아개념에 영향을 주는 요인은 성차, 인종 차, 타고난 유아의 지적 수준, 신체적 건강, 유아가 속해 있는 가정, 교육기관, 사회 등 여러 사회집단의 구성원들과의 관계 등이다.

60) 서영숙 · 이경우 역, 「유아를 위한 사회교육」, 교문사, 1991.

발달하고 자신을 개체화한다. 자아는 어머니로부터 분리된 자동화된 정체감이 형성되면서 발달한다. 타인과 분리된 자아감과 자아와 타인의 개념은 사랑, 미움, 질투, 죄책감 등 복잡한 정서의 발달에 필수적이고, 이를 통하여 진정한 사회적 관계가 유지되고 발달한다.[61]

Sarbin(1959)은 "자아란 인지구조 또는 추론의 하나이며, 자아는 경험적으로 유도되는 경험의 산물이며, 자아는 다른 인지구조와 마찬가지로 지속적이고 점진적인 변화를 하며 단순지각에 대한 하위수준의 추론에서 복잡한 인지에 대한 고위수준의 추론으로 변화한다."라고 했다.[62]

즉 자아란 경험에 의해 지속적으로 변화해 가는 인지구조의 하나이다.

자아인식(self-recognition)은 자아개념의 가장 기본적인 단계의 개념으로 존재자아(existential self)라고 한다. 자아인식은 자신과 타인이 별개의 존재임을 아는 것이다.

범주적 자아(categorical self)는 자신을 연령, 크기, 성, 특정한 기술, 지식 등과 같은 범주로 정의하는 것이다. 아동들이 자신을 정의하는 데 적용한 범주들의 값(예를 들면 나는 몇 살이고, 여자이고, 키가 크고, 멋있으며, …)이 바로 그 아동의 자아개념이 된다.

자아존중감(self-exteem)은 아동이 자신이 갖고 있다고 보는 자질에 대해 부여하는 가치이다. 자아존중감은 자아에 대한 평가적 속성을 갖는다.

영아기는 자아개념 형성의 첫 단계이다. 자아개념의 첫 단계에서는 자아인식, 즉 자신의 존재자아가 형성되어 자신이 타인과는 별개의 존재임을 알게 되는 것이다. 자신과 자신이 아닌 것에 대한 구분은 대상개념(object concept)이 발달함에 따라 생후 6~8개월경에 이루어진다.

영아기에는 자아개념이 출생 초에 부모나 주위 사람들과 사회적 접촉을 통해 형성되며 지적 발달과 병행하여 자아인식이 형성된다.[63]

일단 영아가 자신을 식별하게 되면 이제부터 범주자아를 발달시켜 가기 시작한다. 취학전 3~5세의 유아들에게는 연령과 성이 중요한 범주가 된다. 동시에 3~4세의 유아들은 사물과 사람에 대한 소유개념을 형성한다. 내 인형, 우리 아빠, 우리

---

61) 양옥승 외 공저, 앞의 책, p. 79.
62) C. R. A. Sarbin(1959), "Perface to a psychological analysis of the self", *Psychology Review*, 52, pp. 11~22.
63) 유효순 · 홍순정 공저, 「유아사회지도」, 한국방송통신대학 출판부, 1992, pp. 109~110.

엄마, 내 옷, 내 신발 등의 개념은 나에 속하는 것에 대한 자아개념의 확장을 뜻한다.

4~5세가 되면 유아들의 범주적 자아가 잘 발달하여 자신을 일련의 전체적인 차원에서 기술할 수 있고, 같은 차원에서 자신을 다른 유아들과 비교할 수 있게 된다. 학령기가 지남에 따라 복잡한 개념을 발달시키면서 자아개념도 점점 더 복잡해진다.

몬테메이어와 아이젠(Montemayor & Eisen, 1977)의 연구에 의하면 어린 아동은 주로 외적으로 보이는 범주에 속하는 그들의 연령, 신체 크기, 살고 있는 주소, 혹은 그들이 좋아하는 활동 등으로 자아개념을 말하고 나이 든 아동들은 자신의 신념, 다른 사람들과의 관계, 그리고 자신의 성격적 특징들에 대한 자아개념을 말한다고 했다.64)

대상영속성의 개념을 살펴보면 다음과 같다.65)

(1) Piaget의 대상영속성 개념

Piaget의 대상개념(object concept) 또는 대상영속성(object permanence)이란 대상이 지각되지 않을 때에도 그 대상이 여전히 존재한다는 것을 아는 것이다.

즉, 상자 속에 인형을 넣고 뚜껑을 닫아서 그 인형이 보이지 않는다고 하더라도 그 인형은 상자 속에 그대로 있다는 사실을 아는 것을 말한다.

Piaget는 대상영속성은 유아의 탐색활동에 의해 정의되는 일련의 단계를 거쳐 감각운동기 동안에 학습한다고 했다. 기본적이고 명백한 대상개념은 타고난 것이 아니라 경험을 통해 획득되는 것이며, 감각운동기 전 기간에 걸쳐 오랜 시간을 두고 획득한다.

또한 대상영속성의 발달은 보편적이며 일정한 순서에 이루어진다.

각 단계에서 유아들은 완전한 대상개념 중의 각기 상이한 측면이나 요소들을 획득하는데, 다음과 같은 6단계로 진행된다.

① 제1단계(0~2개월) : 출생에서 2개월까지 영아는 시각영역 안에 있는 대상을

---

64) 유효순 외 공저, 앞의 책, pp. 111~112.

65) 전남련, 「영유아보육개론」, 형설출판사, 2004, pp. 92~93.

쳐다보기는 하지만, 그 대상이 시야에서 사라지게 되면 보는 것을 중단하고 다른 행동을 한다.

즉, 영아의 시야에서 사라진 물체는 영아의 마음에서도 사라진다.

영아는 숨겨진 물체를 찾으려 하지도 않으며 그것이 숨겨졌다는 것을 아는 어떤 표시도 하지 않는다.

예를 들어 엄마의 얼굴이 영아 앞에 나타나면 쳐다보지만, 엄마가 가버리면 곧 다른 것을 쳐다보며 어떤 기대나 탐색을 보이지 않는 것이 주된 특징이다.

② 제2단계(2~4개월) : 이 단계의 영아는 물체가 사라진 곳을 잠시 동안 응시는 하지만 능동적인 탐색이 아니다.

예를 들면 손에 든 딸랑이가 바닥에 떨어져도 영아는 그것을 찾으려 하지 않고 자신의 손을 계속 흔들고 있는 것이다.

③ 제3단계(4~8개월) : 이 단계의 영아는 물체가 자신의 시야에서 사라지면 그 물체가 사라진 그 장소와 그 물체가 사라지면서 그린 궤도 안에서만 그 대상을 찾을 수 있다. 또한 친숙한 물체인 경우 물체의 일부분만을 볼 수 있을 때에도 그것을 알아본다.

예를 들면, 젖꼭지 부분만 남겨 놓고 우유병 전부를 가려 놓아도 우유병을 알아보고 잡게 된다. 그러나 이 시기는 대상영속성 개념의 초기로서, 완전히 가리워진 물체를 찾아내지 못하고 부분적으로 가리워진 대상만을 탐색할 수 있다.

④ 제4단계(8~12개월) : 이 단계의 영아는 다른 사람이 감추었던 대상을 찾을 수 있게 된다.

지각적인 장을 벗어나서도 물체를 찾을 수 있으나 물체가 숨겨지고 발견된 첫번째 장소에서만 물체를 찾으려고 한다. 즉, 어떤 대상을 여러 번 옮겨가면서 숨기면 그 대상을 잘 찾아내지 못한다.

Piaget가 담요 밑에 장난감을 숨겼을 때 이 단계의 영아는 단번에 담요를 들추고 장난감을 찾아냈다. 그러나 그 다음에는 담요 밑이 아닌 베개 밑에 숨겨도 영아는 담요를 들추어 대상을 찾으려고 한다.

⑤ 제5단계(12~18개월) : 이 단계의 영아는 물체의 특별한 위치에서만 찾지 않고 사라진 것을 최근에 본 곳에서만 찾으려 한다.

그러므로 이 단계의 영아는 몇 번씩 위치를 이동하여 숨겨진 대상을 찾을 수 있다. 그러나 그것은 대상이 이동되는 것을 계속 잘 지켜보고 있을 경우에만 가능하다.

즉, 보이는 이동에는 대처할 수 있으나 보이지 않는 이동에는 아직 대처하거나 탐색하지 못한다. 그 이유는 이 단계의 영아는 대상이 시야에서 사라진 후에 일어날 수 있는 그 어떤 위치 변화도 상상하거나 표상할 수 없기 때문이다.

⑥ 제6단계(18~24개월) : 이 단계의 영아는 완전히 성숙된 대상 개념이 형성된다.

영아는 숨겨진 사물을 자신이 본 것뿐만 아니라 보이지 않았던 것에 대해서도 스스로 표상할 수 있게 된다.

이 단계의 핵심적인 성취는 눈앞에 없는 사물이나 사물의 상에 대한 내적인 상징적 표상이 가능하다는 점이다.

만약 장난감을 담요 밑에 넣고 이 담요 속에서 장난감을 베개 아래로 넣은 다음 담요를 치우면 유아는 베개 밑에 있는 장난감을 찾아낼 수 있다.

가려진 채로 이동이 이루어진 후에도 대상을 찾아낼 수 있는 이러한 능력은 대상영속성의 마지막 단계에서야 비로소 가능하다.

4) 애착

애착이란 영아가 어머니와 형성하는 정서적 유대관계, 즉 영아와 양육자 사이에 발달하는 애정적 유대관계이다. 아기가 자신의 요구에 따른 신호를 양육자에게 보내면 양육자는 구체적 보살핌과 같은 양육행동을 하게 되므로 유아의 행동은 양육자로 하여금 행동을 이끌어 내는 역할을 하게 된다.

Bowlby는 영아가 어머니와 애착을 형성한다는 것은 영아에게 적응능력을 주는 바람직한 것으로 보았다. 영아가 어머니에게 애착을 형성함은 영아가 어머니에게 친근감을 유지하게 하고 어머니와 정의적 유대관계를 형성하여 자신을 더 잘 돌보도록 자극하는 것이다. 영아의 애착은 이 세상에 대한 영아의 기대와 가정을 하게 하는 것으로 건전한 정신건강 형성에 필수적인 요소이다.

애착행동은 신호행동, 지향행동, 적극적 신체접촉행동으로 나누어진다.

신호행동(signaling behavior)은 우는 행동, 미소, 소리 내는 것 등이며, 지향행동(orienting behavior)은 쳐다보는 것, 따라가는 것, 접근하는 것 등이며, 적극적 신체

접촉행동(active physical behavior)은 기어오르거나, 매어 달리거나 포옹하는 것 등이다.[66]

애착에 관한 이론은 정신분석이론, 사회학습이론, 동물행동이론 등이 있다. 애착에 관한 정신분석이론에 의하면 애착은 본능으로 유아가 기본욕구를 충족하려는 것뿐만 아니라 주위 환경 속의 사람들과 상호관계를 맺으려는 것이 생물학적 성향임을 가정한다. Freud에 있어서 애착은 성본능(sexual instincts)과 관련된다. Freud는 초기에는 자아본능이 자신에게로 향하며 자신에게서 어느 정도 만족을 얻을 수 있다고 보았는 데 이러한 상태가 바로 나르시즘(자기애착)으로 모든 사람에게 공통적인 초기단계로 보았다.

사회학습이론가 시어즈(Sears), 화이팅(Whiting)은 어머니와 유아의 관계를 의존성의 개념으로 보았다. 유아가 어머니에 대한 의존은 어머니가 기본 생리적인 욕구를 충족시켜 줌으로써 획득된 2차 충동으로 보았다. 그러나 하로우(Harlow)의 실험은 애착행동의 발달을 육성하는 데 기본 생리적 욕구충족 이외에 접촉위안의 중요성을 입증하였다.

애착에 관한 동물행동이론을 주창한 Bowlby는 행동조직 개념으로 애착을 설명하였다. 즉 진화론의 자연도태에서 보면 가장 생식적으로 성공적인 개체의 유전인자가 그렇지 못한 개체의 유전인자보다 '유전인자 집합(gene pool)'에 더 많은 비중을 차지함과 마찬가지로 자연도태 과정에서 많은 종들에게 가장 환경적으로 안정된 행동조직 중에 생식이나 어린 것의 보호와 관계되는 것이 애착행동조직이다. 다시 말하면 애착행동을 약탈자로부터 어린 것들을 보호하는 기능을 갖는 것으로 이러한 행동조직이 갖추어진 유기체만이 생존할 수 있다. 인간은 장기간의 무기력한 유아기를 갖게 되며, 유아가 생존하기 위해 이 기간 동안 부모가 보호하고 돌볼 것이 요구되어지므로 부모에게 있어서는 이 기간 동안 아기를 돌볼 수 있도록 유전적으로 결정되며 유아 또한 주보호자, 즉 어머니에게 충분히 접촉하도록 촉진하는 비교적 안정된 애착행동조직을 갖게 되는 것이다.

따라서 Bowlby에 의하면 애착이란 자연적이고 불가피한 것으로, 유아와 엄마의 애착유대가 성인기까지 지속되는 것은 병리적이거나 퇴행 또는 고착을 의미하지

---

66) 유효순 외 공저, 앞의 책, pp. 90~91.

않으며, 오히려 건전한 정신건강형성에 필수적 요소라고 한다.[67]

애착발달단계에서 출생부터 2~3개월경까지는 초기애착단계로 사회적 반응을 변별하지 못하는 단계(phase of undiscriminating social responsiveness)이다.

유아의 초기 감각기능은 아주 유용하며 신속히 발전한다. 출생 초부터 유아는 여러 자극에 달리 반응을 하며 이들을 구별할 수 있다. 그러나 이와 같은 자극들을 변별할 수 있음에도 불구하고 그러한 자극을 제시하는 사람들은 변별하지 못한다.

두 번째 단계는 사회적 반응을 변별하는 단계(phase of discriminating Social responsiveness)로 3~7개월 정도로 나타나는데 이 단계에서는 유아가 지향행동과 신호행동을 계속하나 익숙한 사람(어머니와 한두 명의 사람)과 익숙하지 않은 사람을 명백히 변별할 수 있으며 반응도 달리하는 단계이다.

세 번째 단계는 접근과 접촉추구가 적극적으로 시작되는 단계(phase of active initiating in Seeking procimity and contact)로 이 단계에서는 앞의 모든 애착행동이 다 나타나며 분화되나, 접근과 접촉추구의 적극적 시도가 급격히 증가한다. 유아들의 신호는 더 이상 단순히 표현적이거나 반응적이 아니며, 어머니나 다른 애착대상에게서 반응을 유발하려 한다. 유아들이 기기 시작하면서 갖는 이동력은 애착대상에의 접근추구를 촉진하며, 따라가는 것, 접근하는 것, 매달리는 것 등 다양한 적극적 접촉행동이 뚜렷해진다. 이 단계의 획득연령은 7~12개월경이며 유아가 처음 애착이 형성되었다고 보는 단계이다. 유아는 이 단계에 이르면 보호자를 다른 사람보다 더 좋아하게 되고, 보호자와 격리되면 불안을 뚜렷이 나타낸다. 12개월경에는 대부분의 유아가 확고하게 애착을 형성하게 된다.

네 번째 단계는 3세를 전후하여 시작되는 목표수정 조합의 단계(phase goal corrected partnership)이다. 이 시기의 유아는 자신의 욕구를 충족하기 위해 어머니의 행동을 적당히 변화시킬 수 있는 전략을 사용하게 된다. 즉 어머니에게 접근을 유지하기 위해 어머니를 따라다니거나 부르거나 매달리거나 이것은 단지 경험적으로만 할 수 있다.

---

67) 유효순 외 공저, 앞의 책, pp. 91~93.

6. 영유아기의 발달과 사회복지 실천과제

사회복지 실천에서 관심을 기울여야 할 영아기의 신체적 발달과 관련된 문제는 선천성 질병과 장애의 문제를 들 수 있다. 그러므로 사회복지사는 선천성 질병이나 장애가 있는 영아들이 조기치료와 교육을 받을 수 있는 기회를 제공해 주어야 한다.

장애를 둔 부모나 가족에 대한 지지적 서비스를 제공하여 부모의 고통과 가족 내의 갈등을 완화시켜 줄 수 있어야 한다. 영유아의 발달 상태를 평가하고, 필요시에는 의학적인 진료를 받을 수 있도록 의뢰해야 한다. 정신지체를 보이는 영유아는 조기에 치료를 받을 수 있도록 하고 부모에게 자조집단의 참여 및 지지적 상담서비스를 제공해야 한다. 영유아가 언어 발달에 장애를 갖고 있을 경우에는 조기에 언어치료를 받을 수 있는 기회를 제공하고 부모교육 프로그램을 개설하여 언어 발달을 촉진시킬 수 있는 환경도 조성해야 한다. 어머니가 우울증 등으로 인하여 영아와 신체적 접촉이나 애착관계 형성을 거부하는 경우에는 (주양육자와 애착관계에 문제가 있을 경우) 상담과 심리치료를 받을 수 있도록 지원해야 한다.

사회복지사는 유아의 사회성 발달을 촉진하기 위해 사회복지기관에서 부모 역할 훈련 프로그램을 개발하여 사회성 발달을 도울 수 있어야 한다. 뿐만 아니라 아동학대나 방임의 문제는 영유아기에 걸쳐 발생할 수 있는 문제이므로 사회복지사는 아동복지의 실천을 위해서라도 유아를 학대하거나 방치하는 가족의 욕구와 학대를 받는 유아들의 욕구를 조사해 보고 지지적 서비스 제공뿐 아니라, 그들의 욕구를 충족시켜 줄 수 있도록 적절한 개입과 함께 아동복지전문기관에 연결해 줄 수 있어야 한다.

예상문제

1. 다음 중 대상영속성의 개념을 획득한 아동의 대한 옳은 설명은?

① 전조작기에 터득해야 하는 중요한 과업이다.
② 시간, 공간, 사물, 사건 등을 이해하는 데 필수적인 요소가 된다.
③ 생후 6개월 된 아이의 장난감을 치워버리면 그것을 찾으려고 한다.
④ 자신이 볼 수 있는 눈앞의 것에 전적으로 의존한다.
⑤ 자신이 직관적으로 지각할 수 있는 영역에 있는 대상만을 의식한다.

2. 다음 중 유아기(3~6세)에 대한 올바른 설명은?

① 자기중심적인 사고를 한다.
② 반사적인 운동반응을 보인다.
③ 낯선 사람에 대한 불안이 나타난다.
④ 보존의 개념을 가진다.
⑤ 걸음마를 시작하기 때문에 불안정하고 위태롭게 보인다.

3. 영아기(출생~1.5세)에 대한 내용으로 옳은 것은?

① 대상영속성이 획득되지만, 그렇지 못하면 낯가림을 할 수 있다.
② 기본적인 생리적 욕구, 즉 수면, 배설, 섭식 등이 충족되어야 한다.
③ 배변훈련이 성격형성에 도움이 된다.
④ 걷기 시작하면서 스스로 환경을 탐색하는 시도가 많다.
⑤ 피아제에 의하면 전조작기에 해당한다.

4. 다음 중 유아기(3~6세)의 특성에 해당하는 것은 무엇인가?

① 논리적 사고와 인간관계 추론이 가능하다.
② 표상 및 상징적 사고가 안 된다.
③ 타인의 입장에서 이해 가능하다.
④ 내가 좋아하는 것을 다른 사람도 좋아한다고 생각한다.
⑤ 문제에 대해 모든 해결방법을 사용한다.

5. 다음 중 걸음마 단계(1.5~3세)에 대한 설명으로 옳은 것은?

① 대상영속성의 발달

② 엘렉트라 콤플렉스
③ 논리적 추론 가능
④ 자율성 대(對) 수치심과 의심이 획득
⑤ 성 역할 정체감 확립

6. 영유아기 사회적 발달의 특성과 관계가 없는 것은?
① 놀이는 학습이 된다.
② 기초적 도덕성이 발달한다.
③ 애착은 엄마에게만 나타난다.
④ 낯선 사람에 대한 불안감을 느낀다.
⑤ 자기에 대한 인식이 가능해진다.

7. 학령 전기(3~6세) 아동이 놀이를 통하여 얻을 수 있는 것으로 모두 묶인 것은?

㉠ 애착관계 형성	㉡ 운동기술
㉢ 대상영속성 형성	㉣ 타인의 역할 수용

① ㉠, ㉡, ㉢ ② ㉠, ㉢ ③ ㉡, ㉣
④ ㉣ ⑤ ㉠, ㉡, ㉢, ㉣

8. 영유아기(학령전기, 3~6세)에 대한 설명으로 옳은 것은?
① 안정된 공부 습관과 학습을 통한 성취감 형성을 위한 기회가 필요하다.
② 학습장애를 언어, 지각, 운동과 관련된 문제로 보고 해결을 위한 통합 프로그램이 요구된다.
③ 이 시기는 모든 활동이 놀이를 통해 이뤄지므로, 문제행동 지도를 위해 놀이치료와 가족치료에 대한 이론과 기술의 배양이 필요하다.
④ 대소변 통제 및 자율성 발달이 요구되는 시기이다.
⑤ 애착과 신뢰감 형성이 중요하다.

9. 영아기의 발달과제는?
① 모성보호 ② 자아통합 ③ 근면성
④ 친밀감 형성 ⑤ 애착관계 형성

10. 신생아의 발바닥을 자극하면 오므렸다 폈다 하고 생후 1년 후에 사라지는 반사는?

① 걷기 반사　② 쥐기 반사　③ 모로 반사
④ 바빈스키 반사　⑤ 빨기 반사

11. 유아기(걸음마기, 1.5세~3세)에 대한 설명으로 옳은 것은?

① 일관성 있는 수유는 부드럽고 여유 있는 성격의 토대가 마련된다.
② 안전사고가 급증하는 시기이므로, 안전사고 방지에 대한 노력이 필요하다.
③ 신체적 성장이 매우 급격히 이뤄지기 때문에 충분한 영양공급이 중요하다.
④ 집단 활동을 통한 다양한 규칙을 습득한다.
⑤ 부모와의 정서적 독립 및 안정된 분리개별화를 획득해야 한다.

12. 에릭슨이 주장한 유아기(0~1세)의 심리사회적 위기는 무엇인가?

① 자율 대 수치감　② 신뢰 대 불신감
③ 주도성 대 죄의식　④ 근면성 대 죄의식
⑤ 근면성 대 열등감

13. 에릭슨의 심리사회발달에서 초기 아동기의 자율 대 수치감은 프로이트의 성심리 발달단계의 어디에 속하는가?

① 구강기　② 항문기　③ 남근기
④ 잠복기　⑤ 생식기

정답 1. ②　2. ①　3. ②　4. ④　5. ④　6. ③　7. ③　8. ③　9. ⑤
10. ④　11. ⑤　12. ②　13. ②

제4장

아동기의 발달

1. 신체·운동 발달
2. 인지 발달
3. 사회·정서 발달
4. 언어 발달
5. 아동기의 발달과 사회복지 실천과제

본 장에서는 아동기를 6~13세로 본다. 아동이 만 6세이면 초등학교에 입학하게 되므로 초등학교 입학부터 졸업까지의 기간으로 보고 이 시기의 신체 · 운동 발달, 인지 발달, 사회 · 정서 발달, 언어 발달을 개괄적으로 살펴보고 아동기의 발달과 사회복지 실천과제, 아동기의 발달과 관련된 예상문제를 함께 살펴보고자 한다.

1. 신체 · 운동 발달

아동기의 성장 속도는 영아기나 유아기에 비해 느리다. 학동기 동안 평균적으로 매년 2~3인치 정도 성장하며, 3~5파운드 정도 몸무게가 늘어난다. 외형적으로 학동기에는 키는 커지고 살은 빠져서 말라 보이며, 팔과 다리가 유난히 길어 보인다.

이러한 신체적 성숙은 초등학교 입학 시기에는 남아가 여아보다 신체적 성숙이 더 빠르지만 11~12세경에는 여아의 신체적 성숙이 남아보다 더 우세해진다.

또한 학동기 초기에 유치(20개)가 빠지기 시작하여 보통 초등학교 3학년 이전에 새로이 영구치(28~32개)가 나오게 된다.

이 시기 동안 뇌의 크기는 성인의 수준에 이르게 되어, 머리의 성장은 더디어지나 기능에 있어서는 발달이 계속된다. 12세경이 되면 뇌 중량이 성인의 95% 정도에 이르게 된다. 학동기 무렵 아동의 면역적 저항력이 보다 발달하기 때문에 유아기에 비하여 질병 감염률이 떨어지고 나은 건강 상태에 머무른다.

성장과 증진된 공간적 신체 협응 능력으로 인하여, 아동들은 달리기, 점핑하기, 균형잡기와 같은 운동 통제력이 발달된다.

반응 시간이 짧아지면서 아동들은 공을 던지고 잡는 기술이나 팀 스포츠에서 사용되는 다른 기술들에 있어서 유능해진다.

학동기의 소근육 운동 발달은 정교화 단계를 맞이하게 되는데, 아동들의 쓰기와 그리기는 보다 통제적이며 정확해진다. 전반적으로 여아들이 소근육 발달에 있어

서 남아들을 앞서고, 남아들은 힘이 필요한 대근육 운동에서는 여아들을 앞선다.[1]

12세경이 되면 팔, 어깨, 손목의 근육을 통제할 수 있는 능력이 거의 성인의 수준으로 되므로 성인이 할 수 있는 운동은 대부분 할 수 있다.

2. 인지 발달

이 시기의 아동들은 사고와 추론 능력에 있어서 전형적인 유아기와는 다르며 Piaget의 인지 발달 단계 중 구체적 조작 단계에 이르게 된다. 아동은 이제 초기 사고의 기초였던 물리적 활동에 반대되는 정신적 표상의 사용에 있어서 보다 유능하고 유연하게 된다. 사물과 사건에 대한 정신적 표상을 사용함으로써 아동은 다른 사람의 관점을 이해하고, 한 번에 여러 가지의 측면에 집중할 수 있으며, 대부분의 물리적인 조작의 가역적인 특성을 이해하기 시작하면서 보존 개념을 갖게 된다. 또한 학동기 동안 아동들은 길이, 무게, 크기와 같은 준거에 따라 순서적으로 사물을 배열할 수 있는 서열화 능력을 완성한다.

이 시기 아동들은 가설적이고 추상적인 상황이 아닌 구체적인 상황에 대해서는 삼단논법적인 논리를 이해할 수 있고, 공간적인 사고에서는 보다 유능성을 나타낸다. 예를 들면 5~6세 아동은 마주한 사람이 있을 때, 오른쪽 · 왼쪽의 방향을 혼란스러워하지만, 7~8세 무렵 정신적으로 방향을 바꾸어 사고할 수 있고, 마주한 사람의 측면에서 오른쪽 · 왼쪽을 이해할 수 있게 된다.[2]

학동기 아동은 매우 호기심이 많다. 아이들은 모험을 즐기고, 바깥 세상을 배우고 싶어하며, 독서를 통해 적극적으로 정보를 축적시킨다. 이러한 아이들은 꿈과 환상의 동화나 재미있는 책, 동물 · 모험 · 초자연(신비) · 영웅 등에 관련된 이야기를 즐겨 읽는다. 학령기 아동은 구체적(실제)이고 추상적(단지 생각 속에 존재) 경험을 모두 필요로 한다. 아이들은 학교에서 교과 학습을 하며, 자유시간에는 예능이나

1) 최미현 외 공저, 앞의 책, pp. 61~62.
2) 최미현 외 공저, 앞의 책, p. 63.

취미활동에 관심을 갖는다. 이 시기의 아동은 구체적 조작 사고가 발달함에 따라 인과관계를 추론할 수 있으며 분류, 서열화, 유목포함(상위유목과 하위유목을 이해하는 능력)을 이해할 수 있으며 읽기, 쓰기, 셈하기 등 기본학습뿐만 아니라 이야기, 놀이 등을 창조적으로 만들어 낼 수 있게 된다.

3. 사회 · 정서 발달

아동은 성장함에 따라 분화된 다양한 정서적 감정을 느끼며, 정서를 나타내는 표현 방식도 유아기와는 몇 가지 차이를 드러낸다. 학동기의 정서 표현 방식은 언어와 기타의 방법을 사용하여 정서를 표현할 수 있으며, 특히 아동기는 모방성이 강하므로 성인과 같은 정서 표현을 학습하여 성인과 같은 정서 표현을 하며, 점차 유아적 정서 표현 방식은 억제된다.

학동기에 정서 발달은 여러 가지 다양한 방식으로 분화되는 데, 즉 애정, 기쁨, 공포, 불안, 분노, 질투, 호기심 등의 정서 유형이 발달하며, 정서 이해 능력에 있어서도 인지 발달의 영향으로 상황에 따라 다양한 정서가 나타날 수 있다는 것을 이해하게 된다.

아동의 애정은 먼저 그들의 부모나 가족들로부터 영향을 받아 발달되어 학동기가 되면 생활의 장이 확대되어 교사나 친구에 대한 애정이 나타난다. 애정의 발달면에서 보면 6~7세경에는 부모와의 애정 관계가 중심이 되며 특히 어머니에 대한 애정이 많다. 8세경에는 남녀같이 아버지에 대한 애정이 깊어지며, 9세경에는 부모의 애정에 비판적이 되고 10~12세경에는 애정이 교사나 친구에게로 향한다.

아동기의 공포 요인은 유아기와는 달리 직접적인 자극으로 인한 공포는 점점 줄어지고 상상적, 비현실적, 가상적, 초자연적인 것에 대한 공포가 많아지며, 특히 이 시기는 학동기이므로 학교생활의 여러 가지에 대하여 공포심을 가진다. 특히 4~5학년 시기에 학교 공포증이 가장 흔하게 나타난다.

분노의 정서에 있어서는 유아기에는 구속이나 간섭에 부딪쳐 분노를 일으키지만 학동기에는 소망의 금지, 진행 중인 활동의 방해, 꾸짖기만 하는 것, 다른 아동과의 불리한 비교를 하는 것 등이 분노의 원인이 된다. 가급적 분노를 자극해서는 안 되며 일상생활에서도 사소한 일로 분노를 유발할 때는 사회생활에 지장이 많아지므로 적절한 지도로 제거해 주어야 한다.

질투는 분노와 공포 그리고 애정이 혼합된 정서로서 자신에게 향하던 사랑이나 관심이 다른 대상에게 옮겨질 때 나타난다. 자신이 받고 있는 사랑이나 관심의 정도가 강할수록 질투도 강해진다. 대체로 질투심은 내성적인 아동보다 적극적이고 공격적인 아동일수록 강하며 남아에 비하여 여아가 더 강한 편이다.

사회적 발달에 있어서, 학동기 아동은 충동적이고 장의존적인 성격 특성이 보다 사려적이고 장독립적인 경향으로 발달되어 가는 경향을 보이며, 특히 도덕성이 발달하고, 성 역할 개념을 습득하게 된다.

아동의 사회화 과정은 도덕성의 발달과 깊은 관련을 맺고 있는데, 도덕성의 발달은 어린 시기에 이미 기초가 형성되며 학동기 동안에 확고하게 형성되어 간다. 4~10세 아동은 타율적 도덕성의 단계에 있다.[3)]

학동기 아동은 확고한 성 정체감을 형성하게 되어 성 항상성을 갖게 되고, 동성의 또래와 더 밀접한 관계를 갖게 된다. 학동기는 또래 문화가 모든 영역에서 커다란 영향을 미치게 되는데, 또래와의 관계를 통해서 자기에 대한 개념과 역할 수용 능력이 증진된다.[4)]

학령기 아동은 혼자서 시간을 즐기기도 하고 많은 시간을 공상하며 보내기 때문

---

3) Kohlberg는 도덕성 발달이론을 6단계로 나누었다.

전인습 수준 1단계 : 벌과 복종에 의한 도덕성(보상과 처벌의 기준에 따라 행동을 판단)
2단계 : 욕구충족 수단으로서의 도덕성(자신이나 사랑하는 사람에게 이익이 되는 정도에 따라 행동을 판단)
인습 수준 3단계 : 대인관계의 조화를 위한 도덕성(권위적인 인물의 성인 정도를 바탕으로 행동을 판단)
4단계 : 법과 질서 준수로서의 도덕성(사회의 법률이나 규칙을 지지하는 정도에 따라 행동을 판단)
후인습 수준 5단계 : 사회계약 정신으로서의 도덕성(개인의 권리를 존중하고 사회계약을 유지하는 정도에 따라 행동을 판단)
6단계 : 보편적 도덕원리에 대한 확신으로서의 도덕성(시대와 문화를 초월한 보편적 권리에 근거하여 행동을 판단)

4) 최미현 외 공저, 앞의 책, pp. 62~63.

에, 조용한 활동 기회를 제공해 주어야 한다. 또한 이 아이들은 연극이나 음악회에 실제로 참여하며 즐거워하고, 창의적인 글쓰기를 좋아한다.

친구가 아주 중요한 부분을 차지하는데, 이 시기에는 가족보다도 친구의 영향을 더 받는다. 또래집단은 대개 동성집단으로 같은 연령층, 같은 취미, 그리고 지능이 비슷하다. 학령기 아동은 종종 집단의 일부가 됨으로써 타인을 모방한다. 이 때는 유행, 우상(가수, 영화배우, 스포츠 선수)과 수집활동이 공통적인 관심거리다. 텔레비전과 영화가 행동모델을 제공해 주기도 한다. 보통 단체 활동에 가입한다. 우주소년단, 보이스카우트, 걸스카우트, 스포츠, 캠프 등이 의미 있는 활동이라 할 수 있다. 긍정적인 역할 모델과 확고하고 일관성 있는 지도지침은 아이들이 정체감을 형성하는 데 도움을 준다.

여아들의 관심 영역은 스포츠, 게임, 인형놀이, 가사 돕기, 독서, 어린 동생과 놀기, 친구 집에 가서 자며 놀기, 춤추기, 전화 걸기, 비밀 이야기하기, 일기쓰기 등이 포함된다. 한편, 남아들의 관심 영역은 스포츠, 게임, 묘기부리기, 독서, 어린 동생과 놀기, 탐험과 자연탐구 등이다.

또한 이들은 인정받고 비평받는 것 모두에 민감하다. 아이들은 남이 자기를 좋아해 주도록 관대하고 협조적이 된다. 긍정적인 강화는 아이들이 바람직한 태도로 행동하도록 도와주기 때문에 긍정적인 자아존중감의 발달을 강화시킨다.

학령기 아동은 또래집단에 동조하지 못하는 것에 두려움을 느끼고 또래의 압력에 쉽게 동조하는 경향이 있다. 그 밖에도 학업에서의 실패, 무서운 이야기, 상처, 부모나 친구 또는 자신의 죽음 등에 두려움을 느낀다. 이런 아이들에게 자신의 무서움이나 두려움을 표현하도록 해 주며, 노력하면 괜찮을 것이라는 점을 확신시켜 준다. 그리고 상상력의 사용을 타당화시키고 안전에 관한 예방책을 가르친다.

이 시기의 아동은 유치한 감정을 나타내며 당황해하기도 한다. 아이들이 이끄는 대로 존중하고 따른다. 그리고 혼자 있을 때에나 다른 사람들 앞에서 감정을 표현하도록 강요하지 않는다.

형제나 친구와 싸우고, 누군가를 때리며 위협하고, 돌던지기, 별명 부르기, 달아나며 위협하기 등의 행동은 분노의 표현이다. 아이들은 자제력을 개발하고, 문제해결 기능을 획득할 필요가 있다. 이럴 때 아이들에게 분노를 조절하는 긍정적인 역할 모델을 제공하며, 분노를 표현하는 바람직한 방법을 가르쳐 준다. 아이들이

화가 날 수는 있으나 그 감정을 말로 표현하고, 화가 나게 된 이유를 말로 설명해야 하는 것을 가르친다. 더불어 아이들 모두 사랑받고 있음을 확신하도록 해 준다.[5]

아동기의 정서장애 중에서 대표적인 것이 등교 거부증(school refusal) 또는 학교 공포증(school phobia)이다. 특히 가정생활과 학교생활에 조화가 이루어지지 못할 경우에 공포증이라는 정서 장애로 나타나게 된다. 아동기의 친구관계의 특성을 살펴보면 7~8세경에는 동성친구하고만 어울려 놀며 이성친구에 대해서는 배타적인 관계를 유지한다. 9세경이 되면 아동은 집단을 형성하여 함께 행동하기를 좋아한다. 이러한 집단을 짝패(clique) 또는 도당(gang)이라고 하는데, 이는 집단으로 행동을 하는 과정에서 반사회적인 행동을 할 위험이 내재되어 있다는 의미에서 사용되는 것이지 반드시 부정적인 의미를 함축하고 있지는 않다.

만약 아동이 이러한 집단에 참여할 수 있는 기회를 갖지 못하면 소외감을 갖기 때문에 위축되고 부정적인 자아개념을 형성할 수 있다. gang집단에 참여한 아동은 집단 내에서 상호작용을 통하여 자기를 표현할 수 있는 기회를 갖게 되므로 성취감을 경험하게 되며 상호의존적인 감정을 공유함으로써 우정이 싹트고 자아중심성을 극복하고 서로 협동관계를 맺게 된다. 또한 또래로부터 승인을 받으면서 자아존중감이 발달되며 용기, 인내, 정의감, 지도력 등 좋은 사회적 태도가 발달되나 이러한 gang집단에 참여하여 반사회적인 행동을 학습할 수 있기 때문에 사회적 발달에 부정적인 영향을 미칠 수 있다.[6]

4. 언어 발달

아동기의 언어 능력은 인지적 발달과 밀접하게 연결되어 있다. 유아 시기의 극적인 언어 확장은 학동기에서는 단순한 언어적인 자기표현에서 자기표현을 문자로

5) 서영숙 외 공저, 앞의 책, pp. 162~164.
6) 김동배 · 권중돈 공저, 앞의 책, p. 101.

적을 수 있는 상태로의 전환을 의미한다. 수용적 언어 능력에서는 단지 듣기에서 읽기로 증진을 의미하며, 표현적 어휘는 말하기에서 의사소통 과정을 쓰는 것으로 확장된다. 그리고 학동기 아동의 새 단어 습득 능력은 이전의 시기에 비하여 월등한 진전을 보인다.

자기중심성을 벗어나 다양한 관점을 인식할 수 있는 인지적 능력은 학동기 아동의 의사소통 능력에 있어서도 다양한 화자의 관점을 받아들일 수 있게 된다. 나타나는 발달적 특징에 있어서, 학동기 아동들은 유머나 농담을 즐기며, 지나치리만큼 말이 많은 경향을 나타낸다. 창의적인 언어 표현을 사용하며, 사실에 근거한 질문을 많이 한다. 이야기꾸미기, 동극, 인형극 등을 좋아하고, 성공적으로 읽고 쓰기를 학습한다.[7)]

5. 아동기의 발달과 사회복지 실천과제

아동기에도 신체적 성장에 필요한 영양공급이 적절히 이루어져야 한다. 그러나 결식아동이 아직까지 우리 사회에 존재하고 있기 때문에 도시락 배달 서비스 등의 프로그램을 실시하여 아동의 신체 발달을 지원해야 한다. 또한 지나친 영양 공급으로 인해 비만아동의 수가 점차 늘어나고 있어 이에 대한 대책도 마련되어야 한다. 아동기의 비만은 아동의 신체 발달뿐만 아니라 심리 · 사회적인 발달에도 부정적인 영향을 미치므로 사회복지기관에서는 아동의 영양관리 프로그램이나 비만교실 등을 개설하여 심리 · 사회적으로 위축된 아동을 지원해야 한다.

또한 장애아동의 조기치료와 재활을 위해서 장애아의 조기치료 및 특수교육기관이 증설되어야 하며 특수교육을 받은 전문 사회복지사나 전문가들이 배치되어 전문적인 서비스를 제공할 수 있어야 한다. 뿐만 아니라 장애아 가족을 지원할 수 있는 프로그램을 개발하여 제공하고 장애아 통합교육을 실시하여 비장애인과

7) 최미현 외 공저, 앞의 책, p. 64.

함께 일반 학급에서 수업을 받을 수 있는 학교사회사업 프로그램도 개발하여 실시하여야 한다. 아동기의 아동학대 문제도 사회적인 이슈가 되고 있으므로 아동의 신체적 학대, 정서적 학대, 성적 학대의 문제를 해결하기 위한 노력도 필요하다. 또한 유아기 때 격리불안을 느껴 아동기에 학교 공포증(school phobia)을 보이는 아동을 위한 개인상담이나 가족치료 프로그램도 실시할 필요가 있다.

아동기의 사회성 발달을 지원하기 위해서는, 맞벌이 부모를 둔 자녀들이 방과 후 적절한 보호를 받지 못하는 경우 보육시설의 방과 후 반이 필요하다. 사회복지기관에서 방과 후 아동보호 프로그램으로 연결해 주어야 한다. 또한 아동기의 사회성 미발달로 인해 품행장애(conduct disorder)를 보이는 아동이 있기 때문에 사회복지사는 아동의 품행장애 문제를 해결할 수 있는 임상적 지식과 실천기술을 갖추고 있어야 한다. 그 외 학습장애를 겪는 아동을 원조할 수 있는 다양한 방법도 모색해야 한다.

예상문제

1. 구체적 조작기에 나타날 수 있는 특징은?

① 보존개념의 획득　② 가설과 추론
③ 상상놀이　④ 대상영속성 개념획득
⑤ 추상적 사고

2. 팀 놀이(또는 단체놀이)를 통해서 아동이 학습할 수 있는 것을 모두 고른 것은?

㉠ 분업	㉡ 경쟁
㉢ 활동성 증가	㉣ 개인의 이익중시

① ㉠, ㉡, ㉢　② ㉠, ㉢
③ ㉡, ㉣　④ ㉣
⑤ ㉠, ㉡, ㉢, ㉣

3. 형이 동생을 때리면 장난감과 책이 없는 장소로 격리시키는 것은?

① 토큰경제　② 반응대가　③ 타임아웃
④ 혐오기법　⑤ 용암법

4. 피아제의 전조작적 시기에 논리적 사고발달을 방해하는 요인을 모두 고른 것은?

㉠ 자아중심성	㉡ 형식성
㉢ 비가역성	㉣ 보존성

① ㉠, ㉡, ㉢　② ㉠, ㉢
③ ㉡, ㉣　④ ㉣
⑤ ㉠, ㉡, ㉢, ㉣

5. 아동이 경험하지 않은 미래의 사건을 예측할 수 있는 시기는?

① 감각운동기 ② 전조작기 ③ 구체적 조작기
④ 형식적 조작기 ⑤ 모든 시기

6. 다음 중 아동처벌의 효과를 극대화하는 것으로 모두 묶인 것은?

> ㉠ 즉시 처벌한다.
> ㉡ 냉정한 자세를 유지한다.
> ㉢ 같은 상황에서 일관성 있게 처벌한다.
> ㉣ 아동을 처벌하면서 대안을 제시한다.

① ㉠, ㉡, ㉢ ② ㉠, ㉢
③ ㉡, ㉣ ④ ㉣
⑤ ㉠, ㉡, ㉢, ㉣

7. 다음 중 아동기에 나타나는 발달특성은?

① 성 정체감이 확립된다.
② 부정적 정서에 자주 휩싸인다.
③ 부모로부터 정서적으로 독립한다.
④ 친구와 어울리는 능력이 발달한다.
⑤ 이성의 친구와 새로운 관계를 형성한다.

8. 아동기에 친구들과 상호작용을 통해 배우는 것으로 모두 묶인 것은?

> ㉠ 동성의 친구들과 친밀한 관계를 경험한다.
> ㉡ 친구들과 어울리면서 다른 방식을 알게 된다.
> ㉢ 또래집단의 사회적 규범과 압력에 민감해진다.
> ㉣ 사회적 문화에 대한 스트레스가 증가한다.

① ㉠, ㉡, ㉢ ② ㉠, ㉢
③ ㉡, ㉣ ④ ㉣
⑤ ㉠, ㉡, ㉢, ㉣

9. 학령 전기(3~6세) 아동이 놀이를 통하여 얻을 수 있는 것으로 모두 묶인 것은?

㉠ 애착관계 형성	㉡ 운동기술
㉢ 대상영속성 형성	㉣ 타인의 역할 수용

① ㉠, ㉡, ㉢　② ㉠, ㉢
③ ㉡, ㉣　④ ㉣
⑤ ㉠, ㉡, ㉢, ㉣

10. 아동기(7~12세)의 특성으로 모두 묶인 것은?

① ㉠, ㉡, ㉢　② ㉠, ㉢
③ ㉡, ㉣　④ ㉣
⑤ ㉠, ㉡, ㉢, ㉣

11. 다음 중 후기 아동기의 자기개념 형성에서 가장 영향을 작게 끼치는 것은?

① 사회　② 자긍심　③ 가족　④ 친구　⑤ 경험

12. 다음 중 구체적 조작기의 특징으로 옳은 것은?

① 여아가 남아보다 성장이 빠르다.
② 추리적 사고가 가능하다.
③ 전 개념적 사고가 이루어지는 시기이다.
④ 에릭슨에 의하면 이 시기는 청소년기에 해당한다.
⑤ 상징놀이와 보존개념을 어렴풋이 이해하는 시기이다.

13. 다음 중 학령기(7세~12세)의 발달단계가 아닌 것은?

① 집단 활동을 통한 다양한 규칙을 습득한다.
② 사고가 추상적이며 논리적이다.
③ 더욱 정교한 대 · 소근육이 발달한다.
④ 학습장애 문제는 언어, 지각, 운동과 관련되기 때문에 모든 것을 통합한 프로그램이 요구된다.
⑤ 이 시기에 학대받는 아동과 가족에 대한 사회복지 개입이 필요하다.

14. 아동기 전기(학령전기, 3~6세)에 대한 설명으로 옳은 것은?

① 안정된 공부 습관과 학습을 통한 성취감을 형성을 위한 기회가 필요하다.
② 학습장애를 언어, 지각, 운동과 관련된 문제로 보고 해결을 위한 통합프로그램이 요구된다.

③ 이 시기는 모든 활동이 놀이를 통해 이뤄지므로, 문제행동 지도를 위해 놀이치료와 가족치료에 대한 이론과 기술의 배양이 필요하다.
④ 대소변 통제 및 자율성 발달이 요구되는 시기이다.
⑤ 애착과 신뢰감 형성이 중요하다.

15. 다음 중 아동기(7~12세)의 심리적 발달에 대한 올바른 설명은?

① 가족, 친척들을 자신에게 가까운 순서로 매길 수 있다.
② 사회적 애착관계를 형성한다.
③ 자아(자기) 통제가 가능하고 자율성이 발달한다.
④ 사고과정을 통해서 많은 활동을 수행할 수 있는 형식적 조작기이다.
⑤ 눈앞에 보이지 않는 대상이나 사건에 대해서 생각할 수 있다.

16. 다음 중 아동기(7~12세)의 사회성 발달에 대한 설명이 아닌 것은?

① 단체놀이를 선호한다.
② 또래집단과의 사회적 상호작용이 많아진다.
③ 이성 친구와 지속적인 우정을 유지한다.
④ 사회적 규칙이나 압력에 반응하는 방법을 학습한다.
⑤ 협동 · 경쟁 · 협상의 원리를 체득하게 된다.

17. 다음 중 아동기(7~12세)에 관한 설명 중 옳은 것은?

① 추상적 사고와 가설 연역적 사고가 가능하다.
② 분류능력이 발달하기 시작한다.
③ 수와 보존개념을 논리적으로 알 수 있다.
④ 대상영속성을 획득한다.
⑤ 자신의 사고는 독특하여 다른 사람이 이해하지 못한다고 생각한다.

18. 아동기의 특성으로 옳은 것은?

㉠ 자신의 신체를 이용하는 운동에 흥미를 갖는다.
㉡ 자아정체감이 형성되는 가장 결정적인 시기이다.
㉢ 보존, 분류, 조합의 개념이 점차 발달한다.
㉣ 에릭슨(E. erikson)의 솔선성 대 죄의식 단계에 해당하는 시기이다.

① ㉠, ㉡, ㉢ ② ㉠, ㉢ ③ ㉡, ㉣

④ ㉣　　　⑤ ㉠, ㉡, ㉢, ㉣

정답 1. ① 2. ① 3. ③ 4. ② 5. ④ 6. ① 7. ④ 8. ① 9. ③
10. ③ 11. ① 12. ① 13. ② 14. ③ 15. ① 16. ③ 17. ③
18. ②

제5장

청소년기의 발달

1. 신체 발달
2. 인지 발달
3. 심리적 발달
4. 사회적 발달
5. 청소년의 발달과 사회복지 실천과제

청소년기(adolescence)는 아동기와 성인기 사이의 시기이다. 어원은 라틴어 동사인 'adolescere'인데 '성숙을 향한 성장'이란 의미이다. 청소년기의 시작과 끝의 정확한 시점은 없다. '청소년기'는 사람이 살아가는 동안 경험하는 일반적인 시기를 지칭하는 문화적 개념이다. 반면, '사춘기'는 인간이 성적으로 성숙하고 자식을 낳을 수 있는 구체적인 시기를 지칭하는 생리적인 개념이다.[1]

우리나라의 아동복지법에서는 아동을 18세 미만의 자로 규정하고 있고 청소년보호법에서는 청소년을 9~24세로 규정하고 있다. 청소년기의 연령 구분은 법이나 학자에 따라 차이가 있으나 사춘기의 연령층인 12~13세에서 청년기인 22~23세까지로 보는 것이 보편적이다. 민법에서는 20세 미만을 미성년으로, 소년법에서는 20세 미만을 소년으로 보고 있다. 각종 선거에서 투표권도 20세가 되어야 부여한다. 그러나 학술적으로 청소년기에 대한 정확한 연령 구분이 이루어지지 않고 있기 때문에 본서에서는 청소년기를 아동기가 끝나는 13세에서 투표권이 주어지는 20세까지로 보고자 한다.

청소년기는 신체적 성숙이 급격히 이루어지며 정서적 변화가 급격히 일어나는 질풍노도의 시기(storm and stress period) 또는 제2의 반항기이며, 사회적으로는 아직도 주변인(marginal man)에 머물러 있는 발달적 특징을 보인다.

그러므로 본 장에서는 청소년기의 신체 발달, 인지 발달, 심리 · 사회적 발달로 나누어 청소년기의 발달에 관한 이론을 개괄적으로 살펴보고 청소년기의 발달과 사회복지 실천과제, 청소년기의 발달과 관련된 예상문제를 다루어 보고자 한다.

1. 신체 발달

청소년기의 신체적 변화의 특징은 급속한 성장과 생식능력의 획득이다. 이러한

1) Charles Zastrow and K. Karen Kirst-ashman, 김규수 외 공역, *Understanding Human Behavior and the Social Environment*, 5th ed., 나눔의 집, 2002, p. 220.

신체적 발달특성 때문에 제2의 성장급등기(second grouth spurt)라고 부른다.

청소년기에는 생식기관의 성숙과 제2차 성징의 출현을 보이고 소화기, 폐, 심장과 같은 내부기관도 급속하게 성장한다. 청소년기에는 신체적 성장비율이 이전보다 2배 정도 빨라지고, 성장급등 기간은 약 2.5~3년 동안 지속되며, 일반적으로 남자보다 여자가 2년 정도 빠르게 성장하지만 청소년기가 끝날 무렵에는 남자의 신체적 발달이 더 우세해진다. 성장급등이 이루어지는 시기의 남자는 1년에 10cm 정도, 여자는 8cm 정도씩 성장하여 청소년기가 끝날 즈음에는 남자는 170cm 정도, 여자는 157cm 정도에 이른다. 신장의 증가와 더불어 몸무게의 증가도 동시에 이루어지는데, 남자는 20kg 정도, 여자는 16kg 정도 증가하며, 여자의 경우 체지방이 증가하여 둥근 외모를 갖게 되는 반면, 남자는 오히려 체지방이 감소되어 모가 난 외모를 갖게 된다. 남자는 안드로겐이라는 남성 호르몬으로 인해 어깨가 넓어지는 반면 여자는 에스트로겐이라는 여성 호르몬으로 인해 골반 부위가 넓어진다.[2]

여자에게 나타나는 사춘기의 분명한 징후는 생리(menstruation)이다. 초경(menarche)은 일반적으로 12~13세에 시작되고 평균 50세경이 되면 폐경(menopause)이 된다. 생리 초기에는 배란이 되지 않고 초경 후 12~18개월이 지나야 임신이 가능하다.[3] 일반적으로 생리 주기는 여자의 기분과 감정 변화에 상당한 영향을 미치므로 정신보건 전문가들 중에는 여자의 정신병리를 이해하는 데 생리주기를 고려하는 경우가 많다.

남자들은 급격한 신체적 성숙 때문에 한동안 혼란스러워한다. 신장이 커지고 근육의 힘이 절정에 달하면서 스스로 신체에 대해 어색함을 느끼기도 하지만 이러한 변화는 운동 활동과 경쟁력을 증가시켜 긍정적인 신체상을 낳게 된다. 또한 목소리도 굵어지고 수염이 자라며 체모가 생기고 음경이 자라면서 사정(ejaculation)을 경험하는데, 일반적으로 청소년의 80% 정도가 한 달에 한 번 정도 몽정을 한다. 이러한 경험은 성적 쾌감과 동시에 죄의식을 동반하기도 한다.[4] 남자 청소년들은 신체적 성숙에 따른 영향이 여자에 비해 훨씬 크고 양상도 다르다. 신체적 성숙에는 개인차가 있는데 같은 나이의 친구들보다 성숙이 늦은 남자들이 심리적으로

---

2) 김태련 · 장휘숙 공저, 「발달심리학」, 박영사, 1998, p. 119.

3) C. Zastrow, K. K. Kirst-Ashman(2001), *Understanding Human Behavior and the Social Environment*, Belmont: Wadsworth / Thomson Learning, p. 244.

4) 최옥재 외 공저, 「인간행동과 사회환경」, 양서원, 2005, pp. 221~222.

부담을 경험하고 부정적인 자아상(self-image)을 갖게 된다. 조숙한 경우에는 또래들에 비해 더 뛰어난 운동능력을 갖게 되어 부러움의 대상이 될 뿐 아니라 능동적이고 긍정적인 자아개념을 형성하게 되고, 발달이 늦은 경우에는 미성숙하고 불안전하며, 대처능력과 인지능력도 떨어지는 경향을 보인다.[5] 이러한 경향은 교우관계에도 영향을 미쳐 발달이 늦은 청소년들이 심한 열등감을 갖는다.[6]

여자 청소년에게 성적 표현은 주로 애정과 친밀감을 표현하는 수단이다. 여자 청소년의 성관계는 내부로부터의 성적 자극보다는 자신이 좋아하는 남자가 원할 때 그 사람에 대한 사랑의 표현으로 이루어진다. 여자 청소년의 경우에는 이성에 대한 성적 관심이 발달하기 전에 일시적으로 같은 성에 대한 동성애적 관심을 보이기도 한다. 따라서 친하게 지내는 여자 친구에게 이성의 감정을 느끼고 서로 질투하는 행동을 보이는 경우가 있다. 이는 이성애로 발전해 가는 전환기적 시도이므로 정상적이라 할 수 있다.[7]

남자 청소년들은 성적 표현의 한 방법으로 자위행위(masturbation)를 경험하는데, 이것은 지극히 정상적이다. 자위행위의 빈도는 남자들이 더 많지만 여자들 중에서도 자위행위를 하는 경우가 있으며, 이는 자연스러운 성적 표현이다.

청소년기에 일어나는 급속한 신체적 변화로 청소년들에게 미치는 심리적 영향은 다음과 같다.[8]

첫째, 청소년들로 하여금 자신을 더욱 성인에 가깝게 해 준다.

둘째, 성역할에 대한 동일시를 강화한다. 즉, 청소년기의 신체적 변화는 남자는 좀 더 남자로서, 여자는 좀 더 여자로서 자신을 받아들이도록 한다.

셋째, 신체적 변화 중에서도 특히 성적 성숙에 따라 일어나는 현상들을 청소년들로 하여금 양면적인 감정으로 반응하게 한다.

넷째, 이와 같은 급속한 자신의 신체적 변화에 관심이 집중되어서 청소년들은 자기도취적인 상태에 빠지는 경향이 있다.

---

5) 김태련 · 장휘숙 공저, 앞의 책, p. 224.
6) Zastrow & Kirst-Ashman, 앞의 책, p. 247.
7) M. T. Nothman, et al.(1991), "Woman's Unique Developmental Issues Across the Life Cycle." *Review of Psychiatry*, 11, p. 563.
8) 이인정 · 최혜경 공저, 앞의 책, pp. 79~80.

2. 인지 발달

청소년기의 사고는 점차 성인과 유사해지면서 아동기와는 전혀 다른 유형의 사고를 한다. Piaget는 청소년기를 그의 인지 발달 이론의 마지막 단계인 형식적 조작기(formal operational period)로 보았다.

Piaget에 의하면 형식적 조작 능력은 11, 12세에 시작해서 15~20세 사이에 완성된다고 한다. 청소년기에는 청소년 자신의 지각과 경험보다는 논리적인 원리에 의해 지배를 받기 때문에 추상적인 사고[9]가 가능해지며, 경험하지 못한 사건에 대한 가설을 설정하여 미래의 사건을 예측할 수 있게 된다. 즉 경험해 본 적이 없는 사건에 대해서도 인과관계를 추론할 수 있다는 것이다. 그리고 모든 가능한 개념적 조합을 고려할 수 있으며 사건이나 현상과 관련된 변인을 동시에 다룰 수 있는 사고능력의 발달이 이루어진다.

구체적으로 청소년기에 출현하는 새로운 개념적 기술들은 다음과 같다.[10]

첫째, 두 범주 이상의 변수를 실제로 조작하지 않은 채 정신적으로 다룰 수 있게 된다.

둘째, 사건이나 관계가 미래에 변화한다는 것을 사고에 고려해 넣을 수 있다.

셋째, 일어날 수 있는 사건들의 연속에 관해 가설을 세울 수 있다.

넷째, 자신의 행동결과를 예측할 수 있다.

다섯째, 일련의 진술이나 문장에서 논리적 일관성의 유무를 구분한다.

여섯째, 자신과 자신이 속한 세계에 대해서 상대론적 입장에서 생각할 수 있게 된다. 즉 자신의 가치관이나 행동양식은 자기가 속한 사회의 규범 때문이라는 것을

---

9) 추상적 사고란 엄밀히 말해서 직접 경험되지 않았지만 감각을 통해서 얻어질 수 있는 정신적 개념이나 과정이다. 예를 들면 실제로 보거나 듣거나 맛보거나 만질 수 없지만 관념 속에 존재하고 있는 시간 · 우정 · 믿음 등의 개념이나 현상을 이해하는 것이며 정의, 자유, 친절함, 죄악, 정치, 도덕, 종교에 관해서도 논의할 수 있게 된다.

10) E · D · Neimark, (1982), “Adolescent Thought : Transition to Formal Operation”, in B. B. Wolman (Ed.), *Handbook of Developmental Psychology* (Englewood Cliffs, NJ: Prentice-Hall).

이해함으로써 다른 사회에 속한 사람은 그 사회의 규범에 따라 자신과 다른 방식으로 행동할 수 있다고 기대한다. 따라서 다른 사람에 대한 이해와 포용력이 증가한다.

형식적 사고의 질적 발달을 도모하기 위해서는 ① 다양한 역할 수행이 요구되는 상황에 직면함으로써 두 개 이상의 변인을 정신적으로 조절하는 능력을 갖추어야 하며, ② 이질적인 성원으로 구성된 동년배 집단에 참여하여 다양한 경험을 하고, ③ 학교수업을 통해서 논리적인 사고능력을 길러 나가야 한다.[11)]

3. 심리적 발달

1) 정서 발달

청소년기에는 정서가 매우 강하고 변화가 심하며, 극단적인 정서경험을 한다. 이러한 정서적 특성 때문에 청소년기를 질풍노도의 시기(storm and stress period)라고 부른다.

청소년기의 극단적 정서변화는 성적 성숙과 많은 관련성을 갖고 있다. 청소년은 2차적 성적 특징의 발달과 그로 인한 성적 충동으로 인해 성적 색채가 강한 정서를 경험하게 되며, 성의식이 높아짐에 따라 성적 수치심이 강해지고 이성에 대한 호기심도 있으면서 이를 거부하거나 반대로 허세적인 반항적 행동을 하게 되는 경우가 많다.[12)]

청소년기는 감정이 격하고 기복이 심하여 낙관적 · 비관적 감정이 교차하기도 하고 자부심과 수치심을 강하게 경험하기도 한다. 또한 부모나 형제, 친구들이 공유할 수 없는 감정의 경험을 통해서 고립감을 느끼기도 한다. 다양한 감정 중에서 강한 수치심, 죄의식, 우울, 분노, 수줍음 등은 문제가 될 수 있다. 이렇게 강력하

11) 김동배 · 권중돈 공저, 앞의 책, p. 116.
12) 김동배 · 권중돈 공저, 앞의 책, p. 115.

고 변화가 심한 청소년 시기의 주요과제는 자신의 감정에 보다 관대해지는 것이다.

이것은 자신의 격한 감정을 받아들이고 이러한 감정상태에 과민하게 반응하지 않는 것을 말한다. 가령 감정의 표현이나 수용에 엄격한 청소년들은 자신의 강한 감정상태에 대해 부끄러움을 느끼고 표현을 억제하기 때문에 사회적 고립이나 부적응 행동을 가져올 수 있다. 반면에 충동적이고 감정을 일으키는 자극에 즉각적이고 충동적인 반응을 보이는 청소년들은 비행행동을 보이기도 한다.[13)]

청소년기에는 자아의식이 서서히 발달하면서 청소년은 혼자 있고 싶어하고 고독에 빠지기 쉽다. 또한 자신을 타인과 비교해서 부족하다고 느끼고 타인 앞에서 위축되는 느낌이 강화되어 열등감에 휩싸이기도 하며, 이상과 현실 사이의 괴리를 목격하고서 실존적 공허감에 빠지기도 한다.

청소년기의 이러한 급격한 정서 변화로 어떤 청소년의 경우에는 부정적인 정서경험을 지나치게 억압하여 우울증이나 신경성 식욕부진증(anorexia nervosa)에 걸리기도 하는 반면에 정서에 대한 통제가 잘 이루어지지 않고 지나치게 충동적으로 반응하는 경우에는 비행행동을 보이기도 하기 때문에 청소년기에는 자신의 정서변화에 대한 인내심을 길러야 하며, 타인의 반응에 지나치게 민감하게 반응하지 않도록 노력하여야 한다.[14)]

2) 자아정체감 발달

Erikson(1959)은 청소년기의 주요 발달 과업이 자아정체감을 형성하는 것이라고 하였다. 이 시기에 제시되는 의문은 "나는 누구인가? 무엇을 할 것인가? 나의 미래는 어떻게 될 것인가?"라는 자아정체감을 형성하기 위한 과정이라고 하였다.

자아정체감(ego identity)은 자신의 독특성에 대한 비교적 안정된 느낌을 갖는 것으로, 행동이나 사고 혹은 정서의 변화에도 불구하고 변화하지 않는 부분이 무엇이며 자신이 누구인가를 아는 것이다. 자아정체감을 지닌 사람은 개별성, 통합성, 지속성을 경험한다고 한다. 개별성은 가치나 동기, 관심을 타인과 공유하더라도 자신은 타인과 구별되는 고유한 존재라는 것을 인식하는 것을 말하며, 통합성은

13) 이인정 · 최해경 공저, 앞의 책, p. 83.
14) 김동배 · 권중돈 공저, 앞의 책, p. 115.

자신의 욕구, 태도, 동기, 행동양식 등이 전체적으로 통합되어 있다는 느낌이며, 지속성은 과거, 현재, 미래로 시간이 경과해도 자신은 동일한 사람이라는 것을 인식하는 것을 말한다.[15)]

자아정체감 형성은 아동기의 동일시 경험에서 시작된다고 볼 수 있다. 즉, 부모나 선생님, 친구들의 감정, 태도, 가치관, 행동을 자신의 것으로 받아들여 그것을 자기만의 독특한 총체로 통합함으로써 정체감이 형성되어 간다. 그러므로 정체감 형성은 부분적으로 어린 시절의 부모에 대한 의존으로부터 정서적인 분리를 포함한다.[16)] 청소년들이 안정된 자아정체감을 형성하기 위해서는 신체적 성숙과 성적 성숙, 추상적 사고 능력의 발달, 정서적 안정성의 확보, 그리고 부모나 또래집단으로부터의 자율성을 확보할 수 있어야 한다.[17)]

Marcia[18)]는 역할실험과 대안적 선택 중에서 의사결정을 할 수 있는 능력, 즉 위기(crisis)와 직업 활동, 종교, 정치이념 등의 수행에 몰입할 수 있는 정도 그리고 전념(commitment)이라는 두 가지 잣대를 활용하여 정체감 형성에 관련된 위기를 경험하였는가, 역할에 대한 전념이 있는가를 기준으로 자아정체감의 발달 상태를 다음과 같이 4가지로 나누었다.

첫째, 정체감 유실(identity foreclosure)은 부모나 사회의 가치관을 자신의 것으로 그대로 선택하므로 위기도 경험하지 않고 쉽게 의사결정을 내리지만 독립적인 의사결정을 하지 못하는 상태이다.

둘째, 유예(moratorium)는 정체감 위기 상태에 처하여 정체감을 확립하기 위하여 다양한 역할 실험을 수행하고 있는 상태로서, 정체감 성취 또는 정체감 혼란 중 어느 방향으로도 나아갈 수 있는 가능성이 있는 상태를 말한다. 대학은 청소년들이 유예상태에 머물면서 역할에 대한 다양한 실험을 하면서 그 결과로 정체감을 형성하도록 인도하는 기관이다. 대학시절은 정체감 형성을 위한 다양한 실험을 할 수 있는 시기이기 때문에 대학시절을 심리 · 사회적 유예기간(psychosocial moratorium)이라고 한다.

15) 조복희 · 정옥분 · 유가효 공저, 「인간발달 : 발달심리적 접근」, 교문사, 1988, pp. 358~359.
16) 이인정 · 최해경 공저, 앞의 책, p. 91.
17) 김동배 · 권중돈 공저, 앞의 책, p. 117.
18) J. Marcia(1980), Identity in adolescence, in J. Adelson(ed.), *Handbook of Adolescent Psychology*, NY: John Wiley.
김동배 · 권중돈 공저, 앞의 책, pp. 117~118.

셋째, 정체감 혼란(identity diffusion)은 정체감을 확립하기 위한 노력도 없고, 기존의 가치관에 대한 의문도 제기하지 않은 상태이다. 개인적 신념체계를 확립하지 못하여 자기 자신의 능력에 대해 회의를 품고 있으며, 직업역할을 수행하지도 못하는 사람들이 여기에 속한다.

넷째, 정체감 성취(identity achievement)는 위기를 성공적으로 극복하고 정치적 또는 개인적 이념체계를 확립하고, 자신의 의사에 따라 자율적 의사결정을 하며, 직업적 역할을 성공적으로 수행할 수 있는 상태를 의미한다.

4. 사회적 발달

1) 친구관계

청소년기에는 우정이 가족 간의 애정보다 더 중요한 시기가 되므로, 청소년들은 가족과의 대화보다는 친구를 만나거나 전화나 컴퓨터 통신을 통해 친구와 연락을 하는데 더 많은 시간을 보내게 된다.

청소년들이 특정한 또래집단을 선택하는 것은 사회 · 경제적 계층, 부모로부터 물려받은 가치관, 거주지역과 학교의 성격, 특수한 능력이나 재질, 자신의 성격 등 여러 가지 요인에 의하여 결정된다고 한다.[19] 일단 한 집단에 속하게 되면 그들이 속한 집단의 구성원들은 사회적 활동, 공부방식, 이성교제, 취미 활동 등 삶의 다양한 측면에서도 서로 영향을 미치게 된다. 따라서 청소년들은 또래집단과 강한 유대관계를 형성하고 자신들의 집단 내 지위와 역할을 예측 · 평가하며 필요한 사회적 기술을 배우게 된다.

청소년기에는 호르몬 분비의 변화를 통하여 이성에 대한 관심을 갖게 되지만 실제로는 동성의 친구들을 더 많이 사귀며 가장 친한 친구 역시 동성의 친구인

19) Zastrow & Kirst-Ashman, 앞의 책, pp. 246~247.

경우가 많으며, 자신이 직면한 심각한 문제에 대해 의논하는 상대도 동성의 친구인 경우가 많다.

2) 이성관계

청소년기 초기에는 아직도 동성의 친구관계가 중요하지만 이 시기에 이성관계가 새로운 관심의 대상이 되기 시작한다. 이성관계에 대한 관심의 증가는 성적인 성숙과 사회적 기대의 결과이다.

이성교제를 하는 단계를 처음에는 동성 친구관계의 연장된 형태로 동성과 이성의 친구가 집단으로 접촉을 하다가 점차 개인적인 데이트를 하고 사랑에 빠져드는 단계로 옮아간다.[20] 이러한 이성교제의 과정에서 청소년들이 이성을 대하는 태도는 매우 소극적이다. 즉, 청소년기에는 이성의 관심을 끌기 위하여 많은 노력을 하지만 막상 이성을 만나면 자신의 감정을 솔직하게 표현하지 못하는 것이 일반적이다. 우리나라 청소년의 경우 아직도 청소년기의 이성교제에 대해 부정적인 시각이 남아 있고 학업부담으로 인한 시간 부족 등으로 이성교제의 기회가 상대적으로 제한되어 있다.

그러나 최근 들어 청소년의 이성교제가 보다 유연성 있게 받아들여지고 있는 실정이다. 청소년기에 이루어지는 이성교제는 인생의 동반자를 찾는 것이 아니며 대체적으로 정신적 사랑에 머물러 있는 경우가 많다.[21]

5. 청소년의 발달과 사회복지 실천과제

청소년기는 아동기에서 청년기로 전환하는 중간기, 즉 과도기이다. 이 시기에

20) D. C. Dunphy(1963). The social structure of urban adolescent peer groups, *Sociometry*, 14, pp. 267~281.
21) 김동배 · 권중돈 공저, 앞의 책, p. 119.

발달 과업을 성공적으로 수행해야만 성인이 되었을 때 행복을 보장받을 수 있다. 그러나 우리나라는 대학입시라는 제도상의 문제로 청소년기에는 좋은 대학을 가기 위해 열심히 공부에 전념해야 하는 시기로 받아들여지고 있기 때문에 청소년들의 건전한 발달에는 별다른 관심을 기울이지 못하고 있다. 우리 사회의 이러한 무관심을 바로 청소년 문제와 청소년 비행으로 이어져 사회적인 문제가 되고 있다. 그러므로 사회복지 실천과제로서 청소년기의 발달과 관련하여 언급할 수 있는 것은 다음과 같다.

첫째, 청소년기는 급격한 신체구조의 변화로 인해 일시적 신체불균형 현상을 경험하며 이로 인해 부정적인 신체적 이미지를 형성할 가능성이 크기 때문에 사회복지기관에서는 의료기관 등과 연계하여 청소년기의 신체적 변화에 대한 이해를 돕는 교육프로그램, 식이요법지도, 몸매관리 프로그램 등을 개발 · 실시함으로써 청소년들의 건전한 신체 발달을 도와야 한다.

둘째, 청소년기는 신체적 성숙과 더불어 성적인 성숙이 특징적으로 나타나기 때문에 최근 청소년의 임신과 출산, 성매매, 원조교제 등이 사회문제가 되고 있는데 청소년기에는 보다 실질적인 성교육이 실시되어야 하고 부모와 교사는 개방적으로 청소년들과 의논하고 표현할 수 있는 분위기를 조성해야 한다. 뿐만 아니라 성으로 인해 야기되는 심리적인 문제를 해결할 수 있는 상담도 필요하다.

셋째, 최근 급속히 증가하고 있는 인터넷 중독, 약물중독 등은 문제가 심각하다. 이러한 중독 현상이 있는 청소년들은 상대적으로 자존감이 낮고 외부의 평가에 민감하고 외부자극을 주관적으로 인지하고 해석하는 데 왜곡될 가능성이 높고 또래 경험에서 위축되고 소외감을 더 많이 경험하는 것으로 나타났다고 한다. 그러므로 사회복지 측면에서 건전한 여가활동을 돕고 제도권 밖으로 일탈된 청소년들이 건전한 사회적 역할을 학습할 수 있도록 다양한 프로그램을 개발하여 적극적으로 개입하여야 한다.

넷째, 우리나라에서는 청소년 비행문제의 해결을 위한 대책은 거의 사후대책에 국한되어 있다. 따라서 가족복지정책과 학교사회사업 등을 통하여 청소년 비행의 발생을 사전에 예방하고 처벌위주보다는 성격과 행동의 교정과 사회복귀에 초점을 둔 사회복지적 개입이 필요하다. 비행 또는 범죄 청소년의 사회복귀를 지원할 수 있는 각종 직업훈련 프로그램이나 대안학교와 같은 교육프로그램 등을 실시할 필요가 있다.

다섯째, 청소년기의 가장 중요한 발달 과업은 자아정체감을 형성하는 것이다. 그러므로 사회복지기관에서는 청소년들의 자아정체감 형성을 지원하기 위하여 집단상담 프로그램 개발, 진로지도, 자원봉사활동, 자아발달 프로그램 등을 개발·실시하여 청소년들이 다양한 사회경험을 통하여 자신의 개성과 자질을 발견할 수 있도록 원조할 필요가 있다.

예상문제

1. 청소년기 자아성장 집단에서 성취할 수 있는 목표가 아닌 것은?

① 있는 그대로의 나를 개방하는 능력을 기른다.
② 학습방법을 향상시킨다.
③ 친구와 잘 지내는 법을 익힌다.
④ 자신의 약점을 찾아낸다.
⑤ 인생의 목표를 설계한다.

2. 청소년기 여성의 발달상 나타날 수 있는 특징은?

① 자폐장애 ② 섭식장애
③ 학습장애 ④ 틱 장애
⑤ 과잉행동장애

3. 청소년기의 친밀감을 성취하는 사회적 관계의 장은?

① 부모 ② 이웃 ③ 또래 ④ 직장 ⑤ 지역사회

4. 정체감 형성을 위한 다양한 시도를 하는 연장된 청소년기를 지칭하는 개념은?

① 정체성 유실 ② 정체감 효과
③ 정체감 성취 ④ 부적응 정체감
⑤ 심리사회적 유예기간

5. 다음 중 청소년의 인지발달을 특징으로 옳은 것은?

① 보존개념 획득 ② 비가역적인 사고
③ 전 개념적 사고의 시작 ④ 대상영속성 발달
⑤ 경험하지 못한 사물에 대한 인과관계 추론

6. 다음 중 또래집단에 대한 내용으로 옳은 것은?

① 애착의 대상은 부모이다.
② 청소년기에는 또래집단에게 인정받으려고 한다.
③ 일반적인 사회 환경을 수용하려는 동기가 있다.
④ 또래집단은 이질적이고, 그 구성원은 비조직적이다.

⑤ 청소년기에는 또래집단의 지지를 통해 도덕성이 발달한다.

7. 청소년기에 정체성을 성취하기 이전에 모색하는 기간을 무엇이라 하는가?

① 정체성 위기 ② 정체성 유실
③ 정체성 유예 ④ 정체성 혼란
⑤ 정체성 확립

8. 청소년기(13~19세)에 대한 설명으로 옳은 것은?

> ㉠ 구체적 조작기이다.
> ㉡ 정체성 성취 및 혼란의 시기이다.
> ㉢ 1차 성징이 나타난다.
> ㉣ 감정의 기복이 심하다.

① ㉠, ㉡, ㉢ ② ㉠, ㉢ ③ ㉡, ㉣
④ ㉣ ⑤ ㉠, ㉡, ㉢, ㉣

9. 다음 중 청소년기(13~24세)에 대한 설명이 아닌 것은?

① 자기중심적 사고가 늘어난다.
② 부모나 가족으로부터의 독립 욕구가 강하다.
③ 또래에게 인정받고자 하는 욕구가 강하다.
④ 자아정체감 형성 대 정체감 혼란이 나타난다.
⑤ 감정변화가 심한 자신의 정서 상태에 대해 보다 관대해진다.

10. 청소년기에 자아정체감을 확립하기 위한 노력도 없고 기존의 가치관에 대한 의문도 제기하지도 않으며, 의사결정을 하지도 않는 상태를 가리켜 무엇이라 하는가?

① 정체감 유예 ② 정체감 유실
③ 정체감 혼미 ④ 정체감 유착
⑤ 정체감 성취

11. 다음 중 청소년기(12~18세)의 특징에 해당하는 것은 무엇인가?

① 신체적 성장이 일생에서 가장 빠른 시기이다.
② 직업과 배우자를 선택하는 시기이다.
③ 피아제가 말하는 구체적인 조작기에 해당한다.

④ 탈중심화가 이루어지는 시기이다.
⑤ 성격 형성이 어느 정도 완료되고 2차 성징이 나타난다.

12. 다음 중 맞는 것을 고르시오.

> ㉠ 자아정체감 성취－위기 극복에 스스로 의사결정할 수 있는 상태
> ㉡ 자아정체감 유실－위기가 없었고 타인에 의해 의사결정을 내리는 상태
> ㉢ 자아정체감 혼란－위기도 없고 의사결정도 못 내리는 상태
> ㉣ 자아정체감 유예－위기상황에 있으면서 정체감 형성을 위한 노력을 시도하는 상태

① ㉠, ㉡, ㉢　　② ㉠, ㉢
③ ㉡, ㉣　　④ ㉣
⑤ ㉠, ㉡, ㉢, ㉣

13. 부모나 사회의 가치관을 그대로 수용하는 자아정체감의 발달 수준은?

① 정체감의 유실　　② 정체감의 유예
③ 정체감의 혼란　　④ 정체감의 성취
⑤ 정체감의 분열

정답
1. ②　2. ②　3. ③　4. ⑤　5. ⑤　6. ②　7. ③　8. ③　9. ⑤
10. ③　11. ⑤　12. ⑤　13. ①

제6장

청년기의 발달

1. 신체 발달
2. 인지 발달
3. 심리사회적 발달
4. 청년기의 발달과 사회복지 실천과제

청년기는 청소년기 이후부터 성인기 이전까지를 의미한다. 사회통념상 대학생을 청년(youth)으로 보는 경향이 있다. 청년기는 신체적 · 지적 측면에서 가장 정점에 있는 시기라고 할 수 있다. 심리사회적인 측면에서는 다른 사람을 사랑하고 보살피는 능력이 심화되는 시기이다. 청년기를 결정하는 기준으로 연령 · 신체적 · 생리적 · 사회적 성숙 등 여러 가지가 있다. 신체적 성숙도를 기준으로 했을 때는 성적 성숙이 이루어지는 시기, 그리고 심리적 성숙도를 기준으로 했을 때는 자아정체감(ego identity)이 확립되는 시기를 청년기로 본다.[1] 발달에 대한 잠재력은 전 생애에 걸쳐 존재하지만 청년기 이후의 발달은 새로운 신체적 기능이나 인지적 능력의 획득에 의해 일어나기보다는 주로 사회적 · 문화적 요소에 의해 주도된다.[2]

그랜트 스터디(1938~1970년까지 성인의 발달에 대한 최초의 종단적 연구로 1938년 연구 당시 18세이었던 대학생 286명을 50세가 될 때까지 추적한 종단적 연구에서 다른 사람들이 인생에 실패할 때 어떤 사람들은 왜, 어떻게 성공하는지를 알아내고자 한 연구)에 의하면 25~35세의 기간에 청년들은 직업과 자신의 가족을 보살피는 데 전념하며 직장에서 인정을 받고 전문가가 되기 위해 열심히 일한다. 또한 청년기의 성공적인 발달에는 지능, 행복한 아동기, 풍족한 집안배경과 같은 요인보다는 훌륭한 지도자(mentor)와 역할 모델의 존재가 더 큰 영향을 미치는 것으로 보았다.[3]

레빈슨(Levinson)은 청년기에 다음과 같은 발달과제를 성취해야 한다고 하였다.[4]

첫째, 아직 현실에 기반을 두지 못하고 다소 과장된 목표로 구성되어 있는 꿈과 희망을 명확히 정의해야 한다.

둘째, 청년의 목표를 인정해 주고, 기술이나 지혜를 가르쳐 주며, 청년이 자신의 경력에서 전진하도록 영향력을 발휘하고 자신감을 갖게 해 주는 지도자(mento)를 발견해야 한다.

셋째, 직업을 선택하고 나아가 경력을 쌓고 발전시켜 나가야 한다.

넷째, 친밀한 관계를 형성해야 한다. 청년은 여성과 관련하여 자신에 대해 계속

---

1) 이소희 외 공저, 「인간행동과 사회환경」, 학현사, 2005, p. 257.
2) R. Specht & G. J. Craig, 앞의 책, p. 178.
3) J. C. Craig(1996), *Human Development* (Engewood Cliffs, NJ: Prentice-Hall), pp. 450~454. 이인정 · 최해경 공저, 앞의 책, p. 96.
4) D. Levinson(1978), *The seasons of a man's life* (New York: Ballantine Books).

해서 학습하고 30대에 비로소 진지한 이성관계의 능력이 생긴다고 한다.

본서에는 청년기를 20~35세로 보고 청년기의 발달에 관한 이론과 청년기의 발달과 사회복지 실천과제, 청년기의 발달과 관련된 예상문제를 함께 살펴보고자 한다.

1. 신체 발달

인간의 신체적 발달은 25세에서 30세가 가장 강건한 시기이다. 30세가 지나면 신체적 기능이 감퇴하기 시작하여, 손이나 손가락의 동작도 점차로 둔감해지기 시작한다.[5] 시력, 촉각, 후각, 미각 등은 20세경에 최고에 달했다가 40세 정도가 지나면 점점 나빠지기 시작한다. 인간의 신체적 성숙은 청년기에 거의 완성되며 이 시기에는 신체적으로 활기, 힘, 건강의 최고 수준을 보이며 근육과 내부기관의 기능도 이 시기에 최고 수준에 달한다.

청년기의 성장과 발달에는 여러 가지 측면이 있지만 그 중 신장과 체중, 골격, 생식기의 발달, 호르몬의 변화 등이 두드러진다. 청년기가 되면 신장, 체중, 간을 포함하는 일반 곡선(general curve), 생식기관의 성장곡선(reproductive curve), 두뇌, 눈, 귀 등을 포함하는 두뇌곡선(brain and head curve), 아데노이드, 림프노이드 등의 임파선 곡선(lymphoid curve) 등이 성장률 100에 도달하는 등 성장의 최고 수준이 된다.[6]

청년기는 아동기보다 더 건강하고 질병률도 낮으며 이러한 최적의 근육발달의 시간적 차이로 인한 청소년기의 어색한 모습은 사라지고 청년기에는 균형잡힌 모습을 갖추게 된다. 육체적인 힘은 25~30세 사이에 최고조에 이르며 그 후에는 점진적으로 쇠퇴하나 대부분의 신체적 능력과 기술은 규칙적으로 사용하기만 하면 그 기능이 청년기 이후에도 지속된다.[7]

---

5) L. E. Troll(1985), *Early and Middle Adulthood*(2nd ed.), pacific Grove, CA: Brooks & Cole.
6) 이소희 외 공저, 앞의 책, p. 258.
7) 이인정, 최혜경 공저, 앞의 책, p. 97.

2. 인지 발달

Piaget는 청소년기에 형식적 조작 사고가 발달한 이후에는 인지 발달이 거의 이루어지지 않는 것으로 보는 반면 Arlin(1975)이나 Riege(1973)는 그 이후에도 인지 발달은 지속적으로 이루어진다고 하였다. 최근에는 인지능력 중 기계적 암기나 지적과제의 수행속도 등은 10대 후반이 가장 뛰어나지만 판단, 추론, 창의적 사고 등은 전 생애를 통하여 발달하는 것으로 알려져 있다.[8]

Bultes와 Schaie는 연령에 따르는 지능의 변화에 관한 종단적 연구에서 지능을 다음과 같이 4가지 유형으로 구분하고 이 네 차원의 지능 중에서 시각-운동적 융통성은 청년기, 즉 25세 전후를 정점으로 하여 쇠퇴하였으나 인지적 융통성에는 변화가 없었으며 결정성 지능과 시각화 능력은 오히려 연령이 증가함에 따라 향상되었다고 한다.[9]

① 결정성 지능 : 언어적 이해력, 수에 관련된 기술, 귀납적 추론과 같이 교육과 경험이 축적을 통해 습득되는 능력은 연령이 증가함에 따라 향상됨

② 인지적 융통성 : 동의어나 반대어를 생각해 내는 것처럼 익숙한 지적 운용의 맥락에서 한 사고로부터 다른 사고로 전환하는 능력은 변화가 없음

③ 시각-운동적 융통성 : 시각과 운동능력의 통합을 요구하는 과제에서 익숙한 방식에서 새로운 방식으로 전환할 수 있는 능력은 청년기를 정점으로 쇠퇴함

④ 시각화 : 복잡한 그림에서 간단한 형상을 찾아내거나 불완전한 그림을 확인해 내는 것처럼 시각적 자료를 조직하고 처리하는 능력은 연령이 증가함에 따라 향상됨

---

8) 김동배 · 권중돈 공저, 앞의 책, p. 130. 이소희 외 공저, 앞의 책, pp. 258~259.
9) P. B. Baltes & K. W. Schaie(1974), “Aging and the IQ : The Myth of the Twilight Years.” *Psychology Today*, 7. pp. 35~40.

3. 심리사회적 발달

1) 이성교제 및 결혼

이성에 대한 관심은 청년기가 되면서 인생의 동반자를 구하는 애정으로 발달하게 된다. 이 시기에는 정서[10]지향적이고 낭만적인 사랑에서 벗어나서 영속적인 관계를 유지할 수 있는 동반자를 구하기 위해서는 자아정체감과 성 역할 정체감을 형성하게 되나 자아정체감이 확립되면서 영속적인 관계를 유지할 수 있는 인생의 동반자를 구하게 된다. 그러나 성 역할 정체감, 자아정체감이 정립되어 있지 않은 경우에는 애정을 자기가 느끼고 있는 불안의 도피처로 활용하는 신경증적 사랑을 하는 경우가 많으므로 청년기의 이성교제는 평생의 동반자를 탐색하고 결정하는 결혼을 전제로 하는 이성교제이기 때문에 더욱 큰 의미를 갖는다.

청년기의 이성교제와 배우자 선택은 결혼을 위한 마지막 단계이며 행복한 결혼생활을 위해서는 현명한 배우자 선택이 필수 조건이라 할 수 있다. 배우자 선택을 위해서는 자신을 알아야 하고, 상대방의 욕구, 성격, 관심, 가치관을 파악해야 한다. 그리고 두 사람 관계가 타인에게 미칠 영향을 고려해야 하며, 서로의 일치성을 확인해야 하고, 사랑이 있어야 하며, 결혼의 지속성 여부를 고려해야 한다.[11]

Lesis(1973)는 배우자 선택과정을 유사성(similarity) 단계, 래포(Rapport) 단계, 자기공개(self-disclosure) 단계, 역할탐색(role taking) 단계, 역할조화(role fit) 단계, 상호결정 단계 등 6단계로 제시하였다.

① 유사성 단계 : 상대방의 사회적 배경, 가치관, 성격 등이 유사함을 지각한다.

② 래포 단계 : 상대방에 대해 긍정적인 평가를 하고 호감과 친밀감을 느끼며

③ 자기공개 단계 : 상대방에 대한 신뢰감이 증진되며 서로 자유롭고 솔직한

10) 김동배 · 권중돈 공저, 앞의 책, p. 131 참조. 이소희 외 공저, 앞의 책, p. 264 참조.
11) 이소희 외 공저, 앞의 책, p. 264 참조.

자기 표현을 하는 단계

④ 역할탐색 단계 : 밀접한 관계 속에서 자신의 역할을 구축해 가고 상대방의 역할에 대해 기대를 형성한다.

⑤ 역할조화 단계 : 서로에 대한 역할 기대와 역할 수행이 상호보완적인 조화를 이루어 간다.

⑥ 상호결정 단계 : 서로의 역할을 수용하여 확정하고 동반자로서의 정체감과 일체감을 느낀다.[12)]

배우자 선택 6단계를 여과이론에 접목하여 보면 근접성 여과(propinquity filter), 매력여과(attractiveness filter), 사회적 여과, 일치여과(consensus filter), 상보성 여과, 준비성 여과(readiness filter) 등으로 설명할 수 있다.

① 근접성 여과란 지리적으로 가까운 것을 의미한다.

② 매력여과란 현대사회에서 매력을 결정하는 특성들, 즉 신장, 체중, 연령, 용모를 통한 여과이다.

③ 사회적 여과란 사회 경제적 배경요인이며 이는 당사자보다 부모들에 의해 더욱 강조되는 것으로 특히 중매혼에서 절대 고려되는 사항이다.

④ 일치여과는 심리학에서 확고하게 정립된 사실 중의 하나로 자신의 견해, 태도를 같이 하는 사람들을 좋아한다는 것이다.

⑤ 상보성 여과는 욕구 및 성격특성에서 서로 보완되는 정도가 중요시된다. 즉, 반대되는 것이 매력을 끈다는 통념과도 통한다.

⑥ 준비성 여과는 결혼 상대자의 범위를 정하는 요인으로 연령을 들 수 있다. 그러나 위의 여섯 가지 요인 중 어떤 요인을 더욱 중요시하는가는 개인에 따라 다르다.[13)]

결혼을 하게 되면 결혼 초기의 몇 년은 상호적응의 과정이다. 실제 이 시기를 보내는 것이 매우 어려운데, 이는 결혼 초기에 오는 긴장이나 갈등이 존재하리라고 예상하지 못했기 때문이다. 이것은 결혼 후 2~4년 사이에 이혼율이 가장 높다는

---

12) 곽형식 외 공저, 「인간행동과 사회환경」, 형설출판사, 2002. p. 290.
13) 이소희 외 공저, 앞의 책, pp. 265~266.

보고에서도 알 수 있다. 결혼 초기에 긴장의 원인이 될 수 있는 것은 사회 계층적, 문화적 배경에 차이가 있을 때 여러 가지 결정을 내리는 것이 둘 사이의 타협을 요구하기 때문에 이것이 긴장을 유발할 수 있다.

결혼 초기에 부부들은 결혼 생활의 문제를 가장 예민하게 의식하며 배우자로서 부적합하거나 어색한 감정을 느끼는 경향이 있다고 한다.[14]

통계청(1997)에 따르면 우리나라 사람들이 결혼하는 연령은 25~34세에 남자는 80% 이상, 20~29세에 여자는 90% 이상이 결혼하는 것으로 나타났으며 독신남녀는 10% 미만이다. 그러나 점차 더 많은 청년들이 늦게 결혼하거나 독신으로 지내는 경우가 많아지면서 나타나는 사회적 현상은 아이를 갖는 연령이 점점 늦어지는 것, 자녀를 적게 낳는 것, 자녀양육이 짧아지는 것, DINK(Double Income No Kid)족들이 늘어나는 것 등을 들 수 있다고 한다.

2) 직업의 선택과 준비

청년기에 성취해야 할 가장 중요한 발달 과업은 직업을 선택하고 이에 따른 준비를 하는 것이다. 청년기에는 직업 선택에 따라 성인기의 삶의 방식이 결정되기 때문에 직업선택을 신중히 하고 자신이 원하는 직업을 갖기 위해 노력해야 한다.

직업을 선택하고 준비하는 과정을 직업발달이라고 하며 이런 과정에서는 개인의 인성 특성과 사회적 · 경제적 · 직업적 현실과의 조화를 맞추는 것이 가장 이상적이다.

Ginzberg(1971)는 직업 선택을 개인적 선호를 최적화하는 과정이라고 하면서 청소년기의 직업 선택의 근거는 흥미, 능력, 가치 등과 같은 개인의 내적인 것에, 청년기에는 현실에 근거를 두며 욕구와 현실과 절충한다고 보았다.

Super는 직업 선택은 자아개념의 발달과 밀접한 관계가 있다고 하면서 직업 선택 과정을 5단계로 나누어 설명하고 있다.[15]

① 직업개념 형성기(14~18세) : 직업 활동을 하는 자신의 이미지를 자아개념에 포함시킨다. (결정 단계)

---

14) 이인정 · 최해경 공저, 앞의 책, pp. 101~102.
15) D. E. Super(1957), *The Psychology of Careers*, NY: Haper and Row.

② 희망직업 세분화 단계(18~21세) : 선택 가능한 직업의 범위를 좁히고 그에 필요한 기술과 전문 지식을 습득한다. (구체화 단계)

③ 직업수행 단계(21~24세) : 직업훈련과 교육을 마치고 직업세계로 진입한다. (실행 단계)

④ 안정 단계(25~35세) : 자신에게 적합하다고 평가한 직업에서 어느 정도 안정을 이루는 단계이다. (안정화 단계)

⑤ 공교화 단계(35세 이후~) : 자신이 선택한 직업분야에서 높은 지위를 획득하고 능력을 인정받고 성공하는 단계이다.

여기서 구체화 단계와 실행 단계, 안정화 단계는 청년기에 속하며 직업에 대한 준비와 선택의 중요한 시기이다.

O' Neil 등은 직업 선택에 영향을 미치는 요인을 다음과 같이 제시하였다.[16]

① 가족 관련 요인 : 어린 시절의 경험과 역할 모델로서의 부모의 직업

② 사회적 요인 : 학교에서의 교육, 또래집단과의 경험, 대중매체 등

③ 상황적 요인 : 적절한 기회

④ 경제 사회적 요인 : 출신 계통, 성 차별, 직업의 수요와 공급

⑤ 개인적 요인 : 자신 스스로에 대한 기대, 능력, 직업에 대한 태도 성취욕구

⑥ 사회 심리적 요인 : 자신감 결여, 실패에 대한 두려움, 자기주장 능력의 결여, 역할 갈등 등

청년기에 자신에게 맞는 직업을 선택하기 위해서는 무엇보다도 자신의 능력, 흥미, 적성, 자신의 성격 등 자신에 대한 올바른 이해를 바탕으로 직업을 선택해야 한다.

3) 성역할 정체감 확립

성인이 된 이후에 사회적 역할을 적절히 수행하기 위해서는 청년기에 성 역할 정체감(sex-role identity)을 형성해야 한다. 성 역할 정체감이란 사회가 특정성에

16) J. M. O'neil, C. Tollefson, N. Barke, C. Pigott, and D. Watts(1980), Factors, Correlates, and problem areas affecting career decision marking of a cross-sectional sample of students, *Journal of Counseling Psychology*, 27, pp. 571~580.

적절하다고 인정하는 (남자 또는 여자로서 특정 지어질 수 있는) 특성, 태도, 가치관, 흥미 등을 동일시하는 과정으로 그 성에 따른 사회의 역할기대를 내면화하는 과정이다.

성 역할(sex-role)을 정신분석이론에서는 Freud의 성심리 발달이론 5단계 중 3단계인 남근기에 남자 아이는 Oedipus complex, 여자 아이는 Electra complex를 경험하게 되는데 이러한 콤플렉스를 해결하기 위한 수단으로 성 역할 동일시가 이루어지면서 형성된다고 하였다.

사회학습이론에서는 성 역할은 직접학습과 관찰학습, 즉 어떤 model을 보고 학습한다고 한다. 직접학습이란 부모, 교사, 친구가 성에 적합한 행동은 강화하고 성에 적합하지 않은 행동은 벌을 줌으로써 학습이 이루어진다고 보고 있다. 그리하여 남아는 단호하고 경쟁적이며, 여아는 얌전하고 협동적으로 자기 성에 적합한 행동을 학습하고 이러한 행동 유형은 강화를 통해서 내면화된다고 한다.

인지발달이론에서는 한 인간을 자기 성에 적합한 역할을 하도록 키우는 것은 자녀의 성별에 따라 부모가 다르게 대하여 자기 자신의 성을 인식하는데 있다고 본다.[17]

이러한 성역할은 아동기부터 형성되기 시작하는데, 성에 따라 성 역할 정체감은 남성과 여성이 서로 다른 특성을 지니고 있다. 남성의 경우 아동기에는 신체적인 힘과 공격성, 정서표현의 억제 등과 같은 전통사회의 남성다움과 동일시하려 하지만, 청년기부터는 경제적 성취, 정서적 통제와 정서적 민감성의 겸비, 자기주장 능력 등과 같은 현대사회의 남성다움과 동일시해야 하므로 성역할 정체감 형성에 많은 갈등과 긴장을 경험한다. 여성의 경우 아동기에는 성과 관련된 제약을 적게 받지만 청년기에 이르게 되면 엄격한 성 역할을 강요당한다.

그리고 청년기가 되어서 전통적 여성상인 현모양처와 현대적 여성상인 유능한 여성이라는 두 가지 성 역할 사이에 갈등과 긴장을 경험한다.[18] 현대사회에서는 전통적으로 여성의 고유한 특성으로 간주되는 온화함, 이해심, 부드러움 등 감정 표현뿐 아니라 모험심, 지성, 야망, 성취 등과 같은 남성적 특성을 고루 갖추는 것이 보다 바람직하다는 주장이 우세해지고 있다.[19]

---

17) 이소희 외 공저, 앞의 책, p. 263.
18) 김동배 · 권중돈 공저, 앞의 책, p. 132.
19) S. L. Bem(1975), Sex-role adaptability : One consequence of psychological androgyny, *Journal of Personality and Social Psychology*, 31, pp. 56~62.

4. 청년기의 발달과 사회복지 실천과제

우리나라 청년들은 2년 정도 군대 생활을 해야 한다. 조직적인 군대 생활은 기존에 자신이 영위했던 행동양식과는 전혀 다른 새로운 행동양식을 요구하기 때문에 많은 부적응 문제를 발생시킬 수 있다.

군대 생활 중에 종종 일어나는 총기사건 등은 우리나라가 아직 군인복지(military welfare)가 제대로 이루어지지 않고 있기 때문에 발생하는 사건으로 볼 수 있다. 그러므로 군대에 입대하기 전에 군에 대한 다양한 정보를 제공하고 군대 생활을 하는 청년들의 생활실태를 파악하고 그들의 복지욕구를 분석하여 군인사회복지 실천모델을 개발하여야 한다.

청년기는 직업 선택과 준비가 중요한 과업 중에 하나이므로 자신의 적성, 취미, 흥미, 성격, 가치관, 태도, 자아 기대 등에 맞추어 자신에게 알맞은 직업을 선택할 수 있도록 직업에 대한 다양한 정보와 전문적인 자질을 기를 수 있도록 환경을 마련해 주는 것이 무엇보다도 중요하다고 본다. 현재 우리나라는 청년 실업자들이 많은 관계로 청년들이 직업 선택에 대한 큰 부담을 갖고 있기 때문에 다양한 방법으로 이들을 도울 수 있는 방법을 모색해야 한다. 청년기에 선택한 직업에 따라 성인기의 삶의 방식이 결정되기 때문에 개인의 인성과 사회 · 경제적 · 환경적인 면을 고려하여 자신에게 알맞은 직업을 선택할 수 있도록 원조해야 한다. 그러므로 사회복지기관에서는 청년들을 위한 직업적성검사를 실시하고 직업훈련, 고용정보제공, 취업알선 사업 등을 전개해 나가야 한다.

청년기에는 이성교제와 결혼도 중요한 발달 과업 중의 하나이므로 청년기의 사랑과 결혼생활에 대한 다양한 정보제공과 예비부모 교육프로그램, 예비부부교실 운영 등을 실시하여 원만한 가정생활을 영위할 수 있도록 도와야 한다. 현재 우리 사회는 결혼초기에 이혼하는 가정이 늘어나고 있어 이에 대한 대비책도 필요하다고 본다.

예상문제

1. 다음 중 이성 교제와 결혼에 끼치는 심리적 요인은?

① 효과성 ② 접근성
③ 자기주장 ④ 친밀성
⑤ 효율성

2. 다음 중 청년기~성인 초기의 발달과업으로 틀린 것은?

① 결혼을 준비한다.
② 직업을 선택하고 경력을 쌓아간다.
③ 부모로부터 정서적으로 독립한다.
④ 사회적 역할을 융통성 있게 수행한다.
⑤ 사회적으로 건강한 발달을 이룬다.

3. 다음 중 청년기(성인 초기)에 고려할 수 있는 사회복지프로그램으로 바르게 묶인 것은?

㉠ 결혼예비학교	㉡ 사회체험교실
㉢ 예비부모교실	㉣ 직장체험교실

① ㉠, ㉡, ㉢, ㉣ ② ㉡, ㉣
③ ㉠, ㉡, ㉢ ④ ㉠, ㉢
⑤ ㉣

4. 다음 중 청년기(성인 초기, 19~29세)의 발달과업에 해당하는 것은?

㉠ 근면성의 확대	㉡ 애착관계의 형성
㉢ 자아정체감의 형성	㉣ 직업선택 및 유지

① ㉠, ㉡, ㉢ ② ㉠, ㉢
③ ㉡, ㉣ ④ ㉣

⑤ ㉠, ㉡, ㉢, ㉣

5. 다음 중 청년기(성인 초기)의 과업으로 모두 묶인 것은?

㉠ 직업선택	㉡ 폐경기
㉢ 결혼	㉣ 노인부양

① ㉠, ㉡, ㉢ ② ㉠, ㉢
③ ㉡, ㉣ ④ ㉣
⑤ ㉠, ㉡, ㉢, ㉣

6. 에릭슨이 주장한 청년기의 발달단계는 다음 중 무엇인가?

① 근면 대 열등감
② 주도성 대 죄악감
③ 친밀감 대 고립감
④ 생산성 대 침체
⑤ 자아정체감 대 역할혼란

7. 레빈슨이 말한 청년기에 성취해야 할 발달과제는 무엇인가?

㉠ 시각-운동적 융통성은 청년기를 정점으로 쇠퇴한다.
㉡ 인지적 융통성은 연령이 증가함에 따라 별 변화가 없다.
㉢ 시각화 능력은 연령이 증가함에 따라 향상된다.
㉣ 결정성 지능은 연령이 증가함에 따라 향상된다.

① ㉠, ㉡, ㉢ ② ㉠, ㉢
③ ㉡, ㉣ ④ ㉣
⑤ ㉠, ㉡, ㉢, ㉣

8. 청년기의 신체적 발달의 특징은?

① 신체적 발달은 20~35세 사이에 극대화된다.
② 아동기보다 질병에 걸릴 확률이 높다.
③ 규칙적으로 사용한 육체의 힘은 청년기 이후에도 지속된다.

④ 신체적 건강이 쇠퇴하기 시작하는 시기이다.
⑤ 신장의 확대는 이루어졌으나 근육의 발달은 아직 어색하다.

9. 청년기의 특징으로 맞는 것은?

① 직업을 갖고 결혼을 한다.
② 프로이트의 잠복기이다.
③ 자아정체감을 확립한다.
④ 질풍노도의 시기이다.
⑤ 혼란과 방황을 하는 시기이다.

정답

1. ④ 2. ④ 3. ① 4. ④ 5. ② 6. ③ 7. ⑤ 8. ③ 9. ①

제7장

장년기

1. 신체 발달
2. 인지적 변화
3. 심리사회적 발달
4. 장년기의 사회복지 실천과제

어떤 사람들은 장년기를 인생의 전성기로 보는 사람이 있는가 하면 어떤 사람은 장년기를 인생의 쇠퇴기로 보는 사람도 있다. 장년기를 인생의 전성기로 보는 것은 경제적으로 상당히 안정이 되어 있고, 다양한 삶의 영역에서 경험을 통하여 다양한 삶의 지혜를 터득한 상태이며 집안에서 높은 지위와 책임을 갖기 때문이다. 장년기를 인생의 쇠퇴기로 보는 것은 이 시기에 신체적 퇴행이 이루어지기 시작하고 (20대 이후부터 노화가 지속되지만, 중년기에는 신체적 능력의 감퇴와 노화를 실감한다) 장년기의 위기를 잘 극복하지 못할 경우 침체된 삶을 살아갈 수밖에 없기 때문이다. 그래서 Erikson은 장년기의 인생과제를 생산성 대 침체(generativity vs. stagnation)라고 했다. 생산성이란 한 세대가 다음 세대에 물려줄 문화와 사회질서를 발전시켜 살아갈 기초를 구축하는 것을 의미한다. 그러므로 장년기에는 자녀를 보호하고 직업생활에 능동적으로 대처하고 가정에 대한 책임과 사회적인 책임을 감당한다. 침체란 심리적인 성장이 결핍되고 자신의 에너지와 능력을 자기만족을 위해서 사용하는 것을 의미한다.

장년기에 자신의 무능력이나 열악한 환경조건 때문에 자신이 생각하던 인생의 목표를 달성하지 못하고 사회를 위해서도 의미 있는 기여를 하지 못했다고 느낄 때 침체를 경험한다. 그래서 장년기를 '샌드위치 세대', '빈 둥지 세대', '상실감의 시기', '제2의 사춘기', 혹은 '정체성 위기의 시기' 등으로 표현하고 있다. 장년기를 전환의 시기로 지적한 사람은 융(Jung, 1933)이다. 그는 사람들은 삶의 전반부에서 자신의 외부세계를 다스리지만 삶의 후반부에서는 개인적인 한계와 질병이나 사망을 지배할 수 없다는 것을 이해하면서 점점 더 내면세계에 초점을 두기 시작한다고 했다.

레빈슨은 장년기에 세 가지 발달 과제를 성취해야 한다고 주장했다.[1)]

첫째, 자신의 과거에 대한 재평가로 이는 자신의 죽음에 대한 의식이 강해진 것과 남은 시간을 현명하게 사용하고자 하는 의도에서 비롯된다.

둘째, 인생의 남은 부분을 새로운 시기로서 시작하는 것으로 이를 위하여 삶의 기존 구조에서 부정적인 요소들을 수정하고 새로운 요소들을 갖추기 위한 선택들이 이루어져야 한다.

---

1) 이인정 · 최해경 공저, 앞의 책, p. 110.

셋째, 개별화[2]로 장년기 이전에는 반대의 관계로 경험하던 상태나 경향, 즉 양극에서 그 중의 하나에만 해당될 수 있고 동시에 둘의 상태를 취할 수 없다고 느끼던 것을 통합할 수 있어야 한다.

Gould는 장년기에 벗어나야 할 다섯 가지 비합리적인 가정을 다음과 같이 설명하였다.[3]

① 안전이 영원히 지속될 것이라는 가정에서 벗어나야 한다. 장년기에는 부모로부터 부모가 생존해 있더라도 역할전도(role reversal)가 일어나기 때문이다.
② 자신과 자기가 사랑하는 사람들에게는 죽음이 일어나지 않을 것이라는 가정에서 벗어나야 한다. 이 시기에는 부모가 병에 걸리거나 사망하며 자신의 죽음에 관해서도 신호를 받게 된다.
③ 배우자 없이 사는 것이 불가능하다는 가정에서 벗어나야 한다. 장년기의 여성들은 배우자 없이도 살 수 있다는 생각을 하게 됨으로써 더 광범위한 사회적 접촉을 경험하게 되고 인격발달을 도모할 수 있다.
④ 가족 밖에서는 어떠한 삶이나 변화도 존재할 수 없다는 가정에서 벗어나야 한다. 장년기에는 자신을 재정의하고, 결혼생활에 대한 새로운 현상, 실험 등을 통해서 가족 밖의 생활과 자신의 변화 가능성을 발견하게 된다.
⑤ 자신만이 순수하다는 가정에서 벗어나야 한다. 자신 외에 많은 사람들이 탐욕, 시기, 경쟁과 같은 속성들은 갖고 있다고 인식해 왔으나 이제는 자신도 그러한 속성들이 있음을 깨닫고 자신의 장점뿐만 아니라 단점도 분명하게 알게 된다.

본서에서는 장년기를 청년기가 끝난 35세~노년기가 시작되기 전인 60세까지로 보고 장년기의 발달과 변화를 개괄적으로 살펴보고 장년기의 사회복지 실천과제, 장년기와 관련된 예상문제를 함께 살펴보도록 한다.

---

2) 장년기에는 개별화 - 젊음과 늙음, 파괴와 건설, 남자다움과 여자다움, 애착과 분리 등 양극의 중간에 처한 상태를 이해하고 이러한 상반되는 경향이 자신의 생활에 통합되도록 해야 하는 것을 말한다.

3) S. J. Gould(1978), *Transformation, Growth and Change in Adult Life*, New York: Simon and Schuster.

1. 신체 발달

1) 신체적 변화

장년기에 있는 많은 사람들은 신체적인 어려움에 처한다. 신체적으로 지방조직이 재분배가 이루어지고 에너지의 지출이 제한된다. 장년기의 신체적 변화의 특성을 정리하면 다음과 같다.4)

첫째, 신체구조상 변화를 보면 40세 이후부터는 신진대사활동이 둔화된다. 허리둘레와 체중이 늘기 시작하며 머리는 은백색으로 변하거나 머리카락이 많이 빠지기 시작하고 피부의 탄력도 줄어들고 주름이 생긴다.

둘째, 신체적 기능의 쇠퇴를 보인다. 장년기가 시작되면서부터 활기를 잃고, 육체적 힘이 약화되기 시작하고 질병에 대한 저항이 약해질 뿐 아니라 질병이 회복되는 데 소요되는 시간도 늘어나게 된다. 그러므로 관절염, 당뇨병, 심장마비, 고혈압, 암 등과 같은 만성적이고 심각한 성인병에 걸릴 가능성이 어떤 시기보다도 높다.

셋째, 감각기관의 능력도 감소한다. 노화로 인하여 시력이 낮아지고 원시가 되어가며 청각도 예민성이 줄어든다.

그러나 규칙적인 운동과 음식물 섭취의 조절로 청년기의 모습과 건강을 유지할 수 있으며, 장년기의 신체적 여가 활동은 노화에 매우 중요한 영향을 미친다.

2) 성적 변화

장년기에 이르게 되면 남녀 간의 차이가 있기는 하지만 성적 능력의 저하가

4) 이인정 · 최해경 공저, 앞의 책, p. 113 참조.
김동배 · 김중돈 공저, 앞의 책, p. 146 참조.
이소희 외 공저, 앞의 책, p. 284 참조

이루어진다. 장년기의 성적 능력의 저하로 나타나는 현상을 갱년기 장애라고 부르고 있다.

여성의 경우에는 사람마다 개인차가 있으나 40대 후반에서 50대 초반에 생리가 중지되는 폐경기(menopause)를 경험하게 된다. 폐경이 되면 생리적인 변화가 나타난다. 대표적인 증상으로는 얼굴이 붉게 달아오르는 홍조현상(red flushes)이다. 난소는 작아지고 더 이상 난자를 생산하지 않으며, 나팔관도 짧고 작아진다. 폐경기에 이르게 되면 생식능력을 상실하게 되고 에스트로겐(estrogen)이라는 여성호르몬이 1/6 정도로 줄어들고, 자궁과 유방의 퇴화가 이루어진다. Neugarten과 Kraines(1965)에 의하면 폐경기 여성에게는 얼굴의 홍조현상, 두통, 메스꺼움, 현기증, 골반통, 유방통증, 호흡장애 등이 나타난다고 하였다.[5] 그러나 모든 여성이 폐경증상을 경험하는 것은 아니며 폐경 이후에도 정상적인 성관계를 유지할 수 있기 때문에 폐경으로 인한 증상 자체보다는 이에 따른 불안, 우울, 자신감 저하와 같은 심리적 변화와 사회적 역할 변화가 더욱 중요하다고 한다.[6]

남자들에게는 폐경이란 있을 수 없지만 이와 유사한 현상이 존재한다. 이를 중년의 위기(mid-life crisis)라고 부른다. 이 시기에는 이혼, 결혼 외 관계, 직업의 전환, 사고 등이 일어나기 쉬우며 자살시도의 위험까지도 존재한다. 이것은 생물학적 요인과 심리적 요인이 복합되어 일으키는 현상으로 볼 수 있다. 생물학적으로 남자들은 생식능력을 계속 유지하지만 남성호르몬의 생산이 감소함에 따라 성기능이 영향을 받는다. 심리적으로 남자들은 이 시기에 자신의 결혼생활과 가정에 대하여 재평가하며 과거와 미래를 생각하고 그가 성취한 것과 실패한 것에 대하여 생각한다. 이러한 과정에서 불안, 우울, 집중력 감소, 피로, 수면장애, 초조, 흥미와 자신감 상실 등의 증상을 경험할 수 있다. 또한 직업이나 영역에서의 실패에 대해서도 두려워하게 된다.[7]

---

5) B. L. Neugarten and R. J. Kraines(1965), Menopausal symptoms in women of various ages, *Psychosomatic Medicine*, 27, pp. 266~273.
6) 김동배 · 권중돈 공저, 앞의 책, pp. 140~147.
7) 이인정 · 최해경 공저, 앞의 책, p. 114.

2. 인지적 변화

장년기의 인지적 변화에 대해서는 일반적으로 인지적 반응의 속도가 늦어진다는 점에 대해서는 동의하고 있다. 장년기에도 새로운 기술을 지속적으로 학습할 수가 있고, 이미 알고 있는 것을 기억할 수 있다. 언어 능력에 있어서도 어휘력을 발전시킬 수 있다. 그러나 대부분 장년기 사람들은 자신의 지적인 능력을 충분히 활용하지 않고 과거의 다양한 경험으로부터 얻은 지혜를 갖고 대처하고 보상하려는 경향이 있다.[8)]

일반적으로 지적 능력에는 두 가지 유형이 있다.

첫째 유형은 유동성 지능(fluid intelligence)으로서 광범위한 기능 영역을 차지하는데, 이러한 영역은 운동속도, 새로운 정보를 인지적으로 다루는 것, 기억 등과 같은 지적 능력을 포함하고 있다. 유동적이라는 말은 지적 기능이 여러 다양한 형태의 지적 활동 - 지각, 인식, 새로운 정보를 인지적으로 처리하는 것 등을 의미한다.

유동성 지능은 청소년기 때까지 증가하다가 이후로는 점점 쇠퇴한다.

둘째 유형은 결정성 지능(crystallized intelligence)으로서 정보를 처리하고 기록하는 능력이다. 이 기능은 형식적인 교육을 통해 획득할 수 있다. 유동성 지능과 달리 결정성 지능은 전 생애를 통해 증가하기 때문에 장년기에도 계속 증가한다.[9)]

장년기의 성인들은 빠른 속도를 요구하는 과제나 문제를 능숙하게 해결하지 못하지만, 어휘, 기억력 및 문제해결 능력을 요구하는 과제나 문제는 적절히 수행할 수 있다. 그리고 기억능력의 감퇴가 이루어지는 것처럼 보이지만 실제로는 단기기억 능력은 약화되지만 장기기억 능력은 변화가 없다. 장년기에는 새로운 것을

8) D. E. Papalia, S. W. Olds, R. D. Feldman(1998), *Human Development* (7th ed.), New York: McGraw-Hill.
최옥채 외 공저, 앞의 책, p. 251.
9) 최옥채 외 공저, 앞의 책, p. 252.

학습할 수 있는 능력은 저하되지만 오랜 경험을 통하여 획득한 지혜가 있기 때문에 문제해결 능력은 오히려 높아진다.[10]

3. 심리사회적 발달

1) 부부관계 유지

부부관계는 모든 가족관계에서 가장 기본이 되며 매우 중요하다. 부부관계는 역동적인 것으로 부부의 성숙, 가족구성원의 변화, 가족의 위기나 사건의 발생과 같은 요소에 따라 변화한다. 뉴만과 뉴만(B. M. Newman. & P. R. Newman)은 건강한 결혼관계를 유지하기 위한 조건으로 다음과 같이 제시하였다.[11]

첫째, 부부는 각자의 개인적인 성장과 부부로서의 성장을 위한 헌신을 하여야 한다.

둘째, 부부는 효과적인 대화체계를 개발해야 한다. 직업이나 자녀양육과 같은 역할에만 몰두하면 부부 상호 간의 대화기회가 감소하고 고립되기 때문에 부부 간의 효과적인 대화체계를 만들어서 서로에 대한 불만이나 갈등을 해소할 수 있는 장을 만들어야 한다.

셋째, 갈등을 창의적으로 활용해야 한다. 각자의 개별성과 동등성을 인정하는 결혼에서 갈등은 필연적으로 존재한다. 이러한 갈등을 이해하고 의견의 불일치가 있을 수 있다는 것에 동의하며 갈등을 해결하기 위한 전략을 개발해야 한다.[12]

---

10) 김동배 · 권중돈 공저, 앞의 책, p. 147.

11) B. M. Newman & P. R. Newman(1987), *Development through Life : A Psychosocial Approach*, 4th ed. (Chicago: Dorsey Press), p. 472.

12) C. Cole & A. L. Cole(1985), "Husband and Wives Should Have an Equal Share in Making the Marriage Work", in H. Feldman & M. Feldman (Eds.), *Current Controversies in Marriage and Family* (California: Sage).
이인정 · 최해경 공저, 앞의 책, pp. 116~117.

특히 50대 중반 이후에는 성인 자녀들이 결혼하여 집을 떠나 독립을 하기 때문에 중년기 부부만 남는 시기이다. 자녀들이 집을 떠난 후 부부만 남는 상태를 '빈 둥지(empty nest)'라고 하는데, 이러한 상황에 잘 적응하지 못하는 경우에는 여러 가지 문제가 발생한다. 남성은 사회생활과 직장의 일로 바쁜 반면에 여성이 직업이 없으면 하루 종일 집에만 있게 되고 자신이 살아온 과거에 대한 삶의 회환과 후회를 느끼는 경우에는 소외감과 심리적인 고통을 경험한다. 소위 갱년기 우울증과 같은 심리적 상태가 이 시기에 많이 발생하는데 이러한 현상을 빈 둥지 증후군(empty nest syndrome)이라고 한다. 그러므로 성인 자녀의 출가 이후에 부부 간에 정서적 유대감을 발전시키고 관심을 유지시키는 것이 그 어느 시기보다 중요하다.[13)]

2) 자녀교육 및 훈육

부모는 아동의 발달과 변화에 맞춰 적절한 자녀교육을 할 수 있어야 한다. 장년기에 있는 부모들의 자녀는 대략 아동기에서 청년기까지로 볼 수 있다. 그러므로 아동기인 초등학교 시기에는 초등학생에 맞는 발달 과업을 성취하기 위하여 노력하고 부모역할을 해야 한다. 청소년기에는 청소년기의 발달 과업에 맞게 자녀를 교육해야 한다. 뿐만 아니라 청소년의 독립을 인정하는 방향으로 부모-자녀 관계를 재조정해야 한다. 부모님이 지나친 간섭이나 통제를 하기보다는 스스로 판단하여 책임감 있게 행동할 수 있도록 하면서 부모의 권위를 유지할 수 있어야 한다. 자녀가 군에 입대를 하거나 결혼으로 독립하는 시기에도 자녀를 성인으로 인정하고 그들의 의사 결정을 믿고 존중해 주어야 한다. 또한 자녀의 결혼뿐만 아니라 자녀가 출가한 이후에도 지속적인 관심과 지원이 있어야 한다. 자녀양육에 대한 걱정과 성인의 정신건강에 대한 연구에 의하면 자녀를 갖고 기르는 것이 성인기의 의무라기보다는 점점 더 선택사항으로 변하고 있다.

그러나 자녀양육에서 어려움을 겪는 영역에 관해서는 거의 변화가 없으며 조사 대상의 75% 정도가 공통적으로 다음과 같은 다섯 영역을 어려움 영역으로 지적하였다.[14)]

13) 최옥채 외 공저, 앞의 책, p. 254.

14) J. Veroff, E. Douvan & R. A. Kulka(1981), *The Inner American* (New York: Basic Books). 이인정 · 최해경 공저, 앞의 책, p. 120.

① 자녀에 대한 신체적 보호와 물질 제공
② 훈육과 순종의 확보
③ 부모와 자녀 간의 친밀한 관계 형성
④ 자녀의 외부관계 적응
⑤ 자녀의 행동에 대한 관용과 인내

3) 직업관리

장년기의 직업생활은 가족의 생계유지, 사회적 관계의 유지뿐만 아니라 전체 생활에 영향을 미칠 정도로 매우 중요한 요인이다.

장년기는 직업적 성취도가 최고조에 이를 가능성도 있고 직업을 전환해야 하는 가능성도 있기 때문에 직업으로 인하여 야기되는 긴장이 많은 편이다. 연령에 따라서는 40대 성인들이 다른 연령층보다 직업적 성취를 위한 열의가 가장 높기 때문에 직업적 성공에 대한 긴장도 많은 편이다. 사회계층에 따라서는 중산층에 속하는 중년 남성은 젊은이와의 경쟁에서 낙오하지 않을까 하는 두려움 때문에 직업적 성공에 가장 많은 긴장을 경험한다. 이에 반해 하류층은 더 이상 잃을 것이 없기 때문에, 상류층은 이미 안정된 생계 기반을 갖추었기 때문에 직업적 성공에 대한 긴장은 별로 없다.[15] 이러한 비자발적 직업전환은 개인의 직무수행 능력이 다른 직장동료에 비하여 지나치게 떨어지거나 회사나 전체 사회가 경제적 불황상태에 있는 경우에 특히 많이 일어난다.

가장이 비자발적인 퇴직을 당했을 경우에는 퇴직금이나 연금 등으로 일정기간 기본적 생계를 유지해 갈 수는 있다. 그러나 대부분의 가족들은 비자발적 퇴직에 대한 재정적 대비를 못하고 있기 때문에 가족성원 중 한 명이 가장의 역할을 보완하거나 대행하기 위하여 직업생활을 시작하는데 대부분이 배우자인 중년 여성이 취업을 하는 경우가 많다.[16]

15) L. J. Bischof(1976), *Adult psychology* (2nd ed.), NY: Harper and Row.
김동배 · 권중돈 공저, 앞의 책, p. 150.
16) 김동배 · 권중돈 공저, 앞의 책, pp. 150~151.

4) 여가생활

현대사회에서는 인간의 평균수명 연장, 가족생활의 변화, 근로여건의 변화, 주 5일제 근무시행 등으로 인하여 여가 시간이 증가하고 있고 여가에 대한 인식도 예전과 다르게 많이 변화되고 있다.

여가는 직업활동, 생리적 욕구충족, 휴식, 기분전환, 사회적 성취 및 개인적인 발전을 도모하는 중요한 활동이다. 그러므로 장년기에는 여가(recreation)에 대한 사회교육 프로그램이나 여가선용 프로그램에 참여하여 여가기술을 익혀 두는 것이 좋다.

4. 장년기의 사회복지 실천과제

장년기에는 신체구조의 변화와 신체기능의 저하로 여러 가지 성인병에 걸릴 확률이 높아진다. 그러므로 사회복지기관에서는 성인병 예방을 위한 건강교육이나 건강상태 프로그램을 실시하고 건강을 체크할 수 있는 간단한 검사도 할 수 있도록 해야 한다. 또한 갱년기에 나타나는 정서적 · 신체적인 변화에 잘 적응하고 개인상담, 집단상담, 부부상담 등의 프로그램을 실시하고 원조할 필요가 있다. 또한 부부갈등, 이혼 등으로 심리적인 고통을 받고 있는 사람들을 위하여 다양한 상담서비스뿐만 아니라 여가선용 프로그램도 실시할 필요가 있다.

장년기의 실직은 심각한 위기를 가져오기 때문에 이에 대한 대처 방안도 마련되어야 한다. 실직으로 인한 경제적인 손실보다는 심리적인 문제가 더 크게 작용할 수 있기 때문에 실업보호, 재정지원에 관한 상담, 재취업과 관련된 정보제공 등 고용과 관련된 서비스를 제공해야 한다.

예상문제

1. 중 · 장년기의 위기에 해당하는 것을 모두 고른 것은?

㉠ 소득 감소	㉡ 역할 상실
㉢ 건강에 대한 자신감 결여	㉣ 소외감 증대

① ㉠, ㉡, ㉢　　② ㉠, ㉢
③ ㉡, ㉣　　④ ㉣
⑤ ㉠, ㉡, ㉢, ㉣

2. 중 · 장년기의 성공적인 적응을 위한 바람직한 태도가 아닌 것은?

① 육체적 활동보다는 정신적 활동에 에너지를 기울인다.
② 지나온 삶을 반추하고 앞으로의 인생계획을 세운다.
③ 타인과의 관계를 보편적인 사회적 인간관계로 재정의 한다.
④ 평생교육기관의 프로그램을 활용하여 지적 · 정서적 융통성을 가진다.
⑤ 명예로운 은퇴를 하기 위해 경쟁 중심의 사고와 태도를 유지한다.

3. 중년기에 나타나는 변화로 가장 알맞은 것은?

① 신체기능의 저하　　② 인지능력의 개선
③ 근면성의 확대　　④ 40대 이후 성적 강화
⑤ 종합적 사고 향상

4. 중 · 장년기의 발달과업과 관련이 있는 것으로 모두 묶인 것은?

① ㉠, ㉡, ㉢　　② ㉠, ㉢
③ ㉡, ㉣　　④ ㉣
⑤ ㉠, ㉡, ㉢, ㉣

5. 중년기의 특징으로 옳지 않은 것은?

① 신체적인 면에서 체중이 감소한다.
② 외면적 세계보다 내면적 세계에 더 관심을 갖는다.
③ 부모역할의 전환이 일어난다.
④ 갱년기와 폐경 현상에 적응하고 심리적 어려움을 극복해야 한다.

⑤ 직업 스트레스 대처 및 긴장해소를 위한 노력이 복지 분야에서 필요하다.

6. 중년기의 발달과업 중 틀린 것은?

① 호르몬 변화로 성적 능력이 저하된다.
② 기억력 감퇴 현상과 빈 둥지 증후군이 나타난다.
③ 생산성 대 침체의 심리사회적 위기가 나타난다.
④ 우울증, 정서불안, 분노감 등의 정서적 위기를 경험하기도 한다.
⑤ 성격이 성숙되며 성 역할 정체감이 확립된다.

7. 다음 중 성인 자녀들이 독립한 후 부부만 남은 상태에서, 남성은 경제 사회적 활동으로 바쁜 반면, 전업 주부인 여성이 소외감과 심리적 어려움을 경험하는 현상은 무엇인가?

① 심리적 이유기　　② 무력감
③ 갱년기 우울증　　④ 정체감유실
⑤ 빈 둥지 증후군

8. 장년기의 과제는?

㉠ 소득 감소	㉡ 역할 상실
㉢ 건강에 대한 자신감 결여	㉣ 소외감 증대

① ㉠, ㉡, ㉢　　② ㉠, ㉢
③ ㉡, ㉣　　④ ㉣
⑤ ㉠, ㉡, ㉢, ㉣

9. 장년기의 신체적 변화가 아닌 것은?

① 에너지의 지출이 제한된다.
② 감각기관의 변화가 일어난다.
③ 여성은 폐경을 경험한다.
④ 머리카락이 가늘어지고 회색으로 변한다.
⑤ 심장의 기능과 성적 능력이 저하된다.

10. 장년기에 대한 설명으로 옳은 것은?

> ㉠ 정서적 원숙기
> ㉡ 35~60세까지의 기간이다.
> ㉢ 장년기의 남성이 중년의 위기를 경험한다.
> ㉣ 자아정체감 형성기

① ㉠, ㉡, ㉢　　② ㉠, ㉢
③ ㉡, ㉣　　④ ㉣
⑤ ㉠, ㉡, ㉢, ㉣

정답 1. ②　2. ⑤　3. ①　4. ③　5. ①　6. ⑤　7. ⑤　8. ②　9. ④　10. ⑤

제8장

노년기

1. 신체적 변화
2. 인지적 변화
3. 심리사회적 변화
4. 노년기의 사회복지 실천과제

노년기는 인생의 마지막 단계로서 노년기의 시작 연령에 대해서는 학자들 간의 의견이 많다. 우리나라의 노인복지법에서는 노인을 65세부터라고 규정하고 있다. 그러나 본서에서는 장년기가 끝나는 60세 이후를 노년기로 보고 노년기의 신체적 변화와 심리적 변화, 노년기의 사회복지 실천과제 등을 중심으로 살펴보고자 한다. 노년기에는 신체적 능력의 쇠퇴 및 질병, 사회적 관계 축소, 사회 경제적 지위의 하락 등과 같은 현상이 주로 나타난다.

팩은 노년기의 발달에 관련된 이슈를 다음과 같이 제시했다.[1]

1) 자아분화

직업역할에 대한 몰두 - 은퇴의 영향으로 오랫동안 종사해 온 직업에서 떠나 새롭게 시작하는 활동들에서 만족을 얻을 수 있도록 개인적인 가치가 재평가되고 재정의되어야 한다. 이것은 은퇴라는 상실로 고통스러워하는 대신에 지속적으로 활기 있는 삶을 확립하기 위해 매우 중요하며 성공적인 노화에 필수적이다.

2) 신체초월

신체몰두 - 은퇴 시기가 되면 대부분의 사람들은 신체적 약화를 경험하는데 삶의 안락을 신체적 건강과 동일시해 온 사람들은 건강의 쇠퇴를 큰 충격으로 받아들인다. 그러나 쇠퇴하는 건강에도 불구하고 삶을 즐기는 사람들도 있다. 이들의 가치체계에서는 삶의 만족에 대한 사회적, 정신적 요소들이 신체적 요소를 초월했다고 볼 수 있다.

3) 자아초월

자아몰두 - 노년기에는 자신이 죽을 것이라는 것을 이해하고 받아들여야 한다. 이러한 적응은 오히려 후손을 위하여 자신의 삶을 좀더 의미 있는 것으로 만들고자 하는 적극적인 노력이다. 그러므로 성공적으로 노화하는 사람은 자아를 초월하여

---

1) 이인정 · 최해경 공저, 앞의 책, p. 126.

인간의 문화를 영속화하고자 열심히 활동하는 사람이다.

하비거스트(Hevighust, 1972)[2]는 노년기의 발달 과업으로

① 악화되는 신체적 힘과 건강에 따른 적응
② 퇴직과 경제적 수입감소에 다른 적응
③ 배우자 죽음에 대한 적응
④ 동년배 집단과의 유대관계 강화
⑤ 사회적 역할을 융통성있게 수용하고 적응하는 일
⑥ 생활에 적합한 물리적 생활환경조성 등을 들고 있다.

김종서(1982)는 한국인의 노년기 발달과업이론을 지적 영역, 정서적 영역, 사회적 영역, 신체적 영역으로 나누어 다음과 같이 기술하고 있다.[3]

① 지적 영역: 세대차와 사회변화
은퇴 생활에 필요한 지식과 생활 배우기
정치, 경제, 사회문화에 대한 최신동향 알기
건강증진을 위한 폭넓은 지식 갖기
② 정서적 영역: 적극적으로 일하고 생활하려는 태도 유지하기
취미를 계속 살리고 여가를 즐겁게 보내기
정년퇴직과 수입감소에 적응하기
소외감과 허무감을 극복하고 인생의 의미 찾기
배우자 사망 후의 생활에 적응하기
동료 또는 자신의 죽음에 대하여 심리적으로 준비하기
③ 사회적 영역: 동년배 노인들과 친교 유지하기
가정과 직장에서 일과 책임을 합당하게 물려주기
가정이나 사회에서 어른구실하기
자녀 또는 손자들과 원만한 관계 유지하기

---

2) 양옥남 · 김혜경 · 김미숙 · 정순둘(2011), 「노인복지론」, 공동체, p. 71.
3) 김수현 · 김상태 · 윤선오 · 이종일(2003), 「노인복지론」, p. 273~ 274.

④ 신체적 영역: 줄어가는 체력과 건강에 적응하기
노년기에 알맞은 간단한 운동을 규칙적으로 하기
건강유지에 필요한 알맞은 섭생유지하기
지병이나 쇠약에 대해 바르게 처방하기

1. 신체적 변화

생물학적 노화는 모든 사람이 연령이 증가함에 따라 나타나는 보편적인 현상이다. 노화[4]는 점진적으로 일어나며 그 주요 원인은 신체 내적인 것이다. 노화는 신체적 기능의 약화를 가져오고 결국 이것을 통하여 죽음에 이르게 된다. 이러한 신체적 노화의 결과로 나타나는 노인의 신체 외적 특성은 흰 머리, 구부정한 허리, 불안정한 걸음걸이 등을 들 수 있다. 체중은 60세부터 점차 줄어들며 연골조직의 퇴화로 인해 키도 줄어들게 된다. 노인의 피부는 창백해지고, 얼룩반점이 생기고, 건성화되며, 피하지방의 감소로 주름살이 생기며, 피하조직과 피부의 신경세포 감소로 인하여 체온 유지 능력이 감소되어 추위를 많이 느낀다. 신체적 노화가 진행됨에 따라 지방분은 증가하고 고형분과 수분은 줄어들고 연골조직이 얇아지거나 탄력이 약화되어 관절염을 일으키기도 한다. 그리고 뼈 속의 칼슘분이 고갈되어 뼈의 질량이 감소하고 골밀도가 낮아짐으로써 골절을 당하기 쉽고 골다공증에 걸리기 쉬워진다.

팔, 다리 및 골격 일부에 붙어 있는 수의근의 수축력이 약화되어 운동능력이 감퇴되며, 머리카락은 은색으로 변화된다. 치아는 60대에 14개, 70대에 11개, 80대에는 6개 정도에 이른다.[5]

---

4) 노화(aging)란 정상적 성장과 발달의 한 과정으로서 연령 증가에 따라 인간 유기체에서 일어나는 유기체의 세포, 조직 전체에서 일어나는 점진적인 변화를 통해 생리 및 신체, 심리, 사회적인 측면의 쇠퇴나 무기력화가 나타나는 현상이다.
5) 김동배 · 권중돈 공저, 앞의 책, p. 158.

폐와 심장의 능력도 감소하여 75세가 되면 휴식시에 심장의 출력은 30세 성인의 79%이며, 호흡능력은 30세 성인의 43%이다. 질병의 가능성도 급증하여 노인의 70% 정도가 적어도 하나의 만성질환을 앓고 있으며, 보편적으로 복합적인 질환을 가진 것으로 보인다고 한다.[6] 심장병, 당뇨, 관절염, 고혈압, 신경통 등이 노년기에 흔히 앓는 만성질환이다. 노인 사망의 주요인이 되는 질병은 순환기 질환, 암, 뇌출혈, 폐렴, 기관지염, 동맥경화, 당뇨 등이다.[7]

2. 인지적 변화

노년기에 가장 두드러진 특성 중의 하나는 반응속도의 감소이다. 즉, 노년기에 이르게 되면 운동반응, 반응시간, 문제해결, 기억력, 정보처리과정에서 반응속도가 둔화된다.

Birren의 연구에 의하면 반응시간을 측정하는 과제에서 노인들은 느리며, 자극이 무엇인지 확인하는 데도 오래 걸린다고 한다.[8] Botwinick은 노년기에는 단기간에 걸친 기억이 장기간의 기억보다 더욱 심하게 쇠퇴한다고 한다. 따라서 새로 습득한 정보를 잠시 저장했다가 더듬어 내는 데 어려움을 겪지만 오래 기억하는 장점이 있다.

Schaie와 Herzog는 14년에 걸친 성인의 지적 발달에 대한 횡단적 연구에서 다섯 영역의 지적 능력—언어능력, 공간개념, 추리, 수리능력, 어휘의 유창성—에 관해서 측정하였는데 모든 영역의 기능이 60세 이후에 눈에 띄게 감소하였다고 한다.[9]

노년기에 주로 일어나는 사고 능력과 기억력의 심각한 장애인 노인성 치매의

---

6) 조복희 외 공저, 앞의 책, pp. 478~479.
7) 이인정 · 최해경 공저, 앞의 책, p. 129.
8) J. E. Birren(1974), "Translation in Gerontology-from Lab to Life : Psycho Physiology and Speed of Response", *American Psychologist*, 29, pp. 805~815.
9) K. W. Schaie & C. Herzog(1983), "Fourteen-Year Cohort-Sequential Analyses of Adult Intellectual Development", *Development Psychology*, 19, pp. 531~543.

문제는 중요한 사회문제로 제기되고 있다. 치매는 뇌질량의 감소, 뇌혈관 장애, 알코올 등과 같은 원인에 의하여 인지기능과 고등정신기능이 감퇴되는 대표적인 기질성 정신장애로서 기억장애, 추상적 사고장애, 판단장애, 고위 대뇌피질장애, 성격변화 등이 수반됨으로써 직업 · 일상적 사회활동 또는 대인관계에 지장을 받게 되는 복합적 임상증후군이다.10)

Skinner는 노년기에 인지적 능력의 쇠퇴를 막기 위한 개입으로 타인들과 언어적 상호작용을 촉진하는 규칙적인 기회를 가질 것, 기억이 감퇴되는 것을 막기 위해 책이나 논문의 개요를 작성해 볼 것, 아이디어가 떠올랐을 때 즉시 행동에 옮길 것 등을 제시했다.11)

3. 심리사회적 변화

1) 역할 변화에 대한 적응

노인기에 있어서 역할은 사회적 관계의 매개체가 되고 자아정체감 유지의 기반이 되기 때문에 매우 중요하다. 역할은 지위의 동적인 표현으로서 어떤 지위에 있는 개인에게 기대되는 행동을 의미한다.12)

노년기의 역할 변화에 대한 적응을 다음과 같이 들고 있다.13)

(1) 조부모의 역할

조부모의 역할을 수행하는 데 필요한 기술, 인내, 지식은 부모에게 요구되는

10) 권중돈, 「한국치매가족연구」, 홍익재, 1997.
11) 이인정 · 최해경 공저, 앞의 책, p. 130.
12) 김동배 · 권중돈 공저, 앞의 책, p. 163.
13) 이인정 · 최해경 공저, 앞의 책, pp. 131~135.

것 이상으로 힘이 든다. 중류가정의 조부모를 대상으로 조사한 연구에서 다음과 같은 다섯 가지의 조부모 역할수행 양식이 있다고 한다.[14]

첫째, 공식적인 유형으로 조부모의 약 1/3이 해당되는 가장 보편적인 유형이다. 즉, 이들은 손자들에게 관심을 갖고 때때로 필요할 때 돌봐 주기도 하며 부모를 도와주지만 간섭하지 않도록 조심한다. (공식형)

둘째, 즐거움을 추구하는 유형으로 손자녀들과 비공식적 재미있는 상호작용을 갖는 유형이다. (재미추구형)

셋째, 대리부모의 역할을 하는 조부모로 엄마가 집 밖에서 직업을 가진 경우에는 아이의 양육을 책임진 조부모들이다. (대리부모형)

넷째, 가족의 지혜 원천으로 조부모 특히 조부가 지혜, 기술, 자원을 베풀고 부모 및 손자녀들은 이에 복종하는 다소 권위적 관계이다. (가족지혜 저장용)

다섯째, 원거리형으로 생일 또는 명절 때나 방문하며 보통 손자녀와 거의 접촉이 없는 유형이다. (원거리형)

조부모들은 자신의 손자녀들에게 자부심과 만족을 느끼며, 조부모의 역할은 그들의 전체적인 자아개념과 목적의식에 중요한 의미를 지닌다. 손자녀들의 존재는 노인이 죽은 이후에도 자신의 흔적과 영향력이 지속된다는 것을 의미하며, 이것은 그로 하여금 자신의 죽음에 대해 편안하게 느끼도록 해 준다. 조부모의 역할 중 한 가지는 조상으로부터 내려오는 지혜와 문화적 유산을 손자녀에게 전해 주는 것이다.[15] 손자녀의 존재가 노인의 심리적 만족에 중요하므로 손자녀가 없거나 그들과의 관계 형성에 실패한 것은 노인기 절망의 근원이 될 수 있다.

(2) 미망인 역할

노년기에 가장 힘든 새로운 역할에 대한 적응은 자신의 배우자를 상실했을 때 일어난다. 많은 노인들에게 이러한 상실은 슬픔이나 우울뿐 아니라 극심한 혼란을 가져온다. 홀로 남은 여자 노인들의 문제 가운데 한 가지는 재정적 지원의 감소이

14) B. Neugarten & Weinstein(1964), "The Change American Grand Parent", *Journal of Merriage and the Family*, 26, pp. 199~204.
15) Newman & Newman, 앞의 책, pp. 574.

다. 대부분의 혼자 된 사람들에게 배우자 상실은 정서적 지지의 상실을 의미한다. 배우자 상실로 인한 슬픔과 고립감의 위기는 배우자와 사별하고 난 직후 2~3년 사이에 홀로 남은 이의 사망률이 가장 높고, 미망인에 대한 연구에서는 홀아비가 과부보다 더 사별에 적응이 어렵다고 밝히고 있다. 재혼은 이 시기에 적응의 한 방법이 될 수 있는데, 황혼의 결혼(december marriage)은 새로운 상대와의 유대관계를 할 수 있기 때문이다.

노인의 재혼은 가정과 사랑과 성 그리고 동반감 등 새로운 흥미와 관심을 발전시킬 수 있기 때문에 단지 성적 욕구만으로 설명될 수는 없다. 성적인 이유 외에도 건강상의 이유, 경제적 독립, 자녀에게 얹혀 살지 않아도 되는 자립의 이유, 누군가와 남은 생을 함께 할 수 있다는 동반감 등의 이유 때문에 노년기의 재혼은 큰 의미가 있다고 할 수 있다.[16] 그러나 배우자와의 사별에 의한 극도의 고통과 슬픔에도 불구하고 대부분의 노인들은 잘 대처해 나간다. 자녀들과 친구들에게서 지지를 발견하고 또 의미 있는 활동에 참여하는 데서 즐거움을 찾게 된다. 실제로 이러한 상실을 극복한 사람들은 타인에 대해 동정적이고 타인을 공감하며 삶의 가치를 충실히 인식하는 것으로 보인다.

노년기의 재혼은 '고독한 세계에서의 탈출이자, 잃어버렸던 인간관계의 회복'이라고 보는 시각이 있을 정도로 우리사회에서는 노년기의 재혼에 대해 좀 더 수용적인 태도를 보이고 있다. 2000년 65세 이상 남성 재혼수는 1,002건, 여성 재혼수는 209건에서 2009년 65세 이상 인구의 재혼건수는 남성 2,065건, 여성 641건으로 10년 전에 비해 각각 1.8, 2.7배 증가하였다.[17]

(3) 퇴직자 역할

퇴직은 개인의 삶의 양식을 바꾸어 놓는 중요한 변화이다. 그러나 퇴직은 어느 정도 예측된 사건이므로 준비를 사전에 충실히 할수록 퇴직에 대한 적응이 순조로운 것으로 알려져 있다. 퇴직자의 역할에 대한 적응은 다음 단계들을 거쳐 나가는 것으로 알려져 있다.[18]

16) 이소희 외 공저, 앞의 책, p. 308.
17) 통계청(2009) 인구동태연보.
18) R. C. Atchley(1988), *Social Forces and Aging : An Introduction to Social Gerontology*, 5th ed. (Belmont, CA: Wadsworth Publishing Co.), pp. 187~196.

첫 번째 단계 : 퇴직 전 단계로서 퇴직이 아주 가까워지면 사람들은 자신의 직업 및 그에 관련된 사회적 상황에서 자신을 분리할 준비를 한다. 또한 정년퇴직 후의 생활에 대해 꽤 구체적인 상상을 하기 시작한다.

두 번째 단계 : '허니문'의 단계이다. 퇴직 직후에 얼마 동안은 그 동안 하고 싶었으나 직업 때문에 하지 못한 모든 일을 하고자 행복을 느낀다. 많은 사람이 정년퇴직 직후에 하고 싶었던 일을 하느라고 오히려 더 바빠진다. 그러나 하고 싶었던 일을 할 만한 경제적 자원이 결핍되었을 경우에는 이러한 즐거운 시기가 없이 지나가는 수도 있다.

세 번째 단계 : 퇴직 후 일상생활이 자리를 잡는 시기로 이것을 만족스러운 방식으로 확립하면 미래의 삶이 일관된 방향으로 나아갈 가능성이 매우 커진다.

네 번째 단계 : 휴식과 긴장완화의 단계이다. 허니문 단계와는 반대로 활동을 줄이고 쉬는 시기로서 활동량이 감소하는 것이 특징이다. 그러나 충분한 휴식과 긴장완화 이후에는 다시 활동을 재개한다.

다섯 번째 단계 : 꿈에서 깨어나는 단계이다. 허니문 단계가 끝난 후 또는 퇴직 후의 생활이 자신이 기대하는 것과 다른 것을 깨닫고 난 후 의기소침해지고 우울해진다. 허니문 단계에서 퇴직자들은 퇴직 전에 가졌던 꿈들을 실행하고자 하는데 이러한 꿈이 비현실적이었을수록 이 단계에서 공허와 우울을 겪게 된다.

여섯 번째 단계 : 새로운 방향을 설정하는 단계이다. 퇴직 후의 생활에 대한 비현실적인 꿈에서 깨어나서 우울한 상태에 있던 사람이 자신을 수습하는 시기이다. 퇴직의 경험을 살려서 자기가 가진 자원의 한계 내에서 선택할 수 있는 길에 대해 좀더 현실적인 안목을 갖게 된다. 이 단계에서 새로운 참여와 사회적 지지를 모색하게 된다.

일곱 번째 단계 : 일상(routine)의 시기로 사람들은 어떤 변화든지 쉽게 다룰 수 있는 몇몇 기준을 개발한다. 퇴직 후의 삶이 안정된 사람들은 선택에 대해 잘 확립된 기준들을 가지며, 이것은 자신의 삶을 편안하고 예측할 수 있는 방식으로 다룰 수 있게 해 준다.

여덟 번째 단계 : 질병이나 장애로 인하여 스스로 자신을 돌볼 수 없게 되었을 때 정년퇴직자로서의 역할은 끝나고 간병과 보호를 필요로 하는 노인의 역할로 들어간다고 볼 수 있다.

2) 죽음에 대한 태도

Erikson(1963)은 노년기의 심리사회적인 위기를 자아통합 대 절망(ego integration vs despair)이라고 하였다. 자아통합은 자신의 과거 및 현재의 인생을 바라던 대로 살았다고 받아들이고 만족스럽고 의미 있게 생각하며 다가올 죽음을 인정하고 기다리는 태도를 갖는 것이다. 절망은 자기의 과거 및 현재의 인생을 후회스럽고 불만스럽게 생각하고 다시 한 번 주어진다면 다르게 살겠다는 생각이며 죽음 앞에 남은 시간이 너무 짧아 어떻게 할 수 없기 때문에 불안, 초조해하는 것을 의미한다. 인간의 죽음에 대한 태도는 아동기에 시작하여 노년기에 이르기까지 장기간에 걸쳐 형성되는데, 노년기에는 죽음이 인생의 자연스러운 부분이라는 사실을 인정할 수 있게 된다. 그러나 죽음에 대한 태도는 자아통합성의 성취 정도에 따라 차이를 보인다. 만약 노인이 자아 통합에 이르게 되면 자신이 살아온 인생을 수용하고 두려움 없이 죽음에 직면하는 능력이 높아진다. 그러나 절망에 이른 경우에는 죽음을 수용하지 못하고 타인을 원망하며 우울증의 경향을 보인다.[19] 죽음에 대한 두려움은 자연스러운 현상이다. 죽음을 두려워하는 이유는 두 가지로 생각할 수 있다.

첫째, 죽는 과정에 관련해 모른다는 걱정, 자신이 고통받는 것을 다른 사람들이 보는 것, 자신의 사고와 신체에 대한 지배력을 잃게 되는 것 등이다.

둘째, 죽음의 결과에 관련된 공포는 죽음 이후의 미지의 세계에 대한 두려움, 자기가 잊힐 것이라는 점, 가족이나 친지들이 자신의 죽음에 대해 겪을 슬픔, 신체가 소멸되는 것, 사후의 세계에 존재할지도 모를 벌과 고통 등이다.[20]

Kubler-Ross(1969)는 죽음에 적응해 가는 과정을 다음과 같이 다섯 단계로 설명하고 있다.[21]

① 부정단계 : 불치의 병을 인정하지 않고, 의사의 오진이라고 생각한다.
② 분노단계 : '왜 나만 죽어야 하는가?'라고 하면서 건강한 사람을 원망하고

---

19) 김동배 · 권중돈 공저, 앞의 책, p. 161.
20) V. Florian & S. Kravetz(1983), "Fear of personal Death : Attribution Structure, and Relation to Religeous Belief." *Journal of Personality and Social Psychology*, 44, pp. 600~607.
21) 김동배 · 권중돈 공저, 앞의 책, p. 161.

주변 사람들에게 화를 낸다.

③ 타협단계 : 죽음을 받아들이고 해결하지 못한 인생의 과업을 해결할 때 까지라도 살 수 있도록 기원하며 불가사이한 힘과 타협한다.

④ 우울단계 : 주변사람과 일상생활에 대한 애착을 보이고, 이런 것들과 헤어져야 한다는 점 때문에 우울증이 나타난다.

⑤ 수용단계 : 죽음 자체를 수용하고, 마음의 평화를 회복하여 임종에 직면한다.

4. 노년기의 사회복지 실천과제

노년기에는 신체적 기능의 저하로 만성질환으로 고통을 받을 가능성이 높아지고 있다. 보건복지부(2009)의 실태조사에 따르면 65세 이상 노인의 81%가 한 가지 이상의 만성질환을 가지고 있으며 유병률은 고혈압, 관절염, 요통순위로 나타났다. 그리고 도시지역 노인보다는 농촌지역 노인, 교육수준이 낮은 노인, 배우자와 사별한 노인, 독거노인, 소득수준이 낮은 노인이 만성질환 유병률이 상대적으로 높게 나타났다.[22] 그러므로 우리나라 사회복지제도에서 노인들에 대한 건강보험 급여항목을 확대하고 의료비 지원사업을 실시하고 노인간호 전문인력을 양성해 나가야 한다. 사회복지기관에서는 노인들을 위한 진료사업, 물리치료, 독거노인들을 위한 가정봉사원 파견사업 등을 실시해야 한다. 뿐만 아니라 노인의 건강유지와 증진을 위한 건강상담, 건강교육 및 각종 운동 프로그램을 개발하여 실시할 필요성이 있다.

노년기의 심리적인 발달을 지원하기 위해서는 노인상담뿐만 아니라 효과적인 여가활용을 도모할 수 있는 프로그램을 개발해야 한다. 예를 들면 노인대학, 경로당 및 주간보호시설 등에서 노래교실이나 여가 프로그램, 문화관광 프로그램 등을 개발하고 실시하여야 한다. 뿐만 아니라 노년기에 인지적 변화로 나타날 수 있는

22) 권중돈(2010) 「노인복지론」, 학지사, p. 122.

치매를 예방하기 위해서도 치매예방 프로그램을 개발하여 실시하고 치매로 의심되는 노인에 대해서는 정확한 진단을 받을 수 있도록 전문 의료기관에 의뢰하여야 한다. 따라서 사회복지기관에서는 치매노인의 부양가족을 지원할 수 있는 상담, 교육사업, 가정봉사원 파견 서비스 등을 실시할 필요성이 있다. 노년기에는 은퇴로 인하여 심리 · 사회적으로 위축될 수 있으며 경제적인 면에서도 어려움을 겪게 되므로 사회복지 실천에서는 고용 및 소득보완사업에 역점을 둘 필요성이 있다. 사회복지기관에서는 은퇴준비 교육프로그램이나 노인취업 알선, 부업알선 등을 통하여 경제활동에 참여할 수 있도록 원조해야 한다.

예상문제

1. 노인의 발달상 특성이 아닌 것은?

① 보수적　　　　　　② 내향성 · 의존성 증가
③ 감각기능의 둔화　　④ 갱년기
⑤ 역할 변화

2. 노년기의 발달과업에 들지 않는 것은?

① 신체적 건강쇠퇴에 적응
② 은퇴와 수입 감소에 적응
③ 동년배와 유대관계 재형성
④ 생활에 적합한 물리적 환경조성
⑤ 일을 포함한 적극적 생활태도 유지

3. 큐블러 로스(Kubler Rose)의 죽음에 이르는 과정을 거치는 심리적 단계의 순서는?

① 부인－분노－우울－타협－수용
② 부인－분노－타협－우울－수용
③ 부인－우울－분노－타협－수용
④ 분노－부인－우울－타협－수용
⑤ 분노－부인－타협－우울－수용

4. 노년기에 사회복지사가 개입해야 할 문제에 해당하는 것으로 모드 묶인 것은?

㉠ 부양가족으로부터의 확대
㉡ 노화로 인한 의료비 증가
㉢ 퇴직으로 인한 역할 및 지위상실
㉣ 민첩성 감소로 인한 범죄피해 가능성 증가

① ㉠, ㉡, ㉢　　　　② ㉠, ㉢
③ ㉡, ㉣　　　　　　④ ㉣
⑤ ㉠, ㉡, ㉢, ㉣

5. 노년기의 심리적 주요과업으로만 묶인 것은?

㉠ 친밀감	㉡ 죽음에 대한 수용
㉢ 부양의무	㉣ 자아통합 대 자아절망

① ㉠, ㉡, ㉢　　② ㉠, ㉢　　③ ㉡, ㉣
④ ㉣　　⑤ ㉠, ㉡, ㉢, ㉣

6. 갱년기의 특징으로 올바른 것은?

① 심각한 우울증에 빠지기도 한다.
② 신진대사가 활발해진다.
③ 현실적으로 힘과 지위, 권한이 하락한다.
④ 사회적으로 제도적 역할이 급격히 저하된다.
⑤ 물질에 애착을 가진다.

7. 다음 중 노년기의 심리적 특성을 올바르게 설명한 것은?

① 우울 성향이 증가하고 과거에 대한 회상을 기피하려고 한다.
② 외적 사물이나 행동보다 내적 측면에 관심을 가진다.
③ 성 역할 지각이 고정화되어 남성성, 여성성이 보다 더 강해진다.
④ 여성을 고려하여 지금까지 해결하지 못한 것을 덮으려고 한다.
⑤ 사용해온 물건에 대한 애착이 줄어든다.

8. 다음 중 노년기의 성격적 특성을 바르게 묶은 것은?

㉠ 내향성 증가	㉡ 우울 성향 증가
㉢ 경직성 증가	㉣ 능동성 증가

① ㉠, ㉡, ㉢　　② ㉠, ㉢　　③ ㉡, ㉣
④ ㉣　　⑤ ㉠, ㉡, ㉢, ㉣

9. 다음 중 손자에게 관심을 갖고 필요할 때 돌봐 주지만 간섭하지 않는 유형은?

① 대리부모형　　② 공식형　　③ 가족지혜형
④ 재미추구형　　⑤ 거리두기형

정답　1. ④　2. ⑤　3. ②　4. ⑤　5. ③　6. ①　7. ②　8. ①　9. ②

제 II 부

성격이론

제1장

Freud의 정신분석학적 성격이론

1. Freud의 정신분석학적 성격이론
2. Anna Freud의 자아방어기제이론

1. Freud의 정신분석학적 성격이론

Sigmund Freud의 정신분석학적 이론은 1920년대 이후 사회복지실천에 지대한 영향을 미친 이론이다. 성격이론은 인간의 심리 내적 역동성에 관한 분석을 기초로 임상적 실천(clinical practice)을 중심으로 하는 사회사업을 발전하게 만들었다.

1920년대 진단학파에서는 개별사회사업실천을 내담자의 초기 아동기에 해결되지 않은 정신적 외상에 대한 진단과 치료를 강조하는 정신분석적 치료로 동일시할 정도로 Freud의 정신분석이론이 사회복지실천에 미친 영향은 지대하다.[1] 특히 사회복지실천의 진단과정에서 정신분석학적 이론은 무의식이 행동의 주요 결정요인이라는 인식하에 정신 내적 갈등(intrapsychic conflict)을 밝혀 내는데 초점을 두었고, 과거 초기 아동기의 정신적 외상에 더 많은 관심을 기울이게 되었다.

그러나 Freud의 정신분석학적 이론은 인간의 환경보다는 정신 내적인 현상을 지나치게 강조하고, 지나치게 기계론적이고 결정론적인(인간의 성격은 5세에 모두 결정된다는) 인간관과 이에 따른 실천을 강조함으로써 사회복지실천상의 문제점을 낳기도 하였다. Freud의 비판자들은 사회복지 전문직이 수십 년 동안 정신분석이론에 너무 빠져 있었다고 하고, 정신 내적 현상에 대한 사회복지 전문직의 지나친 강조가 환경을 더 강조하는 사회복지 전문직들과의 분열을 낳았다고 하며, Freud의 정신분석이론이 환경을 무시하고 client에 대한 병리적인 시각을 갖게 하여 사회복지 실천면에서도 한계를 갖고 있다고 한다.

1) Freud의 생애

Sigmund Freud는 1856년 5월 6일 현재 체코슬로바키아의 영토가 된 모라비아의 프라이버그에서 3남 5녀 중 맏아들로 태어났다. 그러나 출생 후 생애의 대부분

1) 임상사회사업연구회 역, 「임상사회사업기술론」, 홍익재, 1991.

을 비엔나에서 보냈다.

Freud는 빈민가에서 자라면서 자신이 학대받는 유태계 혈통이라서 의학 · 법학을 전공하지 않고서는 마땅히 직업을 갖기 힘들다는 생각에 의학을 전공하였다. 그는 천주교 신자였으며 Freud의 아버지는 매우 권위적인 사람이었고 어머니는 매우 매력적이고 정이 깊었다. Freud의 아버지가 41세된 때 20세의 아들 필립이 있었다. 아버지는 38세 때 상처하고 Freud의 어머니와 재혼하기 전에 잠깐 재혼했었다. 아버지는 양털 세일즈맨이었고 자주 빚에 쪼들려 이사를 했다. Freud의 어머니(아말리아)는 19세 때 결혼해서 20세 때 Freud를 낳았다. Freud가 18개월 때 동생이 죽었다.

그는 막 태어난 동생이 어머니의 사랑을 빼앗아 갔기 때문에 동생에게 분노했고 동생이 죽었으면 하는 소망이 있었다. 몹시 질투했던 동생이 죽은 후 일생 동안 죄책감을 느꼈다. 아버지가 세상을 떠났을 때 Freud는 자신이 느낀 혼란스러운 감정으로 인하여 자신의 꿈 · 기억 · 어릴 때 경험 등을 분석하면서 아동기 성욕에 관한 확신을 얻었고 Oedipus complex를 발견하였다고 한다. 즉, 꿈의 의미를 탐색하면서 성격발달의 역동성에 대한 통찰력을 얻었으며, 아동기의 기억을 검토하면서 아버지에게 느꼈던 강한 적대감과 어머니에 대한 성적 감정을 깨달았다고 한다. 어린 시절에 목격한 어머니의 나체에 대한 강한 성적 흥분, 가부장적이던 아버지에 대한 증오와 반발 등 가족 내의 경험들이 Freud로 하여금 인간의 심층 심리에 관심을 갖게 했으며 무의식을 인간행동과 성격의 결정요인으로 중요시하게 했다.

그는 생의 가장 창조적인 시기에 심각한 정서적 문제를 겪었고, 40대 초반이었을 때 많은 정신 · 신체적 장애를 앓았을 뿐 아니라 죽음에 대한 심한 공포와 그 밖의 공포증도 있었다. 그는 후에 환자 치료에서 발견한 사실과 자기 문제 분석에서 발견한 사실이 동일함을 보고 임상적으로 자기분석이라는 자신의 이론을 형성하였다. 그는 정신분석적 원리로부터 이탈하는 동료들에 대해 참지 못했다. 융이나 아들러와는 긴밀한 연구를 했으나 결국 의견 불일치를 보인 후 각자의 치료학파를 세웠다.

Freud는 매우 창조적이고 생산적이었으며 하루에 18시간이나 연구를 하는 경우도 자주 있었다. 그의 전집은 총 24권이나 되었고 턱에 암이 걸렸던 생애 후반부까지 그 수준을 유지했다. 생애의 마지막 20년 동안 그는 33번씩이나 수술을 받았으며 끊임없는 고통 속에 살다가 1938년 나치를 피해 영국 런던으로 이주해 1939년 9월 23일 83세의 나이로 생을 마쳤다.[2)]

2) 인간관

Freud는 인간을 의식의 영역 밖에 존재하는 비합리적이고 통제할 수 없는 무의식적 본능의 지배를 받는 존재로 보고 있다. Freud는 인간의 모든 행동 · 사고 · 감정은 신체적 긴장상태에 의해 유발되는 무의식적인 성적 본능과 공격적 본능에 의하여 결정된다고 보고 있으며, 인간은 이러한 본능적 긴장을 해소하기 위하여 행동을 한다고 보고 있다. 인간은 거대한 빙산에 비유되는 무의식적 본능에 의해 긴장상태를 해소하기 위하여 행동을 하게 된다고 한다. Freud는 인간의 기본 성격구조는 초기 아동의 특히 만 5세 이전에 어떠한 경험을 하였는가에 따라 결정되며, 이러한 성격구조는 성인기가 되어서 변하지 않고 지속된다고 보고 있어 현재보다는 과거를 중시한다. 따라서 Freud는 '현재는 과거의 축적물에 불과하므로, 현재를 바꾸기 위해서는 과거를 변화시켜야 한다'는 가정 아래 정신치료에서 기본적 성격구조를 변화시키고자 하며 그 중에서도 초기 아동기의 경험을 재구성하는 것이 필수적이라고 보고 있다. 또한 그는 인간은 무의식적인 내적 충동에 의해 야기된 긴장상태를 제거하여 쾌락을 추구하려는 속성을 지니고 있으며, 이를 방해하는 사회적 요인에 대해서는 지속적으로 대항하는 존재로 보고 있다.[3)]

3) 마음의 경제적 모형

Freud는 인간의 모든 행동을 본능의 지배를 받으며, 정신 에너지를 발산하는데 그 목적이 있다고 보고 있다.

본능은 원천, 목표, 대상, 추동(drive)이라는 네 가지 요소로 구성되어 있다.[4)]

---

2) Gerald Corey 저, 조현춘 · 조현재 공역, 「심리상담과 치료의 이론과 실제」, 시그마프레스, 2003, p. 73 참조. 이인정 · 최혜경, 앞의 책, p. 151 참조.
3) 김동배 · 권중돈 공저, 앞의 책, pp. 176~177.
4) 전병재, 「사회심리학」, 경문사, 1993.

본능의 원천은 신체 내의 긴장상태(예: 위가 비어서 느끼는 허기)이며, 목표는 신체적 긴장상태의 해소를 통한 쾌락의 획득(예: 음식섭취를 통한 포만감)이며, 대상은 목표 성취에 활용되는 수단(예: 음식물)이며, 추동은 특정 본능이 가지고 있는 에너지의 양, 즉 본능의 강도(예: 음식물을 섭취하려는 소망의 강도)이다. 만약 이러한 본능적 욕구를 표현하고 충족시키는 데 방해를 받게 되면 불안을 경험하게 된다. 정신에너지의 배분은 생리적 욕구, 개인의 발달단계, 과거의 경험, 현재의 환경 등과 같은 복잡한 요인들에 의해 결정되는데[5] 고정된 양의 정신 에너지가 삶의 본능(eros)과 죽음의 본능(thanatos)에 어떠한 비율로 배분되는가에 따라 각 개인이 보이는 행동은 달라진다고 보고 있다.

삶의 본능(eros)은 성, 배고픔, 갈증 등과 같이 생존과 번식에 목적을 두고 신체적 접촉을 갖고, 타인과 사랑을 나누며, 개인의 창조적 발전을 도모하는 본능이다. 죽음의 본능(thanatos)은 불변의 무기질 상태로 회귀하려는 충동으로 공격욕, 파괴욕 등이 포함된다. 즉, 죽음의 본능 때문에 인간이 살아 있는 동안에 자기 자신을 파괴하고 자학하며, 타인이나 환경을 파괴하며, 생명을 외부의 자극에 의하여 생기는 긴장상태로 보고 생명의 종식을 고하고 초기의 자학 상태로 되돌아가게 되는 것이다. 죽음의 본능이 너무 강하게 되면 자학적 행위, 살인, 강도 등을 일으키기도 하지만 한 국가적 차원에서는 잔인한 전쟁을 일으키기도 한다. 예를 들어 음식물을 섭취하는 것은 생명을 위협하는 배고픔을 해결하고자 하는 삶의 본능의 표현이긴 하지만 음식물을 파괴하여 섭취한다는 점에서 죽음의 본능이다. 성행위는 번식을 목적으로 한 치밀하고 유쾌한 신체적 접촉이긴 하지만 동시에 공격적 행동이라는 점에서 삶의 본능과 죽음의 본능이 혼재해 있는 것이다.[6]

Freud는 인간의 정신활동이 고정된 정신에너지의 양에 지배받는다는 폐쇄적 관점을 수정 · 보완하고 더욱 정교화해 나갔으며 경제적 모형은 뒤의 모형들에 통합되었다.[7]

---

5) 정옥분 역, 「인간발달의 이론」, 교육과학사, 1991.
libido(리비도)는 정신에너지 또는 성적 에너지라고 한다. 리비도는 의식적 또는 무의식적으로 개인의 성격과 행동에 좋게 또는 나쁘게 영향을 미친다.

6) 이인정 · 최해경 공저, 앞의 책, p. 152.

7) 김동배 · 권중돈 공저, 앞의 책, pp. 179~180.

4) 마음의 지형학적 모형

Freud는 눈에 보이지 않는 인간의 정신을 일종의 지도로 제시하여 보여주었는데 그것이 바로 지형학적 모형이다. 그는 인간의 정신을 의식(conscious), 전의식(preconscious), 무의식(unconscious)으로 구성되어 있다고 보았다(그림 II - 1 참조).

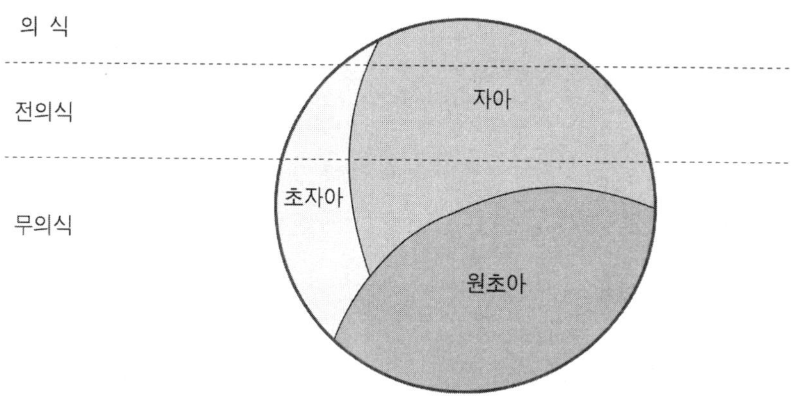

[그림 II-1] Freud의 성격구조
출처 : 김동배 · 권중돈, 앞의 책, p. 182.

의식(conscious)은 현재 느끼거나 알 수 있는 모든 경험과 감각을 뜻한다. 한 개인이 어느 순간에 인식하고 있는 기억, 지각, 경험, 감각을 말한다. 그러나 Freud는 각 개인이 인식할 수 있는 것은 정신생활의 극히 작은 부분에 지나지 않는다고 보고 빙산의 일각에 불과하다고 하였다. 의식의 내용은 순식간에 지나간다.[8)]

전의식(preconscious)은 현재는 의식되지 않지만 전에 의식했던 것이 저장된 것으로 주의집중을 통해 쉽게 의식될 수 있는 경험이라고 한다.[9)] 예를 들어 지금 당장은 초등학교 때 친구의 이름이 기억나지 않지만 조금만 주의를 기울이면 생각해 낼 수 있는 것이나 내 생일 때 누가 어떤 선물을 해 줬는가를 기억해 낼 수 있는 것으로 볼 수 있다. 전의식은 무의식의 영역을 연결한다. 정신분석 치료에 의해 무의식 속에 잠재되어 있었던 내용들이 전의식으로 나오고 전의식 수준에서 다시 의식될 수 있다.

---

8) A. Freud(1923), *The Ego and the Id* (London: Hogarth Press), p. 14.
9) A. Freud, 앞의 책, pp. 1~15.

무의식(unconscious)은 욕구나 본능이 깊게 자리하고 있는 영역으로 인식할 수 없고 직접적으로 확인할 수도 없는 접근 불가능한 창고에 해당하는 것이다.[10] 그는 무의식이 정신내용의 대부분을 형성하며 인간행동을 결정하는 주된 원인이라고 보았다.[11] 소망, 공포, 충동, 억압된 기억 등이 저장되어 있는 무의식의 행동을 결정한다는 것이다. 무의식의 정신내용은 그 중 일부분은 의식 속에 있다가 억압되어 무의식에 저장된 것이며, 나머지는 절대로 의식될 수 없고 의식되지 않았던 무의식의 근저에 있다. 무의식이 있다는 증거로는 최면에 걸렸을 때의 암시, 꿈, 잘못 튀어나온 말, 실수로 잘못 쓴 문장, 틀리게 읽는 것, 행동상의 실수, 불쾌한 사건의 망각 등이 있다.[12]

Freud는 무의식의 정신과정을 받아들여 자유연상, 저항, 생활양식, 농담과 실수, 예술작품, 신경증적 증상에 관심을 갖게 되었다. 그리고 그는 꿈을 '무의식적인 어떤 것을 왜곡하여 대치할 것'으로 간주하여 무의식을 파악하기 위해 꿈을 해석해야 한다고 보았다.[13]

5) 마음의 구조적 모형

Freud는 인간의 성격(personality)이 원초아(id), 자아(ego), 초자아라는 세 부분으로 구성되어 있다고 보았다.

(1) 원초아(id)

원초아는 성격의 원형이며 본질적인 체계로서 본능을 포괄하고 있으며, 출생시부터 타고나는 것이며, 정신에너지의 저장고이다. 원초아는 전적으로 무의식이다. 반면 자아와 초자아는 무의식, 전의식, 의식의 세 측면을 모두 갖고 있다. 원초아는 단지 활동이나 꿈, 환상과 같은 상상에 의하여 긴장을 해소시키려고 한다. 원초아

10) Freud(1960), *The Ego and the Id*, NY: Norton.
11) Freud, 앞의 책, pp. 14~18.
12) 이인정 · 최해경 공저, 앞의 책, p. 154.
13) Freud(1996), *Introductory Lecture on Psychoanalysis*, NY: Norton.
김동배 · 권중돈 공저, 앞의 책, p. 181.

는 성격의 기초이며, 그 기능과 분별력은 유아적인 수준에 머물러 있다. 또한 쾌락을 추구하고 고통을 회피하는 방향으로 쾌락원리(pleasure principle)에 따라 움직인다. 여기서 쾌락이란 긴장을 감소시키는 것을 뜻하기 때문에 원초아는 충동적이며, 비합리적이며 자애적으로 표현된다.[14] Freud의 두 가지 사고 유형 - 1차적 사고 과정과 2차적 사고 과정 중 원초아는 1차적 사고 과정(primary process)이다. 1차적 사고 과정은 논리와 시간성이 없고 질서정연하지 못하여 본질적으로 이기적이며 낙천적이고 전지전능하다.[15]

(2) 자아(ego)

자아는 외부 세계의 직접적 영향에 의해 수정된 원초아의 일부이다. 자아는 현실원리(reality principle)에 입각하여 작용한다. 그러나 원초아를 좌절시키려고 하는 것이 아니라 원초아를 의식적으로 통제하고 이를 적절한 방향으로 이끌어 현실에 맞추려는 노력을 한다.[16] 자아는 본능적 충동을 충족시킬 수 있는 바람직한 대상과 방법이 발견될 때까지 정신에너지의 맹목적인 방출을 지연시키고 만족을 지연시킨다. 그러나 현실원리(원칙)의 사용으로 쾌락을 얻게 된다. 즉, 사회적으로 바람직한, 수용될 수 있는 방법이 발견될 때까지 긴장을 참아 내고 실재적인 만족을 얻어 내는 것이다.

자아는 2차적 사고 과정(secondary process)을 활용한다. 2차적 사고 과정은 사람으로 하여금 외부 세계에 참여하면서 계획하고 행동하게 하며, 개인적으로나 사회적으로 용납되는 방식으로 만족을 추구하도록 한다. 원초아의 1차적 사고 과정은 긴장경감과 본능적 만족에 필요한 대상의 표상(representation)을 만들어 내는 데까지만 작동하며, 실제로 그 대상을 발견하는 데 작동하는 것이 2차적 사고 과정이다. 2차적 사고 과정(secondary process)은 긴장 감소를 위해 수립한 행동계획의 실현가능성을 판단한다. 이것이 바로 현실검증이라는 것이다. 현실검증을 통하여 충동을 더욱 잘 지배할 수 있게 되며, 환상과 현실을 구분할 수 있는 능력이 강화된다. 만약 정신적 현실검증 결과 실현 가능하지 않다면, 해결책이 발견될 때까지 계속해

14) 이인정 · 최해경 공저, 앞의 책, p. 156.
15) 김동배 · 권중돈 공저, 앞의 책, pp. 182~183.
16) 이인정 · 최해경 공저, 앞의 책, p. 157.

서 다른 해결방안을 모색하게 된다.[17)]

(3) 초자아(super ego)

초자아는 성격의 도덕적 측면이다. 따라서 사회의 전통적 가치와 이상으로 구성되어 있으며 현실적인 것보다는 이상적인 것, 현실이나 쾌락을 추구하기보다는 완전을 추구하는 속성을 지니고 있다.

초자아는 성격의 도덕적인 부분이며 심판자로서 자아와 함께 작용하여 개인이 자신의 행동을 통제할 수 있게 해 준다. 초자아는 원초아와 마찬가지로 비현실적이다. 초자아의 일부는 사회의 도덕률이나 금기로 구성되고, 일부는 부모에게 받은 도덕교육을 토대로 형성된 도덕관념으로 구성된다. 즉, 초자아는 외부세계의 대변자인 것이다. 따라서 초자아는 사회적 원리(social principle)에 따른다고 볼 수 있다. 초자아의 주요기능 중 한 가지는 자아가 지향하는 현실원리에 의한 이기적 행동을 통제하는 것이다.[18)] 초자아는 자아이상(ego ideal)과 양심(conscience)이라는 두 개의 하부체계를 발달시킨다. 자아이상은 부모가 도덕적으로 바람직한 것이라고 간주하는 것으로서, 부모의 칭찬에 의해 형성되는 부분이다. 즉, 자아이상은 긍정적인 이상형의 상(image)를 통해 발달하는 것으로 자아가 긍지를 느끼도록 작용한다. 즉, 벌을 통해 자아가 죄책감을 느끼도록 작용하는 것이다. 초자아는 자아로 하여금 도덕률에 무조건적으로 따르도록 강요한다.[19)]

Freud는 원초아가 에너지를 장악하는 사람은 성격이 충동적이기 쉽고 초자아가 에너지를 장악하면 이상적 · 도덕적 측면이 강하다고 한다. 자아는 성격의 집행자이므로 자아의 강도가 원초아의 욕구를 충족하고 초자아의 요구를 조절하며 현실의 요구에 대처하는 능력을 결정한다. 자아가 강하고 원초아, 초자아, 환경의 요구간에 균형을 취할 수 있는 사람은 만족을 느끼기 쉽다. 환경의 압력이 강하고 자아가 약할 때 그 개인은 압도당할 수 있다. 이러한 자아의 붕괴는 정신장애를 낳는다. 그러나 자아가 너무 강해도 자아의 목표수준이 지나치게 높기 때문에 늘 욕구불만

17) 김동배 · 권중돈 공저, 앞의 책, p. 184.
18) 이인정 · 최해경 공저, 앞의 책, p. 158.
19) 김동배 · 권중돈 공저, 앞의 책, p. 186

상태에 있게 되므로 좌절감을 느끼기 쉽다.[20]

6) 심리 성적 발달단계

Freud는 성격 발달의 세 가지 기본원칙을 제시하였다.

첫째, 정신적 결정론으로 인간의 정신적 활동을 이전의 초기 생활경험이나 행동의 결과로 보는 것이고 둘째, 무의식의 중요성으로 인간의 행동이 의식적인 과정이라고 보기보다는 인식할 수 없는 무의식에 의해 동기가 유발된다고 보았다. 셋째, 성적 에너지인 리비도(libido)[21]의 본능적인 성적 에너지는 행동과 사고의 동기가 된다고 간주하였다.

Freud는 모든 본능이 근본적으로 성적인 것이라 믿었기 때문에 인간의 성격발달이 성적인 욕구와 밀접하게 관련이 있다고 보았다. Freud는 성격발달은 영아기부터 청소년기까지 5단계에 걸쳐 이루어지는데 이 단계 중 앞의 세 단계가 성격형성에 결정적인 역할을 하게 된다. 이 시기에 libido는 신체의 특정 부위에 자리잡고 그 특정 부위에서 만족을 추구한다. 이 특정 부위는 연령에 따라 변화하며, 대상연령에 따라서도 변화한다.[22] 각 발달 단계를 성공적으로 통과하기 위해서는 적절한 정도의 만족을 얻어야 한다. 그러나 특정 단계에서 만족이 지나치게 과도한 에너지를 투입한 경우에는 고착(fixation)이 생기게 된다. 즉, 한 단계에서 다음 단계로의 진행이 방해받으면 고착이 생기게 되는데 Freud는 이 고착이 성인기 성격에 직접적인 영향을 미친다고 보았다. 고착은 심리 성적 발달과정에서 일반적으로 나타나는 형상으로서 모든 사람은 어느 정도 고착되어 있다. 고착된 에너지는 다음 단계로 이동하는 데 사용될 수 없기 때문에 그 만큼 발달이 지장을 받고 불완전해지게 된다. 이러한 고착은 개인이 완전한 성장에 도달할 수 있는 능력을 방해하게 된다.

Freud는 부분적 고착(partial fixation)과 퇴행(regression)이라는 보완적인 개념을 제시하였다. 부분적 고착은 개인이 비록 성인기에 도달하였을지라도 부분적 고착

20) 이인정 · 최해경 공저, 앞의 책, p. 159.
21) 정신에너지라고도 하며 의식적, 무의식적으로 개인의 성격과 행동에 좋게 또는 나쁘게 영향을 미친다.
22) 이인정 · 최해경 공저, 앞의 책, pp. 159~160.

과 연관된 행동으로 되돌아가려는 경향을 말한다. 성격의 기본구조는 남근기에 경험하는 Oedipus complex의 해결에 의해 주로 결정된다고 볼 수 있으며 이 후의 성장은 이러한 기본적 성격구조가 정교화되는 것에 불과한 것이다.[23)]

(1) 구강기(oral stage) : 출생~1세

구강기에는 생리적 쾌감을 주는 주 기관, 즉 libido가 집중하는 부위가 구강(입, 입술, 혀)이다. 이때 영아의 libido는 구강 영역에 집중되며 빨기와 삼키기가 긴장을 감소시키고 쾌락을 성취하는 주된 전략이 된다. 이 시기에는 입, 입술, 혀, 잇몸 등을 자극하는 데서 만족을 느끼기 때문에 빨고, 삼키고, 깨물면서 만족을 얻는다. 출생 후 6개월 동안은 음식을 빨고 삼키는 데서 쾌감을 느끼지만 6개월 후 이가 나면서부터는 이유의 좌절감을 깨무는 것으로 해소하며 쾌감을 얻는다. 그러나 Freud는 빨기는 생존에 필요한 영양분을 섭취하는 것 이외에 유아에게 또 다른 쾌락을 가져다 주기 때문에 배가 고프지 않아도 가짜 젖꼭지나 손가락을 빨게 된다고 보았다. 이러한 쾌락을 자애적(autoerotic)이라 하였는데, 1차적 나르시시즘과 일맥상통한다.[24)]

생후 8개월 정도가 되면서 이빨이 나기 시작하면서 영아는 좌절감을 경험할 때 깨물고 싶은 충동을 느끼게 된다. 구강기에는 수동적으로 어머니의 보살핌을 받으며 생활하기 때문에 의존적이고 다른 사람으로부터 분화되지 않은 상태이다. 특히 구강기 전반기에는 유일한 접촉대상이 어머니이므로 어머니에게 합일하고 접근하려는 경향이 있다. 그러나 구강기 후반기에는 이유로 인한 욕구불만 때문에 어머니에게 애정과 우호적인 태도를 갖는 동시에 적대적이며 파괴적인 태도를 갖게 된다. 이때 영아는 최초의 양가감정(ambivalence)을 경험하게 된다. 이 단계에서 구강적 욕구를 적절히 충족시킨 사람은 다른 사람과 쉽게 친밀한 관계를 형성할 수 있으나 적절한 경험을 하지 못한 경우에는 극도의 의존성을 보인다.[25)] Freud에

---

23) 김동배 · 권중동 공저, 앞의 책, pp. 195~196.
24) 최순남, 「인간행동과 사회환경」, 한신대학교 출판부, 1997.
나르시시즘은 자기애 또는 자기도취를 의미하는 것으로 연못에 비친 자신의 모습에 도취되어 사랑에 빠진 목동 나르시스에 관한 그리스 신화에서 유래된 용어이다.
25) 김동배 · 권중돈 공저, 앞의 책, p. 1997.

의하면 구강기 전반에 좌절 혹은 방임을 경험하면 구강 수동형 성격이 된다. 이런 경우에는 성인이 되었을 때 세상일에 매우 낙관적이며, 타인을 믿고 의존하며, 모든 것을 희생해서라도 타인에게 인정을 받고 싶어한다. 이런 사람은 수동적이며, 미성숙하고, 안정감이 없고 과도한 의타심을 보이고 남에게 잘 속는 특징을 지니고 있다. 구강기 후반기에 고착되면 구강 공격적 또는 구강 가학적 성격을 갖게 되고 논쟁적이고, 비판적이며, 상대방을 비꼬기를 잘하고 자신에게 필요할 때까지 타인을 이용하거나 지배한다.[26]

(2) 항문기(anal stage) : 2~3세

이 시기의 유아는 신경계의 발달로 괄약근을 수의적으로 조절할 수 있기 때문에 자신의 원하는 대로 배변이나 배뇨를 조절할 수 있게 되며, 배설 행동을 중심으로 성격이 발달된다. 부모들은 대소변을 가리게끔 하는 청결습관을 가르치는데 이것이 바로 배변훈련(toilet training)이다. 유아는 괄약근의 발달로 자신이 원하는 대로 배설하거나 보유할 수 있는데, 배변훈련이 시작되면서 아이의 본능적 충동은 외부에 의해, 즉 양육자인 어머니에 의해 통제된다. 유아는 항문의 긴장을 즉각 해소하는 데서 오는 쾌감을 늦추고 적절한 시점에 적절한 장소에 배설하도록 요구되어진다. 이때 libido가 항문 영역으로 몰입된 아이와 대소변을 가려서 청결습관을 기르려고 하는 부모와 일종의 싸움이 전개되고 부모의 현실적 요구에 대응하면서 자아가 발달한다.[27]

이 단계에서는 배변훈련이 주축이 되기 때문에 부모와 자녀 사이의 통제문제는 매우 중요하다. 배변훈련이 성공하면 사회적 승인을 얻는 쾌감을 경험하고 창조적이고 생산적인 성격특성이 발달한다. 어떤 유아는 본능적 충동의 만족을 방해하는 외적 통제에 반항하기 위해 부적절한 때나 장소에 배설하기도 하며 몇십 분씩 변기에 앉아 애를 태우게 하는 식으로 부모를 조종하는 행동을 하기도 한다. 그러나 부모가 지나치게 엄격하고 강압적인 배변훈련을 할 경우 유아는 일부러 지저분한 행동을 하고 부모에게 대항하기도 한다. 항문기의 경험을 통해 유아는 의존에서

26) 이인정 · 최해경 공저, 앞의 책, p. 161.
27) 이인정 · 최해경 공저, 앞의 책, pp. 162~163.

벗어나 자기조절, 자립, 자부, 자존 등을 배우게 된다. 그러나 부모가 너무 일찍 또는 너무너무 심한 배변훈련을 시켜 항문기 때 고착되면 고집이 세고 인색하며 복종적이고 시간을 엄수하며 지나치게 청결한 특징을 보이거나, 정반대로 잔인하고 파괴적이며 난폭하고 적개심이 강하며 불결한 특징을 보이기도 한다.

(3) 남근기(phallic stage) : 4~6세

이 시기에는 성적 욕구를 자극하는 영역이 바로 성기관이 된다. 즉 libido가 성기 부위에 집중되며 성기의 자극으로부터 쾌감을 느끼는 시기이다.

이 시기에 아동은 자신의 성기에 대해 관심을 갖고 자위행위를 하기도 하며 출산, 성에 대해서도 많은 질문을 한다. 이때 남아는 어머니에 대해 이성적 관심을 갖고 아버지를 적수로 생각하여 아버지와의 사이에 갈등을 느끼게 된다. 이것을 오이디푸스 콤플렉스(Oedipus complex)라 부른다.

Oedipus complex라고 하는 것은 남자 아이가 어머니를 소유하고 싶은 욕망에서 아버지를 제거하려는 욕망이다.[28] 그러나 실제로 아버지를 제거할 수 없기 때문에 이것이 무의식 중에 마음 속 깊이 억압되어 버리고, 이 억압된 것은 결과적으로 엄마의 사랑을 받기 위해서는 아버지처럼 되어야 한다는 현상, 즉 아버지를 닮아가려는 동일시 현상을 일어나게 한다. 이러한 것을 촉진시키는 것 중의 하나는 혹시 내가 잘못하면 거세당하지 않을까 하는 거세공포가 있게 되는데 이것을 거세불안(castration anxiety)이라 한다. 반면에 여아는 자신의 성기가 남자와 다른 것을 알게 되고 그 거세의 책임을 어머니에게 돌려 어머니에 대한 적대감을 갖게 된다. 이것을 엘렉트라 콤플렉스(Electra complex)라 부른다.

Electra complex라고 하는 것은 여자 아이가 아버지를 소유하기 위해서는 어머니가 없어야 하는데 어머니를 제거할 수 없으므로 엄마처럼 행동함으로써 아빠에게 가까이 가려는 행동을 보이는 것을 말한다. 또한 여자 아이는 이 시기에 남근을 부러워하는 남근선망증(penis envy)의 심리상태를 보인다.

Oedipus complex나 Electra complex가 중요한 것은 아이들이 이 시기에 자기와

---

28) 이 시기의 아동은 동성의 부모를 적대시하고 이성의 부모에 대하여는 근친상간적 소망을 갖게 된다. 이러한 감정 때문에 아동은 동성 부모와는 경쟁자로서의 관계를 형성하게 되고, 질투와 분노 감정을 갖게 되며 갈등을 경험하게 된다.

같은 성의 무엇과 동일시하는 행동현상이 생긴다고 하는 것이다. 동일시 현상은 Freud 이론에서 아주 중요한 것이며, 이를 통해 아이들은 어른들처럼 되고 싶어 하는 욕망이 생기고 이 욕망에 의해 어른들의 '하지 말라', '해서는 안 된다'라는 말을 따르게 되는데 이것으로 양심의 발달, 즉 초자아의 발달이 시작되는 것이다. Freud는 남근기에 초자아가 확립되는 것이 Oedipus complex의 결과라고 했다. 남아의 경우 Oedipus complex를 거세불안으로 극복하게 되고, 결론적으로 근친상간의 본능을 억압하게 되면서 초자아가 발달하게 된다는 것이다. 또한 Oedipus complex와 Electra complex는 양가감정을 초래한다.

즉, 아동은 이성의 부모로부터 독점적인 관심을 받고 싶어 다른 쪽 부모가 떠나거나 죽기를 바라는 가학적 공상을 하는 동시에 이성의 부모에 대한 연모가 동성의 부모로부터 적대감이나 보복을 초래하지 않을까 두려워하거나 혹은 사랑하는 부모가 그 사랑을 철회하지 않을까 걱정한다. 남근기에 고착된 남아는 경솔하고 과장이 심하고 야심이 강하며, 여자는 난잡하고 유혹적이며 경박해진다고 한다.

(4) 잠복기(latency stage) : 7~12세

이 시기는 성적 욕망이 억눌려지고 비성적 활동, 예를 들면 지적 호기심, 운동, 친구관계의 활동이 싹트는 시기이다. 즉 libido가 무의식 속에 잠복하므로 이 시기의 아동들은 성적 욕구를 일시적으로 잊어버리고 그 사회가 요구하는 기본 기술을 획득하기 위하여 노력한다.

Freud는 이 시기에 성적 흥미나 관심도가 줄어드는 것을 생리적 현상으로 보았으며, 따라서 이 시기에 대해서는 별로 신경을 쓰지 않았다.

잠복기라고 부르는 이유는 이 시기에 아동들은 상대방의 성에 대하여 무관심하며 상대방의 성에 대하여 흥미를 전혀 보이지 않기 때문이다. 초등학교 아이들을 보면 여아들은 여아들끼리, 남아들은 남아들끼리 놀면서 서로 섞이지 않는 현상을 볼 수 있는데 Freud에 의하면 Oedipus complex나 Electra complex에서 나오는 갈등이 억압됨으로 인해, 즉 아빠를 갖기 위해서 엄마를, 엄마를 갖기 위해서 아빠를 제거하려는 것이 억압됨으로써, 문화적으로 받아들여지지 않음으로써 이러한 감정이 있었다고 하는 자체를 부정하기 위해 겉으로 나타나기에는 무관심하게 행동한다는 것이다. 그러나 겉으로 무관심하다고 해서 무의식 속에서조차 무관심하다는 것은 아니다.

이 시기에 libido의 지향대상은 친구, 특히 동성의 친구에게로 향하고 동일시의 대상도 주로 친구가 된다. 잠복기 아동의 에너지는 지적인 활동, 운동, 친구와의 우정 등에 집중된다. 특히 신체의 발육과 성장에너지가 집중되므로 리비도의 본능적 욕구 형태인 성적 관심이 약하다. 이 시기에 과도한 성적 억압을 하게 되면 수치심, 도덕적 반동형성, 혐오감에 빠질 수 있다. 잠복기에 고착되면 성인이 되어서도 이성에 대한 정상적인 친밀감을 갖지 못한다. 예를 들어 동성 간에 우정에 고착되어 버리면 생식기에 가서도 분리되지 못하고 동성애로 발전할 수 있다. 또는 이성과의 성적 관계를 회피하고 정서적인 감정 없이 단지 공격적인 방식으로 성적 행동을 하기도 한다.

(5) 생식기(genital stage) : 12세 이후

이 시기는 신체적 성숙이 이루어짐에 따라 진정한 의미에서의 성욕이 나타나는 시기이다. 아동이 사춘기가 되면서 성적 · 공격적 충동이 이성에 대한 흥미와 관심으로 나타나게 된다.[29)]

초기에는 생리적 · 생화학적 변화가 나타나게 되고 성기의 성숙, 내분비선에서 호르몬이 분비되는 등 제2의 성 특징이 나타나게 된다. 생식기를 원만히 지낼 경우 성숙되고 책임 있는 사회적 · 성적 관계를 유지하게 되며, 이성과의 사랑에서 만족감을 느끼게 된다.

잠복기 이전에는 자신의 신체에서 성적 쾌감을 추구하는 자기애착적인 경향을 보이나 생식기에는 타자인 이성으로부터 성적 만족을 얻으려 하는 이성애착적 경향을 보인다. 따라서 이 시기는 이성 애착기(heterosexual period)이다.

---

29) 사춘기 전기(12~13세)에는 libido가 다시 유아기의 애정대상을 지향한다. 소녀나 소년이 중년 남성이나 부인에게 끌리는 심리를 Freud는 제2의 Oedipus complex 현상이라 보았다. 사춘기는 성적 성숙이 다 이루어지는 때이므로 사춘기 전기의 불안정성이 사라진다. 성적대상으로서 부모에 대한 관심이 사라져 사춘기 전기까지 있었던 Oedipus complex적인 공상에서 벗어나며, 관심이 가족으로부터 멀어지고 가족 밖에서 연장자와 친교를 갖게 되며 이성을 향한 성욕 충동을 추구하게 된다. 이인정 · 최해경 공저, 앞의 책, p. 165.

이 시기에 순조로운 발달을 성취한 청년은 타인에 관심을 갖고 협동의 자세로 성숙시켜 간다.

즉 이타적이고 숙성한 특징을 보이지만 남근기를 성공적으로 거치지 못해 권위에 대해 적대감을 가지고 동성을 동일시하는 데 혼란이 생긴 아동들은 성에너지를 합당하고 원만하게 처리할 능력을 키우지 못하게 되어 권위에 반항하고 비행을 저지르거나 이성에 적응 곤란을 보이게 된다.

2. Anna Freud의 자아방어기제이론

안나 프로이드의 가장 큰 공헌은 정신역동적인 방어기제의 규명과 분석이라 할 수 있다. Anna Freud는 아버지 Sigmund Freud가 제기한 자아의 방어기능에 대한 관점들을 정리하여 방어기제에 관한 최초의 체계적 이론을 수립하여 성격발달에서 방어기제의 역할에 관한 이해를 확대시켰다. 성숙하고 강한 자아를 가진 사람은 본능적 욕구, 환경의 요구, 초자아의 명령을 그대로 인정하여 각각의 욕구를 충족시키기 위한 합리적인 방법을 지시할 수 있으나, 약하고 미성숙한 자아를 가진 사람은 불안으로부터 자신을 보호하고 부분적이라도 욕구를 충족시킬 방법으로 일종의 적응기술인 방어기제를 사용한다.

Anna Freud는 자아방어기제가 정상적인지 또는 병리적인지를 판단하기 위해서[30]

① 한 가지 방어기제를 사용하는지와 관련된 균형

② 방어의 강도

③ 사용한 방어기제의 연령 적합성

④ 위험이 사라졌을 때 사용한 방어기제를 철회할 수 있는 가능성 등 네 가지 요소를 근거로 판단하여야 한다고 했다. Freud가 특별히 관심을 가졌던 방어기제들은 퇴행, 억압, 반동형성, 투사, 합리화 등이다.[31]

---

30) 이인정 · 최해경 공저, 앞의 책, p. 166.
31) 김동배 · 권중돈 공저, 앞의 책, p. 188.

1) Anna Freud의 자아방어기제는 다음과 같다.[32)]

(1) 억압(repression)

억압은 가장 기본적이고 중요한 방어기제로서 자아가 수용할 수 없는 것, 바람직하지 못한 충동, 사고, 감정, 기억 등을 의식하지 않으려고 무의식 속에 밀어넣어 불안으로부터 자아를 보호하고자 하는 것이다. 감정이나 욕구가 억압되어 무의식이 되는 것은 결국 그러한 것들을 의식하면 불쾌감이나 고통, 불만, 죄책감 등이 발생하기 때문이다. 무의식에 의한 마음의 억압이 육체적인 고통으로 나타나기도 하는데 욕망, 성 본능의 억압, 마음의 갈등은 히스테리와 같은 신경증의 원인이 된다.[33)] 억압은 용납할 수 없는 충동을 무의식으로 추방하는 능동적, 무의식적 과정이다. 그러나 꿈, 농담, 말의 실수 등으로 나타난다. 죄책감이나 수치심, 자존심을 상하게 하는 경험일수록 억압되기 쉽다.

(2) 반동형성(reaction formation)

반동형성(reaction formation)은 불안을 야기하는 충동, 감정, 생각이 의식의 수준에서 반대의 것으로 대체되는 것을 말한다. 처음의 충동이나 감정, 생각은 완전히 사라지는 것이 아니라 반대의 표현을 통해 의식에서 감춰지는 것이다. 증오는 애정으로 대체되고, 관심은 무관심으로, 질책은 칭찬으로 표출된다. 반동형성은 현실적으로 적응에 문제를 일으키지 않는 한 불안을 막는 유용한 방어기제가 된다(속담 : 미운 아이 떡 하나 더 준다. 귀한 자식 매로 키운다.).

(3) 퇴행(regression)

잠재적 외상(trauma)이나 실패 가능성이 있는 상황에 처할 때 해결책으로 초기의 발달단계나 행동양식으로 후퇴하는 것이 퇴행(regression)이다.

---

32) 이인정 · 최해경 공저, 앞의 책, pp. 169~174.
33) 김세곤, 옮김(2001), 「프로이트의 마음의 신비 입문」, 양서원, p. 76~79

어릴 때 효과적이고 위안이 되었던 행동으로 되돌아가 갈등이나 스트레스를 피하는 것이다. 퇴행은 성심리 발달단계 1~2단계 이전에 일어나며 배변훈련이 충분히 된 아동이 동생이 태어난 후 부모의 관심이 동생에게 집중되자 대소변을 가리지 못하게 되는 것이 대표적인 예라 할 수 있다.

(4) 격리(isolation)

과거의 고통스러운 기억과 연관된 감정을 의식에서 떼어 내는 것이 격리(isolation)이다. 즉, 감정이 사고와 분리된다. 아버지와 관련되어 해결되지 않은 감정이 무의식에 남아 있는 한 청년이 자기 아버지의 갑작스러운 죽음에 대해 말할 때는 슬픈 감정을 전혀 보이지 않으면서 아버지를 연상시키는 권위적인 남자가 죽는 영화를 볼 때 비통하게 우는 것은 격리의 한 예가 된다.

고통스러운 사실은 기억하지만 감정은 억압되어 느낄 수 없다. 고통스러운 사실은 의식 세계에 남아 있고 이와 관련된 감정은 무의식 세계에 보내서 각각 분리되어 있는 것으로 강박장애 환자에게서 흔히 볼 수 있다.

(5) 취소(undoing)

취소(undoing)는 보상과 속죄의 행위를 통해 용납할 수 없거나 죄책감을 일으키는 충동이나 행동을 중화 또는 무효화하는 것으로 심리적 말살이라고 불리기도 한다. 취소과정에 의해 현실은 왜곡되는데, 의식수준에서는 용납할 수 없거나 죄책감을 일으키는 충동이나 행동이 없었다고 여긴다. 예를 들면, 여비서에게 성적으로 끌리는 것을 느낀 남자가 부인에게 줄 비싼 선물을 사는 것이나 기도문을 되풀이하는 마술적 방법으로 죄책감에서 벗어나려고 하는 것이 취소에 해당된다. 또한 예로 어떤 아가씨가 식탁에 앉아 있는 동생이 너무 아름다워 보여서 질투를 느끼면서 '저애의 이가 몽땅 빠져 버렸으면 좋겠네'라고 생각하자 그 생각이 그 아가씨의 무의식 속에서 죄책감을 일으켰다. 그래서 그녀는 벌떡 일어나서 치아를 튼튼하게 해 주는 우유를 컵에 가득 따라서 동생에게 주었다면 이 행동은 취소에서 나온 것으로 볼 수 있다(속담: 병 주고 약 주고).

(6) 투사(projection)

자신의 용납할 수 없는 충동, 생각, 행동을 무의식적으로 다른 사람이 이러한 충동, 생각, 행동을 느끼거나 행한다고 믿는 것이다. 투사란 사회적으로 인정받을 수 없는 자신의 행동과 생각을 마치 다른 사람의 것인 양 생각하고 남의 탓을 하는 것을 말한다. 예를 들어, 남자들에 대해 자기가 느끼는 강한 성적 감정을 인정하고 싶지 않은 여성이 모든 남자들이 성적으로 그녀에게 관심이 있으며 끊임없이 그녀를 원한다고 느끼는 것이 투사(projection)에 해당된다. 투사란 자신의 불안으로부터 탈피하고 싶어하는 마음으로 자기 허물은 알지 못하고 문제를 남의 탓으로 돌리는 경우를 말한다(속담 : 똥 묻은 개가 겨 묻은 개 나무란다, 남의 눈에 들어있는 티끌은 보면서 제 눈에 들어있는 들보는 보지 못한다, 가랑잎이 솔잎더러 바스락거린다고 한다, 적반하장, 잘되면 제 탓, 못되면 조상 탓).

(7) 투입(introction)

투입(introction)은 외부의 대상을 자기 내면의 자아체계에 받아들이는 것을 뜻한다. 특히 애증과 같은 강한 감정을 직접적으로 표현하는 것을 피하기 위해 다른 사람을 자기로 간주하는 것을 의미한다. 외부대상에 대한 적대적이거나 부정적인 감정을 자신에게로 지향시킨다는 점에서 투입은 우울증을 야기하는 중요한 기제로 간주된다. 예를 들어, 어머니를 미워하는 것이 자아에 수용될 수 없기 때문에 나 자신이 미운 것으로 대치된다. 또한 공룡에 공포감을 갖고 있던 아이가 '공룡이 나타났다'하며 무서운 놀이를 할 때 실제로 무서운 경험을 하는 것을 말한다.

(8) 자기로의 전향(turning against self)

공격성 같은 본능적인 충동이 자기에게 향하는 것(turning against self)을 의미한다. 예를 들면, 부부싸움을 한 남편이 화가 나서 자기 머리를 벽에 부딪치는 것은 부인에 대한 분노를 자기한테로 향한 것이다.

(9) 역전(reversal)

감정, 태도, 특징, 관계, 방향을 반대로 변경하는 것을 뜻한다. 역전(reversal)과 반동형성의 구별은 어렵다. 엄밀한 의미로 반동형성은 감정의 역전에 해당되기 때문이다. 그러나 반동형성보다 역전이 더 일반적인 기제이며, 더 광범위한 행동을 포함한다. 역전의 예로는 극도로 수동적이며 무력한 어머니에게 무의식적으로 반항하면서 성장해 자신만만하고 유능하게 된 여성이 자신의 성공에 대해 죄책감과 불안을 경험하는 것을 들 수 있다.

(10) 승화(sublimation)

리비도를 성적 목표로부터 더욱 고상한 사회적 목표로 전환하는 것이다. 승화(sublimation)란 용납할 수 없는 소원들을 사회적으로 바람직한 행동으로 표출하는 가장 성숙한 방어로 간주된다. 승화는 이드를 반대하지 않고 자아의 억압이 없으며 충동적인 에너지가 그대로 사회적으로 쓸모 있는 것으로 전용된다. 창조적 예술작품은 성적 또는 공격적인 본능의 승화로 여겨진다. 경쟁적인 운동도 공격적 본능의 승화에 해당한다.

정서적 긴장이나 원시적 에너지 투입을 사회적으로 인정받을 수 있는 행동방식으로 표출하는 것, 예를 들면 수녀가 고아를 돌봄으로써 사회적으로 인정받는 것이나, 공격충동이 권투선수로 승화되기도 하며 성적 충동이 춤으로 승화되기도 한다. 승화란 성적 충동이 다양한 취미와 예술작품, 시, 음악, 춤 등으로 나타나는 것을 말한다.

2) Anna Freud가 설명한 방어기제에 포함되지 않은 방어기제의 개념

Anna Freud가 설명한 방어기제에 포함되지 않은 방어기제의 개념은 다음과 같다.[34]

34) 이종복 · 전남련(2011), 「인간행동과 사회환경」, 학현사, pp. 199~201.
이무석(2003), 「정신분석에로의 초대 - 마음 속에 숨겨진 나를 찾아 떠나는 여행」 이유, pp. 170~192.

(1) 합리화(rationalization)

합리화는 인식하지 못한 동기에서 나온 행동을 그럴듯하게 이치에 맞는 이유를 내세우는 방어기제이다. 용납할 수 없는 태도, 신념, 또는 행동을 정당화하기 위한 시도로 그럴듯한 설명을 하는 것이다. 즉, 정당하지 못한 자기의 행동에 너무 괴롭기 때문에 그럴 듯한 이유를 붙여서 자신의 행동을 정당화하거나 불안의식을 제거하는 것이다. 예를 들면 배고픈 여우가 포도를 따먹으려고 했으나 손이 닿지 않자 따먹어도 포도가 실 것이다 생각하고 자신을 위로하는 것이다. 또한 자식을 때리는 이유를 아이의 바른 생활을 위한 것이라고 여기는 마음의 상태이다. 그러나 실제 이유는 부모 자신의 죄책감이나 적대감의 표시인 것이다(속담 : 매 끝에 효자 난다).

(2) 전치(displacement)

전치란 본능적인 충동이 어떤 대상을 향했던 감정을 그대로 다른 대상에게 표현하는 것이다. 자신의 화난 감정을 다른 사람에게 분풀이하는 것으로 본능적 충동이 진짜 대상에서 덜 위협적인 대상으로 옮아가는 것을 말한다. 즉, 실제로 있는 어떤 대상에 향했던 감정을 그대로 다른 대상에 표현하는 것이다. 전치는 대상에 대한 감정에 강조점을 둔다. 예를 들면 아버지에게 야단맞은 아이가 강아지를 발로 찬다든지 남편과 싸운 아내가 자녀에게 화풀이를 하는 것이다(속담 : 때리는 시어머니보다 말리는 시누가 더 밉다. 동에서 뺨맞고 서에서 분풀이한다).

(3) 동일시(identification)

동일시는 자아와 초자아의 형성에론 역할을 하며 성격발달에 가장 중요한 방어기제이다. 주위의 중요 인물들의 태도와 행동을 닮는 것을 의미한다. 백정과 어울리다 보면 옷섶에 피를 묻히게 되고, 어진 사람 곁에 있으면 어진 삶을 살아가는 것을 말한다. 즉, 용납할 수 없는 충동 자체를 부정하고 그 충동을 갖고 있는 사람 또는 그 사람의 일면과 동일화하여 받아들이는 과정을 말한다. 예를 들면 강한 공격적 충동을 억압하고 있는 사람이 강력하고 공격적인 히틀러와 같은 사람을 동일시하는 것이다(속담 : 까마귀 싸우는 골에 백로야 가지 마라).

(4) 전환(conversion)

심리적 갈등이 신체 감각기관과 수의근육계의 증상으로 표출되는 것을 의미한다. 예를 들면 글을 쓰는데 갈등을 느끼는 소설가가 원고를 쓰는 오른팔에 마비를 느끼는 것이나 달리기 선수가 중요한 시합을 앞두고 다리가 아픈 현상들이 전환에 속한다.

(5) 지성화(intellectualization)

지성화는 고통스러운 감정과 충동을 누르기 위해 그것들을 직접 경험하는 대신 그것들에 대해 생각을 많이 하는 것을 말한다. 즉, 용납할 수 없는 정서와 충동을 직접 경험하지 않고 지성적으로 사고함으로써 피하는 것이다. 지성화를 사용하는 사람들은 대단히 지적으로 보이는데, 설명하고 있는 감정이나 상황을 느끼지 않고도 감정적인 의미를 가진 주제에 관해 충분히 말할 수 있다.

(6) 보상(compensation)

실제든 상상이든 자신의 성격, 지능, 외모 등 이미지상의 결함을 메우거나 체면을 유지하려는 무의식적인 노력을 의미한다. 즉, 심리적으로 약점이나 제한점이 있는 사람이 이를 보상받기 위하여 다른 어떤 것에 몰두하는 경우를 들 수 있다. 보상은 우리가 지닌 열등감을 극복하는 데 매우 중요한 역할을 할 수 있다(속담 : 작은 고추가 맵다, 가난할수록 기와집 짓는다. 키 작은 사람이 목소리가 크다).

(7) 내면화(internalization)

내면화(internalization)는 다른 사람, 특히 부모의 태도, 규범, 가치관을 자신의 성격으로 흡수하는 것을 말한다. 예를 들면 어머니를 미워하는 감정을 사용할 수 없기 때문에 자기 자신을 미워하는 것으로 대치하는 것으로 투사와 반대되는 개념이다.

(8) 부정(denial)

부정(denial)은 자아가 현재의 상황에 있는 위협적 요소를 감당할 수 없는 경우 위협적 요소가 존재한다는 사실을 인정하지 않는 것을 말한다. 즉, 의식화되면 도저히 감당할 수 없는 어떤 생각이나 욕구를 무의식적으로 부정하는 것이다. 엄연히 존재하는 위험이나 불쾌한 현실을 부정함으로써 그로 인한 불안을 회피하고 편안한 상태를 유지하는 방어기제이다. 예를 들면 영화를 볼 때 무서운 장면이 나오면 눈을 가리거나, 암으로 죽어가면서도 자신은 암이 아니고 의사의 오진이라고 주장하는 것 등으로 현실의 위험이 너무 커서 받아들일 수 없을 때 자아는 위험 자체를 부정해 버림으로써 불안을 피하려고 하는 것이다.

(9) 치환(substitution)

치환(substitution)은 제1 우선의 대상으로 향하던 무의식적인 욕구나 충동이 그 모양을 바꾸어서 다른 제2의 대상으로 향하는 작용이다. 예를 들면 사랑하는 사람으로부터 받은 선물이나 물건을 그 자체와는 상관없이 애지중지하는 것으로, 선물을 보낸 사람에 대한 애정이 물건으로 바뀌어 치환된 것을 말한다. 치환은 대체형성이라고도 하는데 이는 목적하던 것을 갖지 못하게 되면서 생기는 좌절감을 줄이기 위해 원래의 것과 비슷한 것을 취해 만족을 얻기 때문이다. 대체형성과 전치는 서로 비슷하나 대체형성은 '대상'에 중점을 두고 전치는 '감정'에 중점을 두는 것을 말한다.

(10) 대치(substitution)

대치는 원래 바라는 대로 이루어지지 않았을 때 그 좌절감과 긴장을 줄이기 위해 그 비슷한 것을 취하여 만족을 얻는 상태를 말한다. 예를 들면 잘생기고 멋진 남자친구를 사귄 여자가 그 남자친구와 헤어진 후 그와 비슷한 용모를 가진 남자를 사귀는 것을 들 수 있다(속담 : 남의 소를 못 잡아먹을 때는 내 소라도 잡아먹어야 속이 풀린다. 꿩 대신 닭).

(11) 상환(restitution)

무의식의 죄책감을 씻기 위해 사서 고생하는 행동을 상환이라고 한다. 한 가장이 가족들은 먹을 것이 없어서 굶고 있는데, 조금이라도 돈이 생기면 몽땅 자선사업에 바치는 것을 말한다.

(12) 상징화(symbolization)

어떤 대상이나 사상이 다른 대상이나 사상을 나타내는 데 사용되는 정신기제를 상징화라고 한다. 한 대상으로부터 그 대상을 나타내는 상징물로 감정의 가치가 이동한다. 이 과정이 상징화의 본질이다. 꿈에서도 상징화가 많이 사용된다. 예를 들어, 자식을 낳을 수 없는 부인이 아기처럼 예쁜 꽃송이를 안고 행복했던 꿈을 꾼 경우가 이에 속한다. 그 외에도 판타지, 농담, 문학이나 다른 예술작품에서도 상징화를 볼 수 있다. 상징은 무의식의 언어이다.

(13) 해리(dissociation)

해리는 의식에서 갈등을 분리시키고 떼어 내어 정서적으로 충전된 갈등과 관련된 감정을 의식하지 못하도록 하여 개인을 보호하는 방어기제이다.

마음을 편치 않게 하는 성격의 일부가 그 사람의 지배를 벗어나 하나의 독립된 성격인 것처럼 행동하는 경우를 해리라고 한다. 몽유병, 이중인격, 며칠이나 몇 주 혹은 몇 년을 몽롱한 기억상실로 지내는 둔주(fugue), 자동필서(automatic writing) 성적인 습격을 당하거나 강간을 당한 사람이 후에는 그 사실 자체를 기억도 못하면서 얼떨떨하고 단정치 못한 모습으로 공공장소를 배회하는 것 등이 그 예이다. 문학작품으로는 『지킬박사와 하이드』가 있다.

(14) 저항(resistance)

저항이란 억압된 자료들이 의식으로 떠올라오는 것을 막는 것이다. 이 자료들이 의식으로 나오면 너무 고통스럽기 때문이다. 이런 상황에서 사람들은 대개 기억이 나지 않는다고 말한다. 얼굴이 빨개지고 당황하기도 한다. 저항을 보이면 사람들이 억압된 중요한 자료들에 접근하고 있다는 것을 암시하는 근거가 되기도 한다.

(15) 차단(blocking)

차단은 서로 연결된 몇 가지 생각들 가운데서 앞선 것은 기억이 나지만 뒤를 잇는 생각이 억압당해 도저히 기억되지 않는 것을 말한다. 의식의 영역에서 용납되지 않는 생각을 방어하고 있을 때이다.

(16) 신체화(somatization)

심리적 갈등이 감각기관, 수의근육계 외의 신체 증세로 표출될 때가 신체화이다. 예로, '사촌이 논을 사면 배가 아픈' 경우다.

(17) 성화(sexualization)

성적으로 대단한 의미를 가진 것도 아닌 것에 성적인 의미를 크게 부여하는 것이다. 여인이 핫도그를 남성의 성기로 느끼는 것이나, 어떤 여인의 옆자리에 앉으면 성교나 하는 것처럼 부끄러워하고 두려워하는 경우다. 이는 금지된 충동들과 관계된 불안을 막아 보려는 목적이 있기 때문이다.

(18) 금욕주의(asceticism)

금욕주의는 의식에서 지각되는 모든 쾌락은 반대하면서 금욕하는 데서 만족감을 얻는 것이다. 쾌락의 뿌리를 뽑아 버리려 하며, 쾌락이냐 아니냐에 대한 가치판단을 내리는 데는 도덕적 요소가 개입한다.

(19) 유머(humor)

자신이나 타인에게 거북하고 불쾌한 감정을 느끼지 않게 하면서 자기 느낌을 즐겁게, 공개적으로 표현하는 것을 유머라고 한다.

(20) 이타주의(altruism)

이타주의는 문자 그대로 남들의 본능적 욕구충족을 집요하게 건설적인 쪽으로 도와주는 것이다. '이타적 포기는 이룰 수 없는 자신의 무의식적인 욕망을 충족시키는 방법으로, 타인이 그 욕망을 충족하도록 헌신적으로 도우면서 대리만족을 얻는다. 자매가 있었는데 동생이 언니의 연인을 사랑하게 되었다. 그러나 그는 그녀에게 무관심하였고, 그녀가 불완전하게나마 자신의 욕구를 충족시켜 갈등을 해소하는 방법은 이타적 포기였다. 그래서 그녀는 언니가 데이트를 나갈 때 언니를 예쁘게 꾸며 주고, 시간에 늦지 않게 챙겨 주며 소중한 액세서리들을 빌려 주는 등 매우 헌신적이었다. 죄책감이 많은 사람이 자신의 내적 죄책감을 씻기 위해서 이타주의의 방어기제를 사용한다.

(21) 분열(splitting)

분열은 자신이나 타인의 긍정적인 자질과 부정적인 자질을 결합하여 통합하지 못하고 자기와 남들의 이미지(representation), 자기와 남들에 대한 태도가 '전적으로 좋은 것(all good)'과 '전적으로 나쁜 것(all bad)'이라는 두 개의 상반된 것으로 분리되는 것이다. 이는 원시적 형태의 방어로서 경계선 인격장애 환자에게서 흔하게 나타난다.

예를 들면 어떤 사람을 가리켜 좋고 사랑하고 가치 있다든지 아니면 나쁘고 증오하고 가치 없다는 식으로 양면을 가진 한 개인으로 보는 것이 아니라 한쪽 면만 보는 것이다.

예상문제

1. 자아방어기제에서 엄마에게 혼이 난 아동이 강아지를 때려 줌으로써 화를 푸는 것을 무엇이라 하는가? (실제로 있는 어떤 대상이 향했던 감정을 다른 대상에게 표현하는 것)

① 투사　② 전치
③ 대리형성　④ 저항
⑤ 퇴행

2. 방어기제를 순서대로 나열한 것은 무엇인가?

> ㉠ 실력이 없어서 시험을 못 본 학생이 컨디션이 좋지 않아서 시험을 잘 볼 수 없었다고 변명한다.
> ㉡ 사회적으로 인정받을 수 없는 자신의 생각과 행동을 마치 다른 사람의 것인 양 생각하고 남의 탓을 한다.
> ㉢ 과거의 고통스러운 기억과 연관된 감정을 의식에서 떼어내는 것
> ㉣ 용납할 수 없는 소원들을 바람직한 행동으로 표출하는 것

① 합리화－투사－격리－승화　② 투사－합리화－격리－승화
③ 격리－합리화－투사－억압　④ 승화－퇴행－투사－합리화
⑤ 합리화－격리－투사－승화

3. 용납할 수 없는 자기 내부의 문제나 결점이 자기 외부에 있는 것으로 생각하는 기제로서 '잘못되면 조상 탓' 하는 방어기제는?

① 억압　② 반동형성　③ 투사
④ 합리화　⑤ 퇴행

4. 안나 프로이트의 방어기제 중, 아동기의 대소변가리기, 손가락 빨기, 노인의 우는 행동은 어떤 방어기제에 속하는가?

① 억압　② 퇴행　③ 전치
④ 승화　⑤ 반동형성

5. 어떤 행동이나 충동이 죄의식이나 불안감을 유발할 때 그것과 정반대되는 행동을 하는 방어기제는?

① 반동형성　② 억압　③ 대치
④ 승화　⑤ 전치

6. 공격적 욕구가 강한 사람이 폭력적인 성향을 권투선수로 발전시켰다면 어떤 방어기제의 작용인가?

① 억압　② 보상　③ 투사
④ 승화　⑤ 반동형성

7. 방어기제의 예와 연결이 바르게 짝지어진 것은?

① 공주병－반동형성　② 신데렐라－보상
③ 피터 팬－승화　④ 여우와 신 포도－합리화
⑤ 단군신화－지성화

8. 다음 방어기제 중 어떤 학생이 선생님에게 불만이 많은데 순종을 잘하는 경우에 해당하는 것은?

① 반동형성　② 투사　③ 억압
④ 퇴행　⑤ 승화

9. 방어기제를 순서대로 나열한 것은 어느 것인가?

> ㉠ 밤길에 무서운 생각이 날 때 의도적으로 노래를 부른다.
> ㉡ 때리는 시어머니보다 말리는 시누이가 더 밉다.
> ㉢ 실력이 없어서 시험을 못 본 학생이 컨디션이 좋지 않아서 시험을 못 봤다고 변명한다.
> ㉣ 똥 묻은 개가 겨 묻은 개를 흉본다.

① 억제－전치－합리화－투사　② 억압－합리화－투사－전치
③ 억압－전치－투사－합리화　④ 억압－부정－투사－합리화
⑤ 억제－합리화－투사－부정

10. 외부대상을 자기 내면의 자아 체계로 받아들이는 방어기제는 무엇인가?

① 대치　　　② 전치　　　③ 억압
④ 합리화　　⑤ 부정

정답 1. ②　2. ①　3. ③　4. ②　5. ①　6. ④　7. ④　8. ①　9. ①　10. ③

제2장

Erikson의 심리사회적 성격이론

1. Erikson의 생애
2. 인간관
3. 심리사회적 발달 8단계
4. Freud와 Erikson의 이론 비교

Erikson은 인간은 일생 동안 여러 단계의 심리사회적 위기를 경험하는데 그 위기의 결과로 인해 성격이 발달한다고 보았다. 그의 심리사회적 이론(Psychosocial Theory)은 인간의 발달이 심리사회적인 측면에서 이루어진다고 보고 있다. Erikson의 이론은 Freud의 정신분석학 이론의 영향을 많이 받았으며 Freud의 이론을 확장하였기 때문에 Erikson을 신프로이트학파라고 말한다. Erikson은 개인적 기능의 중추적 요소로서 자아기능을 강조하여 자아가 성격을 통합시키는 구조로 간주했고 Freud가 주장한 libido의 역동과 이동이나 본능, 초자아에는 거의 관심을 기울이지 않았다.

Erikson의 이론은 다음과 같은 세 측면에서 Freud의 정신분석적 성격이론과 구별된다.[1)]

첫째, 인간의 행동과 기능의 기초로 원초아보다 자아를 강조하였다. 자아를 성격의 자율적 구조로 간주했다.

둘째, 가족상황 속에서 개인과 그 부모의 관계뿐 아니라 그 가족이 위치한 역사적, 문화적 상황 속의 사회적 관계에 관심을 가졌다. 즉, 자아가 형성되는 심리역사적 환경을 중요하게 여겨서 자아 발달이 사회제도와 변화하는 가치체계에 밀접하게 연관되어 있음을 강조하였다.

셋째, 삶의 심리사회적 위험을 극복할 수 있는 인간능력에 관심을 기울였다. 그는 모든 개인적, 사회적, 위기(crisis)가 성장으로 이끄는 요소를 제공한다고 보았다. 위기가 새로운 경험을 할 기회를 제공하고, 자신과 세상에 대한 관점의 변화를 요구하기 때문이다.

결국 Erikson이 말하는 자아의 본질은 유전적 · 생리적 요인 외에 문화적 · 역사적 영향을 많이 받기 때문에 우리는 이 자아를 창조적 자아(creative ego)라고 한다.[2)] Erikson의 심리사회적 이론에 의해 제창된 인간의 자아기능은 사회복지실천 방법론에도 중요한 영향을 미쳤다고 평가되고 있다. 개인의 자아를 강화하고 client를 둘러싼 환경적 조건을 향상시킴으로써 문제해결이 가능하다는 관점은 아직도 사회복지 전문직의 핵심적 시각이다. 특히 1940년대에 사회복지실천이 단선적인

---

1) H. Maier(1969), Three Theories of Child Development : The Contributions of Erik H. Erikson, Jean Piaget Robert R. *Sears and Their Applications* (New York: Harper & Row), pp. 17~19. 이인정 · 최해경 공저, 앞의 책, pp. 177~178.

2) 권육상 · 이명재 공저, 「인간행동과 사회환경」, 대영문화사, 2004, p. 159.

'의료모델'로부터 변화를 시도할 때 Erikson의 이론은 사회복지실천의 심리사회적 접근방법의 지식기반을 제공한 것으로 평가되고 있다.[3)]

1. Erikson의 생애

Erikson은 1902년 독일의 프랑크푸르트에서 출생하였다. 그의 아버지는 덴마크 사람이었으며 그가 태어나기 전 어머니와 이혼하여 어머니가 친구들이 있는 프랑크푸르트로 가게 되었기 때문에 독일에서 출생하게 된 것이다. Erikson이 세 살 때 어머니는 에릭의 소아 질병을 치료했던 소아과 의사 홈 부르게르(Thedor Homburger) 박사와 재혼하였다. 어머니와 계부는 유태인이었으나 Erikson은 외모부터 전혀 달라서 이방인으로 불렸다. Erikson은 고등학교를 졸업한 것이 정규교육으로서는 마지막이었고 고등학교 때의 성적은 대체로 보잘 것 없었으며 미술과 역사에 흥미를 갖고 있었다. 의학을 공부하라는 계부의 조언을 듣지 않고 고등학교를 졸업한 후 집을 떠나 유럽여행을 하였고 여행에서 돌아온 후 잠시 예술학교에 적을 두었다가 이탈리아 전역을 여행하면서 시간을 보냈다. 후에 그는 이 시기를 자신의 유예기간으로 일컬었다. 방황하던 Erikson은 25세 때 고교친구의 소개로 비엔나에 있는 미국인이 경영하는 작은 유치원 교사로 취직하게 되었다. 그때 Erikson은 비엔나에 있는 당대 세계적인 석학 Freud 가족과 친분을 갖게 되었다. 이를 계기로 1927년부터 1933년까지 Anna Freud의 아동연구소에서 Anna Freud와 아이크호른(August Aichhorn)에게 정신분석 훈련을 받았다. 25세 때 Anna Freud가 설립한 어린이연구소에 참여하면서 Erikson의 방황기는 끝이 났다. 1929년 결혼하였고 1933년 아내와 두 아들과 같이 덴마크 코펜하겐으로 이사했고 그 후 미국 보스톤으로 이주하여 아동분석가로 개업을 하였다. 1935년 하버드 의대, 1936~1939년에 예일대 의대에 재직하면서 인간관계연구소에서 일을 했으며 1939

3) 이인정 · 최해경 공저, 앞의 책, p. 178.

년 샌프란시스코로 옮겨 아동정신분석가가 되었다. 1951~1960년까지 매사추세츠주의 오스틴릭스센터(장애인청소년 입원치료 센터)의 자문위원으로 일했고 그 동안 피츠버그대 의대에서 강의를 맡고 1960년 하버드대 의대로 옮긴 후 은퇴해 있다가 1994년에 세상을 떠났다.

이방인이라 불렸던 인종적 소외감과 계부 밑에서의 성장과 같은 그의 가족배경과 청년기의 방황은 그의 심리사회이론에, 특히 자아정체감이나 심리사회적 유예기간과 같은 주요 개념들을 정립하는 데 큰 영향을 미쳤다고 볼 수 있다. 그는 인간관계연구소에서 일하면서 문화인류학에 관심을 갖게 되었고 그 후 지속적으로 인류학과 역사에 대한 관심을 가지고 상이한 환경에서 성장하는 아동들과 정상 아동들의 생활에 관한 연구를 계속하였다. Erikson의 정식교육은 고등학교 졸업이며 석 · 박사 학위가 없음에도 불구하고 심리사회치료 임상가로서, 대학교수로서 왕성한 활동을 하였다.[4]

2. 인간관

Erikson은 인간을 합리적인 존재, 창조적인 존재로 보고 있다. 그는 인간행동이 의식수준에서 직면하는 갈등이나 문제에 대한 합리적인 해결방안을 탐색하고, 현실을 검증하고, 창조적으로 문제를 해결해 나가며 실패하였을 경우에는 새로운 대안을 모색할 수 있다고 본다. 따라서 Erikson은 인간을 내적 통합성, 좋은 판단력, 성공할 수 있는 능력을 지니고 있는 합리적이고 이상적이며 창조적인 존재로 규정하고 있다. Erikson은 인간을 총체적 존재, 환경 속의 존재(person in environment)로 규정하면서 인간을 이해하기 위해서는 심리 · 생리 · 사회적 총체로 보아야 한다고 하였다.[5]

---

4) 권육상 · 이명재 공저, 앞의 책, pp. 158~159., 이인정 · 최혜경 공저, 앞의 책, p. 179.
5) L. A. Hjelle and D. J. Ziegler(1976), *Personality Theories*, London: Mcgraw-Hill, Inc.

Erikson은 모든 인간이 다음과 같은 질서를 따른다고 보았다.[6)]

① 환경과 다른 유기체에 지속적으로 상호작용하는 과정에서 통합성을 유지하려는 신체적 질서(somatik order)

② 개인적 경험과 행동의 내적 세계 및 외적 세계를 통합하는 개인적 질서(personal order)

③ 지리적, 역사적 환경을 공유하는 개인 유기체가 연합하여 유지시키는 사회적 질서(social order)

그는 인간의 행동은 생물학적 성숙에 의해서만 결정되는 것이 아니라 개인의 심리적 요인과 사회문화적 영향의 상호작용에 의해 결정된다고 보았으며, 그 중에서도 사회적 힘(social forces)의 영향을 특히 중요시하였다.

Erikson은 각 개인의 심리적 발달은 선천적인 유전적 요소와 부모의 양육방식, 학교에서의 경험, 또래집단의 경험, 그 외 사회적 관계망과의 관계들 간의 상호작용에 의해 결정된다고 보고 있다. 또한 그는 인간은 가변성을 지닌 존재로 보고 있다. Freud는 인간의 성격이 생후 5년이면 결정된다는 결정론을 주장하고 유아기 때 형성된 성격은 성인기가 되어도 변하지 않는다고 하였으나, Erikson은 각 개인은 끊임없는 새로운 발달 과업과 투쟁하고 인생의 전환점에 직면하여 새롭고 더 나은 자아를 획득하려 하고, 그런 가운데 변화와 성장을 하는 존재로 보고 있다. 그리고 그는 인간의 발달은 끝이 없으며 전체 생활 주기를 통하여 지속적으로 발달한다고 보고 있다.[7)]

3. 심리사회적 발달 8단계

Erikson은 그의 저서 『아동과 사회(Childhood and Society)』에서 인간은 일생 동안 여러 번의 심리사회적 위기를 경험하게 되며 그 결과 성격이 발달하게 된다고

6) E. H. Erikson(1975), *Life History and the Historical Moment*, NY: Norton.
7) 김동배 · 권중돈 공저, 앞의 책, pp. 222~223.

하였다. 그는 인간의 심리발달은 생물학적 성숙과정과 일상생활 중에 직면하는 사회의 요구 및 사회적 압력 간의 상호작용에서 비롯되는 것으로 간주하였다.8)

즉, 성숙의 힘에 의해 지배되는 일련의 발달단계가 있는데 이 단계의 시작을 자극하는 힘은 생물학적 성숙이며, 이 단계를 이끄는 것은 사회의 요구로 이 요구가 심리사회적 위기를 낳는다고 보았다. 각 단계가 어느 정도는 생물학적으로 결정되나 생물학적 요구 또는 사회환경에 의해 전적으로 결정되는 것은 아니라는 것이다. 이는 생물학적 요구와 환경 두 측면이 각 단계의 출현에 관계가 있으나 위기의 해결은 전적으로 개인에게 달려 있다는 가정이다. 성격은 이 위기가 어떻게 해결되었는지 그 결과에 의해 결정된다는 것이다.9)

Erikson은 심리사회적 성격 발달을 8단계로 제시하였다. 그는 각 발달단계마다 긍정적인 요소와 부정적인 요소를 함께 포함시켰다. 각 단계의 갈등은 심리기능의 연속선상에 존재하는 것이기 때문에 각 발달단계마다 위기를 어떻게 극복하느냐에 따라 성격이 달라진다고 주장하였다.

만약 성장과정에서 발생하는 갈등이 만족스럽게 해결되면 긍정적인 요소가 점차 성장 · 발달하는 자아 속에 스며들며 좀 더 건전한 발달이 보장되지만, 반대로 갈등이 계속되거나 불만족스러운 양상으로 해결되면 자아 발달은 손상을 받고 부정적인 요소가 자아 속에 통합되어 그 뒤의 발달단계에서 성공하는 데에는 좀 더 큰 어려움은 겪게 된다고 보았다.10)

Erikson의 심리사회 발달의 특성을 표로 제시하면 〈표 Ⅱ-1〉과 같다.

표 Ⅱ-1 인간발달시기 구분 비교

단계	생활주기 및 연령	심리사회적 위기	심리사회적 능력 (기본적 감정)	중요한 대상	Freud의 성심리 발달단계
1	유아기(0~1세)	신뢰감 대 불신감	희망	어머니	구강기 (0~1세)
2	초기아동기 (2~3세)	자율성 대 수치감과 의심	의지(의지력)	부모	항문기 (2~3세)

8) E. H. Erikson(1963), *Childhood and Society*, 1st ed. (New York: W. W. Norton).
9) 이인정 · 최혜경 공저, 앞의 책, p. 181.
10) 권육상 · 이명재 공저, 앞의 책, p. 160.

3	놀이기(유희기)	주도성 대 죄의식	목적	가족	남근기(4~6세)
4	아동기(학령기) 7~12세	근면성 대 열등감	능력(유능성)	이웃 · 학교	잠복기 (7~12세)
5	청소년기 (12~20세)	자아정체감 대 역할혼란	충성심(성실)	또래집단	생식기 (12세 이후~)
6	청년기(20~35세)	친밀감 대 고립감	사랑	결혼 · 배우자 우정 · 성 · 협동상대	
7	장년기 (35~60세)	생산성 대 침체감	배려(보호)	직장 · 자녀 · 지역사회 함께 사는 가구	
8	노년기 (60세 이후~)	자아통합 대 절망	지혜	인류 동족	

※ 학자마다 연령을 다양하게 제시하고 있으나 본서에서는 앞의 발달이론에서 정한 연령을 수용하여 연령을 제시하였다.

1) 제1단계 : 유아기(신뢰감 대 불신감) 0~1세

유아기는 출생~1세경까지 지속된다. 이 단계의 유아는 입을 통해 만족을 얻는다. 이 시기의 유아들은 입에 무엇이 닿으면 빨고, 삼키고, 시야에 들어오는 것을 눈으로 바라보고, 촉각으로 좋게 느껴지는 것을 받아들인다. 이가 나면서 딱딱한 것을 깨무는 데서 쾌락을 느끼고 눈도 대상에 초점을 두고 분리해서 파악한다. 이 시기의 건강한 성격의 가장 중요한 요소는 신뢰감이다. 자신과 다른 사람에 대한 신뢰감은 생후 1년 동안 발달한다. 신뢰감은 다른 사람을 믿을 수 있고, 또 그들의 행동이 예측 가능한 것이라고 인식하는 것이다. 유아가 처음으로 갖게 되는 신뢰감은 모성인물(mother figure)에 대한 기본적인 믿음이다. 만약 유아가 어머니를 믿을 수 있게 되면 욕구가 생긴 즉시 어머니가 보살펴 주지 않아도 적당한 시기에 어머니가 와서 보살펴 주리라는 것을 알고 있기 때문에 보채지 않고 기다릴 수 있게 된다. 이와 반대로 유아에 대한 어머니의 보살핌이 적절하지 못하여 일관성이 없고 거부적인 경우에 유아는 불신감을 갖게 된다.[11]

유아의 신뢰감은 양육자의 동일성과 연속성에 자신이 의존할 수 있음을 아는 것뿐만 아니라 자신과 충동을 다루는 자기 신체기관의 능력을 신뢰하는 것도 포함

11) 김동배 · 권중돈 공저, 앞의 책, p. 230.

한다. 외부세계를 신뢰하는 유아의 태도는 빨거나 무는 대상에 대한 관계를 토대로 형성되는데 어머니의 보살핌의 질이 결정적인 역할을 한다. 기본적인 신뢰감을 증진하는 데 중요한 것은 양적인 구강적 욕구 충족보다는 어머니와의 관계의 질이다. 어머니는 유아의 개별적인 욕구에 민감하게 보살피고, 문화적으로 전수된 양육방식에 의해 자녀의 신뢰를 받게 된다. 불신감은 어머니의 행동은 전혀 예측할 수 없고 믿을 수 없으며, 필요할 때 어머니가 옆에 없을 것이라는 느낌에서 싹튼다. 즉, 자녀를 양육하는 데 다양한 양육방식을 시도하는 어머니, 부모역할에 자신감이 부족한 어머니, 지배적 문화와 갈등을 일으키는 가치관을 가진 어머니는 그 모호성이 자녀에게도 감지되어 유아의 불신감을 받게 된다.

신뢰감은 심리적으로 건강한 사람을 만들며 다른 사람과 유대감과 애착을 형성하는 데 필수적이다. 그러나 건전한 성장이 전적으로 신뢰감으로 이루어지지는 않는다. Erikson은 건전한 성장 · 발달이 신뢰와 불신의 적절한 비율에서 온다고 하였다. 실제로 어느 정도의 불신은 누구나 혹은 무엇이나 믿어서는 안 되는 험난한 현실세계에 적응하는 데 유용한 도움을 줄 수 있다. 유아가 분별력 있는 신뢰를 하기 위해서는 상당한 정도의 불신을 경험해야 하나 지나친 불신은 과도한 경계심을 유발하므로 다음 단계의 위기를 해결하는 데 필요한 강한 토대를 마련하지 못하기 때문에 불신보다는 신뢰를 더 많이 획득하는 것이 잘 기능하는 자아의 기초를 만든다는 것이다. 기본적 신뢰감 대 불신감의 갈등이 성공적으로 해결되어 얻어진 심리사회적 능력이 곧 희망이며, 실패의 결과는 공포이다. 신뢰는 희망의 토대가 된다.[12] 희망은 확신감과 관련되어 있으며 어머니가 제공하는 보호의 질에 의해 결정된다.

2) 제2단계 : 초기 아동기(자율성 대 수치감과 의심) 2~3세

이 시기에는 유아가 생리적 성숙으로 인하여 배변의 보유와 방출, 혼자 걷기, 손을 사용할 수 있는 손근육 능력이 발달되어 무엇이든 스스로 하려는 경향이 강해진다. 그러나 이 시기의 아동은 자기통제와 주위 사람으로부터 통제라는 두

12) 이인정 · 최혜경 공저, 앞의 책, pp. 184~185.

가지 요구에 직면하게 된다. 이때 자존감을 상실하지 않고 자아통제를 발휘하거나 타인의 통제에 적응할 수 있게 되면 자율성이 발달하게 된다. 그러나 다른 사람의 눈에 자신이 좋지 않게 보이지 않을까 하는 두려움도 갖게 되는데 이것이 바로 수치감과 의심이다. 이 시기의 배변의 보유 혹은 배설은 전반적으로 다른 행동에서도 나타난다. 어른들에게 다정하게 안기다가도 갑자기 밀쳐 낸다든지 장난감에 집착하다가도 내동댕이치는 행동이 나타난다. 이 단계의 유아는 무엇이든 스스로 해보려는 경향이 강하기 때문에 부모가 아동의 의사를 묵살하지 않고 사회적으로 기대되는 행동을 배우게 하면, 아동은 자율성을 상실하지 않으면서도 사회적 규제에 잘 적응하게 된다. 이 단계의 외부의 통제는 확고한 신뢰를 주는 것이어야 한다. 확고함은 배변을 보유할 것인지 배설할 것인지를 모르는 혼란으로부터 아동을 분별 있게 해 준다. 그러나 아동이 미성숙한 상태에서 외부통제가 너무 빨리 또는 너무 엄격하게 가해지면 통제능력이 미약하고 외부 압력자를 통제할 수 없다는 무력감으로 수치심과 의심을 갖게 된다. 수치심과 의심은 사회의 기대와 압력을 과도하게 의식하는 데서 생긴다. 수치심은 다른 사람의 눈에 자신이 좋게 보이지 않을 것이라는 느낌이며, 의심은 다른 사람이 반드시 자기를 통제할 것이라는 느낌에서 비롯된다. 너무 엄격한 배변훈련을 하면 아동은 자신의 신체와 외부세계에 대한 무력감으로 퇴행 또는 다른 사람의 도움을 거부하는 행동을 하기 쉽다. 예를 들면 손가락을 빨고 보채며 요구가 많아지는 등 구강기로 퇴행을 하거나 공격수단으로 변을 사용하기도 한다. 부모가 전반적으로 관용적이면서 확고하지 못할 때 전 단계로 퇴행하는 수가 있다.[13)]

이 단계의 심리사회적 위기를 어떻게 극복하는가 하는 것은 부모의 의지에 달려 있다. 그러므로 부모는 아동에게 생활공간 내에서 선택의 자유를 보장하여 자율성을 경험할 수 있도록 해야 한다.

3) 제3단계 : 놀이기(주도성 대 죄의식) 4~6세

이 시기의 아동은 신체적 놀이와 아울러 가상의 세계에서 부모나 다른 성인들의

---

13) 이인정 · 최혜경 공저, 앞의 책, pp. 185~186.

역할을 가정한 정신적 놀이(흉내놀이, 극화놀이, 가상놀이…)를 하는데 이러한 놀이를 통해 성인을 모방하고 성인처럼 되는 것이 어떤 것인가를 알게 되고 이러한 경험을 통해 자신이 한 인간으로서 목적이 있다는 것을 깨닫는다. 그러면서 아동은 계획을 세우고 목표를 설정하며 이를 달성하려고 노력하는 주도성이 생긴다. 아동의 주도성의 발달 정도는 부모가 아동의 주도적인 행동에 어떻게 반응해 주는가에 달려 있다. 부모가 아동 스스로 환경을 탐색하고 스스로 행동할 수 있도록 격려하게 되면 아동은 주도성이 싹트게 된다. 그러나 부모가 아동 스스로 어떤 일을 완수할 수 있도록 기회를 주지 않고 꾸지람을 하게 되면 죄의식을 갖게 된다.

이 단계의 위기를 성공적으로 극복하면 아동은 목적의식을 발전시킨다. 아동은 인지능력과 운동기술로 목표를 갖기 시작하며 존경하는 성격과 직업을 가진 사람을 동일시하며 그러한 사람이 되기를 꿈꾼다. 죄의식이 지배적인 아동은 스스로 무가치하다는 감정을 가지므로 목표를 수집하고 추구하려는 목적의식이나 용기가 없다. Erikson은 지속적인 죄의식이 성인기의 소극적 성격, 성적 무기력, 정신병리적 행동을 낳는다고 보았다.[14]

4) 제4단계 : 아동기 · 학령기(근면성 대 열등감) 7~12세

이 시기의 아동은 공식적 교육을 통하여 그 문화에 대한 기초능력을 학습하게 된다. 이 시기의 아동이 성취해야 할 중요한 과업은 인지적 기술과 사회적 기술을 학습하는 것이다. 아동이 사회의 생산적 성원이 되기 위한 인지적, 사회적 기술을 학습할 때 아동 주위의 환경이 지지적이면 근면성이 발달하기 쉽고 그렇지 못하면 열등감이 싹트게 된다. 이 시기에 기술을 쌓고 의미 있는 일을 성취하기 위하여 열정적으로 참여하고 그 과업을 완수하게 되면 주변 사람들의 강화가 뒤따르게 되며, 결국 근면성이 발달된다. 그러나 아동이 자신의 능력이나 지위가 또래에 비하여 열등하다고 느끼게 되면 열등감을 경험하게 된다.[15] 열등감은 아동이 자신의 무능력이나 하찮음을 지각하면서 생기지만 열등감을 조장하는 사회적, 문화적 요소들도 근면성의 발달을 방해한다. 즉 아동은 그의 사회적 가치를 결정하는 것이

14) 이인정 · 최혜경 공저, 앞의 책, pp. 187~188.
15) 김동배 · 권중돈 공저, 앞의 책, p. 233.

자신의 소망과 의지보다 피부색, 부모의 배경, 의복의 가격이라고 느끼기 시작하면 상처를 받게 되고 정체감에 영향을 받을 수 있다. 근면성은 다른 사람들과 함께 일하는 것을 의미하기 때문에 이 단계는 사회적으로 가장 결정적인 단계가 된다. 이 단계를 성공적으로 극복하면 개인적으로나 사회적으로 의미 있는 목표를 추구하면서 사회환경에 적극적인 영향력을 발휘할 수 있다는 자신감, 즉 유능성을 갖지만 그렇지 못하면 무능력감을 낳는다.[16)]

5) 제5단계 : 청소년기(자아정체감 대 역할혼란) 12~20세

Erikson의 8단계의 발달단계 중에서도 아동기와 성인기 사이의 전환이 일어나는 청소년기의 발달을 특히 중시하였는데 그 이유는 이 단계에서의 심리사회적 위기의 해결이 성인기의 성격에 가장 중요한 의미를 지닌다고 보기 때문이다.

Erikson에 따르면 정체감은 사회적 지지가 아동에게 연속적이고 잠정적인 동일시를 형성할 수 있도록 허용해 주는 정도에 따라 달라진다고 한다. 정체감을 형성하기 위하여 청소년은 자기 자신을 과거부터 현재까지 동일한 존재로 지각해야 하며, 다른 사람이 자기를 지각할 때 자기 자신과 동일한 모습으로 지각한다는 사실에 대해 확신을 가져야 하며, 이러한 일관성에 대한 자신감을 가져야 한다.

자아정체감은 개인의 내적 충동, 타고난 재능, 기회, 아동기에 획득한 자아가치(ego values)가 모두 합쳐져서 내적 동일성과 개인이 타인에게 주는 의미에 대한 확신감과 연속성을 형성할 때 비로소 형성된다.[17)] 정체감에 대한 확고한 선택을 할 수 없을 때 혼란이 생긴다. 어린 시절의 불행한 경험이나 현재의 사회 환경 때문에 정체감 발달에 실패하면 정체감 혼란을 겪게 된다. 정체감 위기 또는 역할혼란의 결과로 직업을 선택하지 못하거나 학업을 중단해 버리는 경우도 있다. 이 위기를 성공적으로 잘 넘기면 스스로 지키리라 약속한 대로 충실할 수 있는 능력인 성실성이 발달한다.[18)]

16) 이인정 · 최해경 공저, 앞의 책, p. 189.
17) 김동배 · 권중돈 공저, 앞의 책, p. 233.
18) 이인정 · 최해경 공저, 앞의 책, p. 190.

6) 제6단계 : 청년기(친밀감 대 고립감) 20~35세

진정한 친밀감은 합리적인 자아정체감이 확립되었을 때만 가능하다. Erikson이 말하는 친밀감은 성적인 것 이상을 말하며 사회적 친밀감도 포함된다. 이 단계의 주요관계 범위는 친구나 애인으로까지 확대된다. 그러므로 자아정체감이 확립된 이후라야 이성과 진정으로 친해지는 것이 가능하며 우정 · 지도력 등도 마찬가지이다. 이 시기에는 개인적 정체감과 더불어 사랑, 친교, 안정된 관계를 맺는 능력이 발달된다.

자아정체감을 확립하는 과제에서 실패한 사람은 친밀감을 가질 수 없어 고립감에 빠지거나 또는 진지한 관계가 못 되고 난잡하고 일시적인 관계를 통해 거짓된 친밀관계를 만들어 낸다. 이 단계의 위기를 만족스럽게 극복하지 못하게 되면 자아도취 상황이나 친밀한 사회적 관계를 회피하는 고립감에 빠지게 되며, 자아도취 상항에 처한 사람은 단순히 공식적이고 피상적인 인간관계를 추구하며, 친밀한 관계를 형성하는데 대하여 위협을 느끼기 때문에 타인으로부터 자신을 소외시킨다. 그리고 자아도취에 빠진 사람은 직업을 쓸모없는 것으로 여기기 때문에 직업에서 소외감을 갖기 쉽다.[19] 친밀감 대 고립감의 갈등을 성공적으로 해결하면 사랑의 능력이 생긴다. 사랑은 자신을 타인에게 관여시키고 이 관여를 유지하는 능력이다. 이러한 사랑은 다른 사람에 대한 보호, 존경, 책임으로 나타난다. 그러나 이 단계의 실패는 난잡함을 낳는다.[20]

7) 제7단계 : 장년기(생산성 대 침체감) 35~60세

Erikson은 이 단계에서는 자녀를 양육하는 것을 중요한 과업이라고 보았다. 부모가 자녀를 낳고 잘 양육하고 지도하여야 한다고 했다. 그러나 생산성에는 자녀를 출산하고 양육하는 것 이외에 부하직원, 동료 또는 친구를 잘 보호하고, 직업이나 여가 활동에 참여함으로써 얻게 되는 창조성(creativity)이 포함되며, 다음 세대로의 사상의 전수까지도 포함된다. 인간은 이와 같은 생산성으로 인하여 후세대를

19) 김동배 · 권중돈 공저, 앞의 책, p. 235.
20) 이인정 · 최해경 공저, 앞의 책, p. 190.

양육하고 가르치며, 지도 · 감독하는 활동을 함으로써, 이전 세대의 문화와 의식이 후세대로 연결될 수 있게 만든다. 따라서 모든 문화적 진보는 생산성을 가진 사람이 타인을 배려하고, 보호하고, 가르치는 것에서부터 이루어진다고 할 수 있다.[21] 그러나 이러한 생산성이 결핍되면 성격이 침체되고 황폐해진다. 침체는 이기적으로 자기 자신에 대해서만 관심을 갖는 것을 말한다. 과도한 자기애를 가진 사람은 다른 사람을 보살필 능력이 없다. 이 단계에 성공한 사람은 다른 사람을 배려할 줄 안다. 생산성 확립에 실패한 사람은 이기주의를 낳는다.[22]

8) 제8단계 : 노년기(자아통합 대 절망) 60세 이상

이 단계의 심리사회적인 위기의 문제는 죽음을 눈앞에 둔 노년기에 어느 정도 자아의 통합을 유지할 수 있는가 하는 문제와 관련되어 있다. 후회가 별로 없고, 생산적인 인생을 살았고, 성공뿐만 아니라 실패에도 잘 대처한 개인이 자아통합을 성취할 수 있다. 자아통합을 성취한 사람은 과거, 현재, 미래 경험이 연속성을 지니게 된다.

이 단계의 위기를 성공적으로 해결한 사람은 지혜, 즉 죽음에 직면하며 삶에 대한 적극적 관심을 갖게 된다. 절망은 죽음을 두려워하고 새롭게 살아갈 수 있는 기회를 갖기 원하는 사람들에게 지배적으로 나타난다. 강한 절망감을 가진 노인은 인생이 너무 짧다고 느끼고, 인간존재에 대해 별다른 의미를 느끼지 못하며 자신과 타인에 대한 신념을 상실하게 된다. 절망감을 강하게 느끼는 개인은 세계질서와 영적 통합을 거의 느끼지 못한다.[23] 절망은 현재 남아 있는 시간이 없고 다른 인생을 시작하기엔 늦었다는 느낌을 나타낸다. 죽음에 대한 공포, 실망, 분노 때문에 삶을 돌아보기가 고통스럽고 현재가 불만스러운 것이다. 이 단계를 성공적으로 극복한 결과가 지혜이다. 지혜는 한 시대를 살면서 얻은 지식으로 인생에 대해 초연하면서도 적극적인 관심을 갖는 것을 의미한다. 이 단계에 실패한 결과는 인생이 무의미하다고 느끼는 것이다.

---

21) 김동배 · 권중돈 공저, 앞의 책, p. 235.
22) 이인정 · 최해경 공저, 앞의 책, p. 191.
23) 김동배 · 권중돈 공저, 앞의 책, p. 237.

4. Freud와 Erikson의 이론 비교

Freud와 Erikson의 이론의 공통점은 다음과 같다.[24)]

첫째, 인간의 성격발달을 설명하고자 할 때 Freud, Erikson 모두 인간의 자아 분석에 기초를 두고 자아의 성장과정을 설명하고자 하였다.

둘째, 두 이론 모두 출생 후 인생 초기의 경험이 인생 후기의 기초를 형성하는 데 중요하다고 보았다.

셋째, 두 이론 모두 인간의 성격 단계는 미리 예정되어 있으며 그 순서도 불변하는 것으로 보았다.

넷째, 두 이론 모두 과학적인 정보성이 결여되어 있다는 지적이다. 다시 말해서 계획적이고 조직적인 실험 연구의 과정을 거쳐 과학적 근거를 제시함으로써 도출된 이론이 아니라 광범위한 대상으로부터 두 연구자가 통찰과 직관의 과정을 거쳐 추적 · 구성한 이론이라는 것이다.

Freud와 Erikson의 이론의 차이점은 다음과 같다.

첫째, Freud는 인간 행동의 동기를 id에 두고 인간은 본질적으로 충동적이라고 했으나 Erikson은 인간의 의사결정과 문제해결과정을 합리적이고 이성적인 존재로 묘사함으로써 자아(ego)를 강조했다.

둘째, Freud는 자아가 유아기의 꿈이나 사고, 기억 분석을 통해 이루어진 것이므로 개인적 인성발달에 치중되어 있는 것에 반해 Erikson은 사회적 경험을 통하여 이루어진 자아를 분석하였기 때문에 심리사회적 발달이론이라고 보았다.

셋째, Erikson은 문화적인 요인을 강조하면서 아동의 성장 · 발달에는 부모뿐만 아니라 가족, 친구, 사회, 문화 배경 등이 중요하게 작용한다고 보았으나 Freud는 단지 부모의 중요성만 강조하였다.

넷째, Freud는 개인의 성격 발달이 뚜렷한 5단계를 거쳐서 완성된다고 보았으나

---

24) 권육상 · 이명재 공저, 앞의 책, pp. 170~172.

Erikson은 인간이 사회적 관계 속에서 인간의 전 생애를 통하여 계속적인 발달이 이루어진다고 보았다.

다섯째, Freud는 한 단계의 실패를 고착(fixation)이라고 설명하면서 그 실패는 되돌릴 수 없다고 하였으나 Erikson은 실패의 수정은 언제라도 적절한 사랑과 보살핌이 주어지면 가능하다고 보았다.

여섯째, Freud는 심리성욕의 갈등을 해결하기 위해서 인간의 정신생활의 무의식적 작용과 존재를 해명하고 초기 성장과정에서 경험한 외상(trauma)이 성인기에 어떻게 병리를 일으키는가를 설명하려고 했으나, Erikson은 인간생활에서 오는 정신 사회적 유형을 이겨낼 수 있는 인간의 능력, 즉 인간발달단계에서 나타나는 자아자질에 관심을 가졌다.

일곱째, Freud는 만약 인간을 본능적인 추구만 하도록 내버려 둔다면 인류는 멸망으로 운명지어질 것이라는 비관론적인 견해를 주장한 반면, Erikson은 인간의 모든 개인적 · 사회적 위기는 오히려 외계의 어려움을 극복하고 성장하도록 유도하는 도전감을 갖게 한다는 낙관적인 견해를 가졌다.

그 외에도 Freud는 id나 super ego를 강조하였으나 Erikson은 ego를 강조하였고 Freud는 성격이 만 5세 이전에 결정된다고 하였으나 Erikson은 전 생애를 통해 계속적인 발달이 이루어진다는 것, Freud는 환경을 중요시하지 않았으나 Erikson은 사회 환경 · 문화 등을 중요하게 보았다는 것과 Freud는 한 단계의 실패는 되돌릴 수 없다고 하였으나 Erikson은 한 단계에서 실패를 했더라도 다음 단계에서 양육자가 적절한 환경을 제공하면 좋아질 수 있다는 성격 발달의 긍정적인 면을 시사하였다.

예상문제

1. 에릭슨 발달과업과 중요한 사회관계가 옳게 연결된 것은?

① 근면성 대 열등감－가족
② 자아정체감 대 역할혼란－이성 친구
③ 친밀감 대 고립감－핵가족
④ 생산성 대 침체성－직장동료
⑤ 자아통합 대 자아절망－학교

2. 에릭슨의 심리사회적 이론에 대한 설명으로 틀린 것은?

① 자아를 중요시한다.
② 자아를 성격의 타율적 구조로 본다.
③ 자아의 자율적 기능을 강조한다.
④ 사회적 힘이 성격발달에 미치는 영향을 강조한다.
⑤ 인간의 성격발달을 전 생애에 걸쳐 설명한다.

3. 아동기(7~12세)의 특징으로 모두 묶인 것은?

㉠ 신뢰감 발달	㉡ 근면성
㉢ 생산성 획득	㉣ 구체적 조작기

① ㉠, ㉡, ㉢　　② ㉠, ㉢　　③ ㉡, ㉣
④ ㉣　　⑤ ㉠, ㉡, ㉢, ㉣

4. 다음 중 심리사회 이론의 주요개념?

① 열등감　　② 무의식　　③ 자아
④ 점성원리　　⑤ 집단무의식

5. 다음 중 에릭슨의 심리학적 이론 위기와 능력을 옳게 배열한 것은?

① 근면성 대 열등감－능력(성실)
② 친밀감 대 고립감－배려

③ 신뢰감 대 불신감 – 의지력
④ 생산성 대 침체감 – 지혜
⑤ 자율성 대 수치심 – 희망

6. 다음 중 에릭슨(E. Erikson) 이론에서 설명하는 개념은 무엇인가?

① 점성원리　② 적응원리　③ 통합원리
④ 상승원리　⑤ 진화원리

7. 다음 중 에릭슨의 심리발달 8단계 중 노년기에 해당하는 것은 무엇인가?

① 주도성 대 죄의식　② 친밀감 대 고립
③ 자아통합 대 절망　④ 정체성 대 역할 혼란
⑤ 자율성 대 수치

8. 다음 중 걸음마 단계(1.5~3세)에 대한 설명으로 옳은 것은?

① 대상영속성의 발달
② 엘렉트라 콤플렉스
③ 논리적 추론가능
④ 자율성 대(對) 수치심과 의심의 획득
⑤ 성 역할 정체감 확립

9. 사회복지실천에서 성격이론의 역할을 모두 고른 것은?

㉠ 클라이언트의 체계결정	㉡ 문제행동 원인 이해
㉢ 유전영향 설명	㉣ 개입방법의 선택

① ㉠, ㉡, ㉢　② ㉠, ㉢　③ ㉡, ㉣
④ ㉣　⑤ ㉠, ㉡, ㉢, ㉣

정답 1. ④　2. ②　3. ③　4. ④　5. ①　6. ①　7. ③　8. ④
9. ③

제3장

Adler의 개인심리학적 성격이론

1. Adler의 생애
2. 인간관
3. 주요개념

인간 발달에 있어서 심리성적 발달을 강조한 Freud 학파가 20세기 초 주류를 이루던 때에, Adler는 인간을 목적론적 존재로 보고 인간으로서 누구나 느끼는 열등감을 극복하여 자기완성을 이룰 수 있다는 새로운 관점을 제시하면서 그의 이론을 발전시켰다. Adler가 활동했던 초기에는 Freud의 추종자로 그의 이론을 따랐으나, 이후 Freud의 이론에 대해 반론을 제기하면서 결별하게 되었고, 자신의 신념과 철학적 입장에 따라 개인심리학 이론을 주창하였다.

Adler가 주창한 자신의 이론을 '개인심리학(individual psychology)'이라고 명명한 것은 인간을 전체적으로 보아야 한다는 입장을 반영하기 위하여 개인의 분리 불가능성(indivisibility)을 제기하였기 때문이다. 이는 '나누지 못하는(in-divide)' 전인(全人)이라는 어원을 가진 라틴어를 인용한 것으로 인간을 정신과 신체 혹은 각종 정신 기능 등으로 분리하지 않는다는 관점이 내포되어 있다.

이러한 관점은 Freud와 Adler를 구분하는 갈등과 통일성에 대한 개념에서 더욱 분명히 파악해 볼 수 있다. Freud는 인간 정신의 장(場)을 둘 또는 셋의 개별적인 부분, 즉 의식 대 무의식, 원초아 대 자아 대 초자아, 죽음의 본능 대 삶의 본능으로 나누었다. 이 부분들은 서로 배타적이고 적대적인 관계를 가지고 있어, 인간은 이러한 부분들 사이의 갈등에서 벗어날 수 없는 존재로 보았다. 반면 Adler는 인간의 특성을 갈등의 관계로 보지 않고, 목표를 향해 일정한 패턴으로 삶을 살아가는 역동적이고 통합된 유기체로 보았다.[1)]

한 개인의 행동을 파악하기 위해 성격, 지능, 흥미, 적성, 유전정보 등 관련된 자료를 아무리 많이 모은다 하더라도 이렇게 분리된 자료가 그 사람의 모든 것을 설명할 수는 없다. Adler는 이처럼 인간은 개개의 자아, 지속적이며 통합된 총체로서 이해해야 하고, 어떤 개인도 고립적으로 이해될 수 없으며, 항상 그가 통합적인 한 부분으로 속해 있는 보다 큰 체제, 즉 사회적-생태적 체제 속에서 이해되어야 한다고 주장하였다. 이러한 Adler의 관점은 인간을 바라볼 때 환원론적(reductionistic) 접근보다는 전체론적(holistic) 접근을 취한다고 볼 수 있다.

Adler의 개인심리학은 인간의 성격 형성에 있어서도 Freud와 다른 관점을 제시하고 있다. Freud가 심리 성적(psychosexual) 에너지인 리비도가 집중되어지는 신체 부위에 따라 성격발달이 이루어진다고 주장한 반면 Adler는 개인의 성격형성에는

1) 김춘경(2006), 「아들러 아동상담」, 학지사, p. 20.

사회적 · 가족적 요인이 많은 영향을 미친다고 보고 있다. 이러한 이유로 Adler의 이론을 정신분석이론을 수정하고자 한 신프로이트학파 중의 한 이론으로 분류하고 있다.

신프로이트학파는 리비도를 생물적 · 성적으로 보는 Freud의 이론을 비판하고, 사회 · 문화의 기본적인 영향을 중시함으로, '비(非)리비도파', '문화학파'라고도 한다. 따라서 신프로이트학파에 속한 Adler는 Freud가 생물학적 결정론을 받아들인 것과 달리 사회적 결정론의 입장을 수용하였다. 신프로이트학파에 속하는 에릭슨(Erikson), 프롬(Fromm), 호나이(Horney), 설리번(Sullivan) 등의 학자들도 인간발달에 있어서 사회적 과정의 중요성을 재발견하여 많은 부분 Adler와 같은 입장에서 그들의 이론을 전개시키고 있다.[2]

Adler는 최초의 인본주의 심리학자로서 인간에게 이타주의, 인본주의, 협동, 창조성, 고유성, 그리고 인지력을 부여함으로써 정신분석학이 간과하였던 인간의 존엄성과 가치를 부활시켰다.[3] 그는 인간발달과 행동에 있어서 성적 에너지를 중시한 Freud의 이론을 반박하고, 인간행동을 결정하는 것은 열등감, 무력감에 대해 이를 보상하고 극복하려는 우월을 향한 노력이라고 보았다.

Adler의 개인심리학은 이처럼 당시 주류를 이루었던 Freud의 이론과는 상반되는 특성을 갖고 있으며, 다음과 같은 여섯 가지 주요 원리가 있다.[4]

첫째, 개인의 행동 이면에서 작동하는 역동적 힘은 성공 혹은 우월성 추구이다.

둘째, 자신과 환경에 대한 개인의 주관적 관점이 그의 행동과 성격을 결정한다.

셋째, 성격은 통합적이며 일관적이다.

넷째, 모든 인간 활동의 가치는 사회적 관심의 관점에서 이해되어야 한다.

다섯째, 일관된 성격 구조는 개인의 생활양식으로 발달된다.

여섯째, 생활양식은 개인의 창조적 힘에 의해 형성된다.

이러한 Adler 이론의 특징은 인간이 본능에 의해 희생당하거나 문화적인 압력이나 아동기 때의 경험들에 의해서만 운명지워지는 존재는 아니라는 관점을 살펴볼 수 있다. 각 개인은 자신의 성격을 형성하는 창조적인 주체이자, 자신의 성장과 미래를 적극적으로 주도하고 창조할 수 있는 존재이기 때문이다.

---

2) 김춘경(2006), 앞의책, p. 19.
3) 이상노 외 역(1988), 「성격심리」, 서울: 중앙적성출판사, p. 177.
4) 노안영 외(2011), 「개인심리학 상담 원리와 적용」, 학지사, p. 13.

1. Adler의 생애

Adler는 1870년 2월 7일 오스트리아의 비엔나 인근지역인 펜지히에서 5남 2녀 중 셋째로 태어났다. 아버지는 곡물상 주인으로 집안은 재정적으로 넉넉한 편이었다. 그러나 그는 맏이인 형에 대한 질투로 인해 어린 시절을 불행하게 보냈으며, 만성적 질환으로 병약했기 때문에 동생이 태어나기 전까지는 어머니의 사랑을 독차지하였으나 동생이 태어나면서 어머니의 사랑을 상실하게 되었다.

어린 시절 학교 공부는 보통 정도였으나 아버지의 격려와 신뢰성에 힘입어 그는 끊임없는 노력을 하였고 나중에는 우수한 성적을 올리게 되었다.

Adler는 다섯 살 때 심한 폐렴에 걸려 죽을 고비를 넘겼고 사고로 두 차례나 죽을 뻔한 위기를 넘겼다. 그는 만성적으로 병약했기 때문에 육체적 놀이에서는 형이나 친구의 경쟁상대가 되지 않았으나 자신의 허약함과 열등감을 극복하려고 꾸준히 노력하였다.

1899년에 박사학위를 받고 얼마 동안 안과 의사를 하였다. 곧 그는 정신과 의사로 일하기 시작하였고, 1902년경에 Freud의 회합에 참여하여 1902~1911년에 Freud와 같이 활동했으나 점차 Freud의 이론적 입장과 대립하게 되면서, 1911년 비엔나 정신분석학회를 떠나 자유정신분석학회를 창설해 1912년 학회명칭을 개인심리학회로 변경했다. 전문가로서의 지위가 높아지자 그는 아동지도운동의 지도자가 되었으며, 최초의 지역사회 정신과 의사 중 한 사람으로 간주될 수 있었다.

Adler의 가족경험이 그의 이론형성에 많은 영향을 미쳤는데, 그는 자신의 성장과정에서 직접 경험한 열등감과 보상추구, 출생서열, 사회적 관심 등을 토대로 훌륭한 이론을 만들어 냈다는 평가를 받고 있다. 1920년대에 그는 유럽과 미국에서 많은 강연을 하였고, 1934년 그는 뉴욕시로 이사하여 수많은 사회복지사, 임상심리학자, 정신과 의사에게 계속 많은 영향을 미쳤다. 1937년 강연 여행 중 5월 28일 스코틀랜드의 애버딘에서 세상을 떠났다. 그는 사망하기까지 300여 권의 책과 논문을 발표하였다(권육상 · 이명재, 2004 : 173-174 ; 이인정 외, 2000 : 194-195).

2. 인간관

개인심리학 이론을 이해하기 위해 무엇보다 중요한 것은 이 이론에서 보는 인간에 대한 이해다. Adler는 인간을 사회적 맥락에서 끊임없이 변화하고 발전하는 존재로 보았다. 타인과의 비교를 통해 형성된 열등감은 개인에게 극복할 동기와 의지를 갖게 하고, 보다 나은 자기완성을 추구하게 한다.

Adler는 무의식을 강조한 Freud와 다르게 우리가 볼 수 없고 통제할 수 없는 무의식의 힘보다 의식의 힘을 강조한다. 인간은 스스로 자신의 삶을 위해 힘을 형성하고 창조적인 방법으로 자신의 독특한 생활양식을 구성하기 위해 그 힘을 사용하는 존재다.[5] 따라서 유전적 요인과 환경적 요인이 인간의 성격형성에 영향을 미칠 수 있으나, 각 개인이 지닌 창조적 힘이 인간의 본성을 결정하는데 더욱 중요하다고 보고 있다.[6]

개인심리학에서 바라보는 인간관을 정리하면 다음과 같이 목적론적, 사회적, 창조적, 그리고 통합적 존재로 요약할 수 있다.[7]

첫째, 인간은 목적론적 존재다. 인간의 모든 행동에는 목적이 있다는 기본 전제하에 개인의 행동은 그의 목적을 달성하기 위한 표현이다. 따라서 개인심리학에서는 개인의 행동을 이해하기 위해 행동 이면에 있는 목적을 파악하는 것이 중요하다고 본다.

둘째, 인간은 사회적 존재다. 개인심리학에서 인간은 선천적으로 사회 지향적이고, 이기적 관심보다는 사회복리를 추구하며 우선적으로 사회를 앞세우는 생활양

5) 노안영(2005), 「상담심리학의 이론과 실제」, 학지사, p. 139.
6) 김동배 · 권중돈(2001), 「인간행동과 사회환경」, 학지사, p. 248.
7) 노안영 외(2011), 앞의책, p. 13.

식을 습득하는 존재라는 가정에서 출발한다.[8] 인간의 적응과 부적응의 핵심적 근거는 그가 사회적 존재로서 사회적 관심 혹은 이익을 위해 행동하는가의 여부다. Adler 학파는 사회적 관심의 정도가 낮고 자기 이익만을 위해 행동하는 사람을 사회적으로 부적응하다고 본다.

셋째, 인간은 창조적 존재다. 개인심리학에서 인간은 결정된 존재라기보다 끊임없이 자기 자신을 창조하는 존재다. Adler 학파에서는 인간은 운명지어진 존재라기보다 자신의 운명을 창조할 힘을 가진 존재임을 강조한다. 개인은 자신의 생활양식을 창조할 자유에 대한 힘을 가진다. 창조적 힘은 개인을 자유로운 사람으로 만들고, 움직이는 역동적인 삶을 살게 한다.

넷째, 인간은 통합적 존재다. 개인심리학에서의 '개인(individual)'은 그 어원이 '나누어질 수 없는(in + divisible)' 것으로, 통합적 존재를 의미한다. 개인심리학에서는 개인을 이해하는 데 부분적인 관점이 아닌 전체적(holistic)인 관점에서 이루어질 것을 강조한다. 이는 최근 개인의 총체적 건강으로 정신과 신체를 분리해서 보는 입장보다는 통합해서 보는 입장과 일치한다.

3. 주요개념

1) 열등감과 보상

의사였던 Adler는 환자들을 치료하는 과정 중에 "왜 어떤 사람은 심장에 문제가 있고, 어떤 사람은 폐에 문제가 있고, 또 어떤 사람은 등에 문제가 있는가?"라는 의학적 관심을 가지면서 신체열등(organ inferiority)에 바탕을 둔 심리이론을 발전시켰다. 신체가 병에 걸리는 것은 기본적으로 어느 한 신체기관이 열등하거나 나약하

---

8) C. S. Hall & G. Lindzey(1975), *Theories of Personality*, New York: John Wiley & Sons Inc.

기 때문이라는 생각을 갖게 되었고, 비록 결함이 있는 신체라도 훈련과 연습을 통해 그 기관을 강화함으로써 약점을 보완할 수 있다는 것을 관찰하였다. 이러한 생각과 관찰을 통해 열등감이 인생 전반에 걸쳐서 커다란 영향을 미치고 있음을 통찰하고, 신체기관에 대한 열등 개념을 확대하여 주관적으로 느끼는 심리적 열등감 및 사회적 무능에서 오는 열등감도 이 개념에 포함시키게 되었다.

Adler는 인간은 불완전한 존재로서 누구나 열등감을 느끼고 있다고 보았고, "인간이 된다는 것은 자신이 열등하다는 것을 느끼는 것을 의미한다"라고 하였다. 인간은 열등감을 느낌으로서 이것을 극복하고자 하는 동기를 갖게 되고, 이러한 동기는 자신을 보다 우월한 존재로 만들고자 노력하게 하는 촉매제가 된다는 것이다. 그래서 Adler는 "열등감은 연약한 인간에게 자연이 준 축복이다."라고 주장한다. 즉, 강한 열등감은 열등상황을 극복하여 우월의 상황으로 밀고 나아가게 함으로써 인간이 지닌 잠재능력을 발달시키는 자극제 또는 촉진제의 역할을 한다는 것이다.[9] 역사상 위대한 업적을 남긴 많은 인물들은 자신이 갖고 있는 열등감을 극복한 인물들로써, 여기에는 학력이 없었던 링컨, 신체에 대한 열등감을 지녔던 루즈벨트, 가난했던 록펠러, 청각장애의 베토벤 등이 있다고 Adler는 제시하고 있다.

이처럼 열등감을 자기완성의 도구로 사용할 경우 건설적 생활양식을 갖게 되어 심리적 건강을 달성하게 되고, 열등감을 지배할 수 있게 된다. 반면 우월성 추구에 과도하게 집착하게 된다면 파괴적 생활양식을 갖게 되어 열등감에 의해 지배받는 삶을 살게 되고, 열등감 콤플렉스에 빠지게 된다.

Adler는 열등감 콤플렉스에 빠진 사람을 "주어진 문제를 사회적으로 유용한 방식에 따라 해결하기에는 충분히 강하지 않은 사람"이라 정의하고, 열등감 콤플렉스는 연약한 유아가 갖는 경험을 통해 시작된다고 보았다.[10] 아동은 가족 내에서 자기보다 더 크고, 더 강하고, 더 힘센 사람과 자신을 비교하여 자기가 열등하다는 생각을 갖게 되고, 부모들이 아동을 다루는 방식에 의해서도 영향을 받게 된다. Adler는 이러한 열등감이 발생하는 원인을 세 가지로 분류하여 신체열등감, 과잉보호, 방임으로 구분하였다.[11]

---

9) 김춘경(2006), 앞의 책, pp. 18~19.
10) 노안영(2005), 앞의 책, p. 145.
11) ＿＿＿＿＿＿, 위의 책, pp. 145~146.

(1) 신체 열등감(physical Inferiority)

신체 열등감은 자신의 신체에 대하여 어떻게 생각하는가와 관련되어 있는 것으로 신체적으로 불완전하거나 만성질환을 앓고 있는 아동은 다른 아동과의 경쟁 속에서 승리할 수 없으며, 그로 인해 열등감에 빠져들게 된다.

(2) 과잉보호(pampering or Spoiling)

과잉보호는 부모의 자녀교육과 관련된 것으로 자녀를 과도하게 의존적이도록 양육하는 방식이다. 한 때 유행했던 '마마보이'라는 말은 부모 없이는 아동 스스로 아무것도 결정할 수 없음을 빗대는 말이었다. 과잉보호 하에 자란 아이들은 다른 사람들이 항상 그를 위해 모든 것을 해 주기 때문에 자신감이 부족하게 되어 그들 자신이 인생의 어려운 고비에 부딪혔을 경우 해결할 능력이 없다고 믿고 깊은 열등감에 젖게 된다.

(3) 방임(neglect)

부모가 방임한 아동들은 근본적으로 자신이 필요하지 않는 존재라고 느끼고 있기 때문에 열등감을 극복하기보다는 오히려 문제에 대해 회피하거나 도피한다. 자신의 능력을 인정받고 애정을 얻거나 타인으로부터 존경받을 수 있다는 자신감을 잃고 세상을 살아간다. 이러한 세 가지 어릴 때의 상황은 성년이 된 후에 신경증을 일으키는 중요한 요인이 된다.

Adler에게 있어 열등감이 중요한 것은 열등감 자체가 아니라, 이러한 열등감을 인간이 어떻게 받아들이고 대응해 나가느냐이다. 열등감을 자기완성과 발전의 근원으로 삼을 때, 인간은 성장하고 발전할 수 있으며, 인류문명에도 기여할 수 있다.

새처럼 하늘을 날 수 없다는 열등감이 인간을 우주에 갈 수 있게 만들어 주었고, 표범처럼 빨리 달릴 수 없다는 열등감이 인간에게 자동차를 안겨다 주었으며, 허약한 신체를 가졌다는 열등감이 인간을 지구의 생물 중 가장 뛰어난 의학을 가진 존재로 만들어 주었다고 볼 수 있다. 만약 인간이 열등감을 느끼고 이것을 극복하려는 노력을 하지 않았다면, 인간은 참으로 하찮은 존재로 살고 있을 것이며 인류의 역사는 조금도 발전하지 않았을 것이다. 따라서 열등감은 인간의 발달을 위한 무한한 에너지를 제공해 주는 근원이라 볼 수 있다.[12]

이와 같이 열등감이 긍정적이고 생산적인 것으로 인식될 수 있는 것은 열등개념과 함께 따라다니는 보상이라는 개념 때문이다. Adler는 개인이 가진 신체적 열등감뿐만 아니라 자신이 약하다고 느끼는 사회적 · 심리적인 부분들에 대한 열등의식도 보상하고자 노력한다고 보았다.[13] 따라서, 열등감은 이 열등감을 극복하여 보상하고자 할 때 긍정적이고 생산적인 에너지로 작용할 수 있다.

2) 우월성 추구

개인의 삶의 궁극적 목표는 자기완성을 이루는 것이라 할 수 있다. 아들러학파는 개인의 이러한 노력을 '우월성 추구(striving for superiority)'라고 하였다. 이 개념은 개인심리학의 이론적 정립과정을 통해 1908년까지는 '공격성'으로 1910년경에는 '힘에 대한 의지'로 그 후부터는 '우월성 추구'의 개념으로 여러 과정을 거쳐 확립되었다. 최근 많은 아들러학파들은 개인심리학의 중요한 개념에 대한 논의에서 '열등감 극복'보다 '우월성 추구'가 더 핵심 개념이라고 주장한다. 이렇게 강조하는 주요 이유는 개인의 목표는 단순히 열등감 극복이 아니라 자기완성 혹은 자아실현이라는 점 때문이다.[14]

Adler가 말하는 우월이라는 것은 사회적으로 탁월한 것, 지도성, 또는 사회에서의 높은 지위를 뜻하는 것이 아니라 '마이너스 상황에서 플러스 상황으로의 욕구'[15], '위대한 향상의 욕구'[16]를 의미한다.

이처럼 우월성의 추구는 삶의 기초적인 사실로 모든 인간이 문제에 직면하였을 때 부족한 것은 보충하며, 낮은 것은 높이고, 미완성의 것은 완성하며, 무능한

12) 김춘경(2006), 앞의 책, p. 27.
13) 김춘경(2006), 위의 책, pp. 27~28.
14) 노안영 외(2011), 앞의 책, p. 24.
15) A. Adler(1964), *Social interest : A challenge to mankind,* New york : Capricorn, p. 64.
16) C. S. Hall & G. Lindzey(1975), libd, p. 172.

것은 유능한 것으로 만드는 경향성이다. 이 우월성에 대한 추구는 모든 사람에게 있는 선천적인 경향성으로서 환경에 적절히 대처하게 하며, 동기의 방향을 결정하고 심리적인 활동은 물론 행동을 구체화하고 의미를 부여한다.

인간의 우월추구를 향한 보상은 초기 어린 시절에 받았던 인상과 경험에 따라 두 방향으로 나누어진다. 첫째는 어린 시절 열등감으로 인해 억압받지 않고 성공에 대한 가능성을 찾았던 경우로 이때 권력을 얻고자 하는 소망은 실제 성숙과 발전을 위한 노력으로 실현될 수 있다. 두 번째는 잘못된 교육이나 적절하지 못한 환경으로 인해 아동이 정상적인 방법으로는 자신의 열등감을 극복할 수 없다고 믿게 될 경우, 이 아동은 비뚤어진 방향으로 보상을 시도하게 된다. 따라서, 우월에 대한 추구가 선천적으로 타고난 것이긴 하지만 인생발달단계에서 적절히 신장되어야만 한다. 두 번째 아동의 경우 적절한 발달이 이루어지기 어려워 심리적 병리 영역에 속하는 발달장애인 열등 콤플렉스를 갖게 될 수 있다.

우월추구를 향한 두 방향은 건강한 보상경향과 병리적 보상경향을 갖게 되며, Adler는 이를 판별하는 기준으로 공동체감을 제시한다. 인간의 열등감의 극복과 모든 정신과 문화의 발달은 공동체감 형성과 사회적 관심 없이는 절대적으로 불가능하다.[17] 만약 개인이 타인들의 복지에 매우 깊은 관심을 가지고 있다면 그의 우월성 추구의 방향은 돌봄, 연민, 사회적 협동, 통상적인 복지에의 기여와 같이 사회적으로 유용한 측면으로 나타날 것이다. 그러나 낮은 사회적 관심을 가지고 있다면 그 우월성 추구의 방향은 친사회적이라기보다는 오히려 반사회적이 될 것이다. 그러한 개인들은 관련된 모든 것들을 개선하려고 노력하기보다는 그들 주변의 다른 사람들을 희생시켜서라도 자신들의 우월성을 획득하려고 시도한다.[18]

3) 사회적 관심

Adler는 인간은 본래 태어날 때부터 사회적 존재이며, 인간의 행동은 근본적으로 사회적 욕구에 의해 이루어진다고 본다. 지구상에 존재하는 그 어떤 동물들보다

17) 김춘경(2006), 앞의 책, p. 29.
18) 김미란(2006), "아들러의 개인심리학에 근거한 격려 집단상담 프로그램 개발 및 효과분석", 목포대학교 대학원, 박사학위논문, p. 12, 재인용.

무력한 상태로 태어나 타인의 도움 없이는 결코 삶을 영위할 수 없는 인간에게는 '사회적 관계에 의존하는 생존전략'[19]이 필요하고, 사회는 완전한 사회라는 목표에 도달하기 위해 개인의 조력이 필요하다. 이때 개인에게 요구되는 것이 사회적 관심이다.

'사회적 관심'은 독일어 'gemeinschaftgefühl'을 번역한 것으로, 영어로는 social feeling, community feeling, communal intention, community interest, social interest 등으로 다양하게 번역되었다. Adler는 "사회적 관심은 다른 사람의 눈으로 보고, 다른 사람의 귀로 듣고, 다른 사람의 마음으로 느끼는 것을 의미한다."라고 하였다.[20] 이는 사회적 관심이 공감, 타인과의 동일시, 타인지향을 의미함을 말해주고 있다.

개인이 자신의 목표와 기능을 완전히 실현하기 위해서 다른 사람과 협동해야 한다는 것을 인식하게 될 때, 그리고 사회적 존재로서의 자신의 위치를 찾고 소속감을 느끼며 인류의 보다 큰 발전을 위해 기여하려는 의지를 가질 때 사회적 관심은 극대화될 수 있다. 그것은 타인에 대한 관심과 배려를 의미하지만, 단지 피상적인 의미에서의 사회적이거나 사교적인 것이 아닌 공동체를 위한 사회적 삶에 대한 느낌, 가장 넓은 의미로는 모든 인류에 대한 진정한 관심을 의미하는 것이다.[21]

개인심리학에서 사회적 관심은 개인의 적응과 부적응 여부를 결정하는 중요한 준거로 삼고 있다. Adler는 사회적 관심의 수준이 개인의 심리적 건강을 측정하는 유용한 척도로써 사회적 관심이 높은 사람은 정신적으로 건강하고 행복하며 사회에 기여하는 사람인 반면 사회적 관심이 결여된 사람은 부적응적인 경향이 높은 사람일 수 있다.

[그림 Ⅱ-2]는 사회적 관심의 높고 낮은 정도에 따라 타인과의 관계와 자신의 행동에 대한 평가가 달라짐을 보여주고 있다.

19) 김은정 역(2003), 「감정의 도서관」, 서울: 이제이북스, p. 86.
20) H. L. Ansbacher & R. R. Ansbacher(1964), *The individual psychology of Alfred Adler*, New York : Harper & Row, p. 135.
21) 김미란(2006), 전게서, p. 9.

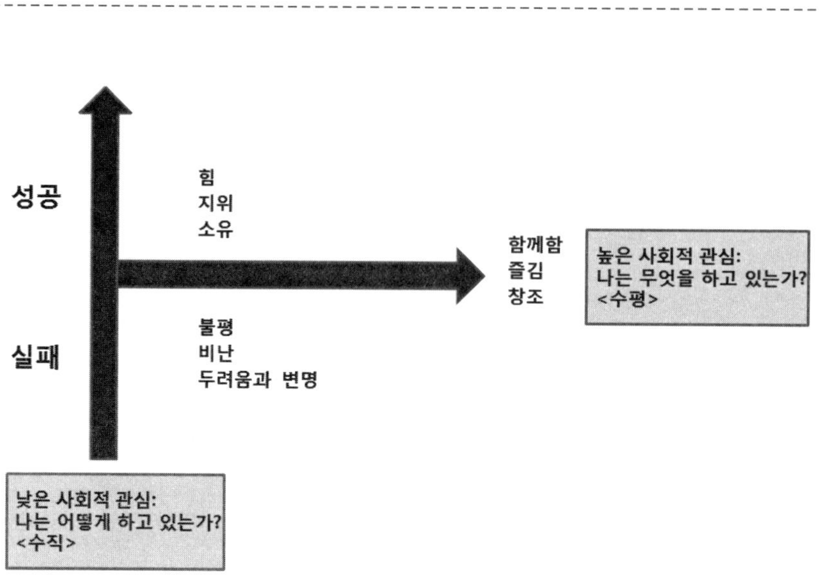

[그림 II-2] 인간행동 사회적 관심의 높고 낮음에 따른 결과
출처 : 노안영 외(2011), 앞의책, p. 27.

Adler는 인간이 본질적으로 사회적 동물이므로 사회적 관심은 타고난 것이고 인간은 사회의 이익을 위해서 개인적 이익을 포기하는 선천적 · 사회적 본능을 가지고 있다고 믿었다. 이러한 선천적 · 사회적 관심은 부모의 양육과 가정교육 그리고 학교교육을 통해 지속적으로 개발될 수 있으므로 교육의 중요성 또한 강조된다. 특히 초기 모자관계에서 사회적 관심에 대한 선천적 잠재성이 개발될 수 있는 중요한 기회가 제공된다. 발달 초기 모자관계 속에서 양육자인 어머니가 아이의 폭넓은 사회적 발달을 자극하고 모자관계 이외의 다른 사람과의 관계로 아이의 관심이 확대될 수 있도록 격려하는 과정에서 일차적 사회적 관심의 잠재성이 개발된다.[22]

어머니 다음으로 사회적 관심에 영향을 미치는 중요한 인물은 아버지다. 아버지는 아내, 일, 사회에 대한 긍정적인 태도를 지녀야 하고, 자녀들과의 관계에서는 성숙한 사회적 관심을 보여주어야 한다. Adler에게 있어서 이상적인 아버지란 자녀 모두를 동등한 인격체로 대하고 아내와 동등한 위치에서 협력하며 자녀를 돌보는 사람이다. 자녀가 아버지로부터 정서적인 격리를 경험하거나 권위주의적

22) 최옥채 외(2011), 「인간행동과 사회환경」, p. 52.

인 방식에 따라 양육될 경우 사회적 관심을 갖는데 있어 방해가 된다.

끝으로, Adler는 부부관계가 자녀의 사회적 관심의 발달에 지대한 영향을 미친다고 보았다. 만일 부모의 결혼생활이 불행할 경우, 자녀는 사회적 관심을 발달시킬 기회를 거의 갖지 못한다.[23] 따라서, 사회적 관심은 선천적으로 타고난다 할지라도 가정과 사회적인 맥락 속에서 발달되므로, 적절한 시기에 개발될 수 있도록 노력해야 한다.

4) 생활양식

개인은 자신의 어린 시절에 형성한 생활양식(life style)에 따라 삶을 영위한다. 생활양식이란 개인이 경험한 사건들을 평가하고 다루고 예견할 수 있게 하는 신념의 집합체를 의미한다.[24] 이 생활양식은 개인이 열등감을 극복하고 인생의 목표를 성취해 가는 방식으로서, 자아개념, 타인에 대한 감정, 세상에 대한 태도를 포함한 한 개인의 독특한 특징을 포괄하는 개념이다. 즉, 인생의 목표에 도달하기 위하여 스스로 설계한 독특한 좌표인 것이다. 그래서 이 생활양식을 삼단논법에 따라 표현하면, "나는 ~ 이다; 세상은 ~ 다; 그러므로, 나는 ~ 다."로 표현될 수 있다.

생활양식이 어떻게 발달하는가를 이해하기 위해서는 열등감과 보상의 개념을 이해하는 것이 필요하다. 왜냐하면 이 개념들이 생활양식의 근본을 결정하기 때문이다. Adler는 우리 모두가 어릴 때 상상이든 실제로든 열등감을 경험하고, 이것은 우리로 하여금 어떤 방법으로 보상을 하게끔 만든다고 가정하였다. 구체적으로 말하면, 신체적으로 허약한 어린이는 체력을 보다 강화시키는 쪽으로 보상하려고 애쓸 것이다. 개인의 행동은 자기의 신체적 한계점을 의식함으로써 형성되는 것이므로, 이것은 차츰 그의 생활양식, 즉 열등감을 보상하기 위한 행동이 되어 버린다. 따라서 우리의 생활양식은 우리의 독특한 열등감을 극복하기 위한 노력을 나타낸다.[25]

우리가 알고 있는 인물들을 Adler 이론에 접목시켜 보면 생활양식에 대한 개념

23) 김동배 · 권중돈(2001), 앞의 책, p. 256.
24) 김춘경(2006), 앞의 책, p. 28.
25) 노안영(2005), 앞의 책, pp. 140~141.

을 보다 쉽게 이해할 수 있다. 영화배우 아놀드 슈워제네거는 어린 시절 매우 허약하여 이를 극복하기 위해 운동을 시작했다고 한다. 그 후 놀랍게도 미국 보디빌더 대회에서 우승을 차지할 정도로 강인한 인물이 되었다. 부모의 이혼과 가난한 환경으로 인해 불우한 어린 시절을 보냈던 버락 오바마는 이를 비관하여 술과 담배를 가까이하고 마리화나와 코카인까지 손을 댔었지만, 이를 극복하고 미국 최초의 흑인 대통령이 되었다.

Adler의 견해에 따르면, 이러한 생활양식은 대부분 네 살부터 다섯 살 때 형성되며, 이 시기 이후 개인의 생활양식은 거의 변하지 않는다고 보았다. 물론 사람들은 계속 그들의 독특한 생활양식을 새로운 방식으로 나타내는 것을 배우지만, 그것은 단순히 어릴 때 정착된 기본 구조의 확대일 뿐이다. 이렇게 형성된 생활양식은 계속 유지되어 그 후 행동의 뼈대를 이룬다.[26)]

개인의 독특한 생활양식은 그가 생각하고 느끼고 행하는 모든 것의 기반이 된다. 일단 이렇게 생활양식이 형성되면, 외부세계에 대한 전반적인 태도를 결정할 뿐만 아니라 기본 성격구조에까지 일생을 통하여 일관성이 유지되게 한다. 이런 점에서 Adler는 생활양식은 서로 연관되어 있는 세 가지 중요한 인생과제인 직업, 우정, 사랑에 대해 어떻게 접근하는지를 관찰함으로써 이해될 수 있다고 하였다.[27)]

Adler는 개인을 그의 직업, 우정, 사랑과 결혼이라는 세 가지 주요 인생과업에 대한 태도와 행동에 따라 분류하는 소위 생활양식 태도의 유형론을 제시하였다. 이 분류는 사회적 관심이 한 차원이 되고, 활동수준이 다른 차원이 되는 2차원적 모형이다. 사회적 관심은 인간 각 개인에 대한 감정 이입을 말하며, 이는 개인의 이익보다는 사회 발전을 위해 다른 사람과 협력하는 것을 뜻한다.[28)] 활동수준이란 인생 문제를 해결하려는 개인이 보여주는 에너지의 양을 말한다. 이 활동수준은 보통 어릴 때 형성되는데, 아주 무기력하고 우유부단한 사람에서부터 끊임없이 왕성하게 활동하는 사람까지 다양하다. 활동수준이 건설적 또는 파괴적으로 되는지의 여부는 이것이 사회적 관심과 결합될 때이다.

Adler는 사회적 관심과 활동수준에 따른 생활양식을 지배형, 획득형, 회피형,

---

26) 노안영(2005), 앞의 책, p. 141.
27) A, Adler, (1956), "The Individual Psychology of Alfred Adler", New York : Basic Books, p. 133.
28) 김동배 · 권중돈(2001), 앞의 책, p. 254.

사회적 유용형으로 설명하였다. 지배형, 획득형, 회피형은 바람직하지 않는 유형으로 사회적 관심이 부족하다는 공통점이 있으나 활동수준에는 차이가 있다. 사회적 유용형은 바람직한 형으로 사회적 관심과 아울러 활동 수준도 높다. Adler는 이러한 생활유형은 가정에서 어린 시절에 부모의 영향 하에서 주로 형성된다고 보았으며, 각 유형별 특징은 다음과 같다.29)

(1) 지배형(the ruling type)

지배형은 부모가 지배하고 통제하는 독재형으로 자녀를 양육할 때 나타나는 생활양식이다. 부모가 가부장적 가족문화를 앞세워 막무가내로 자녀를 지배하고 통제할 때 자녀의 생활양식은 지배형으로 형성된다. 지배형은 사회적 관심은 낮지만, 활동 수준이 높아 독단적이고 공격적이며 활동적이지만 사회적 인식이나 관심이 거의 없다. 이러한 사람은 반사회적 측면에서 활동적이며 타인의 안녕에는 아랑곳하지 않고 행동한다. 그들은 외부세계에 대해 지배하려는 태도를 가지고 있으며, 인생과업에 공격적이고 반사회적인 방법으로 대처해 나간다.

(2) 획득형(the getting type)

획득형은 부모가 자녀를 지나치게 과잉보호할 때 나타나는 생활양식이다. 부모가 자식사랑이란 미명 아래 자녀를 지나치게 보호하여 독립심을 길러 주지 못할 때 이러한 생활태도가 나타난다. 획득형은 활동수준은 중간이고, 사회적 관심은 낮은 유형으로 기생적 방식으로 외부세계와 관계를 맺으며 다른 사람에게 의존하여 자신의 욕구를 충족한다. 사랑하는 자녀가 원한다 하여 무엇이나 들어줄 때 이러한 획득형의 생활양식을 따르게 된다. 자본주의 사회에서 부모의 재산을 믿고 빈둥대는 많은 사람들이 획득형의 한 예라 볼 수 있다.

(3) 회피형(the avoiding type)

회피형은 부모가 자녀교육시 자녀의 기(氣)를 꺾게 될 때 회피형 생활양식을

29) 노안영(2005), 앞의 책, pp. 142~143.

갖게 할 수 있다. 회피형의 생활양식을 가진 사람은 매사에 소극적이며 부정적인 특징을 가진다. 회피형은 사회적 관심도 적고 활동수준도 낮아 시도를 하려는 것도 없고, 성공하고 싶은 욕구보다는 실패에 대한 두려움이 더 크기 때문에 이들의 삶은 인생과업으로부터 도피하려는 경향이 높다.

(4) 사회적 유용형(the socially useful type)

사회적 유용형은 높은 사회적 관심과 높은 수준의 활동을 보인다. 이 형의 사람은 성숙하고 긍정적이고, 심리적으로 건강한 사람의 표본이 된다. 이들은 사회적 관심이 많아서 자신과 타인의 욕구를 동시에 충족시키는 한편, 인생 과제를 완수하기 위해 기꺼이 다른 사람들과 협동한다. 이들은 또한 사회문제를 해결하기 위해서는 협동, 개인적인 용기, 타인의 안녕에 공헌하려는 의지가 필수적임을 인식하고 있다.

5) 허구적 최종목적론

허구적 최종목적론이란 허구나 이상이 현실을 보다 더 효과적으로 움직인다는 바이힝거(Hans Vaihinger)의 말에서 영향을 받은 개념이다. 그는 1911년 그의 책 『마치 ~인 것같은 철학(philosophy of as if)』에서 인간은 현실적으로 전혀 실현 불가능한 많은 가공적인 생각에 의해서 살아가고 있다는 색다르고 흥미 있는 견해를 제시하였다. 예를 들면, '모든 사람은 동등하게 만들어졌다.' '정직이 최선의 길이다,' '목적이 수단을 정당화한다.'와 같은 허구는 현실보다도 더 효과적으로 사람들을 움직이게 한다는 것이다.[30)]

바이힝거(Vaihinger)의 이러한 견해는 Adler가 최종목적론의 개념을 발전시키면서, Freud가 주장한 결정론적 입장을 반박할 수 있는 토대가 되었다. 결정론적 입장은 인간이 발달단계를 거치면서 과거에 어떠한 경험을 했느냐에 따라서 성격과 행동이 결정된다고 보지만, 이와 달리 Adler는 인간은 과거의 경험보다는 미래에 대한 기대에 의해서 행동하게 되며, 인간이 가진 모든 심리현상은 이 허구적

---

30) 노안영(2005), 앞의 책, pp. 143~144.

목적을 이해함으로써 설명할 수 있다고 주장하였다.

우리는 사물이나 사건을 있는 그대로 완전하게 이해할 수 없지만, 이러한 경험들로 인해 우리 안에는 세상을 이해하는 하나의 가정이 형성된다. 개인의 최종 목적이 허구이고 실현이 불가능한 이상에 불과하다 할지라도, 일단 형성된 목표는 개인의 행위의 원동력이 되며, 개인이 특정한 방향으로 노력할 수 있게 해 주는 힘이 된다. 허구적 최종목표는 다분히 주관적이지만, 그렇기 때문에 개인에게는 더욱 중요한 의미가 된다.[31] 이들 목적은 어떤 목적론적 계획의 일부로 미래에 존재하는 것이 아니라 보다 주관적 혹은 정신적으로 현재의 행동에 영향을 주는 노력이나 이상으로서 여기에 지금 존재하는 것이다.[32] 최종의 목적 때문에 인간은 무엇을 진실로 수용하게 될 것인가, 어떻게 행동할 것인가, 그리고 사건들을 어떻게 해석할 것인가를 위한 창조적인 힘을 갖는다.

개인심리학은 모든 심리적 현상의 이해를 위해 목적론의 불가역성을 절대적으로 주장하고 있으며, 최종목표에 대한 개인의 관점만이 인간의 행동을 설명할 수 있다고 본다.[33]

6) 창조적 자아

Hall과 Lindzey(1975)는 '창조적 자아'[34]라는 개념이 Adler의 최고의 업적이며, 아들러가 추구했던 모든 인간사의 주원인이 이 개념 안에 함축되어 있다고 보고 있다. 이 개념은 본질적으로 인간이 그 자신의 성격을 만든다는 것이다. 인간은 자극에 대해 단순히 반응하는 존재로서가 아닌 어떤 것을 선택하고 결정할 수 있는 의지를 가진 주체로서 존재하며, 어린 시절의 경험에 의해 수동적으로 만들어지는 존재라기보다는 그들 자신을 스스로 창조해 내는 존재이다.[35]

Adler는 개인이 가진 이 창조적인 힘에 의해 생활양식이 발달한다고 주장했다.

---

31) 김미란(2006), 전게서, p. 11.
32) 김춘경(2006), 앞의 책, p. 36.
33) 노안영(2005), 앞의 책, pp. 144.
34) Adler 스스로 창조적 자아에 대한 개념을 사용하지는 않았고 Hall과 Lindzey가 Adler에 대한 논문을 발표하면서 처음으로 이 용어를 사용하였다.
35) 김미란(2006), 전게서, pp. 16~17.

생활양식은 개인이 자신의 환경을 독특하게 해석하는 것이며, 인간이 운명에 따라 결정되는 것이 아니라 운명을 통제할 수 있다고 보는 것이다. 따라서 창조적인 힘은 개인의 인생목표와 그 목표를 추구하는 방법을 결정하며, 사회적 관심의 발달에도 공헌한다. 개인은 자신이 가진 창조력을 통해 목표를 직시하고, 결정하고, 선택하고, 개인의 목표와 가치관에 부합하는 모든 종류의 배려를 나타낼 수 있다.

인간의 성격형성에 대한 관점에서도 Adler는 유전이나 환경에 의해 결정되는 것이 아니라, 유전이나 환경의 영향에 따른 경험을 인간이 어떻게 해석하는가에 따라 결정된다고 보았다. 즉, 성격을 형성하는 결정 요인으로서 환경과 유전의 영향을 부인하지는 않았으나, 가장 중요한 것은 인간 스스로가 자신을 건축할 수 있다는 것이다. 개인마다 이에 따른 해석이 다르기 때문에 사람들 간의 성격적 차이를 나타내게 되는 것이다.[36]

7) 가족구도/출생순위

Adler는 개인의 생활양식에 기여하는 요인으로 가족구도에서의 출생순위를 매우 강조하였다. '가족구도'란 가족의 사회심리학적인 배치로서, 가족구성원의 성격특성, 가족구성원들 간의 감정적인 유대, 출생순위, 가족의 크기 등을 포함하는 가족분위기를 의미한다. 가정에서 부모를 중심으로 자녀와의 가족관계가 어떠한 가족구도를 형성하고 있는가는 자녀의 생활양식을 형성하는데 중요하다. 또한, 자녀의 수, 자녀가 태어난 출생순위도 개인의 성격발달에 지대한 영향을 미친다.

이 중에서도 출생순위는 Adler가 가장 주목했던 요인으로, 출생순위가 인성발달에 중요한 요인이 된다는 사실을 처음으로 지적한 학자이다. 그는 열등의 경험이 출생의 순위를 통해서 조건지워 나갈 수 있음을 제시하였다. Adler는 한 가정의 형제들 간의 개인적 차이를 유전적 차이나 어린 시절의 상처 등에 의해서가 아닌 형제들 간의 경쟁으로 설명한다. 태어날 때 이미 라이벌이 있느냐 없느냐에 따라 서로 다른 상황에서 태어난 어린이는 다른 형제를 제치고 부모의 사랑을 차지하는데 있어서나, 가정에서 자신의 위치와 세력을 확실히 하기 위해서 서로 경쟁하게

---

36) 김동배 · 권중돈(2001), 앞의책, p. 257.

된다. 형제간의 권력다툼의 과정에서 겪은 실패와 성공, 기대와 실망, 가능성과 장애 등의 경험이 아동의 생활양식을 설정하는 데 영향을 준다.[37)]

여기서 주목할 것은 출생순위가 단지 태어난 순서를 말하는 것이 아니라 '심리적(psychological) 서열'이라는 점이다. 예를 들어 오누이가 출생순위에 따라 맏이인 오빠와 막내인 여동생으로 성장할 수 있지만, 두 명의 외둥이처럼 키워질 수도 있다. 마찬가지로 10년 터울이 나는 두 형제도 각각 외둥이처럼 길러질 수 있다. 슐만(Shulman)[38)]은 맏이의 경우라도 중간 아이의 역할을 할 수 있고, 둘째임에도 첫째를 압도함으로써 사실상 맏이의 역할을 할 수 있다고 하였다. 즉, 연대순보다도 '심리적 서열'에 따라 형제들의 순서가 정해짐을 강조하였다.

Adler는 이러한 심리적인 위치에 따라 형제간 서열을 맏이, 두 형제 중 둘째, 중간, 막내, 독자의 다섯 가지로 분류하였으나. 여기에서는 두 형제 중 둘째와 중간 아이의 심리적 위치나 역동이 거의 비슷하기 때문에 같은 범주로 보고 다음과 같이 네 부분으로 나누어 정리한다.[39)]

(1) 맏이

맏이는 일반적으로 많은 관심을 받으면서 부모의 기쁨이자 관심의 대상으로 인생을 시작한다. 동생이 태어나기 전까지 가정의 중심인물로 '왕'과 같이 지내다가, 동생이 태어나면서 좋았던 위치에서 쫓겨나게 된다. 이와 관련하여 맏이에게는 '폐위당한 왕', '일일천하'라는 별명을 붙인다. 맏이가 받는 폐위의 쓰라린 고통의 정도와 양상은 부모의 양육태도와 동생과의 연령차, 성 등의 여러 가지 변수에 따라 다양하게 나타날 수 있다. 폐위의 경험은 열등감을 심화시킬 수 있는데, 열등감 보상기제의 방향이 크게 둘로 나뉘는 것과 같이 폐위를 경험한 맏이의 태도도 크게 두 가지 양상을 나타낸다.

첫 번째 양상은 동생의 출현 이전에 누리던 특권을 다시 차지하고, 새로 태어난 경쟁자를 제2의 위치로 몰아 내려는 시도를 하는 것이다. 부모의 도움으로 이런

---

37) 김춘경(2006), 앞의 책, p. 62.
38) B. H. Schulman(1973), *The use of dramatic confrontation, In group psychotherapy,* Psychiatric Quarter, p. 36.
39) 김춘경(2006), 위의 책, pp. 63~69.

노력이 잘 이루어지면 일반적으로 맏이들은 새로 등장한 경쟁자(동생)를 수월하게 대처해 낸다. 부모가 맏이에게 가족 내에서의 자신의 위치가 안전하다고 인식할 수 있도록 동생이 태어나기 이전에 동생을 맞을 준비를 시켜 주면 맏이의 상실감은 크게 줄어들 수 있다. 맏이는 일반적으로 어른들과의 관계가 좋고, 어른들의 기대와 가치에 쉽게 동의하며, 사회적 책임을 지고, 생활과제에 대처할 때 사회적으로 수용 가능한 방법을 사용한다.

두 번째 양상은 폐위를 기억하면서 자신이 매우 작고, 약하고, 무기력하다고 생각하여 동생에 의해 정복당하는 데 대해 좌절하여 속수무책으로 있는 경우다. 이 경우 생에 대한 위축감과 씁쓸한 감정이 그 사람의 전체 삶의 기본 정서가 되기도 한다. 이러한 성격은 사회생활을 하면서 다른 사람과 협력하고 협조하는 데 방해가 될 수 있다.

맏이의 이러한 폐위 경험은 긍정적, 부정적인 측면 모두를 가지고 있다. 긍정적인 측면에서는 어린 동생이 약하기 때문에 맏이는 리더의 성향을 갖게 되기도 한다. 생애 초기에 권력을 가졌고, 이후에 이를 잃어버려서 다시 권력을 찾으려고 노력해야 하기 때문에 맏이는 권위의 중요성을 더 잘 이해할 수 있다. 상실로 고통을 받았기 때문에 동생에 대해 더 동정적일 가능성이 있다.[40]

부정적인 측면에서는 맏이의 폐위 경험이 공동체 생활을 하는데 있어서 인간에 대한 적대주의로까지 발달할 수 있다. 이런 아이들은 흔히 시기심과 공명심이 많아 경쟁적 행동을 보인다. 위치회복의 노력이 실패하게 되면 권위에 대한 집착이 강해지고 권위에 높은 가치를 둔다. 흔히 과거에 집착하고 새 것에 대해서는 적의감을 표하는 보수적인 성향이 강하게 발달할 수도 있다.

(2) 둘째 또는 중간 아이

둘째 아이는 태어날 때부터 관심을 다른 아이(맏이)와 나누어 가지게 된다. 전형적으로 둘째 아이는 경쟁 속에 있는 것처럼 행동하고, 항상 압박을 받는 입장이라고 느끼며, 인생을 형이나 누나를 이기기 위한 훈련 상태인 것처럼 여긴다. 둘째 아이는 보다 독립적이고 반항적이며 민감하고, 공공연히 부모에게서 자신의 위치

40) 노안영 외(2011), 앞의 책, p. 90.

를 확인받고 싶어하여, 더 많이 요구하고 맏이가 추구하지 않는 것에 관심을 갖는 경향이 높다.

둘째 아이는 셋째 아이가 태어날 경우, '주위의 관심이 줄어든' 아이가 되고 만다. 둘째는 부모의 관심과 사랑을 혼자 독차지한 경험이 없기 때문에 객관적으로 더 적은 관심을 경험해도 이것을 부족하거나 결핍으로 느끼지 않는 특징이 있다. 다른 아이가 자기보다 먼저 존재하고 있기 때문에 그의 존재는 맏이와 비교할 때 기존의 질서를 방해한 침입자로 인식되고, 가족의 사회체계 내에서 '사이에 낀 아이'로 자신의 역할과 정체성을 발견하는데 어려움을 갖게 된다.

둘째는 자신의 위치에서 아래위의 형제들에 의해 그의 권력이 약해지도록 두든지, 아니면 형제들을 희생시켜서라도 그의 지위를 올리려고 하는 두 가지 경향 중 한 가지를 나타낸다.

첫째는 최고가 되고자 노력하는 유형이다. 마치 도보경주에 참여한 달리기 선수처럼 첫째의 발자국 소리를 들으며 조금만 더 노력하면 따라잡아 선두를 빼앗을 수 있다고 생각하고, 뒤에서 쫓아오는 셋째의 발자국 소리를 들으며 따라잡히지 않으려고 앞으로 더욱 매진해 나간다. 이런 상황에 있는 중간 아이는 학교에서 남을 능가하려는 경향으로 가장 부지런하고 성실한 학생이 될 수 있다.

두 번째 유형은 맏이가 매우 우수한 아이인 경우 둘째가 감히 도전하지 못하겠다고 느끼든지 다른 이유로 인해 첫째에게 도전할 생각을 단념하고 위축되거나 실의에 빠지는 경우다.

Adler는 기본적으로 둘째를 긍정적으로 평가한다. 사회적 관심과 공동체감이 기본 전제가 되는 협력적 행동을 상황적으로 많이 훈련받을 수 있기 때문이다. 일반적으로 둘째는 인생에서 쉽게 길을 발견할 수 있고, 높은 정도의 협동과 자립심을 발달시킬 수 있다고 보았다. 둘째의 경쟁 태도가 너무 강한 경우 혁명가 또는 개혁가가 될 소지가 많다.

(3) 막내

막내는 언제나 가족의 어린애로서 아무리 나이를 먹더라도 귀염둥이, 집안 전체의 아이로 가장 많은 관심을 받는 위치에 있다. 막내는 다른 사람에게 쉽게 도움을 요청하고, 자기를 돌보게 하고, 노력 없이 누리게 되는 성취와 특권을 당연하게 여긴다.

막내는 다른 모든 형제들을 이기려는 극단의 노력을 하거나, 다른 형제로부터의 원조와 돌봄을 계속받는 아이로 남으려는 두 가지 경향 중 하나를 나타낸다.

첫 번째의 경우 막내는 가끔씩 매우 강하게 성장하여 다른 형제들을 전부 능가하기도 한다. 어려서부터 가장 작고, 약한 존재로서 자신을 진지하게 받아들이지 않은 불쾌한 상황에 의해 경험된 열등감은 막내로 하여금 이를 보상하고자 하는 동기를 유발시켜 우월에의 추구를 발달시킨다.

두 번째의 경우는 자신의 약한 상태를 그대로 유지하면서, 버릇없고 응석을 부릴 수 있는 상황에서 얻을 수 있는 유익을 얻으려 하거나, 매우 유약하여 의기소침하게 되기도 한다.

두 경우 모두 다른 사람보다 우월해지려는 극단의 노력이 낳은 결과로 나온 유형이다. Adler는 응석을 부릴 확률이 가장 높은 막내가 문제아가 될 가능성이 맏이에 이어 두 번째로 높다고 보았다.

(4) 외동이

외동이는 처음부터 계속해서 부모의 관심을 독차지하고, 언제나 부모의 사랑과 보호를 혼자 받기 때문에 자신의 중요성을 과장하는 경향이 있다. 외동이는 경쟁할 형제가 없기 때문에 자라서 경쟁적인 성향을 가질 가능성은 희박하다. 어릴 때부터 어머니가 응석받이로 기르기 쉬운 약점이 있고, 지나치게 의존적이거나 자기중심적이 되기 쉽다. 어머니와 연합될 경우 아버지와는 경쟁관계에 있게 된다.

외동이에게 가장 부족하다고 지각되는 부분은 또래집단과 관계일 것이다. 다른 아동들과는 달리 그들은 다른 형제들과 친하게 또는 싸우며 지낸 경험이 없기 때문에 이로 인해 또래집단을 포함한 새로운 상황에서 대처해야 하는 초기의 학교 경험이 힘들 수 있다.

이러한 외동이의 성향은 성장해서도 나타나게 되는데, 사회생활에서 더 이상 관심의 중심 되지 않으면 자신의 위치가 도전 또는 위협을 받았다고 생각한다. 그들은 남들과 동등한 공동체인으로 느끼려고 하지 않고, 함께 나누려는 노력도

하지 않는다.

외둥이가 어른이 되어서 어느 정도로 공동체에 생산적으로 관여할 수 있는가는 그들의 사회적 위치와 유동성에 달려 있다. Adler는 외둥이가 사회에서 높은 위치에 안정된 지위를 얻게 될 경우 협동적이고 유용한 사람이 될 수 있지만, 사회적 위치가 낮을 경우 쉽게 불평을 늘어놓는 사람이 되거나, 불만가, 비평가가 되기 쉽다고 보았다.

Adler의 출생순위에 대한 이론을 살펴볼 때 주의할 것은 모든 아이들이 Adler가 제안한 생활양식과 반드시 일치하는 것은 아니라는 것이다. Adler가 강조하려는 것은 가족 내에서의 아동의 위치에 따라 독특한 종류의 문제가 나타나기 쉽다는 것이다. 그래서 Adler의 출생순위에 대한 관심은 아동이 당면한 문제의 내용을 알아내고, 아동이 이 문제에 대처하여 어떤 식으로 해결해 나가는가를 밝히고자 한 것에 불과한 것이다.[41]

41) 김동배 · 권중돈(2001), 앞의 책, p. 259.

예상문제

1. 다음 중 아들러(A. Adler) 이론의 주요 개념이 아닌 것은?

① 솔선성 ② 생활양식
③ 열등감과 보상 ④ 창조적 자아
⑤ 우월에의 추구

2. 다음 중 아들러 이론으로 옳지 않은 것은?

① 사회적 관심-자신이 미래에 할 일을 생각하는 것
② 우월성-생의 목표를 추구하게 하는 동기
③ 출생 순위에 따른 특징-출생순서에 따른 성격적 특성
④ 생활양식-생의 목표를 이루기 위한 지침 및 좌표, 자신이 만들어가는 독특한 방식
⑤ 가상적 목표-개인의 행동을 이끄는 마음속의 중심 목표

3. 아들러의 개인 심리이론 중 옳은 것은?

① 생활양식은 전 생애를 통해 발달한다.
② 인간이 무언가를 추구하는 동기는 우월감에서 비롯된다.
③ 창조적 자아에 의해 생활양식이 발달한다.
④ 첫째 아이는 경쟁을 중요시하며 '폐위된 왕'에 비유된다.
⑤ 사회적 관심은 개인이 이상적인 공동사회를 목표로 달성하려는 성향이며 이는 가족 이외의 타인과의 관계에서 출발한다.

4. 다음 중 아들러의 개인 심리론에 대한 설명으로 틀린 것은?

① 성격에 미치는 사회적 요인의 영향을 강조한다.
② 생애 초기의 경험은 그 영향력이 매우 약하다.
③ 3~4세쯤에 생활양식이 결정된다.
④ 인간을 전체적 · 통합적으로 본다.
⑤ 인간은 성적 만족보다는 우월감을 추구한다.

5. 아들러의 개인심리이론의 주요개념으로 모두 묶인 것은?

㉠ 우월성 추구	㉡ 음영
㉢ 생활양식	㉣ 페르소나

① ㉠, ㉡, ㉢　　② ㉠, ㉢
③ ㉡, ㉣　　④ ㉣
⑤ ㉠, ㉡, ㉢, ㉣

6. 아들러의 개인심리학의 주요개념이 아닌 것은?

① 인생각본　　② 생활양식
③ 가족형상　　④ 창조적 자아
⑤ 열등감과 보상

7. 인간행동에 가장 중요한 것은 인간이 총체적인 존재이며, 성장지향적 동기를 지니고 있다고 말한 사람은?

① 로저스　　② 피아제
③ 에릭슨　　④ 매슬로우
⑤ 아들러

8. 아들러의 인간관과 거리가 먼 것은?

① 인간은 창조적이며 합리적인 존재이다.
② 인간은 총체적인 존재이다.
③ 인간은 객관적인 존재이다.
④ 인간은 성취지향적 동기를 지닌 존재이다.
⑤ 인간은 모든 행동은 사회적 관계의 이해를 통해서만 파악될 수 있다.

정답
1. ①　2. ②　3. ③　4. ②　5. ②　6. ①　7. ⑤　8. ③

제4장

Jung의 분석심리학적 성격이론

1. Jung의 생애
2. 주요개념
3. 성격의 발달

융(Carl Gustav Jung)의 분석심리학적 성격이론은 무의식 과정에 강조를 두었다는 점에서 정신분석이론과 일반적으로 동일시되고 있으나 Freud의 성욕 및 정신생물학적 결정론은 거부하고 있다. Jung은 인간의 행동은 개인적인 것과 종족의 역사, 목적, 소망에 따라 좌우되며, 실재했던 과거와 가능성을 지닌 미래가 동시에 현재 행동을 이끌어 간다고 한다. Jung은 "인간은 인과에 의한 것처럼 목적에 의해서 산다."라고 하였다. Freud는 죽을 때까지 본능적인 과거가 반복되고 있다고 하는데 반해, 융은 창조적 발달과 전체성과 완전성을 추구하며 새로운 삶의 열망이 계속되고 있다고 보았다.

Jung은 개인의 성격은 선조의 역사적 산물이며 용기(容器)로 본다.

현대인은 아득하고 알 수 없는 인간의 기원에서부터 내려오는 과거세대의 축적된 경험에 의해서 현재의 모습이 형성되고 조성되는 것이다.

성격의 기본은 밝고 원시적이고, 선천적이고 의식적이며 보편적이다. Freud는 성격에서 유아기의 원인을 강조했다면 Jung은 종족의 근원을 강조한다. 인간은 선조에게서 물려받은 많은 소인을 갖고 태어난다. 이 소인이 인간의 행동을 이끌며, 경험의 세계를 의식하고 반응하는 역할을 한다. 융은 이것을 전 인류에게 내재한 집단 무의식(Collective unconscious)이라고 불렀다.[1]

Jung은 인간의 심리적 건강의 이상형은 의식이 무의식을 감독하고 지도하는 것이라고 보았다.[2] 그리고 그는 개인적, 사회문화적 원형이 갖는 힘의 상호작용을 고려하지 않고는 정신을 이해할 수 없다고 믿었다. 그러므로 융의 분석심리학은 고고학, 연금술, 점성술, 신화, 동서양철학, 천문학, 종교에 대한 광범위한 관심을 반영하였다.[3]

1. Jung의 생애

융(Carl Gustav Jung)은 1875년 7월 26일 스위스 Lake Constance시의 케스빌

1) 최순남, 앞의 책, pp. 205~206.
2) 이혜성 역, 「성장심리학」, 이화여자대학교 출판부, 1982.
3) 이인정 · 최해결 공저, 앞의 책, p. 205.

(Kesswyl)에서 개혁파 목사의 맏아들로 태어났다. 부모의 결혼생활이 원만하지 못하여서 그의 유년시절은 고독하고 불행했다. 아버지는 짜증이 심하고 까다로웠으며 실패에 대한 자책과 종교적 신념에 대한 명상으로 많은 시간을 보냈다고 하며, 어머니는 지배적인 성격이었으며 정서장애와 우울증이 심했다고 한다. Jung은 아버지가 목사였으나 교회를 싫어해서 아버지와 종교적 논쟁을 자주 벌였다. 이러한 가정환경에서 자란 것은 후에 그가 그의 업적과 관련된 꿈, 환상, 공상 등에 몰두하게 되는 중요한 계기가 되었다.

Jung의 가계에는 아버지, 친사촌 두 명, 외조부와 외삼촌 여섯 명 모두가 목사였다. 어머니와 외조부, 외삼촌이 초자연적인 것에 대한 믿음을 가지고 있었으며, 특히 융의 사촌 중 한 명은 자신이 영매라고 주장하였다. 융이 종교와 초자연적인 현상에 조예가 깊은 것은 이런 가정배경과 관련이 있다. 융은 아홉 살이 되어서야 누이동생이 태어났다. 그는 누이동생이 태어난 후에도 동생에게 무관심한 내향적 성격이었으며, 그 내향성은 일생 동안 지속되었다. Jung은 의학의 전공분야를 결정해야 할 때 식탁이 쪼개져 있고 빵 자르는 칼이 산산조각이 나는 신비로운 현상을 경험한 것이 계기가 되어 정신의학을 하겠다고 결정하였다.

그는 바젤(Basel) 대학교에서 1900년 의학학위를 받은 후 Freud의 『꿈의 해석(Interpretation of Dream)』을 읽고 감명을 받아 그의 임상실제에 활용하고 검증했다. 1907년 Jung이 Freud를 처음 방문하였을 때 그들은 13시간이 넘는 진지한 대화를 나누었고 그 후 6년 동안 계속 연락을 주고받았다. Freud는 Jung을 자신의 후계자로 정하고 1910년 국제 정신분석학회가 창설되었을 때 융이 첫 회장이 되었다. 그러나 그 후 Freud와 융의 개인적인 관계가 냉각되기 시작하여 1914년 4월에 융은 회장직을 사임했고, 그 후부터 두 사람의 관계는 단절되었다. Jung은 Freud와 결별한 후 혼란과 내적 불안정으로 상징적인 꿈과 환상을 경험하는 정도가 정신병적 상태에 가까웠다. 그러나 그는 이러한 혼란을 새로운 개인적 통합으로 이끄는 내적 여행으로 보았고, 자신의 체험에 근거해서 무의식과 상징에 대한 탐구를 계속하였다. 뿐만 아니라 그는 연금술, 점성술, 예언, 텔레파시, 투시, 요가, 강신술, 영매, 강령술, 종교적 상징, 환상, 꿈 등에 대한 관심이 지대했으며 1961년 스위스에서 85세의 일기로 세상을 떠났다.[4]

4) 최순남, 앞의 책, p. 206.
이인정 · 최해경 공저, 앞의 책, pp. 205~206.
C. G. Jung 지음, A. 야페 엮음, 이기춘 · 김성민 옮김, 「융의 생애와 사상」, 현대사상사, 1995.

2. 주요개념

Jung의 분석심리학적 성격이론에서는 인간의 성격구조를 자아(ego), 페르조나(persona), 개인적 무의식(personal unconsciousness), 집단 무의식(collective unconscious) 및 그것의 원형(archetypes)인 아니마(anima)와 아니무스(animus), 음영(shadow)과 성격의 조화와 통일성을 조정하는 전 성격 중후의 셀프(self)로 구성되어 있다고 보았다.[5)]

융의 성격(정신)구조를 그림으로 제시하면 〈그림 Ⅱ-3〉과 같다.

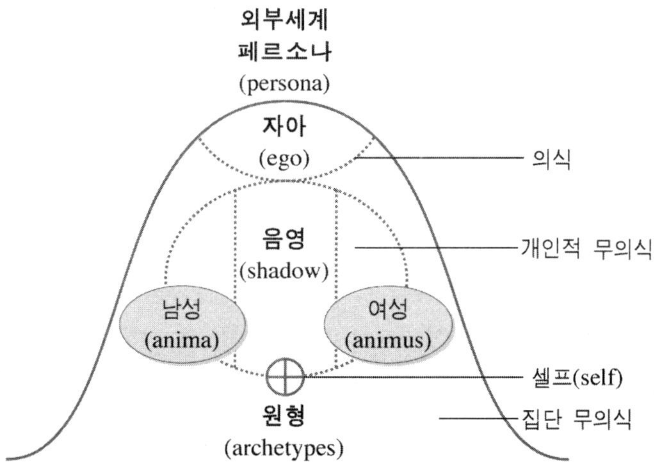

[그림 II-3] 융의 성격(정신)구조

1) 자아(ego)

자아(ego)는 의식되는 정신(마음)이다. 자아는 우리가 의식하는 감정, 생각, 기억, 지각 등으로 구성되어 있다. 자아는 내 마음 속에 있는 나로서, '나'의 감정을 대표하

5) C. S. Hall & G. Lindzey(1978), *Personality theory*, New York: John Wiley & Sons.

며 현실생활을 선택하는 집행자이다.

자아는 의식의 개성화 과정(individuation process)에서 형성된다.

개성화(individuation)란 "한 사람이 정신적으로 '개 - 인'(in - dividual), 즉 독립되어 있으며, 더 이상 나누어질 수 없는 통일체 또는 '전인'으로 되어 가는 과정"을 지칭한다.[6)]

개성화란 또한 자기 자신의 자기(self)로 되어 가는 것을 의미하기도 한다. 개성화의 과정은 성격구조의 여러 체계와의 관계에서 보완, 대립, 통합하는 과정에서 발달한다.

2) 페르조나(persona)

페르조나(persona)는 자아의 가면이다. 즉 밖으로 나타나는 개인의 이미지이다. Jung은 페르조나에 대해 "한 개인이 세상에 적응하기 위해서 사용하고 있는 체계 또는 그가 사용하고 있다고 생각하는 태도를 가리킨다."라고 했다.[7)]

페르조나는 문화의 가면을 쓴 공적 성격(public personality)이다. 그러나 이 페르조나는 사람들이 그 자신과 이 페르조나를 동일시하고 있는 경우에만 위험한 것이다. 즉, 교수들이 자신의 교과서와 자신을 동일시하고 있다든지 테너 가수들이 자신의 목소리와 자신을 동일시하고 있는 경우, 그 때는 위험한 상황이 발생하게 된다.

3) 음영(shadow)

음영은 자신 속에 있는 정열, 충동성, 공격성, 잔인성, 부도덕성 등 Freud의 id와 유사하다. 즉, 음영은 동물적 본능의 근원인 동시에 인간생활의 활력과 추진력이며 삶의 원천이다. 음영은 우리 인격의 열등한 부분, 우리들의 의식이 선택한 태도와 양립할 수 없기 때문에 우리들의 실생활에서는 겉으로 드러나기가 거부되어 상대적으로 자율적인 '인격의 파편'이 되어 무의식 속에서 그것과 반대되는 성향들과 유착되어 있는 개인적이거나 집단적인 심리적 요소들의 총체이다.

---

6) C. G. Jung, *The Archetypes and The Collective Unconsciousness*, C. W. 9, p. 275.
7) C. G. Jung, 앞의 책, p. 649.

Jung은 인간 사이에 일어나는 모든 갈등은 음영투사로 인해 생긴다고 보았다. 즉 대부분의 경우 음영은 부정적이다. 음영은 긍정적인 자기상(self image)과 반대되기 때문이다. 그러나 의식적인 자기상이 부정적인 요소를 포함하는 정도에 따라 무의식적인 음영은 긍정적이 된다.[8] 예를 들면 자신이 매력적이 아니라고 생각하는 젊은 여성은 아름다운 숙녀에 대한 꿈을 꾼다. 그녀는 꿈에서 본 그녀를 어떤 다른 사람으로 생각하지만, 실상은 아름다워지고자 하는 자신의 소망이라고 볼 수 있다.[9]

음영의 원형은 불쾌한 의식, 사회적으로 비난받을 생각, 감정, 행동 등을 일으키는 원인이 된다. 그래서 이것들은 페르조나에 의해 겉으로 가려지거나 개인적 무의식 속에 억압된다.

4) 개인적 무의식(personal unconsciousness)

Jung은 인간의 무의식은 개인적 무의식과 집단 무의식의 두 개의 층으로 구성되어 있다고 생각했다. 개인적 무의식(personal unconsciousness)은 자아와 인접된 영역이다. 개인적 무의식은 Freud의 전의식(preconsciousness)과 같이 조금만 노력하면 의식화될 수 있는 영역에 있다. 음영(shadow)의 대부분은 개인적 무의식 속에 들어있다. 개인적 무의식은 개인이 살아오는 과정에서 억압되고 망각된 모든 사건, 성향, 가정들을 포함하고 있다.[10]

개인 무의식의 내용들은 개인의 인격에 필요불가결한 부분들로 되어 있다. 따라서 매우 잘 의식될 수가 있다.

5) 집단 무의식(collective unconscious)

Jung은 집단 무의식(collective unconscious)의 개념은 융의 성격이론 중에서 가장 독창적이고 특징적인 이론이다. 집단 무의식은 모든 인류에게 공통적으로 유전되

8) C. G. Jung(1961), *Memories, dreams, reflections* (A. Jaffe, E. R. & C. Winston. trans.).
9) C. G. Jung(1933), *Modern man in Search of a Soul* (W. S. Dell & C. F. Banes, trans.), New York: Harvest Book, p. 33.
10) C. G. Jung(1961), ibid, p. 389.

어 정신의 심층에 내재하여 성격의 전체구조의 기반을 이룬다고 주장하였다. 즉 집단 무의식은 인간의 조상 대대의 과거로부터 물려받은 의식, 관습, 문화 등 인간의 잠재적 기억의 장소인데, 그 과거란 인간의 종족적 역사뿐만 아니라 인간 이전의 동물조상의 종족적인 역사까지도 포함한 것이다. 종족적 기억이나 표현은 그것 자체가 유전되지는 않지만, 우리는 과거 세대의 경험을 재생할 수 있는 가능성을 전해받았다.

집단 무의식은 그 어디에나 존재하고 있으며, 변화되지 않고 있는 것들로 형성되어 있다. 그래서 그것은 정신 그 자체의 기반 또는 조건이라고 할 수 있다. 집단 무의식은 성격의 전체구조의 유전적 종족적 기반이다. 이것 위에 자아, 개인적 무의식, 그리고 다른 모든 개인적 획득이 이루어진다. 따라서 인간의 경험의 결과로서 학습하는 모든 것은 집단 무의식에 의해 크게 영향을 받는다. "인간이 탄생하는 세계의 형태는 이미 그가 가상으로 가지고 태어난다. 이 가상의 상과 우리가 사는 세계에 있는 사물과 동일시함으로써 구체적 지각이나 관념이 된다. 이와 같이 인간의 경험에 대한 학습은 대부분 집단 무의식에 의해 형성된다.[11]

집단 무의식은 개인 무의식과 달리 개인적으로 얻어진 것이 아니다. 융은 인류에게 공통적으로 유전되어 온 집단 무의식이 정신의 심층에 존재하고 있다고 보았다. 그 증거로 멀리 떨어져 있는 지역에서의 신화가 서로 비슷한 것을 예로 들 수 있다. Jung은 집단 무의식이 정신의 청사진을 제공한다고 했다. 사람들은 뇌를 통해 마음의 각종 유전적 소질을 가지는데, 특정한 방법으로 생각하고, 느끼며, 지각하고, 행동하는 소질을 가지고 태어난다는 것이다. 그러나 이 소질의 발달과 표현은 전적으로 개인의 경험에 달려 있다. 경험이 많을수록 잠재적 이미지가 표현될 기회가 많아진다. 집단 무의식은 현재의 모든 행동을 지시하므로 성격에 큰 힘을 미치게 된다.[12]

6) 원형(archetypes)

원형(原型)은 모든 인간에게 주어진 인간 정신의 원초적이고 근원적인 핵으로서

11) 최순남, 앞의 책, pp. 210~211.
12) 이인정 · 최해경 공저, 앞의 책, p. 211.

인간의 행동유형을 가능케 하는 힘과 조건이다. 그러나 이 원형은 형태로 존재하는 것이 아니라 잠재적 능력으로서 형태를 형성케 하는 힘을 가지고 있다.[13] 원형이란 그 자체로서는 표현 불가능한 것이며, 무의식적이다. 그리고 이 원형은 우리들에게 선천적으로 주어진 정신구조의 한 부분인 것 같이 생각된다. 그러므로 그것은 언제 어디서나 (그것이 나타날 만한 여건이 갖춰지면, 우리의 의식과 무관하게) 자동적으로 나타날 수 있는 것이다.[14]

원형은 여러 세대를 거쳐 계속적으로 반복되어 온 경험이 마음 속에 축적된 집단 무의식이다. 예를 들면, 태양이 떠올라 한 지평선에서 다른 지평선으로 지나가는 것을 헤아릴 수 없이 많은 세대들이 보았다. 이러한 인상적인 경험의 반복은 결국 태양신의 원형으로 집단 무의식 속에 고정된 것이다. 최고신에 대한 어떤 상이나 개념들은 태양원형에서 갈라져 나온 것이다. 집단 무의식 속에는 무수한 원형들이 있다. 그것들 중에는 탄생, 죽음, 권력, 마술, 영웅, 신, 악마, 대지, 나무, 태양, 달, 바람, 거인, 현자, 어머니의 원형뿐만 아니라 전형적인 인간의 수만큼 무수히 많은 원형이 존재한다고 볼 수 있다.[15]

7) 아니마와 아니무스(anima and animus)

융은 인간은 본질적으로 양성동물이라고 표현했다. 즉 인간은 생리적으로 남성과 여성 모두 양성의 호르몬을 분비하고 있으며, 심리적인 면에서도 남성과 여성 모두에게 양성의 특성이 나타나고 있다. 이러한 양성과 관련하여 남성 속의 여성적 원형을 아니마(anima)라고 했고, 여성 속의 남성적 원형을 아니무스(animus)라고 불렀다. 이러한 원형들은 비록 성염색체와 성선에 의해 결정되지만 남성이 여성과, 여성이 남성과 가졌던 종족적 경험의 소산들이다. 즉, 오랫동안 여성과 함께 생활함으로써 남성이 여성화되고, 남성과 함께 생활함으로써 여성이 남성화되어 온 것이다.

남성은 그의 아니마 덕택으로 여성의 성질을 이해할 수 있고 여자는 아니무스

---

13) C. G. Jung(1961), ibid, p. 380.
14) C. G. Jung, *Civilizatioin in Transition*, C. W. 10, p. 847.
15) 최순남, 앞의 책, p. 211.

덕택에 남성을 이해한다. 이 같이 남성에게 있어서 자아와 아니마, 그리고 여성에게 있어서 자아와 아니무스는 서로 보상적 관계를 갖는다.[16)]

Jung은 양육, 감정, 예술 및 자연과의 일치 등에 대한 역량은 여성적 원리로 보고, 영웅적 주장, 자연의 정복은 남성적 원리로 간주하였다.[17)]

아니마와 아니무스는 꿈, 환상, 문학, 남녀의 상호작용, 신화 속에 나타나는 반대성의 원형이다. 남성이 그의 여성적 본능을 억압하고 경멸하고 홀대할 때, 그는 자신의 창조력과 전체성으로부터 고립되며 여성이 남성적 본능을 억압하는 경우에도 마찬가지이다.[18)]

8) 자기(self)

자기(self)는 중심성, 전체성, 의미를 무의식적으로 추구하는 원형이다.[19)] 의식과 무의식을 포함한 전체 정신의 중심인 자기는 태어날 때부터 존재하는 원형이므로 의식의 중심인 자아(ego)는 의식의 영역밖에 볼 수 없지만 자기(self)는 모든 것을 볼 수 있고 통합시킬 수 있다. 자아와 무의식과의 관계에서 자기(self)는 무의식을 자아에게 전달하는 역할을 한다.

자아(ego)는 의식밖에 볼 수 없기 때문에 의식을 전부라고 여기고 의식의 판단에 따라 행동함으로 무의식과 단절되어 있는데, 이때 무의식은 끊임없이 꿈과 사건 등을 통해서 자아에게 자신의 존재를 알리려고 한다. 이러한 일련의 과정에서 자아가 무의식을 깨닫게 되면 자아는 확대되어 자기(self)에 가까워진다. 자기(self)는 타고난 원형이며, 의식과 무의식을 포함한 전체 정신의 중심이므로 모든 성격체계를 볼 수 있고 통합시킬 수 있는 조정자의 역할을 한다.[20)]

자기(self)의 원형은 중년이 될 때까지 거의 드러나지 않는데 이는 자기가 드러나기 위해서 퍼스낼리티가 개성화(individuated)를 통해 충분히 발달되어야 하기 때문이다.

---

16) 최순남, 앞의 책, pp. 211~212.
17) C. G. Jung(1961), ibid, pp. 379~380.
18) 이민정 · 최해경 공저, 앞의 책, p. 209.
19) C. G. Jung(1961), ibid, p. 386.
20) C. G. Jung(1933), ibid, pp. 12~13.

셀프의 원형은 궁극적으로 자아실현에 있다. 융은 인간의 자아실현은 많은 경험과 노력의 산물로서 중년이 되면 정신에너지가 발달하여 외향적 관심이나 태도가 내향적으로 전환되어 가치체계의 재평가를 시도하기 때문에 자아실현이 가능할 수 있다고 했다.

3. 성격의 발달

융(Jung)은 성격이론의 특징인 원형, 집단 무의식의 개념과 함께 성격발달의 향상성(forward-going)에 강조점을 두었다. 그는 인간이 미숙한 발달단계에서 보다 완전한 단계로 계속 발전하거나 발전을 시도한다고 믿는다. 이러한 발달의 궁극적 목적을 그는 자아실현(self-realization)이라고 하였다. 자아실현이란 전체 성격체계의 조화와 융합을 의미한다.

성격의 발달은 성격구조를 이루고 있는 여러 가지 체계들이 서로 상호작용하면서 이루어진다. 즉 한 체계가 다른 체계의 약점을 보완(보상)하기도 하고, 대립하기도 하며 둘 이상의 체계들이 통합하면서 다음과 같이 발달이 이루어진다.

첫째, 보상(compensation)은 내향성 - 외향성의 대조적인 태도의 상호작용으로 설명될 수 있다. 만약 외향성이 자아에게 지배적이거나 우세한 태도라면 무의식은 내향성의 억압된 태도를 발전시킴으로써 보상한다. 마찬가지로 남성의 자아와 아니마, 여성의 자아와 아니무스는 서로 보상적인 관계를 갖는다. 일반적으로 의식적인 마음의 모든 내용은 무의식적인 마음의 내용에 의해서 보상된다.

둘째, 모든 성격체계 간에 대립(opposition)과 갈등은 계속적으로 나타난다. 자아와 음영 간에, 자아와 개인적 무의식 간에, 페르조나와 개인적 무의식 간에, 집단 무의식과 자아 간에, 집단 무의식과 페르조나 간에 대립이 있다. 자아는 사회의 외적 요청과 집단 무의식의 내적 요청 사이에서 갈등하면서, 그 갈등을 해소하는 과정에서 페르조나가 발전한다.

셋째, 성격체계 간에 대립과 갈등은 통합(integration)을 이루기 위한 과정으로 보인다. 통합은 융이 말하는 초월기능(transcent function)에 의하여 이루어진다. 이 기능의 작용은 대립적인 체계들의 통일을 가져와 균형잡힌 통일된 성격을 형성케 한다. 이러한 성격의 중심이 자기(self)이며, 성격발달은 여러 체계들의 조화와 통일성을 위해 조정자의 역할을 하는 셀프에 의해서 영향받는다.[21)]

21) 최순남, 앞의 책, pp. 220~221.

예상문제

1. 칼 융의 설명을 바르게 연결한 것은?

① 페르소나－자아의 가면
② 음영－무의식
③ 아니무스－남자의 여성적인 면
④ 개성화－집단무의식
⑤ 원형－의식이 분리되는 과정

2. 중년기에 접어들면서 여성이 적극적이고 독립적으로 변해간다는 이론은?

① 융의 분석심리이론
② 피아제의 인지이론
③ 아들러의 개인심리이론
④ 로저스의 현상학적 이론
⑤ 스키너의 행동주의이론

3. C. G. Jung의 심리유형에 대한 설명으로 옳은 것을 모두 고른 것은?

> ㉠ 감각형은 숲은 보고 나무는 못 보는 데 반해, 직관형은 나무는 보고 숲은 못 본다.
> ㉡ 직관형과 감각형은 비합리적이고, 감정형과 사고형은 합리적이다.
> ㉢ 자아의 심리적 기능을 사고, 감정, 감각, 직관이라고 보았다.
> ㉣ 자아의 기본적 태도를 내향성과 외향성으로 나누었다.

① ㉠, ㉡
② ㉠, ㉡, ㉢, ㉣
③ ㉡, ㉣
④ ㉢, ㉣
⑤ ㉡, ㉢, ㉣

4. 융의 이론에서 개념 정의로 옳은 것은?

> ㉠ 그림자 : 스스로 의식하기 싫은 부정적 측면
> ㉡ 아니마 : 여성의 남성적 측면
> ㉢ 페르소나 : 개인의 외부에 보이는 이미지
> ㉣ 자아(ego) : 인격의 원형적 조직의 통합체로서 통합하려는 속성

① ㉠, ㉡, ㉢ ② ㉠, ㉢ ③ ㉡, ㉣
④ ㉣ ⑤ ㉠, ㉡, ㉢, ㉣

5. 다음 중 융(C. G. Jung)의 주요 개념을 바르게 설명한 것은?

① 페르소나는 영적인 특질을 가진 창조적 생명력이다.
② 아니마는 무의식 속에 존재하는 여성의 남성적인 면이다.
③ 음영은 생명을 유지, 발전시키고 사랑하게 하는 본능이다.
④ 원형은 성적 충동과 공격적 충동에 대한 무의식적 과정을 통해 이루어진다.
⑤ 콤플렉스는 특수한 종류의 감정으로 이루어진 무의식 속의 관념 덩어리이다.

6. 다음 중 융의 분석심리학이론에 관한 설명 중 틀린 것은?

① 리비도라는 성적 에너지를 중시했다.
② 음영은 자신의 어두운 측면과 무의식의 부정적인 측면을 포함한다.
③ 의식의 세계와 무의식의 세계가 융화되어 양쪽이 모두 자유롭게 발달되도록 허용되어야 한다는 관점이다.
④ 무의식은 자신의 부정적인 측면과 긍정적인 측면의 균형을 이루려고 한다.
⑤ 아니마는 남성 속의 여성성이다.

7. 칼 융의 '여성이 남성화하려는 개념'을 일컫는 말은?

① 아니마 ② 아니무스 ③ 페르소나
④ 집단 무의식 ⑤ 개인 무의식

8. 문제가 되는 성격형성의 요인에 대한 학자들의 주장으로 틀린 것은?

① 프로이트 – 이전 발달단계에서의 고찰
② 에릭슨 – 심리사회적 위기에 대한 대처의 실패
③ 아들러 – 잘못된 생활양식
④ 로저스 – 자기의 본성을 이해하지 못하고 정신의 전체성에서 벗어남
⑤ 스키너 – 잘못된 학습의 결과

9. 융이 말하는 무의식 속에 존재하는 남자의 여성적인 면, 혹은 여자의 남성적인 면은?

① 페르소나 ② 집단 무의식 ③ 아니마와 아니무스
④ 그림자 ⑤ 음영

10. 자신 속에 있는 정열, 충동성, 공격성, 잔인성, 부도덕성 등 프로이트의 id와 유사한 성격구조를 융은 무엇이라 하였나?

① 아니마　② 아니무스　③ 집단 무의식
④ 음영　⑤ 개인 무의식

정답 1. ① 2. ① 3. ⑤ 4. ② 5. ⑤ 6. ① 7. ② 8. ④ 9. ③ 10. ④

제5장

행동주의 학습이론

1. Pavlov의 행동주의 학습이론
2. Skinner의 행동주의 학습이론
3. Bandura의 사회학습이론

행동주의 학습이론은 다른 어떤 이론이나 모델보다도 인간을 환경 속에서 보려고 하고 개인과 환경 사이에서 일어나는 거래를 향상시키고 클라이언트의 생활기술을 증진시키며 환경을 변화시키기 위하여 계획된 직접적인 개입 활동에 초점을 두고 있다.[1] 행동주의 학습이론에서는 인간의 외형적인 행동이 환경에 의해 획득되고 수정된다고 보고 있다. 행동주의의 대표학자로는 Watson을 들 수 있다.

Watson은 환경이 아동의 발달을 형성하는 큰 힘을 갖고 있다고 보고, 인간성격에 대한 초기의 훈련은 한 아동을 어떤 종류의 성인으로도 만들 수 있다고 했다. 그는 "나에게 12명의 건강한 아이들과 내 자신이 그들을 키울 수 있는 세계를 제공해 준다면, 나는 그들 중 한 아기를 택하여 내가 원하는 유형의 인간, 즉 의사, 변호사, 마술가, 상인, 우두머리 혹은 거지나 도둑으로 까지도 훈련시킬 수 있다." 라고 하였다.

행동주의 이론에 의하면 인간은 학습을 통하여 지식과 언어를 습득하고, 태도와 가치를 형성하며, 수공능력을 터득하고, 두려움과 기쁨을 경험하고, 자신에 대한 통찰력을 기른다고 한다. 이러한 학습은 그 개인에게 주어진 환경의 조건이 어떠하냐에 따라 결정된다. 스키너 이론의 핵심은 강화의 원리이다. 스키너의 조작적 조건화를 이해하기 위해서는 파블로프의 고전적 조건형성을 이해해야 한다. 조작적 조건형성이론은 행동수정(behavior modification)에 활용된다. 행동수정이론에서는 사회적으로 적합한 행동을 강화하고 그렇지 못한 행동은 소거시키면서 행동장애를 수정한다.[2]

사회학습이론에서는 행동을 관찰이나 모델을 통해서 학습하며, 관찰된 행동이 행동적인 재생산을 하기 이전에 내적인 인지적 과정에 의해 먼저 형성된다고 한다. 즉, 인간의 행동은 사고나 미래에 대한 예견과 같은 인지능력의 중요성에 대한 인식을 한다는 것이다. 인간은 어떤 모델이 행동하는 것을 보고 학습하므로 시행착오를 거치지 않고, 전적으로 관찰만을 통해서도 학습이 가능하다는 것이다.

그러므로 본 장에서는 Pavlov의 고전적 조건화, Skinner의 조작적 조건화, Bandura의 사회학습이론에 대해 자세히 살펴보고자 한다.

---

1) R. A. Dorfman(Ed.), 임상사회사업연구회 역, 「임상사회사업기술론」, 홍익재, 1991.
2) 최순남, 앞의 책, pp. 235~236.

1. Pavlov의 행동주의 학습이론

1) Pavlov의 실험[3]

고전적 조건형성 또는 고전적 조건반사설은 소련의 생리학자인 파블로프(Ivan P. Pavlov, 1849~1936)에 의하여 주장된 이론이다. 처음에는 그냥 조건반사이론으로 알려졌으나, 후에 스키너(B. F. Skinner, 1904~1990)의 작동 조건형성설(operant conditioning)이 나오면서 이와 구별하기 위하여 고전적 조건형성이론이라고 명명하게 되었다.

동물은 생득적(生得的)으로 어떤 자극에 대해서 자동적으로 반응하는 경향을 가지고 있다. 예컨대, 갑자기 강한 빛을 눈앞에 비추면 동공을 수축하는 동공반사, 무릎을 망치로 살짝 때리면 다리가 튕겨오르는 무릎반사, 맛있는 음식을 보면 침이 저절로 나오는 타액반사 등은 유기체의 생리상 본래부터 가지고 있는 경향으로서 이를 반사(反射)라고 부르며, 학습하지 않고서도 하게 되는 것이 특징이다.

Pavlov(1927)는 러시아의 성 페테부르크(St. Petelsburg) 군의학교 생리학 교수이자 노벨 생물학상 수상자(1904)로서 원래 개의 소화기능에 관심을 가지고 소화액 분비에 관한 실험을 시작하였다. 그런데, 개에게 음식을 주는 시간을 알리기 위하여 종을 쳤는데, 개가 종소리만 듣고도 침을 흘리는 현상을 발견하고, 연구의 방향을 바꾸어 이에 관한 조직적 연구를 하게 되었다.

먼저 실험장치를 보면, 온도와 조명이 일정한 방음실을 준비하고 그 안에 미리 설치한 고정된 멍에에 개를 맨다. 이것은 개의 움직임이나 방안의 온도 또는 소음이 개의 행동에 영향을 미치지 못하게 하려는 의도에서 설계된 것이다. 실험에 앞서 개의 턱밑에 간단한 수술을 하여, 귀밑 침샘의 관이 밖으로 나올 수 있도록 구멍을 뚫어 침이 나올 때 이를 모아 침의 양을 측정할 수 있도록 장치하였다.

3) 이성진 외 공저, 앞의 책, pp. 158~160.

한편 실험자는 밖에서 창문을 통해 개의 행동을 관찰할 수 있게 하였다.

Ivan Pavlov

[그림 II-4] Pavlov가 고안하여 사용한 고전적 조건형성 실험장치

이와 같은 실험상황에 개가 익숙해졌을 때부터 본격적인 실험이 시작되었다. 먼저 종소리를 울리고 수 초 뒤에 소량의 고기를 개가 먹도록 주었다. 즉 공복의 개에게 하루 5~10회씩 계속하여 3~30초씩 종소리를 들려주면서 이와 짝지어 고기를 주었더니, 나중에는 종소리만 듣고도 고기를 주었을 때와 똑같은 타액분비반응을 유발하였다. 즉, 원래는 고기에 대해서만 침을 흘리던 개가, 이 실험이 반복되면서 종소리만 듣고서도 침을 흘리게 되었다.

Pavlov는 이 실험에서 침을 흘리게 하는 고기를 무조건자극(UnConditioned Stimulus : UCS)이라 부르고, 개가 고기를 보고 침을 흘리는 행동을 무조건반응(UnConditioned Response : UCR)이라고 불렀다. 무조건반응이란 무조건자극 때문에 유발된 반응을 말한다. 그리고 개에게 음식을 줄 때마다 종을 울리면 일정기간이 지난 후, 개는 종소리만 듣고 음식을 보지 않고서도 침을 흘리게 되었는데 이런 현상을 조건화(Conditioning)라 하고, 종소리만 듣고도 침을 흘리는 행동을 조건반응(Conditioned Response : CR)이라고 불렀다. 이와 같은 일련의 조건형성과정을 고전적 조건형성이라고 부른다.

위의 내용을 그림으로 제시하면 다음의 [그림 II-5와 같다.

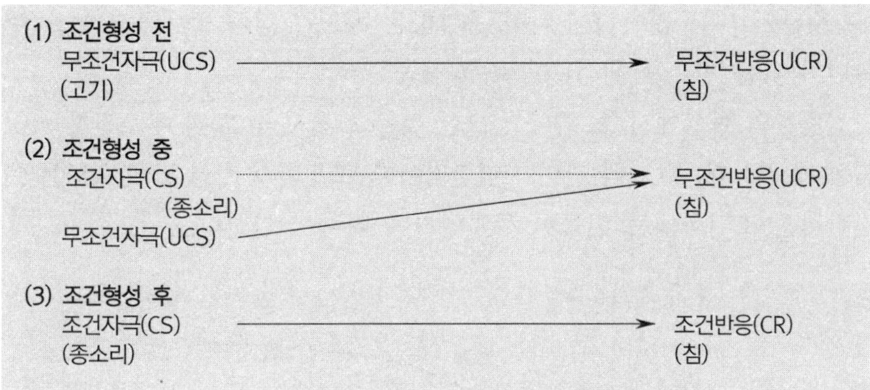

[그림 II-5] 고전적 조건형성의 과정

또 다른 실험에서 Pavlov가 개에게 먹이를 줄 때 점등 불빛을 제시하여 전등이 켜질 때마다 음식을 주는 것을 여러 차례 반복하였더니 불빛만 제시하여도 개는 타액분비의 반응을 일으켰다. 즉, 개는 불빛에 대해서도 반응하는 조건형성이 된 것이다. Pavlov는 음식물을 주면 아무 조건 없이 반사적으로 타액을 분비하는 반응을 일으킨다는 점에 착안하여 이 반응을 무조건반응(Unconditioned Response)이라고 명명하고, 음식을 무조건자극(Unconditioned Stimulus)이라고 불렀다. 불빛과 음식을 짝지우는 조건 하에서 음식이 연합되는 조건 하에서 타액이 분비될 수 있으므로 이를 조건자극(Conditioned Stimulus)이라고 불렀고, 조건자극(빛)에 따른 반응을 조건반응(Conditioned Response)이라고 불렀다.

2) 고전적 조건형성의 주요원리4)

(1) 조건반사의 형성

조건반응이 형성되려면, 무조건자극(UCS)과 조건자극(CS)이 짝지워지는 횟수와 두 자극 간의 시간간격이 매우 중요하다. 조건자극과 무조건자극은 짝짓는 횟수가 증가하면 할수록 일정한 수준까지는 조건반응의 강도가 급속도로 증가한다. 그런

4) 이성진 외 공저, 앞의 책, pp. 160~163.
대한신경정신의학회 편, 앞의 책, pp. 117~118.

데 그 횟수가 더욱 많아짐에 따라 증가하는 속도가 점차 줄어들고 어느 수준에 이르면 증가를 멈추게 된다(그림 II-6 참조).

조건반응의 형성에서 또 하나 중요한 것은 조건자극(CS)과 무조건자극(UCS)을 짝지워 제시할 때, 두 자극 간의 시간간격이다. 조건화가 가장 잘 형성되는 이상적 시간간격은 조건화되는 반응이 무엇인가에 따라 상이하다.

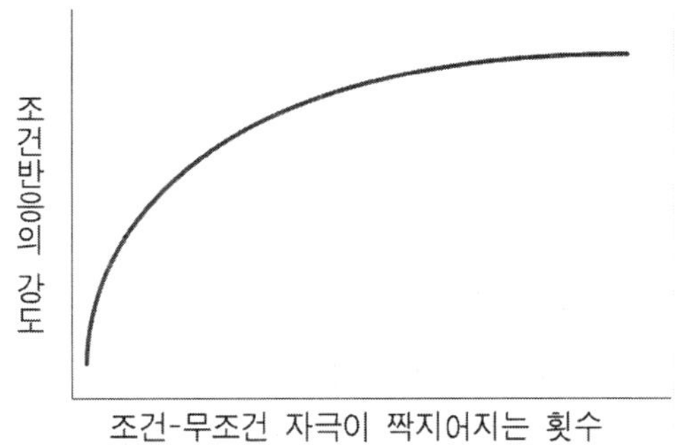

[그림 II-6] 조건반응의 형성

일반적으로 조건자극(CS)을 무조건자극(UCS)보다 0.5초 정도 먼저 제시했을 때, 조건자극과 조건반응이 가장 강하게 연결된다.

(2) 자극의 일반화

어떤 특정의 조건자극에 대한 조건반응은 이 조건자극과 유사한 다른 자극에 의해서도 유발되는데, 이와 같은 현상을 자극의 일반화라고 한다. 이것은 조건화가 완전히 형성되기까지는 무조건자극(고기)에 결부된 조건자극(종소리)과 유사한 자극에 대하여 모두 조건반사가 일어나는 현상이다. 일반적으로, 두 번째 제시되는 자극이 원래의 조건자극과 비슷하면 할수록 일반화가 잘 일어나고, 다르면 다를수록 일반화의 양은 적어진다. 자극일반화는 자극의 유사성에 대한 반응이다.

예를 들면 500데시벨(dB)의 소리굽쇠의 소리를 사용했을 때 450dB이나 550dB의 소리굽쇠의 소리에도 개가 조건반응을 나타내며, 데시벨이 점점 낮아지거나(예: 400, 300) 높아지면(예: 600, 700) 자극일반화의 강도가 체계적으로 감소된다.

(3) 변별

조건화가 진행되는 과정에서는 조건자극과 유사한 모든 자극에 대하여 반응하지만, 점차 변별력이 생겨서 자극을 변별하며 반응하게 된다. 즉, 조건화가 완전하게 이루어지면 최초부터 주어졌던 조건자극에 대하여서만 조건반응이 나타나고 유사한 자극에는 조건반응이 일어나지 않는다. 이러한 현상을 자극변별(stimulus discriminaion)이라고 한다. 예를 들면 최초에 주어졌던 조건자극인 종소리에는 조건반응이 일어났지만 휘파람 소리나 사이렌 소리 같은 자극에는 조건반응이 일어나지 않는 것을 말한다.

(4) 소거

일단 조건반응(CR)이 형성된 후에라도 무조건자극(UCS)은 주지 않고 조건자극(UCS)만을 계속해서 제시하면, 조건반응은 점차 약해지고 마침내는 반응 자체가 일어나지 않게 된다. 이와 같이 반응 자체가 일어나지 않게 되는 현상을 소멸 또는 소거(extinction)라고 한다. 소거는 일시적 억압현상으로 보여진다.

고전적 조건화(classical conditioning)의 초기에는 조건자극에 대해서 조건반응이 일어나지 않으나, 조건자극에 이어 주어지는 무조건자극을 연관시키는 강화(reinforcement)를 여러 차례 시켜 주면 조건반응이 획득된다. 획득(acquisition)된 조건 형성은 영원히 계속되는 것은 아니다. 예를 들면 개에게 종소리만으로 침을 분비하도록 훈련을 시킨 후 조건자극인 종소리만을 3분 간격으로 6번 쳐 주었는데, 6번째에는 침을 분비하지 않아 획득된 조건반응이 사라졌다. 즉, 무조건자극이 없이 조건자극만 계속 주면 획득된 조건반응이 사라지는 소거현상(extinction)이 나타났다.

(5) 자발적 회복과 재조건 형성

소거현상에 의하여 조건반응이 일어나지 않게 된 후, 조건자극도 무조건자극도

전혀 제시하지 않다가, 무조건자극을 다시 제시하면 소거되었던 것으로 보이던 조건반응이 다시 회복되는 경향이 있다. 이것을 자발적 회복(spontaneous recovery)이라고 한다. 자발적 회복이 생긴 이후 계속해서 조건자극과 무조건자극을 짝지어 제시하면, 조건반응은 곧 원래의 강도를 되찾게 된다. 이러한 현상을 재조건 형성(reconditioning)이라고 한다. 재조건 형성은 처음 조건형성될 때보다 시간이 단축되어 빨리 이루어지는데, 이것은 소거가 이루어진 후에도 원래 조건형성되었던 것이 어느 정도 남아 있었기 때문이다.

(6) 고차적 조건형성

어떤 조건자극이 일단 조건반응을 유발하는 힘을 획득하고 난 다음에는, 그 조건자극은 다른 제2의 자극과 짝지워졌을 때, 제2의 자극에 대한 무조건자극이 되어 새로운 조건반응을 일으키는 자극력(刺戟力)이 될 수 있다. 다시 말하면, 조건화가 형성된 이후에 조건자극을 무조건자극으로 하고, 조건반응을 무조건반응으로 하여 또 다른 조건반응을 형성할 수 있다. 이것을 이차적 조건형성(secondary conditioning)이라고 한다. 이런 방식으로 제3, 제4의 조건자극을 만들어 낼 때, 이러한 절차로 이루어진 형성을 고차적 조건형성(higher-order conditioning)이라고 부른다.

Pavlov는 종소리와 고기를 짝지워 강화시켜 개가 침을 흘리도록 훈련시킨 다음, 종소리를 검은 사각형과 반복 대응시켰더니 나중에는 검은 사각형만 제시하여도 타액분비 반응을 일으키는 것을 보고, 이를 2차 조건형성(secondary conditioning)이라고 했다.

개의 경우에는 3차 조건형성(tertiary conditioning)도 가능하다는 사실을 발견하였으나 그 이상은 불가능하였다. 인간의 경우에는 3차 이상의 고차적인 조건형성(higher order conditioning)도 가능하다는 것이 입증되었다.

2. Skinner의 행동주의 학습이론

1) Skinner의 생애[5)]

B. F. Skinner

스키너(Burrhus Frederic Skinner)는 1904년 3월 2일 펜실베니아의 스키하나에서 태어나 화목하고 안정된 가정에서 성장했다.

그의 아버지는 변호사였으며, 그의 어머니는 쾌활하고 아름다웠으며, '선(善)'에 대한 확고한 기준을 가지고 있는 사람이었다.

스키너는 성장하는 과정에서 썰매, 마차, 뗏목, 그네, 연, 롤러스케이트, 새총, 모형비행기 등 물건을 만드는 것을 즐겼다. 심지어는 자신이 탈 글라이드를 만들려고 했다. 움직이는 기계를 디자인하고 만들어 보는데 열중했던 스키너의 관심이 후에 관찰행동을 변형시키는 데에 대한 관심으로 열중되었다. 그는 고등학교를 졸업한 후, 해밀튼 대학에 진학했다. 대학에서 스키너는 영문학을 전공했으며, 자신의 음악, 미술, 작문과 생물학에 대한 식견을 높이 평가한 한 가정에서 가정교사를 하기도 했다. 또 그는 여러 가지 짓궂은 짓을 하기도 했다. 친구들과 함께 당시 유명한 영화배우며 코미디언이었던 찰리 채플린이 그 대학을 방문한다는 등의 거짓소문을 퍼뜨리는 장난도 했으며(많은 관중들이 헛걸음만 했다), 학생 신문인 Phi Beta Kappa를 공격하기도 했다. 또 동료 학생들과 함께 졸업식 예행연습 도중 소동을 벌여 학장으로부터 징계를 받기도 했다. 그는 대학을 졸업한 후 작가가 되려고 했으나 실패하고 하버드 대학 심리학과 대학원에서 동물행동을 전공해서 1931년 박사학위를 받고 여러 대학에서 교수와 연구자로 탁월한 업적을 남겼다. 1936년에 결혼하여 두 딸을 두었으며 1990년 10월 18일 사망하였다.

---

5) D. Robert, Nye 지음, 이영만 · 유병관 옮김, 「프로이트 · 스키너 · 로저스」, 중앙적성출판사, 1999. pp. 51~52.

스키너가 처음 출판한 주요저서는 『유기체의 행동』(The behavior of Organism, 1938)이다. 그 후의 저서로는 『월덴 투』(Walden Two, 1948),[6] 『과학과 인간의 행동』(Science and Human Behavior, 1953), 『언어적 행동』(Verbal Behavior, 1957), 『수업공학』(The Technology of Teaching, 1968), 『강화의 조건부』(Contingencies of Reinforcement, 1969), 『자유와 존엄을 넘어』(Beyond Freedom and Dignity, 1971), 『행동주의에 관하여』(About Behaviorism, 1974), 『행동주의와 사회에 대한 고찰』(Reflections on Behaviorism and Society, 1978) 등이 있다.

2) Skinner의 조작적 조건화 실험[7]

Skinner는 스스로 Skinner box라고 명명한 조그마한 실험상자를 만들어 실험하였다. Skinner상자는 여러 번 개조하였는 바, 보통으로는 철망마루, 빛(전구), 지렛대 및 먹이통을 갖추고 있다. 동물이 지렛대를 누르면 배식기계가 작동하여 먹이가 먹이통에 나오도록 되어 있고, 실험자에 의하여 조작이 가능한 전구가 지렛대에 부착되어 있다(그림 II-7 참고).

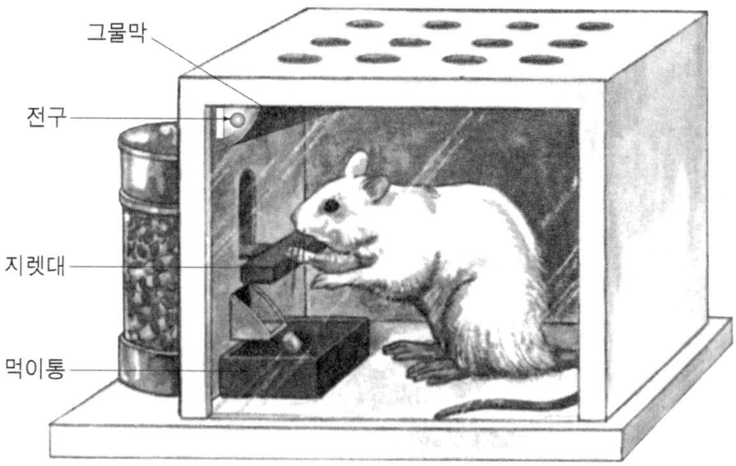

[그림 II-7] Skinner box의 내부그림

6) 『Walden Two』는 이상향 소설이고, 『자유와 존엄을 넘어』는 행동주의 원칙을 사회비판으로 확대시킨 것이다.

7) 이성진 · 이찬교 · 정원식 공저, 「교육과 심리」, 한국통신대학출판부, 1990, pp. 164~165.

Skinner는 우선 실험동물인 흰쥐(때로는 비둘기)를 박탈 스케줄(deprivation schedule)에 따라 훈련한다. 박탈 스케줄이란, 흰쥐에게 먹이를 강화인으로 사용하기 위하여, 실험 전 며칠 간 23시간 동안 먹이를 박탈하고 1일 1회만 먹도록 순응시키는 것을 말하는데, 먹이의 양도 조절하여 자유로이 먹이를 먹을 때의 체중의 80%를 유지시킨다. 이렇게 며칠 동안 박탈 스케줄을 거치게 한 다음, 흰쥐를 Skinner box에 넣는다. 흰쥐는 상자 안에서 쉬지 않고 계속 움직이면서 새로운 환경을 탐색하다가, 우연히 지렛대를 눌러 먹이가 먹이통에 떨어지는 것을 보고 이를 먹고는, 다시 지렛대를 누르는 행동을 계속하게 되었다. 이때 먹이는 지렛대를 누르는 행동을 강화시켜 주어, 지렛대 누르는 행동이 증가되었다. 다시 말하면, 지렛대 누르는 반응은 먹이라는 강화를 받았기 때문에 반복된 것이며, 다시 누르면 또다시 강화를 받았기 때문에 지렛대 누르는 반응은 증가하게 되었다. 이러한 절차가 반복됨에 따라 흰쥐는 지렛대 누르는 반응을 학습하게 된다. Skinner는 흰쥐가 이러한 행동을 통하여, 환경에 스스로 작용함으로써 어떤 결과를 생성해 내는 것을 조작(operant)이라고 하고, 이와 같은 절차로 되는 과정을 조작적 조건형성(operant conditioning)이라고 불렀다.

3) 조작적 조건형성의 주요원리[8)]

(1) 반응적 행동(respondent behavior)

"반응적"이란 용어는 구체적인 자극에 의해 유발되는 구체적인 행동을 뜻한다. 또 이런 행동은 반사적인 반응(reflexive-type)을 뜻하며, 자극이 행동보다 먼저 나타나게 된다. 예를 들어, 불빛의 밝기가 변화하면 동공은 반사적인 반응을 보이며, 눈에 강한 바람을 불어넣으면 눈이 깜박거리는 반응이 일어나며, 무릎의 슬개골 근육을 두드리면 무릎이 움직이는 반사가 나타나고, 끝이 날카로운 물체에 손이 닿으면 그 물체에서 손을 피하는 반응을 보인다.

반응적인 행동으로는 눈깜빡임, 무릎반응, 타액분비 반응, 공포반응 등이 있다.

---

8) D. Robert, Nye 지음, 앞의 책, pp. 60~85.
이성진 외 공저, 앞의 책, pp. 165~170.
대한신경정신의학회 편, 앞의 책, pp. 120~122.

(2) 조작적 행동

조작적 행동은 환경을 조작해서 어떤 결과를 낳게 되는 행동이다. 즉, 조작적 조건화에 의해 습득된 행동을 말한다. 이 행동은 유발되는 것이 아니라 방출되는 것이며, 이것은 능동적인 유기체의 특성이다. 스키너는 방출된 반응과 그 결과에 대한 연구가 심리학의 기본적인 탐구내용이라고 생각했다.

조작적 행동은 읽기, 쓰기, 악기 연주, 식사, 운전 등이 있다. 사람들이 일상생활에서 하고 있는 중요한 행동들의 대부분이 조작적 행동이다. 사람에 따라 행동상의 차이를 보여주는데, 조작적 조건형성 개념은 이런 차이를 설명하는 데 도움이 된다.

방출된 행동은 어떤 결과를 가져오는가? 스키너의 행동분석에서 가장 중요한 개념은 강화(reinforcement)이다. 어떤 행동이 강화를 받으면 그 행동은 더욱 강해진다. 즉 장차 그와 유사한 상황에서 그런 유형의 행동이 다시 나타날 가능성이 증가된다. 그러나 반드시 동일한 행동이 반복된다는 뜻은 아니다. 즉 그런 효과를 가져다 줄 수 있는 유사한 행동이 일어날 수도 있다는 것이다. 단순히 어떤 특정의 행동이 아니라 비슷한 유목에 속하는 모든 행동들이 강화된다(스키너는 어떤 결과를 가져오는 반응들을 "조작적인 반응"이라고 했다).

(3) 변별 자극

조작적 행동도 특정 자극의 영향을 받을 수 있다. 예를 들어, 비둘기를 스키너 상자에 넣고 불이 켜졌을 때에만 원판을 쪼는 행동을 강화한다. 불이 켜지지 않았을 때에는 원판을 쪼아도 강화를 받지 못한다. 이런 과정이 반복되면 결국 비둘기는 불이 켜져 있을 때만 원판을 쪼게 된다. 즉 불이 켜지면 원판을 쪼는 행동이 나타난다. 이때 불빛은 변별자극이 되며, 비둘기가 원판을 쪼는 행동을 통제하게 된다. 여기에서 형성된 자극과 반응 사이의 관계는 반응적 조건형성에서와 같은 것이 아니다. 즉 원판을 쪼는 행동은 방출된 행동이지, 특정 자극에 의해 유발된 것이 아니다. 비둘기가 원판을 쪼는 행동을 방출하고 불빛이 커져 있을 때만 강화를 받게 되면, 그 행동은 불빛 자극과 어떤 관계를 가지게 된다. 어떤 반응이 특정한 경우에만 강화를 받을 수 있기 때문에, 특정자극이 제시되었을 때만 반응이 일어난다면 변별(discrimination)이 형성된 것이다. 예를 들어, 어린 유아는 부모가 곁에 있다는 것과 "엄마"나 "아빠"라는 언어적 반응에 대한 강화가 연합됨을 알기 때문에, 부모가 있을 때만 "엄마"나 "아빠"라고 부르는 것을 학습하게 되는 것이다.

사람들은 일상생활에서 여러 가지 변별을 하도록 조건형성된다. 예를 들어, 운전할 때 파란불이 켜지면 지나가고 빨간불이 켜지면 정지하는 경우처럼, 사소한 것과 중요한 것을 변별한다.

변별 자극은 바람직한 결과를 얻기 위해 어떤 행동을 선택해야 할지를 암시해 준다. 만약 변별이 존재하지 않는다면 부적절한 반응을 더 자극하게 될 것이다.

(4) 강화

스키너는 행동의 결과로 일어날 수 있는 강화에는 두 가지, 정적 강화(positive reinforcement)와 부적 강화(negative reinforcement)가 있다고 했다. 이 두 가지 강화는 모두 반응의 가능성을 증대시킨다. 즉 행동을 강화한다. 정적 강화에는 반응을 하고 난 이후에 정적 강화물이 제시된다. 정적 강화물은 어떤 행동이 일어난 직후에 주어졌을 때 그 행동이 일어날 확률이 높아지는 자극이다. 예를 들어, 음식, 물, 성적 접촉 등과 같은 것을 제시하는 것인데 이것을 정적 강화 자극이라고 한다. 부적 강화물은 어떤 행동이 일어난 직후에 제거했을 때 그 행동이 점차 일어날 확률이 높아지는 자극을 말한다. 예를 들어, 견디기 힘든 추위나 더위, 아주 큰 소음, 위협, 전기충격과 같은 어떤 것을 제거시켜 줌으로써 어떤 행동이 일어날 확률을 높이는 것으로 이것을 부적 강화 자극이라고 한다. 이 두 가지 강화의 효과는 동일하며, 모두 반응의 확률이 증가한다.

요약하면, 강화는 행동의 반응 가능성을 증가시키는 것을 말한다. 강화에는 긍정적인 강화(positive reinforcement)와 부정적인 강화(negative reinforcement)가 있다. 긍정적인 강화는 행동에 대한 보상을 주고, 부정적인 강화는 불쾌한 경험으로부터 회피할 수 있게 하는 것을 의미한다. 긍정적 강화나 부정적 강화 모두 그 결과는 반응률을 증가시키는 것이다.

긍정적인 강화는 다시 사회적인 강화와 물질적인 강화로 나눌 수 있다.

사회적인 강화는 칭찬, 미소, 껴안아 주기, 토닥거려 주기, 머리 쓰다듬어 주기 등 돈이 들지 않고 강화를 받을 수 있는 것이고 물질적인 강화는 장난감 돈, 선물,

토큰, 음식, 간식 등 물질적인 것을 주는 것이다. 그러나 인간은 물질적인 강화보다는 사회적인 강화에 더 강하다고 한다. 부적인 강화는 지나친 빛, 지나친 추위, 고음, 전기쇼크 등이 있는데, 어떤 반응이 나타나면 부적인 강화물이나 혐오자극을 철회하는 것을 말한다. 예를 들면, 숙제를 해오면 화장실 청소를 시키지 않는다거나, 지각을 하지 않으면 운동장을 몇 바퀴 돌지 않게 하는 것 등이다. 오줌을 싸지 않는 행동이 나타나면 전기쇼크를 받지 않아도 되는 것이다.

긍정적인 강화물이 되려면, 먼저 그것을 획득함으로써 반응의 가능성이 증대되는가를 밝혀 보아야 한다. 또 부정적인 강화물의 경우에도 그것을 철회함으로써 반응의 가능성이 증가하는가를 먼저 검토해 보아야 한다.

스키너는 부적 강화보다는 정적 강화를 더 선호했다. 그는 어떤 상황을 회피하기 위해 행동을 하는 경우(부적 강화의 경우)보다는, 행동을 한 결과로 어떤 것을 획득할 수 있을 때(정적 강화의 경우)가 가장 좋다고 생각했다. 어떤 상황에서는 부적 강화물이 제공된다. 예를 들어, 학교생활 중에서 공부가 따분하고 지루할 때, 그런 상황에서 학생들을 해방시켜 주는 행동은 매우 부적으로 강화된다. 부적 강화의 효과, 즉 부적 강화물을 제거하는 행동은 그 빈도가 증가한다는 것이다. 수업 중에 공상을 하거나 수업을 방해하는 행동 등은 학생들을 혐오적인 학습환경(부적 강화물)에서 해방시켜 주며, 따라서 이런 행동이 자주 나타나리라는 것을 기대할 수 있다. 그 결과로 학생들은 이런 행동을 규칙적으로 방출하도록 조건형성될 것이다. 매우 귀찮고 지루한 작업을 해야 하는 경우에도 이와 유사한 과정이 작용한다. 공장 근로자들은 커피를 오래 마시거나 자주 아파서 결근을 함으로써 이런 작업(부적 강화물)을 회피하도록 조건형성된다. 정적이든 부적이든 강화는 인간의 여러 행동을 형성하는 열쇠가 된다.

(5) 벌

벌(punishment)이란 어떤 사람에게 그가 원하는 어떤 것을 빼앗아가거나 또는 원하지 않는 어떤 것을 줌으로써 반응을 약화시키는 절차를 말한다. 즉 벌이란 그것을 받은 사람이 또다시 같은 방식으로 행동하는 경향이 줄어들 것이라는 전제 위에서, 행동 목록으로부터 거북하고, 위험하고 또는 원하지 않는 행동을 제거시키기 위하여 설계된 것이다. 따라서 반응을 증가시키는 강화와 다르다. 강화에서는 반응의 빈도가 올라가는데, 벌에서는 반응의 빈도가 내려간다. 때로는 벌과 부적 강화를 혼동하는 수가 있으나, 벌은 반응 빈도의 감소의 효과를 가져오고 부적 강화는 반응 빈도의 증가의 효과를 초래한다.

벌에는 가하는 벌과 감하는 벌의 두 종류가 있다. 가함으로써 벌하는 것은 어떤 반응 뒤에 혐오자극(부적 강화물)을 가하는 것이고 (예를 들면 숙제를 해오지 않은 학생에게 종아리를 때리는 것), 감함으로써 벌하는 것은 어떤 반응 뒤에 정적 강화물을 박탈하는 것이다(예를 들면 수업시간에 싸운 학생은 체육시간에 운동에 참여하지 못하게 하고 운동장에서 있게 하는 경우).

벌의 효력을 극대화하려면 첫째, 벌은 벌을 받아야 할 특정한 행동이 일어날 때마다 반드시 주어져야 한다. 둘째, 벌을 받는 행동이 비슷한 시기에 보상을 받으면 안 된다. 벌의 효과가 오래 지속되려면 벌이 아주 강한 것이어야 한다. 셋째, 벌은 벌을 받을 만한 행동이 일어났을 때 가능한 한 즉시 주어져야 한다.

(6) 행동의 조성

행동의 조성은 복잡한 행동이나 기술을 학습시키는 과정이다. 스키너는 조작적 조건형성의 행동조성 방식은 조각가가 조각품을 만드는 방법과 유사하다고 지적했다. 스키너 상자 속의 쥐가 음식을 먹기 위해 지렛대를 누르거나, 수업 중인 학생들의 읽기나 쓰기 등과 같은 조작적 조건형성에 의한 행동은 한꺼번에 나타나는 행동은 아니다. 이런 행동들은 연속적인 단계를 거쳐 조성된다. 조성(shaping)이란 유사한 반응에 대해 연속적으로 차별적 강화를 하는 과정을 의미한다. 즉 의도한 반응에 근접한 반응을 해야 계속 강화를 받을 수 있다. 말하기를 열심히 배우고 있는 유아를 생각해 보자. 처음에는 단어와 비슷하게 발음하면 항상 강화를 받는다. 그러나 나중에는 이런 반응에 대해서는 강화를 주지 않으며, 더 유사한 발음을 해야 강화를 받는다. 그러다가 마침내 매우 정확하게 발음했을 때만 강화를 받게 된다.

이런 조성의 결과로 잘 읽고 쓰는 것을 학습하거나, 뛰어난 운동선수가 되기도 하며, 조심스럽게 차를 운전하거나, 고도의 기능을 요구하는 작업을 하게 되는 등 바람직한 행동이 나타나게 된다.

(7) 행동의 유지 : 강화 계획

강화는 행동을 조성하는 것 이상의 역할을 한다. 강화는 형성된 행동을 유지하기도 한다. 어떤 사람이 현재 보이고 있는 행동의 범위와 그 복합성을 이해하려면 현재의 강화의 조건부(contingencies of reinforcement)를 분석해야 한다. 즉 강화가 일어나는 외적 조건을 알아야 한다.

어떤 행동들은 방출될 때마다 강화를 받는다. 이를 연속적 강화라고 한다. 흔히 계속적으로 강화를 받는 행동은 물리적인 환경에 어떤 작용을 가하는 행동이다. 즉 문을 당기거나 밀면 항상 그 문이 열리거나 닫히게 된다. 또 수도꼭지를 틀면 언제나 물이 흐르게 된다. 이러한 경우는 특정 반응을 했을 때마다 항상 어떤 결과(강화)가 일어나는 경우의 단순한 보기이다.

연속적 강화계획으로 유지된 행동은 더 이상 강화가 제공되지 않을 때 매우 빨리 사라진다. 그러나 모든 반응에 대해 항상 강화를 주지 않는 강화계획에 의해 유지되는 행동은 소거에 오랜 시간이 걸린다. 강화계획이란 강화가 일어나는 특정 패턴 혹은 규칙을 뜻한다. 특정 행동이 방출될 때마다 항상 강화가 주어지지 않을 경우, 이를 간헐적 강화계획이라고 하며, 이런 강화계획에 의해 유지되는 행동은 연속적 강화계획에 의해 유지되는 행동보다 소거에 대한 저항력이 더 크다.

Skinner의 실험에서 원판을 쪼는 행동에 대해 연속적으로 강화를 받아온 비둘기는 강화가 중단된 후 보통 50~200번에 걸쳐 원판을 계속 쪼았다. 그러나 간헐적 강화를 받았을 경우, 소거기간 동안 원판을 쪼는 행동이 4,000~10,000번씩이나 방출되었다.

간헐적 강화계획은 두 가지 유형, 즉 간격계획(interval schedule)과 비율계획(ratio schedule)으로 나누어진다. 예를 들어, 스키너 상자 속에 있는 비둘기는 어떤 시간간격이 경과한 후 첫 번째로 원판을 쪼는 반응을 할 때 음식을 제공받게 된다. 이 시간간격은 일정할 수도 있고 다양하게 변할 수도 있다. 시간간격이 변하지 않는 경우(예를 들어, 항상 1분 간격인 경우)에는 고정간격(fixed interval : FI)계획이라고 한다. 이 시간간격이 변하는 경우(예를 들어, 처음에는 50초, 다음에는 70초 등의 간격을 정해 평균적으로 1분의 간격이 되게끔 하는 경우)에는 변동간격(variable interval : VI)계획이라고 한다. 이 간격이 긴 경우보다 짧은 경우에 상대적으로 높은 반응률을 보이게 된다.

예를 들면 편지가 매일 규칙적으로 배달되고 또 항상 오전 10시에 강화를 받아왔던 사람이 매일 오전 10시에 편지함에 가서 편지를 찾는 경우는 고정간격계획이 적용된 경우다. 그러면 편지함에서 편지를 꺼내는 데 변동간격계획의 적용을 받은 사람의 행동과 이 사람의 행동을 비교해 보면 편지배달부가 평균적으로 오전 10시에 오지만, 어떤 날은 9시 30분에 편지를 배달하기도 하고, 또 어떤 날은 10시 30분에 배달하기도 한다. 이 사람은 9시 30분이 되면 편지함을 살펴보게 될 것이며 강화를 받을 때까지(즉 편지가 있을 때까지) 이런 행동을 계속하게 될 것이다. 변동간격계획은 고정간격계획에서보다 더 일관성 있는 반응률을 보이게 된다. 위의 보기에서 변동간격계획의 적용을 받은 사람은 편지함에서 편지를 찾을 때까지 규칙적으로 편지함에 가게 되지만, 다른 사람들은 단 한 번만 가보고 말 것이다.

고정간격계획과 변동간격계획이 발휘하는 서로 다른 효과는 세밀하게 통제된 연구에서 분명하게 밝혀진 바 있다. 보통 고정간격으로 강화를 받은 행동은 규칙적으로 나타나지 않았다. 여기에서는 강화가 일어난 직후에 나타난 반응은 또 다시 강화를 받지 못하기 때문에, 각 강화를 받은 직후에는 한동안 반응이 정지하는 경향이 나타난다. 그 후에 다시 반응률이 점진적으로 증가하여 다음 번 강화시기가 가까워질수록 이 반응은 급속하게 증가된다.

이러한 반응형태—즉 잠시 정지했다가 다시 반응률이 증가하는 것—는 변동간격계획을 사용하면 제거시킬 수 있다. 변동간격 강화계획에서는 특정 시점에서 강화를 받게 될 가능성은 낮지만 일관성이 있다. 어떤 때는 이전의 강화를 받은 직후에 다시 강화를 받기 때문에 유기체의 반응률은 안정되어 있고 일관성이 있으며, 고정간격계획에서의 반응정지 현상은 사라지게 된다. 스키너는 변동간격계획(음식을 강화물로 사용해서 평균 5분 간격으로 제시)을 사용하면, 비둘기가 전체 반응기간 동안 15~20초 이상 반응을 멈추지 않고 매 초당 2~3회의 반응률을 보여서 거의 15시간 동안 계속 반응을 보였음을 지적했다. 그래서 강화가 무선적으로 일어날수록 반응률은 더 일관성 있게 된다. 비율강화계획은 고정비율계획과 변동비율계획으로 나누어진다.

비율강화계획에서 중요한 점은 "강화받는 반응과 강화받지 못하는 반응의 비율"이다. 고정비율(fixed ratio : FR)계획에서는 강화를 받으려면 일정한 반응횟수를 보여야 한다. 변동비율(variable ratio : VR)계획에서는 각각의 강화를 받는데 다양한 반응횟수가 요구되며, 이는 평균횟수를 중심으로 그 비율이 다양하게 변한다. 예를 들어, 고정비율계획 하에서 쥐는 스키너상자 속의 지렛대를 20번 눌러야 한 번 음식을 먹게 된다. 그러나 변동비율계획이 사용되면 평균적으로 지렛대를 눌러야 하는 횟수는 20번이지만, 실제로 강화를 받게 되는 반응횟수는 2번째, 38번째, 15번째, 25번째 등으로 변하게 된다. 다음 표는 네 가지의 강화계획을 요약한 것이다.9)

표 Ⅱ-2 강화계획의 내용

간헐적 강화계획			
간격(시간)		비율(횟수)	
고정(FI)	변동(VI)	고정(FR)	변동(VR)

간격계획과 비율계획 간의 중요한 차이점은 전자의 경우에는 강화가 행동의 양에 의해 결정되지 않으나, 후자의 경우에는 그 행동의 양에 의해 결정된다는 점이다.

고정비율계획의 전형적인 보기로 공장 근로자의 생산작업의 경우가 있다. 근로자는 강화(성과급)를 받으려면 일정한 수의 상품을 생산해야 한다. 또 스키너는 학점을 받기 위해 숙제를 완성해서 제출해야 하는 학생이나 상품외판원을 보기로 제시했다. 강화를 받는데 필요한 반응횟수가 그리 많지 않을 경우 고정비율계획은 보통 매우 높은 반응률을 유지한다. 쉽게 말하면, 열심히 일하면 보수를 많이

---

9) (1) 고정간격계획(Fixed-Interval schedule : FI) : 일정한 시간을 경과하지 않으면 지렛대를 눌러도 먹이가 나오지 않게 설계된 강화계획이다. (ex: 주급, 월급)
(2) 변동간격계획(Variable-Interval schedule : V1) : 강화 간의 시간이 어떤 평균점을 중심으로 변동하는 강화계획이다. (ex: 낚시)
(3) 고정비율계획(Fixed-Ratio schedule : FR) : 일정한 수의 반응을 한 뒤에 강화가 주어진다. (ex: 생산공장에서 일정한 수만큼 생산할 때마다 일정한 액수의 보수를 지불하는 성과급 보수제도)
(4) 변동비율계획(Variable-Ratio schedule : VR) : 강화와 강화 간의 반응수가 어떤 평균수에 따라 변동한다. (ex: 도박에서 딸 수 있는 확률)

받는다.

변동비율계획에 의해 높은 반응률을 유지하는 인간의 행동 중에서 대표적인 보기로는 도박이 있다. 경마는 변동비율계획에 의해 강화를 제공한다. 한번 돈을 건 결과에 대해서는 전혀 예언을 할 수가 없다. 스키너는 병적인 도박꾼은 이런 강화계획의 효과를 잘 설명해 준다고 했다. 이 외에도 변동비율계획에 의해 강화를 받는 행동은 무수히 많다. 즉 낯선 사람과 사귀기, 사냥이나 낚시, 골프치기, 파티참석, TV 시청 등은 이런 강화계획의 결과이다. 이런 행동들은 때때로 강화를 받기도 하지만 그렇지 않을 때도 있다.

① 간격계획 : 비율계획에 비해서는 일반적으로 전체 반응률이 낮다. 간격이 길어질수록 전체 반응률은 더 낮아진다. 간격이 고정되어 있으면 강화를 받은 직후에 반응이 정지했다가 서서히 반응률이 증가하며, 다음 번의 강화시기가 가까워지면 반응률은 급속하게 증가한다. 변동간격일 경우에는 강화 직후, 반응이 정지하지 않으며 더 일관성 있는 반응을 한다.

② 비율계획 : 비율이 지나치게 높지 않으면 보통 반응률이 높다. 비율을 고정해 두면 강화 직후, 반응이 정지되었다가 다시 높은 반응률을 보인다.

비율이 매우 높으면 강화 직후의 반응정지 기간도 길어진다. 변동비율계획은 강화 후 반응정지 현상이 나타나지 않으며 일반적으로 높고 안정된 반응률을 보인다.

3. Bandura(반두라)의 사회학습이론

1) Bandura의 관찰학습

반두라는 1925년 12월 4일 캐나다 앨버타(Albarta) 주의 먼다에서 태어났다. 캐나다의 브리티시 컬럼비아 대학(University of British Colombia : UBC)을 졸업한 후 미국으로 이주해 아이오와(Iowa) 대학에서 박사학위를 받았고 스탠퍼드(stanford)대학 심리학과 교수로 재직하였다.10)

그가 인간이 사회적 상황에서 많은 것을 학습하는 데 가장 중요하다고 생각한 개념은 Modeling이다. Modeling에는 3가지 유형의 학습이 있다. 첫째는 모방이다. 모방은 주로 언어학습이다. 사회화 과정에서 어린이들이 어른을 흉내냄으로써 얻어지는 것으로서 거의 인식 없이 자동적으로 이루어진다고 하였다. 둘째는 관찰학습이다. 관찰학습은 사회적 상황 속에서 단순히 사람들의 행동을 관찰하면서 행동을 획득하는 과정이다. 이 과정에는 모델에 관심을 기울이는 주의과정(attentional process), 자기가 본 것을 상징적인 형태로 저장하는 저장과정(retentional process), 인지적 구도를 운동기술로 전환시키는 운동재생과정(motor reproduction process)의 구성요소가 있다. 셋째는 대리학습이다. 대리학습이란 다른 사람들이 새로운 행동을 시작할 때 어떤 결과가 나타나는지를 봄으로써 자기 자신의 행동결과를 예상하는 학습방법이다. Bandura는 인간이 환경과의 접촉을 통해서 어떻게 행동을 발달시켜 나가는가를 그의 사회학습 이론을 통해 보여 주었다.

인간은 사회적 동물이다. 인간은 사회적 존재이므로 인간 상호 간에 영향을 미치고 영향을 받는다. 학습을 비롯한 인간의 모든 활동은 일정한 사회적 환경 속에서 전개된다. 사람은 타인의 행동을 보고 들으면서 그것으로부터 배운다. 이와 같이 타인의 행동을 관찰함으로써 학습하는 것을 관찰학습(observational learning)이라고 한다. 관찰학습은 사회적 학습이라고도 하는데 이 이론은 인간의 모든 심리적 기능은 개인과 환경적 결정요인의 계속적인 상호작용이라는 관점에 의해서 파악될 때만이 설명될 수 있다고 믿었다. 관찰학습은 인류역사와 더불어 시작되었다고 추정되나 관찰학습의 본질을 가장 체계적으로 연구한 학자는 Albert Bandura이다.

2) Bandura의 관찰학습 4단계

Bandura(1977)는 관찰을 통한 학습이 다음과 같은 네 가지의 단계를 거쳐서 이루어진다고 설명하였다.

---

10) 이성진 외 공저, 앞의 책, pp. 171~174. A. Bandura(1977), *Social learning theory*, Englewood Cliffs, NJ: Prentice-Hall, pp. 22~29.

(1) 주의집중 단계

관찰학습의 첫 단계로서, 모방하려는 모델의 행위에 주의를 집중하는 단계이다. 모델로부터 무엇을 학습하기 전에 우선 모델에 주의를 집중해야 한다. 사람들이 어떤 모델에 주의를 집중할 확률은 그들의 의존성 자존심, 자신의 능력에 대한 지각 등 성격적 특성에 영향을 받는다. 또한 주의를 받는 자극의 특수성, 복잡성, 그 자극이 제시되는 속도 등도 주의집중에 영향을 준다.

관찰자의 선택적 주의집중은 과거의 강화에 의하여 영향을 받는다. 예컨대, 관찰을 통하여 학습한 이전의 활동들이 강화를 획득하는데 도구적(道具的)임을 증명되었다면, 후속의 모델링 장면에서도 비슷한 행동에 주의를 집중할 것이다. 즉 이전의 강화는 관찰자 속에 어떤 지각도를 만들게 되며 이것이 미래의 관찰에 영향을 미친다. 또한 모델의 여러 가지 특징들도 주의집중을 받는 정도에 영향을 미치는데, 주의집중을 보다 많이 받게 되는 모델은 모델의 성, 연령 등이 관찰자와 비슷할 때, 존경을 받을 때, 지위가 높을 때, 유능할 때, 막강할 때, 매력적일 때 등이다.

(2) 파지 단계

이 단계는 관찰된 내용이 기억되는 단계이다. 관찰에서 얻은 정보가 유용하기 위하여서는 그것이 파지되어야 한다. 정보의 내용을 파지하려면 모델의 행동에 주의를 함과 동시에 그 행동의 사실적 혹은 분석적 표상이 되어야 한다. Bandura에 의하면, 정보는 심상적(imaginal) 방법과 어문적(verbal) 방법의 두 가지 방법으로 상징적인 기호의 형태로 저장된다고 한다. 즉 모방할 행동을 말로 바꾸어 표현한다든지 영상으로 그려보는 경우에 그렇지 않은 경우(예컨대 단순히 관찰만 하고 있거나 한눈을 파는 경우)보다 훨씬 더 쉽게 학습이 일어난다고 말한다.

일단 정보를 인지적으로 저장한 다음, 관찰학습이 일어난 뒤 오랜 시간이 경과하여도 우리는 그것을 내현적으로 인출하고 재현하고 그리고 강대화시킬 수 있다. Bandura는 인간으로 하여금 관찰을 통하여 대부분의 행동을 학습할 수 있게 하는 것은 이러한 고등의 상징화 능력 때문이라고 말한다.

(3) 재생 단계

이 과정은 학습된 것이 어느 정도 수행으로 번역되느냐를 결정한다. 우리는 인지적으로는 많은 것을 학습할 수 있지만 여러 가지 이유로 인해서 그러한 정보를 행동으로 번역할 수 없을 수도 있을 것이다. 그러므로 모방하려는 행동을 잘 파지하는 것만으로는 불충분하고 그것을 실제 실행에 옮겨 봄으로써 학습의 효과를 높일 수 있는데, 이것이 바로 재생 단계이다.

Bandura는 비록 적절한 반응을 하는데 필요한 신체적 도구를 모두 갖추고 있다고 하더라도 관찰자의 행동이 모델의 행동과 배합할 수 있기 위해서는 일정 기간의 인지적 시연(cognitive rehearsal)이 필요하다고 주장한다. 그에 의하면, 모델링 경험에서 획득한 기호들은 자기의 행위와 비교해 보는 형판(template) 노릇을 한다. 이러한 시연과정을 통하여 개인들은 자기 자신의 행동을 관찰하여, 그것을 모델링한 경험에 대한 인지적 표상과 비교해 본다. 자신의 행동과 모델의 행동에 대한 기억 사이에 괴리가 있음을 관찰하게 되면 교정적 행위가 일어나게 된다. 이러한 과정은 관찰자의 행동과 모델의 행동이 수용할 수 있을 만큼 서로 배합될 때까지 계속된다(Hergenhahn, 1982).

(4) 동기화의 단계

관찰학습의 마지막 단계는, 강화를 통해서 행동의 동기를 높여 주는 단계이다. 관찰을 통해서 학습된 행동은 그 행동이 강화를 받을 때에는 지속적으로 일어날 것이나, 만일 그 행동이 벌을 받게 된다면 그 행동은 더 이상 일어나지 않을 것이다.

Bandura의 이론에서 강화는 두 가지의 중요한 기능을 갖는다. 첫째, 관찰자로 하여금 모델과 같이 행동하면 자기도 역시 강화를 받는다는 기대를 가지게 한다. 그는 이미 모델이 어떤 활동을 함으로써 강화받는 것을 관찰하였다. 둘째, 강화는 학습을 수행으로 번역되게 하는 유인의 구실을 한다. 관찰을 통해서 학습된 것은 관찰자가 그러한 정보를 사용할 필요가 생길 때까지 활성화되지 않고 잠복해 있다. 강화가 갖는 이 두 가지의 기능은 모두 정보적인데, 하나는 관찰자에게 어떤 장면에서 어떤 식으로 행동하면 강화를 받을 것이라는 기대를 가지게 하고, 또 하나는 이미 학습한 것을 활용하려는 동기를 부여한다. 따라서 대리강화나 대리처벌이 직접강화나 직접처벌 못지않게 중요한 정보가 된다고(정보적이라고) 말한다. 또한 행동은 자기 자신의 내면화된 처신과 수행의 수준 그리고 자기효율성에 대한 지각에 의하여 결정되는 자기반응(self-reaction)에 의하여서도 부분적으로 영향을 받는다. 요컨대, 동기화의 단계에서는 외적 강화 이외에 대리 강화와 자기 강화도 중요한 것임을 알 수 있다.

관찰학습에는 주의집중, 파지, 재생능력, 동기화 등이 포함된다. 따라서 관찰학습이 잘 안 되는 경우는 ① 관찰자가 모델의 적절한 활동을 관찰하지 못하였거나 ② 그것을 파지하지 못하였거나 ③ 신체적으로 수행할 수 없었거나 ④ 그들이 수행할 적절한 유인물을 갖고 있지 않았기 때문으로 본다.

3) 관찰학습의 모형

관찰학습은 학습자가 어떤 행동을 보았거나 들었기 때문에 그 행동을 하게 되는 것을 말한다. 관찰학습과정에 따라 5가지 전형(paradigm)을 찾아볼 수 있다.[11)]

(1) 직접모방 전형

직접모방 전형은 관찰학습의 가장 간단한 모형이다. 이것은 관찰자가 모델의 행위를 관찰하고 모델이 한 행동을 그대로 시행함으로써 보상을 받는 것을 그 기본전제로 한다. 능률적인 사회행동을 학습함에 있어서 이러한 관찰학습은 극히 효과적인 것으로서, 교사가 아동에게 누구누구처럼 행동하라고 지시하고 그대로 하면 보상을 하는 경우와 같은 것이다. 이런 관찰학습은 관찰자가 쉽게 모방할 수 있는 반응을 요구하거나 실제로 행동함에 있어서 연습을 필요로 하지 않을 때에 가장 효과적인 방법이다. 직접모방 학습의 속도는 흔히 모델과 관찰자의 관계에 의하여 크게 좌우된다.

---

11) 이성진 외 공저, 앞의 책, pp. 174~177.

(2) 동일시 전형

동일시 전형(identification paradigm)은 관찰자가 모델의 비도구적인 독특한 행동 유형을 습득하는 것을 말한다. 모델의 일반적인 행동 스타일을 모방하는 것이 동일시 학습의 초점이다. 정신분석이론이 주장하는 바와 같이 부모의 가치체계가 자녀의 양심의 기반을 놓는 것으로서, 아동이 부모를 동일시하여 그 가치관을 내면화하는 과정이 이에 속한다. 아동은 모델(부모)의 정서적 반응, 광범위한 의미체제, 도덕적 가치도 동일시의 과정을 통해서 내면화한다고 본다.

Bandura와 Huston의 연구에 의하면[12], 모델이 어떤 문제를 해결하는 데에 전혀 필요 없는 행동을 했음에도 불구하고, 유치원 아동들은 모델이 한 그 필요 없는 행동을 모방하는 것을 보았다. 특히 모델과 다정한 시간을 보낸 아동들이 모델의 행동 스타일을 더 많이 닮는 것을 발견하였다.

일반적으로 직접모방 학습에서는 스타일 그 자체를 보상함에 반하여, 동일시 학습에서는 그 스타일이 우연히 학습된다는 것이 다르다.

(3) 무시행학습 전형

무시행학습 전형(no-trail learning paradigm)은 행동을 미리 해 볼 기회가 없거나 모방에 대한 강화가 없음에도 불구하고 관찰자가 학습을 하는 것이다. 무시행 학습이 동일시 학습과 다른 점은 모방된 행동이 도구적인 반응이라는 것과, 모델 자신이 흔히 보상을 받는다는 점이다. 일단 모델의 특수한 도구적 행동이 모방되면, 모델이 직접 시범을 보이지 않은 관찰자의 행동에도 변화가 일어나며, 또한 상황이 다른 곳에서도 관찰자가 관찰한 행동을 하게 되는 경향이 있다.

Bandura와 Ross(1963)에 의하면, 여러 가지 모델(실제의 성인, 영화, 만화모델)의 공격적인 행동을 관찰한 아동들이 공격적 행동의 모방에는 차이가 없었으나, 실험상황에서 공격적 행동을 전혀 관찰하지 않은 통제집단에 비하면 공격적 행동이 월등히 강했다고 한다. 그런데 모델이 공격적인 행동을 하고 난 뒤에 강화를 받는 것을

---

12) A. Bandura., & Huston(1961), *Identification as a process of incidental learning*, Journal of Abnormal and Social Psychology, 63. pp. 311~318.

목격했을 때 모방을 더 많이 했고, 그 반대로 모델이 자기의 행동의 결과로 벌을 받았을 때 행동이 제지되는 경향이 있었다.

(4) 동시학습 전형

동시학습 전형(co-learning paradigm)은 모델과 관찰자가 동시에 동일한 과제의 학습을 하는 상황에서, 관찰자는 모델의 행동을 보고 그대로 행동하는 기회를 가지게 되는 경우다. 관찰자의 행동과 같은 행동을 모델이 할 때, 관찰자의 행동에 미치는 영향을 사회적 촉진(social facilitation)이라고 한다. 이와 같이 관찰자의 행동과 같은 행동을 하는 모델이 있을 때 행동이 촉진되는 형상을 동시학습이라고 한다. 동시학습은 관찰자로 하여금 학습과제에 주의를 기울이도록 제시해 준다는 점에서 무시행 학습과 다르며, 모델의 행동이 정확하든 정확하지 않든 간에 관찰하게 되고, 관찰한 행동을 그대로 정확하게 복사했다고 해서 반드시 보상을 받지는 않는다는 점에서 직접모방 학습과도 다르다. 예를 들면 학교 학습 상황에서 다른 아이들이 학습하는 것을 보고 자기도 학습하게 되는 경우와 같이, 타인의 행동을 관찰함으로써 득을 보는 경우를 들 수 있다.

(5) 고전적 대리조건형성 전형

관찰학습은 작동적 행동의 학습에만 해당되는 것이 아니고 정서적 반응의 습득에도 일어나는 행동이다. 타인이 정서적으로 경험하는 것을 관찰하고 그와 비슷한 정서적 반응을 학습하는 것을 고전적 대리조건형성(vicarious classical conditioning)이라고 한다.

어떤 정서적 반응은 주변에 있는 다른 사람의 반응을 관찰함으로써 조건화되고 그런 반응이 나중에 점차 강화되는 경우가 많다. 슬픈 영화를 보면서 눈물을 흘리는 경우가 바로 이러한 예이다. Berger(1962)는 이런 상태를 대리선동이라고 불렀다. 이것은 관찰자가 다른 사람이 무조건정서반응(uncoditioned emotional response)을 일으키는 것을 목격하고 그에 대해서 정서적으로 반응하는 것이라고 할 수 있다. 관찰자의 정서적 반응이 모델의 반응과 같을 때를 감정이입(empathy)이라고 하고,

다를 때를 동정(sympathy)이라고 말한다.

정서적 반응은 때로는 극히 미묘한 방법으로 다른 사람에게 전염된다. 관찰만으로도 정서적 반응을 일으킨다는 것은 사실이다. 그런데 관찰자의 대리학습은 모델이 학습하는 것과는 그 종류나 양에 있어서 반드시 동일한 것은 아니다.

예상문제

1. 스키너의 행동주의 이론에 대한 설명으로 틀린 것은?
   ① 인간행동은 보상과 처벌에 의해 유지된다.
   ② 인간행동은 예측이 가능하다.
   ③ 행동에 대한 유전적 성격은 의미가 없다고 본다.
   ④ 인간행동은 내적 충동에 의해 동기화된다.
   ⑤ 강화는 행동의 재현 가능성을 높여준다.

2. 스키너의 행동주의적 학습이론으로서 유기체의 행동에 강화를 가함으로써 의도적인 반응을 학습하는 행동을 무엇이라 하는가?
   ① 도구적 조건화　② 변별 자극　③ 조작적 조건화
   ④ 반응　⑤ 강화 계획

3. 부적절한 행동의 재현 가능성을 감소시키는 것을 무엇이라고 하는가?
   ① 조건화　② 벌　③ 강화　④ 소거　⑤ 조건형성

4. 반두라의 자기효능감의 개념은?
   ① 내적 기준에 따라 자신의 성과 평가
   ② 자신의 일 또는 특정 행동을 성공적으로 수행할 수 있다고 믿는 것
   ③ 결과의 보상과 벌에 따라 행동
   ④ 정보에 적응하기 위해 인지구조를 능동적으로 변화
   ⑤ 자신에게 스스로 자신이 통제할 수 있는 보상을 주는 것

5. 어떤 결과는 만족감을 주고 반면에 어떤 결과는 불만족을 주기 때문에 학습이 약해지거나 강해지는 것을 무엇이라 하는가?
   ① 준비도의 법칙　② 효과의 법칙　③ 연습의 법칙
   ④ 조작적 조건화　⑤ 강화자극

6. 행동수정에서 필수적으로 들어가는 것만으로 모두 묶인 것은?

㉠ 처벌	㉡ 긍정적 강화
㉢ 소거	㉣ 관찰 가능한 행동

① ㉠, ㉡, ㉢　　② ㉠, ㉢　　③ ㉡, ㉣
④ ㉣　　⑤ ㉠, ㉡, ㉢, ㉣

7. 경험 · 훈련 또는 연습과 같은 외부자극의 결과로 인해 개인이 내적으로 변하는 것을 무엇이라고 하는가?

① 학습　　② 성장　　③ 성숙　　④ 발달　　⑤ 발전

8. 반두라의 사회학습 이론에 관한 설명으로 맞는 것은?

① 인간은 자기효율성을 성취하는 방향으로 행동을 규제할 수 있다.
② 인간은 자신의 행동을 통제할 힘이 없다.
③ 인간의 행동은 자극 · 반응의 패러다임에 의해 결정된다.
④ 외적 강화 없이는 어떤 행동도 학습이 불가능하다.
⑤ 인간의 행동은 인지에 의해 중재되지 않는다.

9. 일정한 횟수의 행동을 했을 경우 강화를 주는 것은?

① 고정간격 강화계획　　② 가변간격 강화계획
③ 고정비율 강화계획　　④ 가변비율 강화계획
⑤ 연속 강화계획

10. 다음 중 스키너(B. Skinner)의 이론에 대한 올바른 설명은?

① 벌은 바람직하지 않은 행동 감소에 초점을 둔다.
② 인간은 자신의 행동을 통제할 수 있는 힘이 있다.
③ 미소, 칭찬, 점수, 돈 등은 일차적 강화물이다.
④ 정적 강화는 불쾌한 경험으로부터 구제를 의미한다.
⑤ 반응적 행동은 환경을 조작해서 어떤 결과를 낳게 되는 행동이다.

11. 청소년에게 금연교육을 실시함에 있어 효과를 증진하기 위해 연예인들의 사례를 사용하였다. 이는 어느 이론과 관련이 있는가?

① 프로이트의 정신역동이론
② 스키너의 행동주의이론
③ 반두라의 사회학습이론

④ 피아제의 인지이론
⑤ 아들러의 개인심리이론

12. 부모가 자녀에게 “너는 할 수 있다.”는 확신을 주게 되면 자녀는 스스로 그 과업을 잘 해결해 나갈 수 있다는 신념을 갖게 되어 과업수행에 더 많은 노력하게 된다. 이와 가장 관계 깊은 개념은?

① 동일시 ② 자기언어
③ 자기규제 ④ 행동조성
⑤ 자기효능감

13. 선생님께서 학생들의 자원봉사 활동을 높이기 위해 “자원봉사하면 청소를 면제해 주겠다.”라고 약속하였다. 이는 다음 중 어떤 개념을 활용한 것인가?

① 변별자극 ② 정적강화
③ 부적강화 ④ 관찰학습
⑤ 자기규제

14. 다음 중 아동처벌의 효과를 극대화하는 것으로 모두 묶은 것은?

㉠ 즉시 처벌한다.
㉡ 냉정한 자세를 유지한다.
㉢ 같은 상황에서 일관성 있게 처벌한다.
㉣ 아동을 처벌하면서 대안을 제시한다.

① ㉠, ㉡, ㉢ ② ㉠, ㉢ ③ ㉡, ㉣
④ ㉣ ⑤ ㉠, ㉡, ㉢, ㉣

15. 친구를 때렸을 때 장난감과 책이 없는 장소로 격리시키는 것은?

① 토큰경제 ② 반응대가 ③ 타임아웃
④ 혐오기법 ⑤ 용암법

16. 학습이론에 대한 설명 중 옳은 것으로 모두 묶인 것은?

㉠ 사회적 기능에 관심을 둔다.
㉡ 관찰 가능한 행동을 사정한다.
㉢ 바람직하지 않은 행동도 수정할 수 있다.
㉣ 비합리적인 사고와 신념체계에 초점을 둔다.

① ㉠, ㉡, ㉢ ② ㉠, ㉢ ③ ㉡, ㉣
④ ㉣ ⑤ ㉠, ㉡, ㉢, ㉣

17. 직접훈련 · 관찰학습을 통해 획득한 것이 자아개념 형성에 주된 역할을 한다고 본 것은?

① 상징적 환경 ② 직접적 환경
③ 경험 ④ 자기강화
⑤ 정서적 반응

18. 반두라의 사회학습이론 중 모델행동의 상징적 표상을 적절한 행동으로 전환하는 과정은?

① 주의집중과정 ② 보유과정
③ 동기과정 ④ 자기강화의 과정
⑤ 운동재생과정

19. 반두라의 사회학습이론에 해당되지 않는 것은?

① 학습과정에서 보상을 중요시하였다.
② 학습과 실행을 서로 구분하였다.
③ 행동과 성격의 결정요인으로서 사회 · 문화적 요인을 중요시 한다.
④ 관찰학습, 대리학습을 강조한다.
⑤ 인간을 능동적으로 사고하는 존재로 간주한다.

20. 불안을 유발하는 상황에 대한 위계 목록을 작성하고, 이완훈련을 한 후 불안유발상황을 상상하게 하여 치료하는 방법을 무엇이라 하나?

① 토근경제 ② 행동수정기법
③ 체계적 탈감법 ④ 타임아웃
⑤ 자극변별훈련

21. 반두라의 관찰학습의 과정을 올바르게 나열한 것은?

① 주의집중과정 – 운동재생과정 – 기억과정 – 동기적과정
② 주의집중과정 – 운동재생과정 – 동기적과정 – 기억과정
③ 주의집중과정 – 기억과정 – 운동재생과정 – 동기적과정
④ 운동재생과정 – 기억과정 – 동기적과정 – 주의집중과정
⑤ 주의집중과정 – 동기적과정 – 운동재생과정 – 기억과정

정답 1. ④ 2. ③ 3. ② 4. ② 5. ② 6. ③ 7. ① 8. ① 9. ③
10. ① 11. ③ 12. ⑤ 13. ③ 14. ① 15. ③ 16. ① 17. ④
18. ⑤ 19. ① 20. ③ 21. ③

제6장

Piaget의 인지발달 이론

1. Piaget의 생애
2. 인지발달 기제
3. 주요개념
4. 인지발달 단계

Jean Piaget(1896~1980)는 인지발달 이론가로서 널리 알려진 심리학자이다. 그는 생물학에서 출발하여 인간의 의지를 복잡한 유기체가 환경에 대해 생물학적으로 적응해 가는 과정의 특수한 한 형태로 보고 인간의 지각, 학습, 경험 등 인식의 근본문제를 과학적으로 연구하였다. 그는 유아가 성인으로 성장하면서 어떻게 인지발달을 하는지에 대해 밝힘으로써 인식의 본질을 밝혀 보려고 하였다.

Piaget는 어린이의 발달을 성숙과 환경의 상호작용의 결과라고 보고 어린이가 세상에 관한 지식을 어떻게 구축해 나가느냐에 대해 그의 세 자녀를 주의 깊게 관찰하면서 인지발달 단계에 관한 아이디어를 얻은 후, 계속하여 실험실 안팎에서 어린이를 관찰하고 그들과 이야기함으로써 그의 이론을 발전시켜 나갔다.

Piaget는 인간의 지적 능력이란 개인이 주어진 환경에 효과적으로 적응할 수 있는 능력이라 본다. 인지(cognition)라는 의미는 획득하고 저장하고 활용하는 높은 수준의 정신과정을 말한다. 인지의 개념 속에서는 지적 과정, 지각, 기억, 지능, 학습, 회상, 상상, 추리, 판단능력, 문제해결 등 눈으로 볼 수 없고 손으로 만질 수 없는 일련의 정신과정들이 포함된다. 그러므로 인간의 심리 과정을 이해하는 데 매우 중요하다.

본 장에서는 Piaget에 관한 몇몇 저술을 중심으로 Piaget의 인지발달 이론을 살펴본다.[1)]

1. Piaget의 생애

Piaget는 1896년 스위스의 작은 대학촌인 뉴샤텔(Neuchatel)에서 태어났다. 그의

1) R. L. Ault(1982),「아동의 인지발달」, 곽금주 역, 서울 : 중앙적성출판사, 1989. J. H. Flavell(1985),「인지발달론」, 서봉연 · 송명자 공역, 서울 : 중앙적성출판사, 1990. B. J. Wadsworth, *Piaget's theory of cognitive development. An intraduction for Student of Psychology and Education*, New York: David Mckay Company, Inc. 1972. 김경중 외 공저,「아동발달심리」, 학지사, 1998, pp. 139~158. 유효순,「아동발달」, 창지사, 2000, pp. 192~210.

아버지는 세심하고 체계적인 중세 역사학자였다. Piaget는 아버지의 학구열을 이어받아 1918년 21세에 Neuchatel 대학에서 연체동물에 관한 논문으로 박사학위를 받았다. 그는 1920년 파리 비네(Alfred Binet) 실험실에서 아동의 지능검사시 아동의 틀린 답이 일관성 있는 유형을 나타낸다는 것을 발견하고 아동의 사고가 독특한 특성을 갖고 있음을 발견했다. 이 발견으로 그는 아동의 사고가 어른들과는 다르게 나름대로 독특한 특성을 가지고 있다고 여기게 되었다. 그는 어려서부터 과학자의 자질을 보였다. 1921년 그는 아동 심리학분야에 관심을 갖고, 아동의 정신구조의 발생과 변화과정의 연구에 몰두하면서 자신의 연구분야를 "발생론적 인식론(genetic epistemology)"이라고 불렀다. 1925년 그의 첫 번째 아이의 출생이 지능의 기원과 유아의 인지발달에 관한 연구를 시작하게 되는 중요한 계기가 되었다. 그는 그의 아내 Valentin Chatenay와 함께 그의 세 자녀의 행동을 주의 깊게 관찰하였다. Piaget의 업적을 전기, 중기, 후기로 나누어 보면 전기의 1921~1925년 사이의 업적으로는 유아의 언어, 판단과 추리, 세계관, 물리적 인과, 도덕관에 대한 연구가 있다.

중기의 업적에는 유아의 행동 관찰과 유아의 개념 형성에 대한 연구가 있다. 그는 자신의 세 자녀를 중심으로 유아의 감각 운동적 활동은 주위의 사물을 탐구하고 이해하고자 하는 노력이며, 그것은 바로 지능 활동의 원형으로서 곧 출현하는 심상과 개념도 감각운동적 지능이 내면화된 형태라는 것을 밝혀 냈다. 유아의 개념 형성에 대한 연구로는 인헬더(B. Inhelder) 등의 협력을 얻어 숫자, 양, 시간, 속도, 공간, 유연성 등을 대상으로 택하고 이들 개념이 발전하는 단계를 분석하였는데, 이때 설명의 모형으로 채택한 것이 수학에서 군과 속과 위상기하학(topology)의 이론이었다. 말기에는 제네바 대학에 정착해서 1956년 이후 수학, 물리학, 생물학 등의 여러 과학에서 인식을 과학사와 발달심리학 등의 실증적 자료의 근거를 두고 과학적 방법으로 발달이라는 관점에서 연구하는 발생적 인식론에 관심을 가졌다.

그는 1956년 국제발생적 인식론센터를 창설하여 많은 나라로부터 초청한 과학자들과 협력하여 이 연구에 새로운 분야를 개척하였다.

Piaget는 아동심리학 분야에서만 40권의 저서와 100편 이상의 논문을 발표했고 1980년에 사망하였다.[2)]

---

2) 권육상 · 이명재 공저, 앞의 책, pp. 223~224. 최순남, 앞의 책, pp. 279~280.

2. 인지발달 기제

Piaget는 지능을 기능적인 면과 구조적인 면으로 나누어 설명했다.

기능적인 면이란 인지체계가 어떻게 작동하는가에 관한 것이며, 구조적인 면은 인지체계가 창출해 내는 지식을 말한다.

1) 기능적인 면

먼저 기능적인 면을 보면 Piaget는 인지발달을 설명하기 위해 생물학에서 조직화(organization)와 적응(adaptation)의 두 기능을 빌어 왔다. 이 두 개념은 직접 관찰될 수 없는 것으로 인간의 행동으로부터 추론된다.

조직화(organization)는 행동이나 사고가 각각 분리된 채로 있는 것이 아니라 관련된 행동이나 사고 체계로 묶어지는 것을 말한다. 예를 들면 아기가 어떤 물건을 손바닥에 놓으면 그것을 쳐다보거나 꼭 쥐거나 하지만 처음에는 이 두 가지 행동을 조직화하지 못하기 때문에 그것을 동시에 수행하지 못한다. 점차 아기는 성숙한 경험에 의해 자신이 쥐고 있는 일체를 볼 수 있게 되고, 볼 수 있는 물체를 잡을 수 있다. 이러한 조직화는 의식적이거나 의도적인 노력으로 일어나는 것이 아니라 자연발생적으로 일어난다.

적응(adaptation)은 어린이가 내적 · 외적 경험과 상호작용하여 이를 조정하는 것을 말한다. 적응과정은 동화(assimilation)와 조절(accomodation)에 의해 이루어진다.

동화는(assimilation) 새로운 경험과 사물이 어린이의 도식 구조 속으로 합병되는 과정, 즉 새로운 정보를 기존의 사고와 행동방식으로 통합하는 과정을 말하며, 조절(accomodation)은 이전의 사고와 행동양식의 요소를 수정하거나 새로운 대상에 대해 좀 더 적절한 새로운 방법을 배우는 것을 의미한다.

2) 구조적인 면

구조적인 면은 유아가 환경에 접함으로써 구성하는 지식체계를 말한다. 이러한 지식체계는 도식(schemes)과 조작(operation)의 두 형태를 취한다. 도식은 조직화된 행동패턴이며, 지식의 기본 단위, 즉 개인이 갖고 있는 세계의 내적 · 외적 측면을 다 나타내는 정신구조이다.

도식(schema)은 유아가 물건을 잡는 것 같은 행동일 수도 있고, 장난감 이름을 알기 전에 머릿속에 장난감을 그려보는 것과 같은 자극의 영상일 수도 있으며, 계획, 기대, 믿음, 규칙 같은 복잡한 아이디어일 수도 있다. 어떤 도식은 (예 : 젖꼭지를 빠는 것)은 생득적으로 타고난 것일 수도 있으나, 대부분의 도식은 환경과의 상호작용을 통해 습득된다.

조작(operation)은 유아가 일련의 특정 문제를 해결할 때 보이는 공통성에서 추론된다. 조작이란 지적 표상이고, 정신적 행위(사고)를 변형시킬 수 있는 것이며, 가역 가능한 것이다.[3)]

3. 주요개념

1) 도식(schema)

도식은 인지적인 구조(cognitive structures)라고 할 수 있다. Piaget는 인간은 태어날 때부터 다른 동물과 마찬가지로 몇 개의 반사기능을 가지고 태어난다. 즉, 아기는 태어나자마자 빨기, 보기, 잡기 등 반사적인 잠재력을 갖고 환경과 상호작용을 통해 자신의 인지구조를 구성해 나간다. 이 잠재력을 Piaget는 도식(schema)이라고 불렀다. 도식은 기억되어 있는 '인지적 틀', '지식의 묶음', '이해의 틀', '색인철(index file)', '카테고리(범주)'의 하나로 생각할 수 있다. 도식은 변화하는 인지발달의 구조로서 생리적으로 갖고 태어나는 것이 아니라 환경과 접촉하면서 반복되는 행동과 경험을 통하여 유기체를 형성하는 것이다. 예를 들면 아기가 태어날 때 가지고

---

3) 전남련, 앞의 책, p. 88.

있는 몇 개의 반사 중에서 젖꼭지와 같이 무엇이든 입에 닿는 것을 빠는 빨기반사(sucking reflex)가 있다. 아기는 빠는 행위를 반복하는 가운데 빨기 도식을 형성하게 된다.

2) 동화(assimilation)

동화는 Piaget가 생물학에서 빌어 온 용어로서, 유기체가 이미 가지고 있는 도식 또는 인지적 구조에 따라 외계의 사물이나 사건에 반응하는 과정이다. 즉, 새로운 지각물이나 자극 사건을 이미 가지고 있는 도식이나 행동 양식에 맞추는 인지 과정(cognitive process)이다.

예를 들면 유아에게 개의 그림을 보여주면서 '멍멍이'라고 가르쳐 주었다. 그 후 유아는 고양이, 양, 소, 말 등 네 발 달린 짐승을 모두 '멍멍이'라고 부르면 이것은 개의 도식에 동화된 것으로 볼 수 있다. 즉, 동화란 새로운 사물이나 사건은 이미 자신이 가지고 있는 '이해의 틀(frame of understanding)' 도식에 맞추어 해석하고 받아들이는 인지과정이다.

3) 조절(accomodation)

조절(accomodation)이란 이전의 사고와 행동방식의 요소를 수정하거나 새로운 대상에 대해 좀더 적절한 새로운 방법을 배우는 것을 의미한다.

유아가 새로운 자극을 만나면 그것을 이미 갖고 있는 도식에 끌어들여 동화시키려고 한다. 그러나 때때로 자극은 동화할 수 있는 적절한 도식을 갖고 있지 않기 때문에, 새로운 자극이 갖고 있는 특성과 기존 도식들의 특성 간의 거리가 멀어서 동화되지 못할 수가 있다. 이때 바로 인지적 구조의 변화를 가져오게 하는 인지 과정이 필요하게 된다. 즉, 새로운 자극을 받아들일 수 있는 새로운 도식을 만들든지 아니면 새로운 자극에 알맞은, 이미 갖고 있는 도식을 변형하는 일이 필요한데 그것이 바로 조절이다. 위의 예에서 유아가 고양이는 개의 도식에 속하지 않음을 알게 되어 고양이를 보고 '야옹이'라고 부르게 되면 조절이 이루어진 것이다. 즉,

조절은 새로운 자극에 알맞게 스스로 도식을 바꾸거나 새로 만들어 내는 것이다.

4) 평형화(equilibration)

동화와 조절은 인지적 성장과 발달에 없어서는 안 되는 중요한 과정이다.

만약 유아가 외계의 자극에 대하여 조절은 하지 않고 동화만 한다거나 동화는 전혀 하지 않고 조절만 한다면 어떤 결과가 나타날까? 동화만 할 줄 알고 조절을 할 줄 모르는 사람은 사물들의 차이를 식별하지 못하게 될 것이며, 조절만 하게 되면 사물에 대한 유사성을 찾을 수 없을 것이므로 일반성을 찾기 힘들게 된다. 인지적 성장과 발달에서 동화와 조절의 인지적 균형을 유지하도록 하는 것을 Piaget는 평형화(equilibration)라고 하였다.

그러나 유아가 새로운 사건을 경험하게 되면, 기존의 도식과 일치하지 않는 경우 비평형(disequilibrium)의 상태가 일어나게 된다.

비평형 상태는 언제나 갈등과 긴장을 유발한다. 이런 경우 인지적 조화를 유지하기 위하여 평형의 과정이 일어나는데, 이것은 바로 동화와 조절의 적응과정을 통해 이루어진다. 평형은 Piaget 중심 동기적 요인이다. 왜냐하면 평형이 적응과 조직화의 과정을 통해 인지적 성장을 활성화시키기 때문이다.

4. 인지발달 단계

1) 감각운동기(sensorimotor period) 출생~2세

감각운동기는 Piaget의 인지발달 단계에서 첫 번째 단계로 출생 후부터 약 2세까지의 시기이다. 이 시기는 영아가 자신의 감각과 운동을 조절함으로써 세상의 사물에 대한 지식을 얻게 되므로 감각운동기라고 부른다.

이 단계의 영아는 처음에는 원초적 반사행동을 하다가 손가락 빨기와 같은 자발적 행동을 거쳐 사물을 조작할 수 있게 되고 마침내 목표지향적 행동을 하게 된다. Piaget에 의하면 감각운동기는 아래와 같은 6개의 하위단계로 나눌 수 있으며 한 단계에서 다음 단계로 이행하는 시기는 유아에 따라 개별적으로 다를 수 있다.

(1) 제1단계 : 반사기(modification of reflexes : 출생~1개월경)

출생 직후 아기가 할 수 있는 일은 빨기 반사, 파악 반사 등의 반사 반응이다. 아기는 이 기간 동안 반사행동에 대한 통제 능력을 획득해 나간다. 즉 태어난 환경에서 주어지는 자극에 그대로 반응하는 것이 아니라, 자극을 받아들여 그에 적응할 수 있는 반응을 창출하는 내적 체계를 형성한다. 예를 들면 반사적으로 입에 닿는 모든 것을 빠는 것이 아니라 우유나 젖은 빨지만 맛이 좋지 않은 것은 빨지 않고 뱉어 버리게 된다.

이 단계의 도식은 환경에 대처하기 위한 보기, 잡기, 치기, 때리기와 같은 행동패턴도 포함한다. 최초의 도식은 타고난 반사들로 이루어지며, 이 시기에 가장 우세한 반사는 빨기 반사이다. 그러나 아기는 젖꼭지뿐만 아니라 입에 닿는 것은 모두 빨아본다. 그리하여 모든 대상을 빨기 도식에 동화시켜 보게 된다.

(2) 제2단계 : 1차 순환반응(primary circular reaction : 1~4개월경)

순환반응이란 하나의 행동이 반복해서 나타나는 것을 말한다. 아기는 아무렇게나 우연히 행한 움직임으로 재미있는 일을 만들어 내면 그 행동을 계속 반복하려고 한다.

손가락 빨기와 같이 아기는 자신의 벌려진 입 속에 우연히 손가락을 넣게 되고 빨기를 시작한다. 그러다가 손가락이 입에서 빠지면 재미있는 빨기행위를 반복할 수 있도록 다시 손가락을 입 속으로 넣으려고 한다. 여기에서 1차적이란 영아의 행동이 기본적인 반사 기능이거나 기본적인 운동 기능이기 때문에 붙여진 것으로 즉, 자신의 신체에만 국한되어 있다는 의미에서 1차적이라는 용어를 사용한다.

1차 순환반응은 뚜렷한 목적을 가지고 행해지는 것은 아니지만 어떤 도식(예 : 빨기도식)을 연습하는 것이 그 목적이 될 수 있다.

(3) 제3단계 : 2차 순환반응(secondary circular reaction : 4~8개월경)

4개월 정도가 되면 영아는 비로소 자신의 신체에서 외부세계에 대한 활동으로 주의를 돌릴 수 있게 된다. 즉, 자신의 몸에 대한 행동이 아니라 외부세계에 대한 행동이 반복해서 일어나므로 2차 순환반응이라고 부른다. 이는 선천적인 반사가 아니라 영아가 학습을 통해 획득한 반응이다.

예를 들면 영아가 손을 내젓다가 모빌을 건드렸을 때 뜻밖에 모빌이 돌아가면서 소리를 내게 되었다. 이때 영아는 다시 모빌을 건드려 그 소리를 다시 한번 들어보며, 다음에는 좀 더 자신있게 흔들어서 모빌의 움직임을 보고 소리를 듣는다. 그리고 나서 상당한 동안 이 행위를 되풀이하게 된다.

이렇게 의도적으로 전에 획득한 반응을 새로운 상황에 적용하려는 것이 이 단계의 특징이다.

(4) 제4단계 : 2차 순환반응의 조정(coordination of secondary reaction : 8~12개월경)

이제 영아는 자신이 바라는 목표를 획득하기 위하여 이미 전에 획득한 도식을 병합하고 통합할 수 있게 된다. 즉 목적을 성취하기 위해 이전에 획득한 두세 가지 도식을 결합시킬 수 있다.

Piaget는 어린 딸이 성냥갑을 잡으려는 행동을 보이자 손으로 성냥갑을 가림으로써 장애물을 제시했다. 처음에는 그것을 무시하거나 넘어서 돌아가려고 애를 썼으나 며칠 후에 손을 치움으로써 방해물을 제거하고 성냥갑을 잡는데 성공했다. 즉, 두 가지 도식인 잡는 것과 치우는 것을 협응시키게 된 것이다. 또 한 예를 들면 9개월 정도가 되면 영아가 베개 밑에 있는 장난감을 잡기 위하여 베개를 치울 수 있게 되며, 목표를 획득하기 위하여 사물이나 타인을 이용할 수도 있게 된다. 즉, 상자 안에 있는 과자를 먹고 싶은데 혼자 힘으로 열 수 없다면 엄마의 손을 상자에 가져다 올려놓아 열게 할 수도 있다.

Piaget에 의하면 이 단계에서 나타나는 영아의 행동은 명백히 의도적이며 최초의 지적인 행동의 신호를 보인다고 한다.

또한 이 단계의 어린이는 기대하는 사건에 신호를 사용할 수 있는 능력이 생기는

데 이것은 인과관계를 이해할 수 있는 능력과 밀접히 연관된다.

예를 들면 아빠가 양복을 입을 때 직장에 나가는 것이라는 사실을 아는 아이는 떠나게 하는 원인이 재킷을 입는 것이라고 생각한다. 또한 자도록 하는 원인은 목욕을 하고 잠옷을 입고 기도하고 관례적인 어떤 행위와 관련되는 것이라는 사실을 아는 것이다.

(5) 제5단계 : 3차 순환반응(tertiary circular reaction : 12~18개월경)

12개월이 되면 영아는 단지 목표를 획득하는 것에만 관심을 두지 않고 어떻게, 왜 그러한 일이 일어나는가를 알고자 한다. 즉, 행동의 결과를 살피기 위해 의도적으로 자신의 행동을 다양하게 변화시킬 수 있다. 그리고 적극적으로 환경을 탐색하기 시작한다.

예를 들면 목욕을 하다가 고무로 된 장난감 오리를 물 밑에서 놓아 보았더니 오리가 물 위로 떠올랐다. 아기는 다시 오리를 물 속으로 집어넣어 본다. 이번에도 오리는 물 위로 튀어올랐다. 이제 오리를 거꾸로 하여 물 속으로 밀어넣는다. 그래도 오리는 물 위로 튀어올랐다. 아기는 계속 몇 번이고 오리를 물 속으로 밀어넣으려 한다.

또 한 예를 들면, 손이 닿지 않는 곳에 있는 장난감에 붙어 있는 끈을 잡아당기거나, 장난감이 놓여 있는 작은 깔개를 잡아당김으로써 장난감을 손에 넣을 수 있다. Piaget는 아기가 어떤 목적을 획득하기 위해 수단을 사용하는 실험을 했는데, 한 실험에서 매력적인 장난감이 아이가 닿을 수 없는 곳에 있었다. 아기는 이 시트 위의 줄을 이용하여 장난감을 가까이 가져왔다. 다른 실험에서, 장난감이 융판 위에 있는데 아기는 장난감을 가까이 가져오기 위해 융판을 끌어야 된다는 것을 발견했다.

(6) 제6단계 : 표상적 사고(representational thought : 18~24개월경)

이 단계에서 영아는 직접 해 보지 않고서도 사고하는 것이 가능하기 때문에 좀 더 내면적으로 사고한 후에 행동을 하게 된다. Piaget에 의하면 표상적 사고란 행동하기 전에 문제에 대해 정신적으로 추론하는 것을 의미하는데, 이 때의 표상은 행동을 통해 이루어진다. Piaget는 그의 딸 루시엔느가 조금밖에 열려져 있지 않은 서랍형 성냥 중에서 고리를 꺼내기 위해 애를 썼으나 실패했다. 그러자 갑자기 행동을 멈추고 가만히 보고 있다가 자기 입을 벌렸다 오므렸다 하더니 재빨리 성냥갑 서랍을 열어서 고리를 꺼냈다. 이것은 비언어적인 상징 표상으로서, 행동하기 전에 상황에 대해 행동적 수준이기는 하지만 사고를 함으로써 신속하게 문제를 해결한 것이다.

이와 같은 감각운동 단계의 행동적 지능을 Piaget는 감각적 지능이라고 부르고 이것이 후기에 발달하는 개념적 지능의 기초가 된다고 주장했다.

2) 전조작기

Piaget에 의하면 전조작기는 2~7세까지로, 전개념기는 2~4세, 직관적 사고기는 4~7세로 보았다. 이 시기는 유아가 언어와 같은 상징적 매체를 사용하기 시작하면서 사고 기술에 커다란 진전을 이루는 시기이나 사고가 직관적이어서 효율적인 논리를 사용할 수 없다. 상징적 사고를 하기 시작하는 것으로 전조작적 단계가 시작된다는 것을 알 수 있다. 예를 들면 막대기가 총이 될 수도 있고, 우유컵이 될 수도 있다. 즉 어떤 사물을 상징하는 상(像), 단어, 행동 등을 어떤 기호로 쓸 수 있게 된다. 전조작기 유아의 특징은 상징적 사고, 직관적 사고, 자아 중심성, 물활론적 사고, 도덕적 실재론, 꿈의 실재론, 보존개념 등에서 잘 나타난다.

(1) 상징적 사고

전조작기 유아의 놀이에는 비언어적인 상징행동이 많이 나타난다. 예를 들면 유아는 베개를 아기라고 재우는 흉내를 내며 볼펜을 가지고 담배라고 담배 피우는 흉내를 낸다. 이러한 상징적 놀이는 언어의 발달과 함께 급속히 발달하며 아동의 연령에 따라 놀이의 형태도 변화한다.

유아가 3세 반 정도가 되면 흉내놀이(pretend play), 즉 가상 놀이를 할 수 있다. 이러한 흉내놀이는 바로 유아가 상징적 사고를 할 수 있다는 최초의 증거이다.

새처럼 행동하는 것, 블록을 갖고 자동차인 것처럼 노는 것 등은 간단한 종류의 환상적 놀이, 즉 상징적 놀이(symbolic play)이다.

또는 엄마, 아빠가 되어 역할놀이를 하게 되는 가상놀이(make-believe play) 또는 가정놀이를 하는데, 이러한 활동은 '마치 ~인 것처럼' 행동할 수 있는 정신적인 표상능력(representation abilities)을 나타내는 것이다.

Erikson(1968)에 의하면 이와 같은 유아의 상징적 놀이는 이들이 두려움이나 좌절감을 극복하고 불유쾌했던 사건에서 벗어나도록 해 준다고 했다.

상징적 놀이가 유아의 발달에 미치는 영향은 다음과 같다.

① 다른 사람이 어떻게 느끼는가를 이해할 수 있다.
② 새로운 어휘를 배우게 한다.
③ 새로운 생각을 이야기할 수 있게 한다.
④ 실제와 비실제를 구별할 수 있게 해 준다.
⑤ 여러 사건을 조직하고 순서를 매기고 원인과 결과의 관계를 이해할 수 있게 한다.

(2) 직관적 사고

전조작기 아동은 상징적인 표상에 의한 사고가 가능하나 문제해결에 있어 아직은 지적 조작능력이 부족하다. 따라서 이들의 사고는 현재 그들이 본 것, 들은 것에 의해 결정된다. 이러한 전조작기 아동의 사고방식을 직관적 사고라 하며, 이것은 유목화나 보존개념 실험에서 잘 나타난다.

(3) 자아중심적 사고(egocentrism)

취학전 유아들은 타인이 유아 자신이 보는 것처럼 사물을 보지 않는다는 것을 이해하지 못한다. 이와 같이 타인의 조망을 이해하지 못하는 것을 Piaget는 자아중심적 사고라 했다. 자아중심성(egocentrism)이란 유아들이 이기적인 존재여서 자신의 관점만을 주장하는 것이 아니라, 단순히 자신의 관점과 다른, 다른 사람의 관점이 존재한다는 사실을 알지 못하기 때문에 모든 사람이 유아 자신이 보는 대로 세상을 보고 있다고 생각하는 것을 말한다.

자아중심적 사고는 Piaget와 Inhelder의 세 산모형 실험을 통해 잘 알려져 있다. 유아에게 색깔과 크기가 다른 세 산을 각기 다른 위치에 배열한 장면을 보여주고, 그 산들의 모습을 그린 그림들 중에서 유아 자신이 보고 있는 대로의 모습과 같은 것을 고르게 하면 대부분 유아는 잘 해낸다. 그러나 자신과 다른 위치에 있는 인형이나 실험자에게 보일 모습의 그림을 고르라고 하면 많은 유아들이 자신이 보고 있는 관점을 나타내는 그림을 고른다. Piaget에 의하면 이러한 결과는 유아가 다른 사람들이 그들 나름의 관점을 갖고 있다는 사실을 알지 못하기 때문에 타인의 입장에 자신을 놓을 수 없어서 일어난다는 것이다.

(4) 물활론적 사고(animism)

유아는 무생물도 살아 있으며, 자기들처럼 감정을 갖고 있고, 의도를 가지며 사고를 할 수 있다고 생각한다. 즉 세상 만물이 모두 생명이 있다고 생각하는 이러한 사고를 물활론이라고 한다.

Piaget에 의하면 유아의 생명에 대한 개념의 발달은 네 단계로 이루어진다.

첫째 단계, 사람에게 어떤 영향을 주는 대상은 살아 있다고 믿는다. 즉, 존재하는 모든 사물에 의지나 생명이 있다고 생각하는 단계이다(4~6세경에 나타난다). 예를 들면 자전거, 난로, 태양, 산, 전등 등 모든 것이 살아 있다고 생각한다.

둘째 단계, 움직이는 것은 살아 있다고 믿는다(주로 6세 이후 8~9세경의 아동에게서 나타난다). 따라서 자전거나 태양은 움직이므로 살아 있지만 산이나 전등은 움직이지 않으므로 살아 있지 않다고 생각한다.

셋째 단계, 스스로 움직이는 것만이 살아 있다고 믿는다(8세 이후~12세까지의 아동에게 주로 관찰된다). 해는 스스로 움직이므로 살아 있으나 자전거는 스스로 움직이지 않으므로 살아 있지 않다고 생각한다.

넷째 단계, 유아는 비로소 과학적이고 생물학적인 생명관을 갖는다(11~12세 이후에 정착된다). 즉, 이때만 비로소 동물과 식물만이 살아 있다고 한다.

(5) 도덕적 실재론(moral realism)

Piaget의 연구에 의하면 놀이의 규칙과 도덕적 문제에서 전조작기 아동은 도덕적 실재론을 가지고 있음을 알 수 있다. 놀이규칙에 관한 연구에서 Piaget는 아동들이 즐겨 하는 공기놀이의 규칙에 대해 그 규칙이 변경될 수 있는가 없는가에 관하여 물어 보았다. 전조작기 아동은 규칙이란 지키지 않으면 벌을 받기 때문에 절대적으로 지켜야 한다고 보며, 규칙은 본래부터 정해져 있는 것이므로 변경할 수 없다는 생각이 지배적이다.

도덕적 판단에 관한 연구에서는 아동이 자신이 저지른 잘못을 그러한 행동을 하게 된 동기나 의도를 근거로 해서 판단하는가 또는 잘못의 결과를 근거로 해서 판단하는가를 알아보았더니, 전조작기 아동은 그 행위의 의도가 어떠하든 간에 저지른 잘못의 결과가 클수록 더 나쁘다고 판단하였다. 즉, 행위의 의도보다는 결과에 근거해서 판단을 하여 과실이 큰 것은 더 많은 벌을 받아야 한다고 생각했다. 즉, 전조작기 아동은 도덕적 규범이나 규칙이 외부의 절대적인 힘에 의해서 주어진 것이므로 그것은 절대적으로 지켜야 하며, 임의적인 변경이 불가능한 것으로 생각한다.

(6) 꿈의 실재론(dream realism)

유아들은 자신의 꿈이 다른 사람에게도 보이며, 밤이나 하늘로부터 또는 바깥의 빛으로부터 창문을 통하여 들어오는 것이라고 생각한다. 또한 꿈을 꾸고 있는 동안 꿈이 자기 주위에 그대로 남아 있다고 생각하며 꿈이 실제라고 믿는다. 이것이 꿈의 실재론(dream realism)이다.

(7) 비약적 또는 변환적 추론

이 시기의 유아 사고의 특징은 변환에 유의하거나 열중하는 능력이 없다. 유아는 계속적으로 변화하는 계열적 상태를 관찰하는데 있어서 한 상태가 다른 상태로 변하는 과정보다는 계속적이고 연속적인 하나하나의 장면의 상태에만 집중하기 때문에 변환을 이해하지 못한다. 따라서 '특수한 지각적 사실'에서 '특수한 지각적 사실'로 옮겨가는 일련의 사실들을 처음과 끝의 관계로 통합하지 못한다. 예를 들면 연필을 세워서 넘어지는 과정을 단계로 그리거나 재생시키지 못하고, 처음의 연필이 서 있었던 상태와 마지막의 넘어져 있는 상태만 재생할 줄 안다. 이렇게 변환적 사고 과정은 서로 관련이 없는 두 개의 사건을 원인과 결과의 관계로 연결시키는 비약적 도출과 같은 현상을 초래하게 된다. Piaget의 딸 루시엔느가 "나는 아직 낮잠을 자지 않았어, 그러니 지금은 오후가 아니야."라고 한 말은 바로 변환적 추론(transductive reasoning)을 설명하는 것이다. 루시엔느에게는 낮잠과 오후가 늘 같이 왔으므로 낮잠이 오후가 되는 원인이라 생각하는 것이다. 이렇게 동시에 두 사건을 보고 한 사건이 다른 사건의 원인이 된다고 생각하는 것을 Piaget는 변환적 추론이라고 불렀다.

(8) 보존개념(concept of conservation)

보존개념은 물체의 외형상의 변화에도 불구하고 특정한 양과 질은 변하지 않고 그대로 남아 있다고 판단할 수 있는 능력이다. 즉 물질의 양, 수, 길이, 면적 등은 그 형태나 위치를 변화시키더라도 동일하다는 개념을 말한다.

피아제(J. Piaget)의 인지발달 단계에서 전조작기의 끝에 가서야 획득되는 개념이다.

아동은 물체의 양적인 관계를 보존하는 능력이 일정한 순서로 발달하며 대개 다음과 같은 세 단계를 거친다.

첫째 단계는 보존개념이 전혀 이루어지지 않는 단계이다. 이 단계에서는 유아가 물체의 특정한 양적 속성이 외형적인 변화에 의해 달라진다고 생각한다.

둘째 단계에서는 유아가 지각적으로 사물에 대한 변형의 두 측면을 볼 수 있으나 한꺼번에 두 측면에 대해 충분히 고려할 수 없기 때문에 일관된 보존반응을 하지 못한다.

셋째 단계에서는 모든 물체의 속성에 상관없이 지각적 변형에 의해서 사물 자체의 양과 질이 영향을 받지 않는다는 것을 이해하게 되어 보존개념을 완전히 획득하게 된다.

이와 같이 다양한 보존개념들은 일정한 시기에 한꺼번에 획득되는 것이 아니다. 일반적으로 양의 보존개념은 만 6~7세경에, 무게의 보존은 8~10세경에, 부피 보존 개념은 11~12세경에 이해하게 된다.

보존개념의 획득에 있어서 나타나는 시간적 차이를 수평적 격차(horizontal decalarge)라고 한다.

Piaget에 의하면 보존이란, 사물의 양적인 측면에서 무엇이 그 사물에 첨가되거나 없어지지 않으면 그 양은 변하지 않는다는 것을 아는 것으로 다음과 같은 세 가지 원리에 의해 형성된다.

① 동일성의 원리 : 양 보존에서 두 컵에 물을 더 붓거나 버리지 않았으므로 두 컵의 물이 같다고 설명하는 것이다.

② 보상성의 원리 : 한쪽 컵은 밑면이 더 넓적하므로 컵의 물의 높이가 낮아도 두 컵의 물의 양은 같다고 설명하는 것이다.

③ 역조작의 원리 : 이 컵의 물을 먼저의 컵에다 다시 부으면 물의 높이가 똑같게 된다고 설명하는 것이다.

그러나 전조작기 유아들은 어떤 상황에서 지각적으로 가장 현저한 자극에 초점을 맞추고 다른 면들을 무시해 버리는 중심화 경향을 보이는 비논리적인 추론을 한다. 그러므로 보존개념 실험에서 혼란을 일으키는데 이것은 전조작기 유아들이 아직 보존개념을 획득하지 못하였기 때문이다.

보존개념 실험에는 양 보존, 길이 보존, 수의 보존, 부피 보존, 면적 보존 등이 있으며 실험의 예를 소개하면 다음과 같다.

♣ **보존개념 실험의 예**

(1) 양 보존개념

(A)

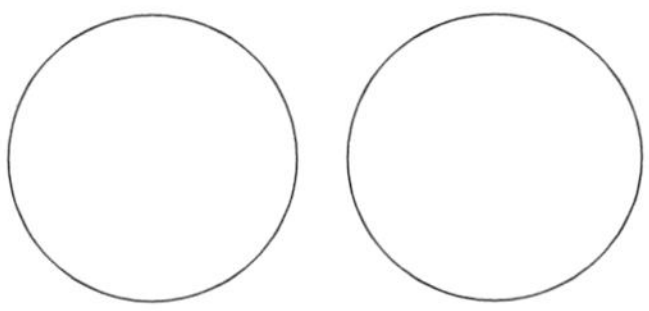

실험자가 동일한 두 개의 고무찰흙 공을 보여주고, 유아에게 똑같은 양의 고무찰흙을 갖고 있다는 것을 알게 한다.

(B)

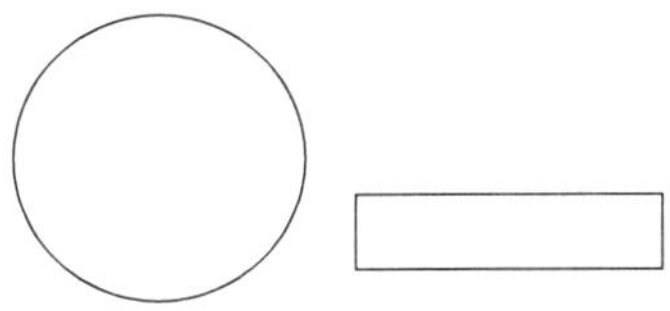

두 개의 공 중에 하나를 길게 변형시킨다. 유아에게 똑같은 양을 갖고 있는지를 물어본다.

(2) 길이 보존개념

(A)

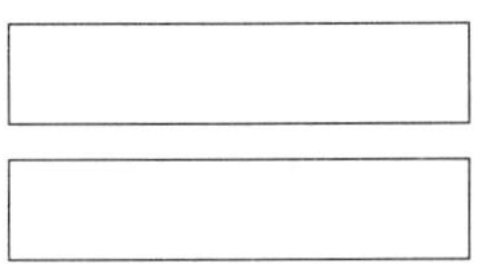

동일한 두 개의 막대를 유아 앞에 놓고 똑같은 길이라는 것을 알게 한다.

(B)

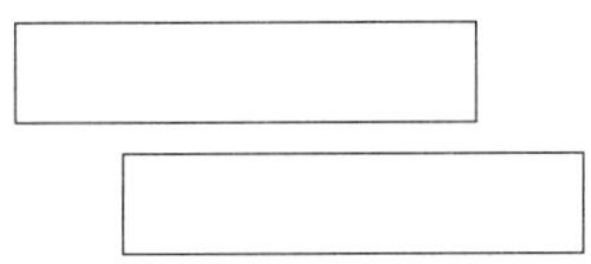

두 막대 중 하나를 오른쪽으로 옮겼을 때, 똑같은 길이인지 아닌지를 묻는다.

(3) 수의 보존개념

(A)

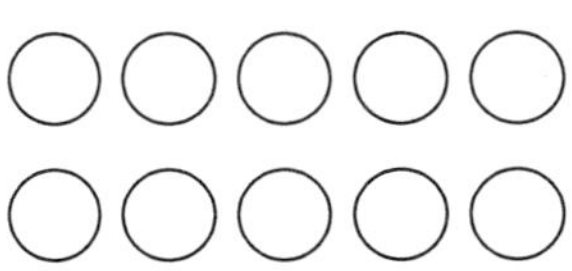

1:1 대응으로 셀 것을 놓고 유아에게 똑같은 것을 알게 한다.

(B)

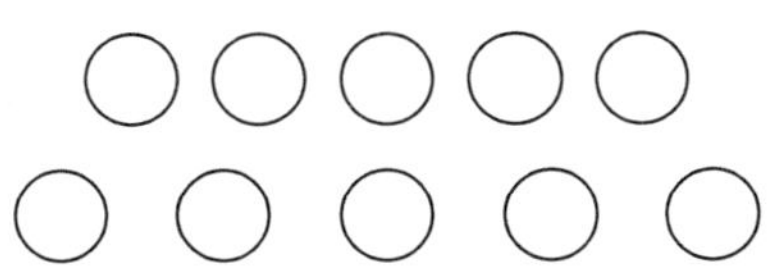

한 줄을 길게 하거나 좁히고 유아에게 각 줄은 똑같은 숫자인지 아닌지를 묻는다.

(4) 부피 보존개념

(A)

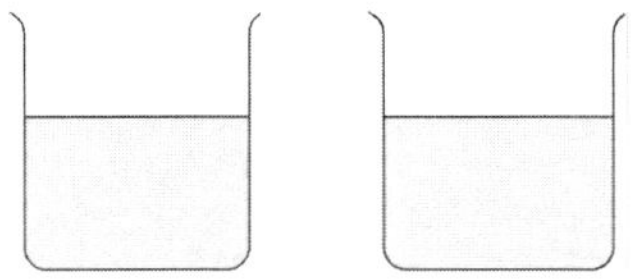

두 개의 컵에 똑같은 양의 물을 채우고 같은 양의 진흙 공을 넣는다. 유아에게 똑같다는 것을 알게 한다.

(B)

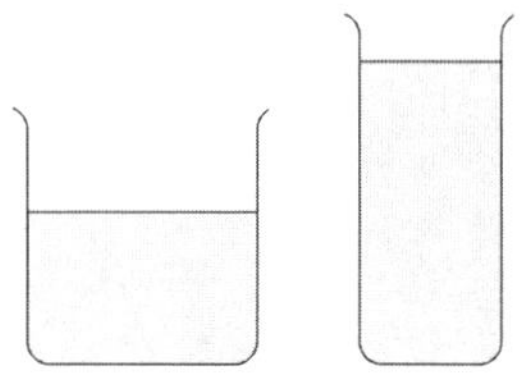

한쪽 공을 꺼내 모양을 변형시켜 다른 컵 위에 얹고 다시 물에 넣으면 똑같은 부피의 물인지 아닌지를 물어 본다.

(5) 면적 보존개념

(A)

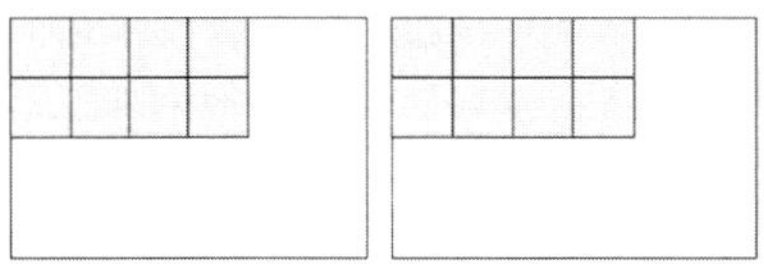

유아에게 두 개의 공간이 같음을 알게 한다.

(B)

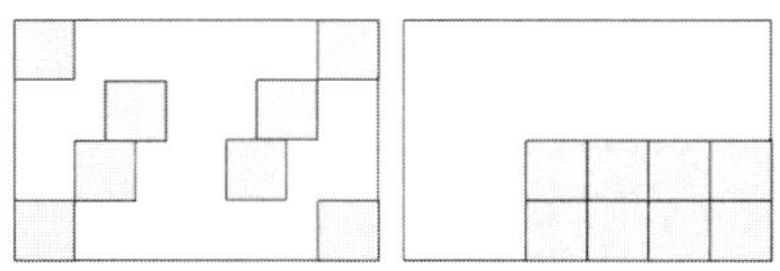

한쪽의 블록을 흐트려 놓고 유아에게 면적이 같은지 아닌지를 물어 본다.

※ 지침

① 액체의 보존개념 실험은 물이나 주스, 음료수 등 유아들이 좋아하는 것으로 사용해도 좋다.
② 길이 보존개념 실험은 똑같은 2개의 막대기나 펜, 연필, 수수깡 등 길이가 동일한 것으로 다양하게 사용할 수 있다.
③ 유목 포함도 꽃의 유목에 포함될 수 있는 장미, 백합, 튤립, 카네이션 등 다양한 꽃 종류를 사용할 수 있다.
④ 면적 보존은 크기가 동일한 종이(켄트지, 색지, 마분지 등)를 사용하여 풀밭을 만들고 젖소나 양, 사슴 등 다양한 동물을 블록 대신 사용할 수 있다.
⑤ 양 보존은 play dough(밀가루 반죽)나 찰흙, 고무찰흙, 지점토 등을 사용할 수 있다.

3) 구체적 조작기

취학전 연령인 6~7세부터 11~12세경까지를 구체적 조작기라 부른다.

이 시기에 접어들면, 아동의 사고는 급격한 진전을 보이게 된다.

구체적 조작기가 되면 유아는 지적 조작을 할 수 있게 되어 보다 논리적으로 사고하게 되고 전조작적 사고의 제한된 특성에 구애를 받지 않게 된다. 그러나 이들이 풀 수 있는 논리적 문제는 아동 자신의 주위에 있는 구체적 사물에 관한 것이다. 이런 연유로 Piaget는 이 시기를 구체적 조작기라고 불렀다.

구체적 조작기 사고의 특징은 보존개념의 획득과 분류, 서열화, 유목화, 탈중심화, 자율적 도덕성에 잘 나타난다.

이 시기의 유아들은 세상을 일련의 고정된 지각상(perceptual image)으로 표상하지 않고 이제는 정신적으로 영향을 줄 수 있으며 논리적으로 변화시킬 수 있는 구체적 대상물로 표상하기 시작한다. 이러한 발전된 지적 능력은 사물을 보여지는 대로만 조작하지 않고 필요에 따라서는 가역적으로 조작할 수 있는 정신능력이 발달하고 있다는 것을 보여 준다.

4) 형식적 조작기(formal operational period) 12세 이후

아동의 인지 구조가 질적인 변화를 하는 마지막 단계가 형식적 조작기이다.

12세경 사춘기가 시작되면서 아동의 사고는 또 한 번의 중요한 변화를 겪게 된다.

Piaget에 의하면 이 시기의 아동은 가설적인 것, 확률, 가능성에 관하여 생각하는 능력을 발달시킨다. 한 사태가 주어지면 다른 방안을 간구할 수 있으며 가장 체계적이면서도 과학적인 추론을 할 수 있다.

형식적 조작기의 아동은 현실적 세계를 넘어서서 추상적으로 사고할 수 있게 된다. 즉, 이 시기에 이르러서야 비로소 완전한 상징적 추론이 가능하게 되며, 가설을 세우고 그 가설을 체계적으로 검증할 수 있게 된다. 또한 추상적 개념을 사용하여 여러 가지 사태를 일반화할 수 있게 된다. 형식적 조작기의 대표적인 사고방식은 조합적 사고와 연역적 사고이다. 조합적 사고란(combinational thinking) 하나의 문제에 직면했을 때 모든 가능한 해결책을 논리적으로 궁리해 봄으로써 종국에 가서 문제해결에 이르게 되는 사고를 말한다.

연역적 사고(dedutive thinking)는 일반적 사실에서 출발하여 특정한 사실에 도달하는 사고, 즉 '만약 ~하면 ~이다'라는 사고가 가능해진다.

Piaget의 인지발달 단계를 요약하면 〈표 II-3〉과 같다.

표 II-3 Piaget의 인지발달 단계

단 계	연 령	특 징
1. 감각운동기	0~2세	· 반사적, 운동적 기능 · 지금, 여기의 세계 · 감각운동 6단계 · 대상영속성 개념
2. 전조작기 전개념기 직관적 사고기	2~7세 2~4세 4~7세	· 상징적 사고, 직관적 사고, 자아중심적 사고, 물활론적 사고 · 도덕적 실재론, 꿈의 실재론, 보존개념 미획득
3. 구체적 조작기	7~11, 12세	· 보존개념 획득, 분류와 관계에 대한 논리, 서열화, 유목화 · 탈중심화, 자율적 도덕성, 구체적 범위만 사고함
4. 형식적 조작기	11, 12세~	· 사고에서 전도가 가능함 · 사고의 완전한 보편성 · 가정을 다룰 수 있는 능력 · 강한 이상주의의 발달 · 추상적 개념 사용, 조합적 사고, 연역적 사고

예상문제

1. 피아제 전조작적 시기에 논리적 사고발달을 방해하는 요인을 모두 고른 것은?

① ㉠, ㉡, ㉢　　② ㉠, ㉢　　③ ㉡, ㉣
④ ㉣　　⑤ ㉠, ㉡, ㉢, ㉣

2. 아동이 경험하지 않은 미래의 사건을 예측할 수 있는 시기는?

① 감각운동기　　② 전조작기　　③ 구체적 조작기
④ 형식적 조작기　　⑤ 모든 시기

3. 피아제 인지발달단계에서 대상영속성을 형성하는 시기는?

① 전조작기　　② 감각운동기
③ 형식적 조작기　　④ 구체적 조작기
⑤ 전(全) 단계에서 가능

4. 다음 지문에서 설명하는 개념은?

> 과거에 사회복지사에게 부정적인 감정을 가지고 있던 클라이언트의 어머니가 이전의 사회복지사와 다르다는 것을 느끼고 인식이 변하였다.

① 평행　　② 동화　　③ 도식
④ 조절　　⑤ 협응

5. 피아제의 발달단계에 대한 설명이 옳게 연결된 것은?

> ㉠ 감각운동기 : 전개념적인 사고 및 직관적인 사고가 가능하다.
> ㉡ 전조작기 : 구체적 수준의 사고가 가능하다.
> ㉢ 구체적 조작기 : 보존개념을 이해하고 추상적인 사고가 가능하다.
> ㉣ 형식적인 조작기 : 가설을 세우고 추론하는 능력이 형성된다.

① ㉠, ㉡, ㉢　② ㉠, ㉢　③ ㉡, ㉣
④ ㉣　⑤ ㉠, ㉡, ㉢, ㉣

6. 다음 중 피아제(J. Piaget) 이론에서 전조작적 사고단계의 특징을 바르게 설명한 것은?

① 몸으로 행동하는 대신 마음 속으로 행동의 결과를 예측한다.
② 가설설정과 미래사건의 예측이 가능하다.
③ 논리적 사고로 전환 된다.
④ 언어를 사용하기 시작하고 언어능력이 발달한다.
⑤ 자신의 사고와 다른 사람의 사고를 구별하지 못한다.

7. 다음 중 피아제가 제시한 감각운동기의 발달순서로 맞는 것은?

① 반사활동→1차 도식협응→2차 도식협응→2차 순환반응→3차 순환반응→사고의 시작
② 반사활동→1차 도식협응→2차 순환반응→3차 순환반응→2차 도식협응→사고의 시작
③ 반사활동→1차 순환반응→2차 순환반응→2차 도식협응→3차 순환반응→사고의 시작
④ 반사활동→1차 순환반응→1차 도식협응→2차 도식협응→2차 순환반응→사고의 시작
⑤ 반사활동→1차 순환반응→1차 도식협응→2차 순환반응→3차 순환반응→사고의 시작

8. 유아는 어떤 대상이 시야에서 사라지거나 들리지 않으면 존재하지 않은 것처럼 여기다가 인지가 발달하면서 점차 시야에서 사라져도 계속 그 대상이나 사물이 존재함을 알게 되는 것은?

① 대상영속성　② 상징성
③ 연속성　④ 물활론
⑤ 도덕적 실재론

9. 피아제는 적응과정을 무엇으로 보았는가?

① 동화와 조절　② 적응과 조작
③ 순응과 협응　④ 통제와 창조
⑤ 통합

10. 피아제의 인지발달 이론에 대한 설명으로 맞는 것은?

㉠ 인간발달의 기본적인 요소는 유전, 신체적 경험, 사회적 환경이라고 보았다.
㉡ 인지구조의 질적 차이를 인지발달 단계의 이론으로 나누었다.
㉢ 각 단계의 인지구조는 그 단계에 고유한 것으로, 특정단계에 이르러 비로소 구체적으로 획득된다.
㉣ 구체적 조작기에는 물활론적 사고와 자아중심적 사고가 많이 나타난다.

① ㉠, ㉡, ㉢　　② ㉠, ㉢
③ ㉡, ㉣　　④ ㉣
⑤ ㉠, ㉡, ㉢, ㉣

11. 피아제의 인지발달 단계 중 감각 운동기의 5단계에 들어가는 것은?

① 표상적 사고　　② 반사기
③ 2차 순환반응　　④ 2차 순환반응의 조정
⑤ 3차 순환반응기

12. 피아제 이론의 주요개념으로 거리가 먼 것은?

① 도식　　② 조직화　　③ 자아정체감
④ 자아중심성　　⑤ 평형화

13. 피아제의 인지이론 중 사물이나 사건에 대한 개념, 이해의 틀, 반응의 틀, 범주, 색인철 이라고 불리는 것은 무엇인가?

① 스키마(도식)　　② 지능　　③ 평형
④ 비평형　　⑤ 조절

14. 피아제의 인지 발달 이론에서 전조작기에 사고의 특징으로 알맞은 것은?

㉠ 자아중심적 사고　　㉡ 물활론적 사고
㉢ 상징적 사고　　㉣ 변환적 추론

① ㉠, ㉡, ㉢　　② ㉠, ㉢
③ ㉡, ㉣　　④ ㉣
⑤ ㉠, ㉡, ㉢, ㉣

15. 피아제의 인지발달단계의 순서로 맞는 것은?

① 감각운동기 – 구체적 조작기 – 전조작기 – 형식적 조작기
② 감각운동기 – 형식적 조작기 – 전조작기 – 구체적 조작기
③ 감각운동기 – 전조작기 – 구체적 조작기 – 형식적 조작기
④ 감각운동기 – 전조작기 – 형식적 조작기 – 구체적 조작기

16. 피아제의 인지 발달이론에서 구체적 조작기에 나타나는 특징은?

㉠ 보존개념의 획득	㉡ 탈중심화
㉢ 분류 및 서열화	㉣ 논리적 · 가역적사고

① ㉠, ㉡, ㉢　　② ㉠, ㉢　　③ ㉡, ㉣
④ ㉣　　⑤ ㉠, ㉡, ㉢, ㉣

정답 1. ②　2. ④　3. ②　4. ④　5. ③　6. ⑤　7. ③　8. ①　9. ①
10. ①　11. ⑤　12. ③　13. ①　14. ⑤　15. ③　16. ⑤

제7장

인본주의 성격이론

1. Rogers의 현상학적 성격이론
2. Maslow의 인본주의적 성격이론

1. Rogers의 현상학적 성격이론

인본주의 심리학이라는 용어는 1960년 초기에 가장 영향력 있는 정신분석학과 행동주의 심리학에 대항하여 Abraham Maslow를 중심으로 탄생되었다. 인본주의 심리학은 다른 심리학과는 달리 단일의 조직적인 이론이나 시스템이 아니라 하나의 운동이라 말할 수 있다. Maslow가 "제3의 심리학"이라고 이름 붙인 인본주의는 인간의 본성은 생물학적인 것이 아니라 사회문화적인데 있다고 주장하는 신프로이드 학파, 인간은 환경과의 상호작용에서 그 행동을 규정하고 이해할 수 있다는 형태주의나 장의 이론 학자들, 개인의 특수성과 통합을 해석하려는 지각주의, 현상학, 실존주의 심리학의 이념을 총망라한 것이라고 할 수 있다.[1)]

Carl Rogers는 "인간은 단순히 기계적인 특성을 가진 존재가 아니요, 무의식적 욕망의 포로도 아니다. 인간은 자신을 창조하는 과정 중에 있으며 생의 의미를 창조하며 주관적 자유를 실천해 가는 존재이다."라고 했다.[2)]

인본주의 심리학은 인간을 환경의 산물이라고 규정하고 자율성을 부정하는 행동주의와 인간을 악하고 충동적이며 저돌적인 본성을 지닌 음울하고 비관적인 존재로 묘사하는 정신분석학의 관점에 회의를 품고 인간의 본성에 대한 긍정적인 면을 묘사하고 있다. Allport, Rogers, Maslow 등과 같은 인본주의 학자들은 행동주의가 가진 장점이 어떻든 간에 인간은 겉으로 드러나는 반응들로만 구성되어 있지 않다고 하였다. 그리고 인간은 전적으로 외부 환경에 의해 지배당하는 존재가 아니라 성장하고, 생각하고, 느끼고, 꿈꾸고, 자신을 창조하며 사는 존재라고 했다. 그들은 행동주의자들이 자연과학을 흉내낸 나머지 인간을 로봇으로 만들어 인간에 대한 존엄성을 무시하고 있다고 비난했다. 인본주의자들은 과학적 탐구에 전적으로 반대하는 것이 아니고 심리학은 측정 가능하고 환경적으로 통제 가능한 측면

1) 최정훈, 「지각심리학」, 을유문화사, 1982.
2) J. Shlien(1963), phenomenology and personality, in J. Wepman & R. Heine(Eds.), *Concepts of Personality*, Chicago, IL: Aldin, p. 307.

뿐 아니라 인간경험의 전 범위에 걸쳐 관심을 가져야 한다고 주장했다. 그러나 인본주의 심리학은 정신분석학에 대해서는 양가적(ambivalent)이다. 많은 인본주의자들이 인간의 내면세계를 가장 깊은 수준까지 탐색하려는 정신분석적 시도를 높이 평가하지만 정신분석학자들이 인간의 창의성이나 자유선택에 대한 역량을 비관적으로 보는데 대해서는 못마땅하게 생각한다.[3] 인본주의 심리학은 실존주의 이론, 형태치료(gestalt therapy)와 같이 실존주의 철학에 그 기원을 두고 있으며, 치료자와 내담자의 관계를 중시한다.

실존주의 심리학은 소외, 무의미, 불안 등과 같은 인간존재의 제한성과 비극적 측면에 초점을 두는 반면, 인본주의 심리학은 사랑, 선택, 창조성, 의미, 가치, 자아실현과 같은 인간의 자아실현 경향과 긍정적인 측면에 초점을 두고 있다. 인본주의 심리학의 발달에 기여한 주요인물 중 Carl R. Rogers는 인간을 통합적인 존재로 보고 있다. 또한 모든 인간이 긍정적인 방향으로 성장하고자 하는 경향과 자기결정 및 자아실현을 갖고 있으며 자신의 운명을 스스로 결정하고 자유롭게 선택하는 존재라는 점을 중시한다. 그는 인간행동의 동기와 관련해서는 개인이 어떻게 세계를 지각하고 해석하는가에 따라 달라진다고 하여 개인의 주관적 경험(subjective exprience)을 강조하였다. Rogers는 이러한 인간본성과 행동에 대한 기본 가정을 근거로 하여 치료적 관계를 촉진시키는 조건에 대한 원칙을 제시하였다. Rogers의 인간중심적 접근방법(person centered approach)에서는 치료자가 감정이입적이고 무조건적인 긍정적 존경심을 가지고 내담자를 수용하고 진정한 관심을 보이게 되면 긍정적인 변화가 일어난다고 보고 있다.[4]

1) Rogers의 생애

Rogers는 1902년 1월 8일 미국 일리노이 주 시카고 근처 오크파크(Oak Park)에서 5남 1녀 중 4째로 태어났다. 그의 아버지는 엔지니어와 청부업자로 일했기 때문에 그의 어린 시절은 경제적 어려움은 없었으나 종교적, 윤리적 규율이 엄격한 가정 분위기에서 성장하였다. 그의 가족은 Rogers가 12살 되던 해에 시카고 서쪽에

3) 최순남, 앞의 책, pp. 319~320.
4) 김동배 · 권중돈 공저, 앞의 책, p. 305.

있는 농장으로 이주하여 가족 외에는 가깝게 지내는 친구도 없이 고립된 채 고등학교를 마쳤다. 그의 대학생활은 그의 고독한 생활에 변화를 주었다. 그는 1919년 그의 부모와 형들이 다닌 위스콘신(Wisconsin) 대학에 입학하여 농학을 전공했다. 그 기간 동안 그는 교회활동에 아주 적극적이였다. 그는 중국 북경에서 열린 세계기독학생연합회에 참가하여 (미국의 12명 대학생 중 한 사람으로 선발됨) 6개월 동안 중국에 머물게 되었다. Rogers는 이때 자신이 심리적 독립을 성취했다고 생각하였다. 그 후 그는 위스콘신으로 돌아와 1924년에 역사학과를 졸업했다. 대학시절 Rogers의 관심사와 전공은 농업에서 역사, 종교, 마침내 임상심리로 변화하였다. 그는 어린 시절부터 알아온 헬렌 엘리엇(Hellen Elliott)과 결혼하여 두 아이를 두었다. Rogers는 위스콘신 신학교에서 공부하다가 임상 및 교육심리학을 공부하기 위해 콜롬비아(Columbia) 대학으로 옮겼다. 1928년 콜럼비아 대학에서 석사학위를 받았고 1931년 임상심리학(아동의 성격측정을 위한 검사에 관한 연구)으로 박사학위를 받았다. Rogers는 임상심리로 박사학위를 받은 후 반세기 동안 자기가 발전시킨 생각들을 반영한 삶을 살았다고 평가받고 있다. 1939년 『문제아 임상치료』(Treatment of the Problem Child)라는 성공적인 저서를 낸 결과, 1940년 오하이오 주립대학(Ohio state University)의 심리학과 교수로 초빙되었다. 1945~1957년까지 시카고 대학의 심리학 교수와 상담소의 책임을 맡아 일했고, 이 기간 동안 『내담자 중심요법』(Client Centered Therapy)을 출간하였다. Rogers는 1964년 교수직을 떠나 서부행동과학연구소에서 일하다가 1968년 라 졸라(La Jolla)에 있는 인간연구소(Center for Studies of the Person)로 옮겨 오랫동안 그곳에서 일했다. 1964~1967년 미국심리학회장을 지냈고, 1956년 미국심리학회 우수과학 공로상, 1972년 미국심리학회 우수공로자상을 수상했으며, 말년에 그는 인종 간의 긴장완화와 세계평화를 위한 노력에 열정을 바쳤으며 1987년에 작고하였다.[5]

2) 인간관

Rogers는 오랜 임상경험을 바탕으로 인간은 기본적으로 자유로우며 자신의 행

5) 최순남, 앞의 책, pp. 337~338. 이인정 · 최해경 공저, 앞의 책, p. 264.

동에 책임을 지고, 유목적이며, 합리적이며, 건설적인 방향으로 지속적으로 성장해 나가는 미래지향적 존재라고 보고 있다. 따라서 이러한 선천적 잠재력을 발휘할 수 있는 조건들이 적절히 갖추어진다면 인간은 무한한 성장과 발전이 가능하다고 결론지었다.

Rogers의 인간관은 자유, 합리성, 자아실현의 경향이 서로 연결되어 있다고 한다.[6] Rogers의 인간관을 자세히 살펴보면 다음과 같다.[7]

첫째, 인간의 삶은 자신이 통제할 수 없는 어떤 힘에 의해 조종당하는 피동적 삶이 아니라 각 개인의 자유로운 능동적 선택의 결과라고 보았다. 모든 인간은 자신의 과거와 현재 생활상태를 정확히 인식할 수 있기 때문에 자신의 삶과 미래를 능동적으로 선택할 수 있다. 즉, 인간은 선천적으로 타고난 성장 가능성을 실현하는 과정에서 자신의 인생목표와 행동방향을 스스로 결정하고 이러한 결정에 따르는 책임을 수용하는 자유로운 존재로 규정하고 있다.

둘째, 인간을 합리적인 존재로 규정한다. 일상적으로 나타날 수 있는 살인, 강간, 이상적 충동, 반사회적 행동 등은 진정한 인간 내적 본성과 화합하지 못한 결과라고 할 정도로 그는 인간이 합리적인 존재라는 사실을 굳게 믿고 있다. 이러한 인간의 합리성은 자아실현의 경향이 강해지고 인간이 더욱 자유로워질 때 강하게 표출된다.

셋째, 모든 인간이 자신의 내부에 자기 이해, 자기 개념과 기본적 태도의 변화 및 자기 지향적 행동을 위한 거대한 자원을 갖고 있다고 하였다. 이러한 선천적 능력의 표현이 바로 자아실현 경향이다. 그는 자아실현 경향을 자기 충족, 성숙의 방향을 지향하는 모든 동기를 포함하는 각 개인의 진보주의적 추진력이라고 규정하였다. Rogers는 이러한 자아실현의 경향을 성취하기 위하여 인간은 항상 노력하고 도전하고 어려움을 극복함으로써 진정한 한 개인이 되어 간다(becoming)고 보고 있다. 그러나 그는 자아실현을 완전히 최종적인 것으로 간주하지 않았으며, 인간은 항상 발전하고 성장할 수 있는 창조성이 있으며, 또 그럴 수 있는 가능성이 무한히 잠재되어 있다고 본다.

---

6) W. Frick(1971), *Humanistic Psychology : Interviews with Maslow, Murphy, and Rogers,* Ohio: Merrill.

7) 김동배 · 권중돈 공저, 앞의 책, pp. 306~307. 최순남, 앞의 책, p. 339.

넷째, 인간을 통합적인 존재로 규정하고 있다. 그는 자아는 항상 더 원대한 전체성으로 이동해 간다고 하였다. 즉, 인간의 발달은 유아의 미분화된 현상학적 장에서 출발하여 자아개념의 발달로 장(field)이 자아와 환경으로 분화되고 각 개인이 자아 일관성(self consisfency)을 계속 추구하는 데서 발달의 최정점에 이를 수 있다. 그는 인간을 항상 전체성과 통합성을 향하여 발전해 가는 존재로 보고 있다.

3) 주요개념

Rogers의 인간중심적 접근방법의 이론적 기초가 되는 개념은 현상학적 장(Phenomenal field) 또는 주관적 경험(subjective experience), 자아(self), 자아실현 경향(self-actualization)이다.

(1) 현상학적 장

현상학적 장이란 경험적 세계(experiential world) 또는 주관적 경험으로도 불리는 개념으로 특정 순간에 개인이 경험하는 모든 것을 의미한다. Rogers는 동일한 현상이라도 개인에 따라 다르게 지각하고 경험하기 때문에 이 세상에는 개인적 현실(individual reality), 즉 현상학적 장만이 존재한다고 보고 있다. 현상학적 이론에서는 정신분석의 동기적이고 역동적인 개념과 특질론의 기본성향을 거부하며, 행동주의의 외적 자극의 반응을 강조하는 것도 거부하며, 오직 지금 일어나고 있는 경험에 대한 주관적 해석에 초점을 두며, 개인이 세상에 정보를 부호화하고 범주화하는 내적 과정에 많은 관심을 갖는다.

Rogers는 현재 행동을 결정하는 것은 과거 그 자체가 아니라 과거에 대한 각 개인의 현재의 해석이라고 할 정도로 현재의 장을 중시하였다. 그는 개인의 모든 반응은 자기가 체험하고 지각하는 대로의 현상학적 장에 근거하고 있다. 이러한 현상학적 장에는 개인이 의식적으로 지각하는 것과 지각하지 못하는 것까지도 포함되지만, 개인은 객관적인 현실이 아닌 자신의 현상학적 장에 입각하여 재구성된 현실에 반응한다. Rogers는 인간을 자극에 단순히 반응하는 존재가 아니라 전체적으로 조직화된 체계(total organized whole)로 보고 있기 때문에, 이러한 현상학적 장, 즉 현실에 대한 지각도표(perceptual map)에 따라 행동하고 생활할 때 모든 개인은 조직화된 전체로서 반응한다고 보고 있다.[8)]

(2) 자아

자아(self)는 Rogers의 인본주의 이론의 가장 중요한 구성개념이다. Rogers는 자아 또는 자아개념(self - concept)을 개인의 현상학적 장이 분화된 부분이며, 'I'나 'me'에 대한 의식적 지각과 가치를 포함하는 것으로 보았다.[9)] 자아의 개념은 현재 자신이 어떤 존재인가에 대한 개인의 개념으로, 자기 자신에 대한 자아상(self image)으로 '현재의 나'라는 존재의 인식과 '내가 할 수 있는 것'이라는 기능의 인식을 포함하는 것이다. Rogers는 자아개념은 현재 자신의 모습에 대한 인식, 즉 현실자아(real self)와 앞으로 자신이 어떤 존재가 되어야 하며 어떤 존재가 되기를 원하고 있는지에 대한 인식, 즉 이상적 자아(ideal self)로 구성되어 있다고 본다. 그는 현재 경험이 이러한 자아구조와 불일치할 때 개인은 불안을 경험한다고 보았다. 예를 들면 다른 사람으로부터 존경받지 않고 성공한 인물로 간주되고 있지 않은 사람들의 대부분은 자기 자신을 보잘 것 없는 실패자로 지각한다. 이와 같이 Rogers는 자아구조와 주관적 경험 사이의 일치가 매우 중요하며, 이 양자가 일치될 경우에는 적응적이고 건강한 성격을 갖게 되는 반면 이들 간의 불일치는 부적응적이고 병적인 성격을 갖게 된다고 보았다.

Rogers의 자아개념은 심리학에서 말하는 지각의 일반법칙을 따르고 있으며 형태적인 특성을 지니는 것으로 보고 있다.[10)] 그러므로 개인의 자아가 유동적이고 새로운 경험에 의해 항상 변화한다고 할지라도 그것은 언제나 정형화된 특성을 지닌다. 즉, 시간이 지남에 따라 각 개인이 많이 변화하더라도 그는 자신이 이전과 똑같은 사람이라고 느낄 수 있는 내적 감정을 보유하고 있는 것이다. Rogers는 자아를 각 개인이 의식할 수 있는 것이며, 무의식적 정신작용까지도 통합하는 기능을 수행하는 것으로 보고 있다.

---

8) 김동배 · 권중돈 공저, 앞의 책, p. 309.
최순남, 앞의 책, p. 336.
9) C. R. Rogers(1980), *A Way of Bein* (Boston: Houghton Mifflin Co.), p. 200.
10) L. A. Hjelle & D. J. Ziegler(1976), ibid.

(3) 자아실현 경향

Rogers는 인간에게는 많은 욕구와 동기가 있지만 그것들은 단지 하나의 기본적 욕구의 일부분에 지나지 않는다고 하였다.[11] 그 기본적인 욕구가 바로 자기를 유지하고 증진시키며 실현하는 욕구이다. Rogers는 이러한 욕구를 자기유지(self-maintenance), 자기향상(self-enhancement), 자아실현(self-actualization)이 모두 포함되는 것으로 이해해야 한다고 보았다. Rogers는 모든 인간은 자신을 유지하려는 경향과 성장 잠재력을 선천적으로 지니고 태어난다고 보고 있다.

인간은 음식물을 섭취하여 필요한 자양분을 공급받고 위험에 직면하여서는 방어적으로 행동함으로써 자기유지의 목적을 성취하려는 성향을 지니고 있다. 그리고 성숙을 지향하고 상향이동하려는 경향(upward-moving tendency)을 가지고 있다. 이러한 상향이동의 경향에는 자아실현의 경향이 포함되는데, 인간은 자기 분화와 기능의 분화를 통하여 이런 경향을 실현하려고 한다. 즉, 인간은 외적인 힘에 의해 통제를 받고 의존하기보다는 독립성, 자기책임성, 자기규제, 자율성, 자아통제 수준이 높은 수준으로 나아가려는 속성을 지니고 있다.

Rogers는 모든 인간은 성장과 자아증진을 위하여 끊임없이 노력하며, 그 노력의 와중에 직면하게 되는 고통이나 성장방해 요인을 극복할 수 있는 성장 지향적 유기체라고 보고 있다.[12]

2. Maslow의 인본주의적 성격이론

Abraham Maslow의 인본주의적 성격이론의 기본적 전제는 세 가지로 정리될 수 있다.

11) C. R. Rogers(1951), *Client-Centered Therapy*, Boston: Houghton Mufflin.
12) 김동배 · 권중돈 공저, 앞의 책, p. 311.

첫째, 각 개인은 통합된 전체로 간주되어야 한다.[13)]

둘째, 인간의 본성은 본질적으로 선하며, 인간의 악하고 파괴적인 요소는 나쁜 환경에서 비롯된 것이다.[14)]

셋째, 창조성이 인간의 잠재적 본성이다.[15)]

Maslow는 행동주의와 정신분석에 대한 반동으로 탁월한 자아실현자들을 연구한 결과 내적으로 잠재력을 완전히 실현한, 즉 자유롭고 건강하며 두려움 없는 사람이 사회에서 완전히 기능한다는 것을 발견하였다. 성장, 자아실현, 건강에 대한 열망, 정체감과 자율성의 추구, 향상을 향한 노력이 보편적인 인간의 성향으로 간주되었다. Maslow는 유전이 성격발달에 중요한 역할을 수행하고 있으며, 유전구조 속에 잠재적인 재능이나 흥미가 결정지어져 있다고 인정하였다. 그렇지만 이러한 유전적 토대 위에서 자아실현은 환경에 의해 결정된다는 것이다.[16)]

1) Maslow의 생애

Maslow는 1908년 4월 1일 뉴욕의 부르클린(Brooklyn)에서 7남매 중 장남으로 태어났다. 그의 부모는 러시아로부터 이민 온 교육받지 못한 유태인이었다. 그는 이웃에 유태인 친구가 전혀 없는 곳에서 대부분의 시간을 혼자서 책과 씨름하며 청소년기까지 불행하게 어린 시절을 보냈다. 그는 처음 아버지의 권유로 법학을 공부하기 시작했으나 2주 후에 그만두고, 코넬(Conell) 대학에서 공부를 하다가 3학년 때 다시 위스콘신(Wisconsin) 대학에서 심리학 과정을 마치고 1930년에 학사 1931년에 석사, 1934년에 심리학 박사를 받았다. 그는 대학시절 20세에 Bertha Goodman과 결혼하여 두 아이를 두었다. 그가 위스콘신 대학에서 심리학을 공부하기로 결심한 것은 Watson의 행동주의에 결정적인 영향을 받았기 때문이다. 그의 박사학위 논문은 원숭이의 성적 특성과 지배특성에 관한 관찰연구였다. 그의 연구는 실제로 그 후 성적인 것(Sexuality)과 애정(affection)에 대한 변함없는 관심을 나타냈는데, 후에 그는 이 관심을 동물에게서 인간에게로 전환시켰다. 콜롬비아에 있는

---

13) A. Maslow(1970), *Motivation and personality* (New York: Harper & Row). pp. 19~20.
14) A. Maslow(1970), ibid, pp. 273~275.
15) A. Maslow(1970), ibid, pp. 170~171.
16) 이인정 · 최해경 공저, 앞의 책, p. 272.

동안 Thorndike의 연구조교로 한때 일을 하였다. 그리고 1951년까지 부르클린 대학에서 교수로 봉직했다. Maslow의 행동주의에 대한 강한 열정은 첫딸이 태어날 때 사라졌다. 그는 그의 딸이 나타낸 복잡한 행동을 통한 경험으로 행동주의는 사람보다는 동물의 이해에 적합한 학문이라고 믿게 되었기 때문이다. 제2차 세계대전은 Maslow의 인생의 방향을 바꾸어 놓기에 충분했다. 그에게 있어서 전쟁은 인간의 편견, 미움, 추잡 등으로 요약되었기 때문이다. 그는 1951년 브렌디스(Brandeis) 대학의 심리학과장으로 임명되어 1961년까지 재임했으며, 그 후 계속 심리학 교수로 재임되었다. 그는 62세 되던 1970년 6월 8일에 심장마비로 사망하기까지 미국 심리학계 인본주의 운동의 가장 주목받는 인물이었다.[17]

2) 욕구단계이론

Maslow에 의하면, 인간의 삶은 의미와 만족을 주는 일련의 선천적 욕구들에 의해 동기화되지만, 인간은 완전한 만족의 상태에 거의 도달하지 못하는 "부족을 느끼는 동물(wanting animal)"로 묘사했다. 인간이 한 가지 욕구에 만족했다 할지라도 그 만족상태는 아주 오래 가지 않는다. 왜냐하면 한 가지 욕구가 충족되는 순간에 다른 욕구가 나타나기 때문이다. 그러므로 언제나 불만스러우며 무엇인가를 갈망하고 있는 것이 인간생활의 특징이다.

[그림 Ⅱ -8]은 Maslow의 욕구단계를 그림으로 나타내고 있는데 강도의 순서에 따라 생리적 욕구, 안전의 욕구, 소속감과 애정의 욕구, 자아 존중의 욕구, 이 기초적인 욕구들이 만족될 때 다른 높은 욕구가 나타난다는 것이다.

Maslow는 욕구가 개인에 따라 차이가 있고 특정 시기에 강하게 나타나는 욕구가 있기는 하지만 모든 욕구가 동시에 존재한다고 보고 있다. 위의 욕구설을 설명하면 다음과 같다.[18]

17) 최순남, 앞의 책, p. 328.
18) A. Maslow(1970), ibid, pp. 35~47, 80~98.
김동배 · 권중돈 공저, 앞의 책, pp. 313~314.

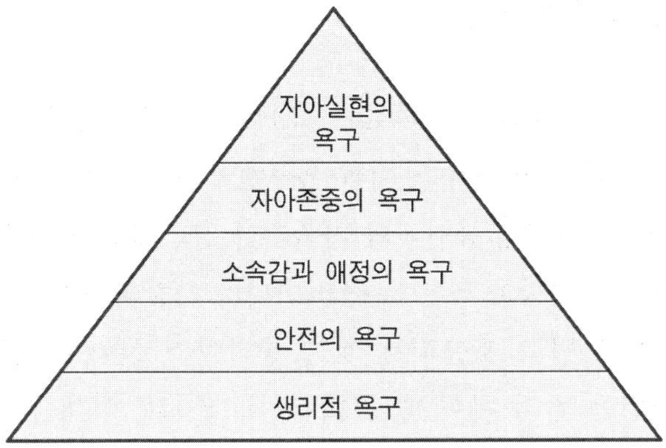

[그림 II-8] Maslow의 욕구위계 구조

(1) 생리적 욕구

생리적 욕구(physiological)는 인간의 욕구 중에서 가장 기본적이고 강하며 분명한 것으로 추위나 더위로부터의 보호, 감각적 자극에 대한 욕구 등이 포함된다. 이러한 생리적 욕구는 유기체의 생물학적 유지와 직접적으로 관련되어 있다. 더 높은 단계의 욕구를 충족시키기 위하여 노력하기 전에 생리적 욕구가 어느 정도 만족되어 있어야 한다. 만약 이 욕구를 충족시키지 못할 경우에는 더 높은 단계의 욕구를 만족시키기 위한 시도를 할 수 없게 된다.

(2) 안전의 욕구

생리적 욕구가 충족되면 재정적으로 안정되고 싶은 욕구와 같은 안전의 욕구(safety need)에 관심을 갖게 된다. 안전의 욕구는 환경 내에서의 확실성, 안전, 질서, 고통회피, 보호 등에 대한 욕구를 말한다. 성인기의 안전에 대한 욕구는 직업생활을 통해 의식주를 해결할 수 있는 정도의 재정적 수입을 확보하고 이와 아울러 퇴직이나 실업, 질병 등에 대비하여 저축이나 보험에 가입하며, 종교를 통하여 안전감을 획득하는 행동 등으로 표현된다. 안전의 욕구는 사회의 법, 질서, 권위에 대한 위협이 있을 때 더 절박해진다.

(3) 소속감과 애정의 욕구

소속감과 애정의 욕구(need for belonging and love)는 생리적 욕구와 안전의 욕구가 충족되었을 때 나타나는 욕구이다. 이런 욕구에 의해 동기화된 개인은 타인과 애정의 관계를 형성하고, 인생의 동반자와 가족이나 집단에 소속되고 싶어하는 갈망을 갖고 있다. 이 욕구는 사랑을 받는 것뿐만 아니라 사랑을 주는 것을 모두 포함한다. 모든 개인은 사랑을 받고 포용되는 것을 통하여 자신이 가치가 있다는 감정을 가지게 되며, 사랑을 받지 못할 때 공허감, 무가치감, 적대감 등을 가지게 된다. 건전한 사회를 유지하려면 소속감과 애정의 욕구를 충족시켜야 한다.

(4) 자아존중의 욕구

타인에게 사랑받고 사랑하는 욕구가 어느 정도 충족되고 나면, 자아 존중의 욕구(self-esteem need)가 나타난다. 자아존중감의 욕구는 자기존중과 다른 사람으로부터의 존경을 모두 포함한다. 자기존중은 능력, 신뢰감, 개인의 힘, 적합성, 성취, 독립, 자유 등을 의미하며, 다른 사람으로부터의 존경은 명성, 수용, 주목, 평판, 영광과 명예를 말한다.

Maslow는 가장 건전한 자아존중감은 명성, 지위, 또는 아첨보다는 다른 사람으로부터 존경을 받는 것이라고 하였다. 그러나 자아존중의 욕구가 충족되지 못할 경우 타인에 대해 열등의식을 느끼고 자기 비하를 하며, 삶에 대처하는데 있어서 무력감을 경험하게 되며, 자신이 무용지물이라는 인식을 갖게 된다.

(5) 자아실현의 욕구

위의 욕구들이 충분히 만족되면 자아실현의 욕구(self-actualization need)가 나타난다. 이 욕구는 자신이 원하는 종류의 사람이 되고, 자기가 성취할 수 있는 모든 것을 성취하려는 욕구이다. 욕구의 위계에서 상위 욕구일수록 충족의 비율이 상대적으로 낮다. 예를 들어 생리적 욕구를 85% 충족시키면, 안전의 욕구는 70%, 애정의 욕구는 50%, 자존의 욕구는 40%, 자아실현의 욕구는 10%를 충족하는 식이다.

Maslow는 자아실현의 욕구를 충족한 사람들도 나름대로 약점을 지니고 있기 때문에 결코 완벽한 인간이라 할 수 없다고 하였지만, 이와 동시에 자아실현의 욕구를 성취하는 사람은 극소수에 불과하다고 하였다.

Maslow는 욕구위계설에서 예외가 있는 것을 인정하였다. 즉, 욕구위계가 일반성을 가지기는 하나 절대적인 것은 아니라는 것이다. 예를 들어, 단식을 해가면서 자기의 이상을 주장하는 사람, 나라를 위해 목숨을 걸고 참전하는 사람, 구도를 위해 사랑하는 가족을 떠나는 사람 등은 이 욕구의 위계를 따르지 않은 예이다.[19]

3) 자아실현자의 특징

Maslow는 자아실현을 하는 사람은 평범한 사람들에 비해 그들을 움직이는 어떤 힘이 질적으로나 양적으로 다르다는 사실을 인식하였다. 자아실현자는 존재가치에 의해 동기화된다. 성장 동기로서 존재가치가 체험을 확장하고 삶을 풍부하게 하는 것으로 밝혀졌다. 그리고 자아실현자는 중년 이상이라고 보았다. 젊은이들은 정체감이나 자율감이 강력하지 못하고, 아직 충분히 지속적인 사랑의 관계를 갖지 못하며, 자신이 헌신하고자 하는 사명을 발견하지 못하고, 자기의 가치관이나 인내심, 용기와 지혜를 아직 충분히 발달시키지 못했다고 간주하였다.

Maslow는 자아실현자의 특징을 다음과 같이 정리하였다.[20]

① 자아실현자는 현실에 대해 효과적인 지각을 하며 편안해 한다. 그들은 세계를 자기들이 원하거나 필요한 방식으로 보는 것이 아니라 있는 그대로 본다.
② 자아실현자는 불만 없이 자신의 본성과 다른 사람들을 수용한다. 자아실현자는 자신에 대해서 뿐만 아니라 다른 사람들의 결점에 대해, 인류 전체의 결함에 대해 똑같이 관대하다.
③ 자아실현자는 행동에 꾸밈이 없으며 내적 생활, 사고, 충동에도 꾸밈이 없다. 그들의 행동은 순박하고 자연스럽다.
④ 자아실현자는 일반적으로 자기 자신보다 외부의 문제들에 크게 관심을 갖는다. 이들은 자기 중심적이지 않고 문제 중심적이다.

---

19) A. Maslow(1970), ibid, pp. 51~53.
20) A. Maslow(1970), ibid, pp. 153~172.

⑤ 자아실현자는 자신에게 해롭거나 불편해 하지 않으면서 혼자일 수 있다. 그들은 보통사람들보다 훨씬 더 고독과 프라이버시를 원한다.

⑥ 자아실현자는 프라이버시와 독립의 욕구로 인해 물리적, 사회적 환경으로부터 비교적 독립되어 있다. 즉, 자율성을 좋아하기 때문에 물리적, 사회적 환경에 구애되지 않는다.

⑦ 자아실현자는 자연, 어린아이 등과 같은 삶의 기본적인 것들에 대해 경외, 기쁨, 경이, 환희를 느끼며 새롭게 받아들이고 순진무구하게 감사하는 놀라운 능력이 있다.

⑧ 절정 경험이라는 신비의 경험을 한다.

⑨ 자아실현자는 모든 인간에 대해 강하게 이입된 감정과 애정을 느끼며 동시에 인본주의를 지지한다. 즉 모든 사람과의 일치감, 연대감을 갖는다.

⑩ 자아실현자는 보통사람들보다 더 깊이 인간관계를 맺는다.

⑪ 자아실현자는 민주적인 성격 특성을 가진다. 그들은 계급, 교육수준, 정치적 신념, 인종, 피부색에 관계없이 누구에게나 우호적이다.

⑫ 자아실현자는 수단과 목적을 분명하게 구분하며, 목적을 수단보다 훨씬 더 중요시한다. 그들은 실제 생활에서 옳고 그른 것을 확실히 구분한다. 그들은 윤리적이고, 분명한 도덕기준을 가지며, 옳은 일은 하고 그른 일은 하지 않는다.

⑬ 자아실현자는 적개심이 없는 철학적인 유머감각이 있다. 예를 들면 링컨의 유머가 자아실현자의 특성을 가진 유머이다. 인간이 어리석게 행동하거나 우주에서 자기의 위치를 망각하거나 실제로 작은 존재임에도 큰 척할 때 놀려 주는 것이 자아실현자의 유머이다.

⑭ 자아실현자의 창조성은 때묻지 않은 어린아이의 순진무구하고 광범위한 창조성에 가깝다.

⑮ 자아실현자는 문화적응에 저항하고 특정문화를 초월한다. 즉, 이들은 문화에 동화되지 않으려 하며, 사회의 유혹에 쉽게 넘어가지 않는다.

그러나 탁월한 자아실현자라 할지라도 많은 약점이 있다.[21] 그들은 바보스럽고,

21) A. Maslow(1970), ibid, pp. 175~176.

허영심이 있으며, 부주의한 경향이 있다. 지루하고, 완고하며, 성마른 면도 있다.

자아실현자의 친절함은 동정심으로 결혼을 하거나 불행한 사람들과 부적절하게 가까워지는 실수를 낳기도 한다. 자아실현자는 죄의식, 불안, 슬픔, 자책, 내적 갈등으로부터 완전히 자유롭지 않다. 즉, 자아실현자라 하여도 결코 완벽한 인간은 아닌 것이다. Maslow가 제시한 자아실현자의 특징을 갖도록 자아실현을 성취하는 사람은 극소수에 불과하다.

예상문제

1. 로저스(C. Rogers) 이론의 주요 개념은?

① 무조건적 긍정적 관심　　② 창조적 자아
③ 비합리적 신념　　④ 상황 속의 인간
⑤ 자아정체감

2. 로저스의 노인이 죽음을 받아들이는 단계로 맞는 것은?

① 부인－격노와 분노－협상－우울－수용
② 우울－격노와 분노－협상－우울－수용
③ 수용－협상－우울－격노와 분노－부인
④ 수용－부인－협상－우울－격노와 분노
⑤ 격노와 분노－우울－부인－협상－수용

3. 로저스는 완전하게 기능하는 사람에게 공통되는 특징을 제시하였는데, 로저스가 제시한 특징과 가장 거리가 먼 것은?

① 창조적으로 살아간다.
② 개방적으로 체험한다.
③ 삶에 충실하다.
④ 자신과 타인을 신뢰한다.
⑤ 자신의 느낌과 반응에 따라서 충실하고 자유롭게 산다.

4. 로저스의 '완전히 기능하는 사람'의 특징은?

> ㉠ 경험에 대해 개방적이다.
> ㉡ 실존적 삶을 살아간다.
> ㉢ 자유의지를 지니고 있다.
> ㉣ 타인의 유기체를 신뢰한다.

① ㉠, ㉡, ㉢　　② ㉠, ㉢　　③ ㉡, ㉣
④ ㉣　　⑤ ㉠, ㉡, ㉢, ㉣

5. 다음 중 로저스의 이론에서 클라이언트와의 관계형성을 위해 강조한 것을 바르게 묶은 것은?

㉠ 일치성 또는 진실성	㉡ 감정 이입적 이해와 경청
㉢ 무조건적인 긍정적 관심	㉣ 지시적 조언과 권유

① ㉠, ㉢ ② ㉠, ㉡, ㉢ ③ ㉡, ㉣
④ ㉠, ㉡, ㉢, ㉣ ⑤ ㉣

6. 자기와 주관적 경험 사이에 불일치를 보여 문제가 발생한다고 주장한 학자와 이론은?

① 에릭슨－심리사회이론
② 스키너－행동주의이론
③ 로저스－현상학이론
④ 피아제－인지치료이론
⑤ 반두라－사회학습이론

7. 다음 중 로저스가 제시한 '완전히 기능하는 사람(Fully Functioning Person)'에 대한 설명으로 옳지 않은 것은 무엇인가?

① 매 순간을 충분히 만끽하며 실존적인 삶을 살아간다.
② 경험에 자유롭고 개방적으로 참여할 수 있다.
③ 자신의 내부에서 일어나는 것을 알고, 자신의 감정을 인식하며 적절하게 반응한다.
④ 선택과 행동에 대한 자유의식이 없다.
⑤ 모든 영역에서 창의적인 소산과 창의적인 삶으로 스스로를 표현한다.

8. 다음 중 칼 로저스의 현상학적 이론의 특성에 대해 틀린 것은?

① 인간의 사고과정은 합리적이다.
② 클라이언트의 자기결정권을 존중한다.
③ 클라이언트의 사회적 권리와 책임을 강조한다.
④ 미리 정해진 성격발달 패턴은 없으며, 삶의 경험에 따라 각 개인의 성격은 달라진다.
⑤ 창조송이 인간의 잠재적 본성이다.

9. 로저스의 인간중심적 접근방법에서 인간행동의 궁극적 목표는 무엇인가?

① 욕구충족 ② 과거의 미해결된 문제해결
③ 사랑 ④ 자아실현

⑤ 정신분석

10. 로저스 이론의 주요 개념이 아닌 것은?

① 현상학적장 ② 지금, 여기
③ 자아실현 ④ 자아의 창조적인 힘
⑤ 무조건적인 긍정적 존중

11. 매슬로우(A. Maslow)의 자아실현을 한 사람의 태도로 맞는 것을 모두 고른 것은?

㉠ 인간적인 약점은 있다.
㉡ 다른 사람에 대하여 수용적 태도를 보인다.
㉢ 비교적 사회체계의 변화에 독립적이다.
㉣ 목적과 수단을 구분하지 않는다.

① ㉠, ㉡, ㉢ ② ㉠, ㉢ ③ ㉡, ㉣
④ ㉣ ⑤ ㉠, ㉡, ㉢, ㉣

12. 인본주의에 대해 맞는 설명으로만 묶인 것은?

㉠ 개인이 자기실천 경향성을 가지고 있다.
㉡ 개인의 존엄성과 가치, 자기 결정권을 강조한다.
㉢ 개인이 체험하고 지각하는 것은 현상학적 장에 근거한다.
㉣ 원조보다 개인기법을 중시한다.

① ㉠, ㉡, ㉢ ② ㉠, ㉢ ③ ㉡, ㉣
④ ㉣ ⑤ ㉠, ㉡, ㉢, ㉣

13. 인본주의의 기본관점에 대한 설명으로 옳은 것은?

① 인간은 창조적인 힘을 가지고 자신의 삶을 결정할 수 있다.
② 인간은 유아기부터 청소년기까지 5단계에 걸쳐 성격이 발달한다.
③ 인간은 내적 충동보다 외적 자극에 의해 동기화된다.
④ 인간은 자아의 자율적인 기능을 바탕으로 지속해서 사회와 관계하면서 발달한다.
⑤ 인간을 통합적 관점에서 바라본다.

14. 매슬로우의 욕구단계 중 안전에 대한 욕구 다음 단계의 욕구는?

① 목적성취의 욕구 ② 자아실현의 욕구
③ 소속과 애정에 대한 욕구 ④ 생리적 욕구
⑤ 자기존중의 욕구

15. 다음 중 매슬로우의 이론에서 성장욕구는 어느 것인가?

① 자기존중의 욕구 ② 자아실현의 욕구
③ 소속 · 애정의 욕구 ④ 안정의 욕구
⑤ 생리적 욕구

16. 다음 중 매슬로우 이론의 특징인 것은?

① 인간은 본래 약하다.
② 욕구단계는 절대적이고 충족정도의 순서가 절대 뒤바뀌지 않는다.
③ 욕구는 점성적인 원리에 따른다.
④ 최상위 욕구는 누구나 달성할 수 있다.
⑤ 욕구단계는 강도와 관련이 없다.

17. 다음 중 매슬로우의 안전의 욕구에 해당하는 예는?

① 노인이 거주하고자 하는 주택문제
② 노인대학으로부터 노인의 신변을 보호받고 싶어 하는 문제
③ 노인의 발달단계에 따라 자아를 통합하려는 문제
④ 노인이 다른 사람에게 존경을 받고자 하는 문제
⑤ 노인이 동년배들과 함께 어울리고자 하는 문제

18. 다음 중 매슬로우의 이론에서 결혼을 하고 가족과 지역공동체의 한 구성원이 되고 싶어하는 욕구를 무엇이라 하는가?

① 생리적 욕구 ② 자아실현의 욕구
③ 안전의 욕구 ④ 자아존중의 욕구
⑤ 소속과 애정의 욕구

19. 다음 중 매슬로우의 욕구이론에 대한 내용으로 틀린 것은?

① 가장 기본적이면서 강력한 욕구는 생리적 욕구이다.
② 자아실현의 욕구는 자신의 잠재능력을 성취하고 싶은 욕구이다.
③ 소속 욕구는 사회적 욕구라고도 한다.
④ 자존의 욕구와 자아실현의 욕구는 성장욕구에 속한다.

⑤ 하위단계의 욕구가 충족되면 상위단계의 욕구가 발생한다.

20. 매슬로우가 인간의 가장 보편적인 특질로 강조한 것은?

① 자신감　② 창조성　③ 잠재력 개발
④ 효능감　⑤ 성취감

21. 매슬로우와 로저스의 공통점은?

① 인간에 대한 전체론적 관점
② 인지발달에 따른 성격 형성
③ 중년기의 개성화의 중요성
④ 성격형성에 있어 열등감의 역할
⑤ 과거의 강조

22. 매슬로우의 이론에 대한 설명이다. 틀린 것은?

① 발달의 마지막 단계이며 최고단계는 자기실현이다.
② 유전은 성격발달에서 중요한 역할을 수행한다.
③ 각 개인은 통합된 전체로 간주되어야 한다.
④ 자기실현은 자신의 노력에 의해 누구에게나 동일한 형태로 나타난다.
⑤ 인간의 본성은 본질적으로 선하다.

정답
1. ① 2. ① 3. ④ 4. ① 5. ② 6. ③ 7. ④ 8. ③ 9. ④
10. ④ 11. ① 12. ② 13. ⑤ 14. ③ 15. ② 16. ③ 17. ②
18. ⑤ 19. ④ 20. ② 21. ① 22. ④

제 III 부

이상행동

제1장

이상행동의 개념

1. 이상행동이란 무엇인가
2. 이상행동의 일반적 기준
3. 이상행동의 분류

1. 이상행동이란 무엇인가

어떤 행동이 이상행동(abnormal behavior)인가에 대한 대답은 정신의학의 소관이지만, 일반적으로 이상행동이란 심리적 장애, 즉 자기 자신이나 타인의 건강, 성장, 행복한 삶을 저해하는 빗나간 행동이라고 정의한다.

로젠한과 셀리그만(Rosenhan & Seligman)은 이상행동을 정의하는데 필요조건과 충분조건을 사용하여[1] 어떤 사람이나 행동을 비정상이라고 결정하는데 고려해야 할 요소들로 고통, 부적응, 비합리성과 불가해성, 예측 불가능성과 통제력의 결핍, 비인습성을 들었다.[2]

1) 고통

어떤 사람이 심리적으로 심각한 고통을 겪을 때 흔히 비정상적으로 간주되며 고통을 심하게 겪을수록 우리는 그 사람을 더욱 비정상이라고 한다. 그러나 고통이 이상행동의 필요조건은 아니다. 즉, 어떤 행동을 이상행동이라고 정의하기 위해서 고통이 반드시 존재해야 하는 것은 아니다. 예를 들면 조증(mania)의 상태에 있는 사람은 의기양양하고, 항상 명랑하고, 현실성 없는 포부가 실현될 것으로 확신하며, 희망과 즐거움에 차 있다. 이런 경우에 고통은 없으나 명백한 이상행동을 간주할 수 있다. 또한 고통은 이상행동의 충분조건이 아니다. 우리가 살아가면서 매우 아끼고 사랑했던 것을 잃었을 때 고통스러워한다. 그러나 이것은 비정상적인 반응

---

1) 필요조건은 이상행동들이 반드시 공유하는 자질이나 특성을 말한다. 즉, 이상행동이라고 규정하기 위해서는 그 사람이나 행동이 반드시 미성숙을 지녀야 하는 것이다. 충분조건은 이상행동에만 존재하고 정상적인 행동에는 존재하지 않는 고유한 요소를 적어도 한 가지는 갖고 있어야 하는 것이다.

2) D. L. Rosenhan & M. E. P. Seligman(1989), *Abnormal Psychology*, 2nd ed., New York: W. W. Norton. pp. 7~13.

이 아니다. 그러므로 고통의 존재만으로 이상행동이라고 정의할 수 없다. 고통의 존재는 이상행동을 분간해 내는데 고려되는 요소이기는 하지만, 고통 그 자체만으로 이상행동을 정의할 수 있는 필요조건이나 충분조건은 못 된다.

2) 부적응

적응적 행동은 그 행동이 그 사람의 생존을 증진시키는가, 그 행동이 개인의 안녕(well-being)을 증진시키는가, 그 행동이 사회의 안녕을 증진시키는가를 충족시키는 것으로 볼 수 있다. 이 중에서도 그 행동이 얼마나 그 사람 자신의 안녕과 사회의 안녕을 증진시키는가 하는 것이 중요한 관심사이다. 우울증이나 불안장애와 같은 이상행동은 대인관계와 일을 방해하며 삶을 만족스럽게 하지 못한다. 이러한 저해의 정도가 심할수록 더 분명한 이상행동이라 말할 수 있다. 따라서 부적응은 개인과 사회의 복지를 저해하는 것이 된다.

3) 비합리성과 불가해성(irrationality and incomprechensibility)

어떤 사람의 행동이 합리적이지 않아서 그 행동을 이해할 수 없을 때 우리는 비정상이라고 말한다. 이러한 기준에 의해 이상행동으로 간주할 수 있는 대표적인 예가 정신분열증의 주요 증세인 사고 장애이다. 그들은 객관적인 현실에 전혀 기반을 두지 않은 인식과 비합리적이고 터무니없는 생각, 한 사고에서 전혀 연관성이 없는 다른 사고를 이어지는 정신적 과정 등을 가지며 객관적인 이해가 불가능하다.

4) 예측 불가능성(unpredictability)과 통제력의 결핍

사람은 누구나 환경을 통제하고 싶어하고 또 자유를 유지하고자 하는 욕구를 지니는데 이러한 욕구는 타인에 의해서 예측 가능할 때에만 충족할 수 있다.[3)]

3) S. S. Brehm & J. W. Brehm(1981), *Psychology Reactance : A Theory of Freedom and Control* (New York: Academic Press).

즉, 예측 가능한 세계에는 일관성과 통제가 존재하지만, 예측 불가능한 세계에서 사람들은 무기력하고 위협받는 것처럼 느낀다. 어떤 사람에게 있어서 자신의 행동에 대한 일상적인 통제가 갑자기 무너졌을 때 또는 그 사람이 그렇게 행동하는 원인을 우리가 이해할 수 없을 때 우리는 그 사람이 통제력을 상실했다고 간주하고 그런 행동을 이상행동으로 정의한다.

5) 비인습성(unconventionality)

사람들은 자신이 그 행동을 할 의사가 있는가에 따라 그 행동에 대해 인습적인가 또는 비인습적인가를 판단한다. 즉, 자기가 할 의사가 없는 행동을 비인습적이고 비정상적인 것으로 평가한다. 뿐만 아니라 그 사람이 한 행동이 사람들의 시선을 끄는 것도 이상행동의 판단기준이 된다. 드물고 바람직하지 못한 행동은 사람들의 시선을 끌며 이상행동으로 간주된다. 각 문화마다 성문화되어 있지는 않지만 직관적으로 알고 행동의 지침으로 사용하는 규율이 있다. 이러한 규율을 깨뜨리는 행동은 불쾌감을 줄 뿐 아니라 비정상적인 것으로 간주된다.

2. 이상행동의 일반적 기준

정상과 이상행동에 대한 명확한 기준이나 범위는 학자들 간에 합의되어 있지 않지만 일반적인 기준을 이장호는 다음과 같이 정리하였다.[4)]

첫째, 인간의 모든 행동과 심리적 특성은 관찰할 수 있고 측정 가능한 통계적 기준이다. 즉, 인간의 이상상태나 행동을 측정해서 그 측정치가 정상범위 안에 들면 정상(normal)이라고 하고, 정상 범위에 벗어나면 이상(abnormal)이라고 한다.

둘째, 인간행동에 대한 정상과 비정상의 기준은 사회규범과 가치 기준에 의해서

4) 이장호, 「심리학개론」, 박영사, 1996.

판단하는 것이다.

셋째, 심리적 증상에 의한 기준이다. 예를 들어 불안이나 우울, 주위집중장애와 같은 증상이 있으면 이상이라고 보고 그렇지 않으면 정상으로 보는 기준이다.

넷째, 이상적인 기준이다. 인간의 가장 바람직한 적응상태 또는 성숙한 인간의 특성을 정상이라고 보고 이에 벗어나면 이상으로 보는 입장이다.

3. 이상행동의 분류

이상행동은 원인별로 크게 정신증(psychosis), 신경증(neurosis), 성격장애(personality disorder)로 나눌 수 있다.[5]

1) 정신증(psychosis)

정신증의 특징은 퇴행과 인격의 부조화, 통찰 능력의 상실 등을 들 수 있다. 가정, 직장 등의 일상생활에서 기능장애가 일어나 사회적 기능을 발휘하지 못하고, 자아 기능의 심한 손상으로 이해 현실 검증력이 떨어진다. 외형적으로는 병에 대한 인식이 없고 망각과 환각, 착란 증세를 나타낸다. 대표적인 정신장애로는 정신분열증, 조울증, 망상장애, 중도의 우울증 등을 들 수 있다.

2) 신경증(neurosis)

자신의 병에 대한 인식이 있으며 보통은 일상생활을 지속할 수 있다. 그러나 고통스러운 증상이나 증후군과 함께 불안, 우울, 신체 증세를 호소하는 일이 많다. 망상, 환각, 사고장애, 기이한 행동은 나타나지 않고 행동이 크게 사회 규범에

---

5) 이소희 외 공저, 앞의 책, p. 325~326.

어긋나지 않는다. 신체증세가 나타나도 기질적인 원인이 없이 심각한 스트레스와 같은 외적 원인이나 심리적 원인에 의한 것이다. 불안장애, 강박증, 사회공포증, 광장공포증, 다양한 공포증, 스트레스 증후군 등이 이에 속한다.

3) 성격장애(personality disorder)

청소년기부터 나타나서 성인기에 이르면 뚜렷한 특징을 나타내게 된다. 감정기복이 심하고, 불안정한 정서 상태, 지나치게 이상화했다가 쉽게 실망한 대인관계, 예측할 수 없는 행동 패턴 등이 주요 특징으로 나타나며, 이들은 현실감이 있는 듯 하지만 지속적으로 가족들을 괴롭히고 대인관계에서 문제가 반복되면서 사회적, 직업적, 대인관계 면에서 기능 손상을 나타낸다. 성격장애는 분열형 성격장애, 분열성 성격장애, 편집적 성격장애, 히스테리성 성격장애, 자기애적 성격장애, 수동공격성 성격장애 등으로 나누어진다.

제2장

이상행동의 모델

1. 생물학적 모델
2. 정신분석적 모델
3. 행동주의적 모델
4. 인지적 모델

본 장에서는 이상행동을 설명하는 이론적 모델을 생물학적 모델, 심리역동적 모델, 행동주의 모델, 인지적 모델로 나누어 살펴본다.[1]

1. 생물학적 모델

이 모델은 의학적 모델(medical model) 또는 질병 모델이라고도 한다. 역사적으로 살펴보면 이상행동의 연구는 의학의 영역에 속해 있었으나, 이상행동이 생리적 결함 때문에 오는 것인지 아닌지를 구별한다는 차원에서 생리적 모델이라는 말을 사용한다. 즉, 이상행동은 생화학적 기초(biochemical basis) 혹은 생리학적 기초(physiological basis)를 가지는 것으로 본다. 예를 들면, 우울증에서 왜곡된 사고나 빈약한 인관관계를 강조하기보다는 환자의 생물학적 과정에 관련된 증상에 초점을 맞추어서 설명한다. 그러므로 생리학적 모델(biological model)에 입각한 전문가는 우울증 환자가 우울 상태에 있을 때 그의 뇌에서 일어나는 화학적 변화의 증거를 조사한다. 또한 이상행동을 치료하고자 하는 시도에서 생화학적 요인에 작용하는 화학적 치료나 약품에 의존한다.

생물학적 모델은 이상행동의 원인을 세균(매독균), 유전적 요인, 생화학적 이상, 뇌의 역기능 등 네 가지 측면에서 찾는다.

첫째, 세균에서 이상행동의 원인을 찾는 것은 16세기에 유행했던 것으로 심리적 장애가 매독균에 의해서 일어난다는 것을 입증함으로써 성립되었고, 이러한 장애에 대한 치료로 신체에 대한 약물의 적용으로 접근하였으나 현대에는 매우 드문 것으로 보고되고 있다.

둘째, 원시시대에서나 현대에서나 정신분열증 환자는 같은 증상을 보인다는 사실에 입각하여 심리적 장애가 유전적으로 전해지는 질병이라고 설명한다. 이란성 쌍생아의 경우 한 사람이 정신분열증일 때 다른 한 사람이 발병하는 확률은 보통사

1) 최순남, 앞의 책, pp. 401~403. 이인정 · 최해경 공저, 앞의 책, pp. 291~303. 권육상 · 이명재 공저, 앞의 책, pp. 262~266.

람보다 10배 이상 높으며, 일란성 쌍생아의 경우에는 이란성 쌍생아보다 5배 이상 발병률이 높다.[2]

셋째, 생화학적 이상에서 이상행동의 원인을 찾는 것으로 정신분열증의 경우를 들 수 있다. 이 증상은 체내의 불균형한 생화학적인 현상에서 원인을 찾아 '도파민 가설'이라고 불리며, 뇌에 도파민이 과다하게 존재함으로써 정신분열증의 증상이 유발된다고 설명한다.

넷째, 생물학적 모델은 이상행동이 뇌의 특정한 영역의 역기능에 의해 초래된다고 본다.

생물학적 모델은 이상행동의 원인에 대한 위의 네 가지 설명에 근거하여, 이상행동을 신체적 질병의 치료와 같은 방식인 약물치료와 물리적 치료인 전기충격치료(E · C · T)로 치료한다.

2. 정신분석적 모델

이 모델에 의하면 행동장애란 무의식적 내적 갈등(unconscious internal conflict)의 상징적 표현이다. 즉, 성장 초기부터 나타나는 본능적 욕구(id)에 의한 공격성, 성적 충동이 초자아에 의해서 억압되어 무의식적 갈등이 해소되지 않은데서 문제행동이 나타난다고 보고 있다. 다른 하나의 근거는 어린 시절의 성장과정에서 경험한 트라우마(trauma: 상처)가 무의식에 잠재해 있다가 성인이 되어 어떤 사건과 연상되어 나타나는 것이라고 믿었다.

Freud는 환자를 치료하면서 거의 대부분의 환자들이 어린 시절에 상처가 있다는 것을 발견했다. 예를 들면 사람들이 많이 모이는 곳(시장, 극장, 정치유세장, 교회 등)에 대한 두려움을 갖고 있는 광장공포증(agoraphobia)의 원인은 어린 시절의 성장과정에서 겪은 심한 고립상태에 대한 불안이며, 우울증 환자들의 의존적인 성격은 초기 구강단계에 고착되어 자기 비탄이 우울증으로 발전된 것으로 본다. 그리고 다른

2) D. L. R. Senham & M. E. P. Seligman(1989), ibid, p. 53.

정신질환의 원인, 특히 히스테리성 질환은 유전적인 요인으로 간주한다.

이 모델의 치료방법은 무의식 속에 억압되어 있는 id의 갈등이나 외상(trauma)을 의식화하여 자아가 원만한 기능을 하도록 돕는 것이다. 정신분석방법의 도구로는 초기에 최면술을 사용했으나 최면술을 이용한 환자치료에 문제점을 발견하고 자유연상(free association)이나 꿈의 해석, 방어기제 등을 분석하여 개인의 의식, 무의식을 이해하고 치료한다.

3. 행동주의적 모델

행동주의적 모델(behavioral model)에 의하면 이상행동은 그것이 병이든 정상이든 간에 다른 행동과 마찬가지로 학습에 의해서 얻어진 결과로 간주한다. 그러므로 행동주의적 모델은 심리적인 문제를 환경의 변화에 의해 치료될 수 있는 것으로 간주한다.

행동주의 이론의 다음과 같은 사항들이 이상행동에 직접적으로 관련된다.

첫째, 인간을 포함한 모든 유기체의 행동은 환경에 의해 형성된다. 따라서 우리는 과거와의 연관성을 통해서 미래를 예측한다. 그러므로 행동주의 이론은 이상행동을 포함하는 모든 행동이 과거의 경험으로부터 학습되었다고 본다.

둘째, 실험에 의해서 환경의 어느 부분이 이상행동을 일으켰는지 알 수 있다.

셋째, 인간을 형성한 환경적 요인을 실험을 통해서 알 수 있게 된다면 그 환경을 변화시킴으로써 그 사람도 변화될 수 있다는 것이다.

행동주의 치료 모델에는 체계적 둔감법, 모델링, 혐오자극, 토큰경제, 홍수법[3], 선택적 긍정적 강화(selective positive reinforcement)와 선택적 처벌(selective punishment) 등이 있다.

3) 홍수법은 공포증 환자를 여러 시간 두려워하는 상황(조건 자극)에 머물면서 처음에 경험했던 고통스러운 사건(무조건 자극)이 일어나지 않는 것을 스스로 확인하게 함으로써 공포증이 사라지게 하는 기법이다.

4. 인지적 모델

인지적 모델(cognitive model)은 인간의 생각하고 믿고 기대하는 능력을 중요시한다. 그리고 잘못된 인식과정을 이상행동의 원인으로 간주하며 이러한 잘못된 인식을 바꿈으로써 이상행동이 치유될 수 있다고 본다.

인지적 모델에서는 정신적 사건, 즉 기대, 믿음, 기억 등이 행동을 일으킨다는 것이다. 따라서 이러한 정신적 사건이 변화되면 행동의 변화가 뒤따르게 된다. 인지적 모델에서는 심리적 장애의 원인을 잘못된 사고에서 찾는다. 그러므로 인지적 치료의 초점은 왜곡된 사고를 찾아 내어 그것과 대조되는 과거의 긍정적 증거들을 직시하게 함으로써 그 부정적인 사고를 바꾸어 가도록 이끌어 가는 것이다. 인지적 모델에서 다루는 사고의 유형에는 기대, 평가(appraisal), 귀인(attribution), 신념 등이 있다.[4]

① 기대란 미래에 일어날 사건을 명확히 예측하는 인지과정으로서 미래에 대해 부정적 기대를 가지면 우울증에 빠지게 된다.

② 사람들은 항상 자기 자신에게 일어난 사건이나 자기가 하는 행동을 의식적 또는 무의식적으로 평가하는 경향이 있다. 인지적 모델은 이러한 자동적인 평가과정이 감정을 일으킨다고 본다. 베크(Beck)에 의하면 특정한 감정은 특정한 사고에 뒤따라 일어나고, 분노는 자신의 영역이 침해당했다는 사고에 뒤이어 일어나며, 불안은 자신을 해칠 위협이 존재한다는 사고 뒤에 따라오는 것이다. 즉, 슬픔, 분노, 불안이라는 감정의 본질은 상실, 침해, 위협의 평가라는 인지과정에 포함하는 것이다.

③ 귀인(attribution)이란 어떤 사건이 왜 자신에게 일어났는가에 대한 개인적인 해석이다.[5] 즉, 자신이나 타인에게 일어나는 사건이나 행동의 원인을 어디로 돌리는가에 관한 사고이다. 인지적 모델에서 사건이나 행동에 대한 귀인은

4) D. L. Rosehan & M. E. P. Seligman(1989), ibid, pp. 118~124.
5) F. Heider(1959), *The Psychology of Interpersonal Relationship* (New York: Wiley).

다음의 세 가지 차원의 원인으로 돌려진다.[6]

첫 번째 차원은 외부적 또는 내부적 원인이다. 외부적 원인은 환경적 측면을, 그리고 내부적 원인은 개인적인 속성을 반영한다. 예를 들어 시험에 실패했을 때 시험이 불공정해서 그렇게 되었다고 생각하면 외부적 원인에 귀인하는 것이고, 머리가 나빠서 그렇게 되었다고 생각하면 내부적 원인에 실패의 이유를 돌리는 것이다.

두 번째 차원은 일시적 또는 지속적 원인으로서 감기에 걸려서 시험에 실패했다고 생각하면 일시적 원인에 귀인하는 것이고, 원래 시험 보는 능력이 부족해서 이번에도 실패했다고 느끼면 지속적 원인에 돌리는 것이다.

세 번째 차원은 전반적 또는 부분적 원인이다. 실패가 여러 가지 서로 다른 과제에 걸쳐서 일어났을 때는 전반적인 원인에 기인하는 반면, 단지 한 과제에만 실패했을 때는 부분적 원인에 실패의 이유를 돌리는 것이다. 만약 부정적인 사건을 당한 사람이 자기가 못나서 그렇게 되었다고 생각하면 이것은 내부적, 지속적, 전반적 원인에 귀인하는 것이고, 이번에 운이 없어서 그렇다고 느끼면 외부적, 일시적, 부분적 원인에 불행을 돌리는 것이다. 인지적 모델에 의하면 자기존중감이 낮은 사람들이 실패했을 때 보통 그 원인을 내부적, 지속적, 전반적 원인에 돌린다. 이러한 부정적인 귀인은 낮은 자아개념과 우울증을 초래한다.

④ 신념은 장기간에 걸쳐서 진행되는 인지적 과정이다. 많은 심리적 장애가 비합리적인 신념에서 비롯된다. 완전주의적 신념을 가진 사람은 항상 친절감을 느낄 수밖에 없다. 비합리적인 신념에는 '반드시', '절대로', '모든', '완전히', '전혀', '파멸적인(catastrophic)', '해야만 한다' 등이 저변에 깔려 있다.[7] 예를 들면 "가치 있는 사람이 되기 위해서는 가능한 모든 면에서 완전히 능력이 있고 적절하며 성취적이어야 한다.", "사람은 모든 주요 타자들로부터 사랑과 인정을 받는 것이 절대적으로 필요하다.", "자신이 원하는 대로 상황이 되지 않는다면 이는 끔찍하고 파멸적이다.", "인간의 문제는 옳고 정확하며 완벽한 해결책이 있으며, 이런 해결책을 찾지 못한다면 이는 파멸적이다." 등을 들 수 있다.

---

6) F. Heider(1959), ibid.

7) A. Ellis(1962), *Reason and Emotion in Psychotherapy*, Secaucus, NJ: Citadel.

인지적 모델에서는 환자의 왜곡된 사고과정의 변화를 통하여 이상행동의 치료를 추구한다. 클라이언트의 인지적 과정 중에서 평가에 개입하는 경우에 치료자는 환자로 하여금 부정적인 평가가 일어날 때마다 그것을 붙잡아서 비판하고 통제함으로써 부정적인 감정이 일어나는 것을 막는다. 즉, 클라이언트의 부정적인 감정 혹은 행동과 연관된 비합리적인 신념을 찾아 내고, 비합리적인 신념이 옳은지 그른지를 토론함으로써 비합리적 신념과 합리적 신념을 구분해 내도록 교육한다.

토론과정에서 소크라테스의 산문법(dialogic method)을 주로 사용하여 클라이언트의 비합리적 신념에 대해 질문하고 이에 대한 클라이언트의 답변에 반복적으로 질문함으로써 결국 클라이언트가 자신의 논리를 비판적으로 검토하도록 원조한다.[8)]

8) 김혜란 외 공저, 「사회복지실천기술론」, 나남출판사, 2002, pp. 97~98.

제3장

이상행동의 유형

1. 불안장애
2. 기분(정동)장애
3. 정신분열증
4. 인격장애
5. 신체형 장애
6. 섭식장애
7. 성 도착증

1. 불안장애

불안이라는 정서적 상태는 정신병리적 현상 속에서 발생할 수 있으나 정상인의 심리현상에서도 나타나는 정서상태이다. 신경증이라고도 불리우는 불안장애(anxiety disorder)는 공포와 밀접한 관계가 있다. 불안장애는 노이로제, 정신신경증이라고 불려져 왔다. Freud는 불안이 신경증의 원인이 된다고 믿었다. 즉, 신경증 환자에게는 공포, 강박증, 신경적 증후 등 매우 다양한 이상행동 특징이 나타나는데, 이것은 모두 억압된 불안을 기반으로 하고 있다고 Freud는 믿었다. 이와 같은 정신분석의 입장에 회의를 품은 정신의학자들이 새로운 분류체계를 만들었는데 이것은 바로 정신장애 진단 및 통계요강 (Diagnostic and Statistical Manual of Mental Disorder, DSM - Ⅲ, Ⅳ)이다.

DSM - Ⅳ에 나타나는 신경증성 관련 장애를 보면 다음과 같다.[1)]

1) 공포성 불안장애(phobic anxiety disorder)

(1) 광장공포증(agoraphobia)

광장공포증은 넓은 장소에 대한 공포를 뜻한다. 그러나 임상적으로 광장공포증의 증상을 보면 넓은 장소뿐 아니라, 혼자 있는 것이나 여행을 간다든지 또는 비행기를 타는데 대한 공포 등으로 다양하게 나타난다. 이 공포증을 가진 대부분의 환자가 혼자 있는 것을 두려워하여 항상 동반자가 있어 줄 것을 요구한다.

광장공포증의 ICD - 10 진단치료는 다음과 같다.

① 심리적 증상이든 자율신경계의 증상이든 불안증상이 일차적으로 생기는 경우라야 하며, 피해망상이 있을 때 2차적으로 생기는 공포라든가, 강박장애

1) 대한신경정신의학회 편, 「신경정신과학」, 하나의학사, 1998, pp. 406~435.

때 강박행동이 불가한 처지에서 이차적으로 겪은 불안 등이 아니어야 한다.
② 공포불안은 다음 중 두 개 또는 그 이상에서 한정되어야 한다. ㉮ 군중 속에서, ㉯ 공공장소에서, ㉰ 집을 떠나 여행할 때, ㉱ 혼자 있을 때 등이다.
③ 공포 상황을 회피하는 것은 현재나 또는 과거부터 있어온 주된 양상이다.

(2) 사회공포증(social phobia)

불안이 특수하게 대인관계나 사회적 상황에서 남을 의식하여 생기는 창피한 감정을 핵심으로 형성되면 이를 사회적 불안(social anxiety)이라고 한다. 특별히 무엇을 수행할 때 긴장과 더불어 관람하는 사람들을 의식하여 창피당할 것을 불안해 하면 이를 수행불안(performance anxiety)이라고 한다. 인간은 어느 정도의 사회적 불안이나 수행 불안이 있기 마련이다. 그러나 그 정도가 심하게 되면 남 앞에서 무엇을 할 때 심한 불안이 일어나 남 앞에 나서는 처지를 계속 회피하고, 이같은 처지에 당면할 예정을 미리 알 때는 심한 예기불안을 갖게 되며 일상생활에 적지 않은 지장을 받는데 이 공포증을 사회공포증이라고 한다.

사회공포증의 ICD-10 진단지침은 다음과 같다.

① 심리적, 행태적 증상이든 자율신경계 증상이든 증상은 일차적으로 불안의 발현이어야 하며, 망상이나 강박적 사고 등과 같은 그 밖의 증상에서 나온 이차적인 것이어서는 안 된다.
② 불안은 특정한 사회적 상황에 국한되어 일어나거나 그 상황에서 특히 우세하게 일어나야 한다.
③ 공포 상황에 대한 회피가 두드러진 양상이라야 한다.

(3) 특정공포증(specific phobia)

어떤 특수한 대상이나 상황에 대해 국한된 공포증을 말하는데, 대부분의 경우 무서워하는 대상이 하나로 국한되어 있다. 이 공포증의 대상으로는 특정 동물, 높은 곳, 어둠, 천둥, 비행, 폐쇄된 공간, 공중변소에서의 배뇨·배변, 치과의 방문, 피나 상처를 목격하는 것, 주사 맞는 것, 시체나 질병에 대한 노출, 남 앞에서 글 쓰는 것 등이 전형적인 예이다.

공포증의 환자가 특정 공포대상에 접근되면 급속도로 공포반응이 생기면서 공황발작과 같은 증상까지 이르는 불안을 겪는 것이 보통이며 거의 마비상태에 이르는 경우까지 종종 볼 수 있다.

DSM - Ⅳ에서는 이 공포증을 대상이 무엇이냐에 따라

① 공포증, 동물형(고양이, 쥐 등)

② 공포증, 상해형(천둥, 높은 곳 등)

③ 공포증, 자연환경형(피, 주사 등)

④ 공포증, 상황형(비행기, 폐쇄된 장소 등)

⑤ 기타형으로 세분한다.

2) 기타 불안장애(other anxiety disorders)

(1) 공황장애(panic disorder)

공황장애는 특징적으로 공황발작이 아무런 예고 없이 자연적으로 발생하는 것이다. 공황발작은 대개 한 시간 이내의 비교적 짧은 시간 동안의 강렬한 불안이나 공포로서 이때 심계항진이나 빈맥과 같은 신체증상이 수반된다. 공황장애는 흔히 광장공포증, 공항장애도 같이 수반되는 경우가 많다. 이 광장공포증 때문에 가정 밖의 직장이나 사회에서 기능이 크게 제한되므로 더 큰 문제가 된다. 공황장애의 ICD - 10 진단지침은 다음과 같다.

공황발작이 기존의 공포 상황에서 일어날 때는 심한 공포증의 표현으로 보고 공포증에 진단적 우선권을 주어야 한다. 명확한 진단을 내리기 위해서는 자율신경성 불안의 심한 발작이 약 한 달의 기간 동안 여러 번 일어나야 한다.

이것은 ① 객관적인 위험이 없는 상태에서 일어나야 하고, ② 발작이 미리 알려진, 예측 가능한 상황에 한정되지 않고, ③ 발작과 발작 사이에 예기 불안이 흔하긴 하지만 불안증상에서 비교적 해방된 상태이어야 한다.

(2) 범불안장애(generalized anxiety disorder)

DSM - Ⅳ의 정서에 따르면 이는 다양한 신체증상이 동반되고 과도하고 만연된

걱정으로 이 때문에 유의하게 사회적, 직업적 손상을 남기고 본인은 매우 고통스럽다.

범불안장애의 ICD-10 진단지침은 다음과 같다.

환자는 한 번에 수주일 동안, 그리고 대개 수개월 동안 거의 매일 일차적인 불안증을 가지고 있어야 한다. 이와 같은 증상에는 대체로 다음의 요소들이 포함되어야 한다.

① 근심(장차 닥쳐올 불행에 대한 근심, "낭떠러지에서 있는 듯한 느낌", 집중력 곤란, 구갈 등)

② 운동성 긴장(안절부절 못함, 긴장성 두통, 전율, 마음을 놓지 못함, 이완의 불가능)

③ 자율신경 기능의 항진(두중감, 발한, 빈맥 또는 빈 호흡, 위 상부 불쾌감, 어지러움, 구갈 등)

3) 강박장애(obsessive-compulsive disorder)

강박장애는 자신의 의지와는 무관하게 어떤 특정한 생각이나 행동이 계속 반복되는 상태를 말한다. 강박사고(obsession)란 반복적이며, 하지 않으려 해도 할 수밖에 없는 생각, 느낌, 관념, 감각 등이 침입하는 것이다. 강박행동(compulsion)이란 숫자 세기, 확인, 무엇을 회피하는 것과 같은 의식의 수준에 있으며 정형화되어 있는 반복적인 생각이나 행동을 말한다.

강박장애의 ICD-10 진단지침은 다음과 같다.

명확한 진단을 위하여는 강박사고나 강박행동 또는 두 가지 증상 모두가 2주일 이상 거의 매일 있어야 하고, 고통의 근원이나 활동의 장애가 있어야 한다. 강박증 증상들은 다음과 같은 특징들을 가져야 한다.

① 그 증상들은 그 개인이 자신의 생각이나 충동으로 인식하여야 한다.

② 비록 환자가 더 이상 참을 수 없는 다른 증상들이 있다고 할지라도, 지금 잘 참을 수 없는 생각이나 행동이 적어도 하나 이상 있어야 한다.

③ 그 행위를 수행하고자 하는 생각 그 자체는 기분 좋은 것이 아니어야 한다. (긴장이나 불안의 단순한 해소는 이와 같은 의미에서는 유쾌한 것으로 간주되지 않는다.)

④ 생각, 영상(image) 또는 충동이 불유쾌하게 반복되어져야 한다. 포함되는 것 (anankastic neurosis, obsessional neurosis, obsessive-compulsive neurosis)

4) 심한 스트레스에 대한 반응 및 적응장애(reaction severe stress, and adjustment disorders)

(1) 급성 스트레스장애(acute stress disorder)

급성 스트레스장애는 외상적 스트레스에 노출된 후 1개월 이내에 정서 반응의 마비, 소외, 결핍에 대한 객관적인 느낌, 주변에 대한 자각의 감소(예 : 멍한 상태), 현실감 손실, 이민증, 해리성 기억상실(예 : 외상을 부분적으로 회상하지 못함) 등 해리성 증상 중 세 가지 이상의 증상이 적어도 2일간, 그리고 길게는 4주간 지속되어 나타나는 경우를 말한다. DSM-Ⅳ에서는 이 장애에서 증상의 최소 발현기간을 1개월로 정하였고, 새로운 진단기준인 급성 스트레스장애를 소개하였는데 2일에 4주간 증상이 지속되는 환자를 말한다.

(2) 외상 후 스트레스장애(post traumatic stress disorder)

외상 후 스트레스장애는 죽음의 위협이나 심각한 상해, 신체적 안녕을 위협하는 사건에 대한 직접적인 경험, 신체 건강을 위협하는 사건의 목격, 가족이나 친지의 예기치 못한 죽음이나 심각한 장애 및 이들이 경험한 죽음이나 상해에의 위협 등 극심한 외상적 스트레스 사건에 노출된 후 이 사건들에 대한 반응으로 극심한 공포, 무력감, 두려움을 나타내는 것이다. 이러한 외상은 전쟁경험, 자연재앙, 폭력, 강간 및 심한 사고를 포함한다.

외상 후 스트레스장애의 ICD-10 진단지침은 다음과 같다.

① 환자는 모든 사람에게 널리 고통을 줄 수 있는 예외적으로 위험하거나 재해적인 성격을 띤 스트레스성 사건이나 상황에 노출되어야 한다(짧거나 또는 길거나 함).

② 스트레스 인자와 연관되거나 비슷한 상황에 노출되었을 때 끊임없는 과거 장면의 재현, 생생한 기억, 재생되는 꿈 또는 고통을 경험하며 스트레스 인자를 끊임없이 기억하려 하거나 배제하려는 점이 있어야 한다.

③ 스트레스 인자에 노출되기 전에는 보여지지 않았던 스트레스 인자와 비슷하거나 연관된 상황에서 실제적으로 회피하려고 하는 행동을 나타내 보여야 한다.

④ 아래 사항들이 나타나야 한다.

ⓘ 부분적으로 또는 완전히 스트레스 인자에 노출된 시기의 중요한 일면을 기억하지 못함

ⓘⓘ 스트레스 인자에 노출되기 전에는 나타나지 않았던 증가된 심리적 예민감이나 각성 등의 지속적인 증상을 다음 사항 중 두 가지 이상 보여야 한다.

· 잠들거나 수면 유지하는 것이 곤란함

· 안절부절 또는 분노발작

· 집중의 어려움

· 과조심

· 과장된 놀람반응

⑤ 기준 ②, ③, ④는 스트레스 기간의 끝이나 스트레스를 주는 사건 후 6개월 이내에 모두 만족되어야 한다(어떤 경우는 6개월 후로 발병이 지연되는 경우도 포함시키는데, 이 때는 명백히 상세히 기술해야 한다.).

2. 기분(정동)장애

기분장애(mood(affective) disorder)는 근본적으로 심한 우울증에서 조증에 이르는 일련의 감정(emotion)을 포함하는 기분의 병리상태이다. 기분이 극단적으로 우울한 상태를 우울증(depression)이라고 하며 극단적으로 들뜬 기분상태에 있는 경우를 조증(mania)이라고 한다. 고양된 기분 또는 우울한 기분이 주된 임상 양상이지만 기분만이 기분장애 환자에게 문제가 되는 것은 아니다.

신체적 증상, 자기파괴적 행동, 사회적 기능의 상실, 손상된 현실파악 능력 등이

흔히 우울증과 조증에서 나타나, 환자와 환자 가족들을 곤란하게 하거나 때로는 생명의 위협을 주는 상황에 처하게 한다. 양극성 기분장애는 우울증과 조증을 모두 포함하며, 단극성 기분장애는 우울증 또는 조증 중 하나만을 포함하나, 통상 우울장애를 단극성 기분장애로 명명하기도 한다.

DSM-Ⅳ에서는 우울장애를 주요 우울장애(major depressive disorder), 기분저하장애(dysthymic disorder)로 분류하고 양극성 장애를 I형 양극성 장애(bipolar I disorder), Ⅱ형 양극성 장애(bipolar Ⅱ disorder), 순환성 기분장애(cyclothmic disorder)로 분류하고 있다.[2)]

1) 우울증 삽화(depressive episode)

우울증이란 가장 흔한 정신장애 중 하나로 사람이 살아가면서 일상의 삶에 대하여 흥미를 느끼지 못하고 절망하는, 즉 사는 맛을 알지 못하게 되는 병이다. 실제로 성인 10명 중 1명은 일생 동안 한 번 이상 우울증을 경험한다고 하며, 어떤 연구에 의하면 일생 동안 우울증이 걸릴 확률이 30%에 달한다고 한다. 그러나 대다수의 환자들은 전문가의 도움을 받지 않고 단지 10~25%만이 전문가로부터 치료를 받는다고 한다. 전형적인 우울증은 우울감, 흥미 상실이나 체중감소, 수면장애, 죄책감, 정신운동의 지연이나 초조 및 사고 등의 증상을 나타내지만, 어떤 환자들은 단지 요통이나 만성적인 피로감을 나타내고 극단적인 환자들은 피해망상이나 환청을 나타내는 등 그 임상 양상은 매우 다양하다. 일반적으로 모든 우울증에 나타나는 질병 특유(pathognomic)의 증상은 없다.

경도 우울증 삽화의 ICD-10 진단지침은 다음과 같다.

우울한 기분, 흥미와 즐거움을 잃음, 피로감의 증가 등이 일반적으로 우울증의 전형적인 증상으로 간주되고 있다. 확실한 진단을 내리기 위해서는 이 세 가지 중에서 최소한 두 가지와 여기에 덧붙여 '기타 증상'들 중 최소한 두 가지가 더 있어야 한다. 증상 가운데 어떤 한 증상이 꼭 심하게 나타나야 되는 것은 아니다. 우울증 삽화는 최소한 2주간은 지속되어야 한다. 경도 우울증 삽화를 겪고 있는

2) 대한신경정신의학회 편, 앞의 책, pp. 361~393.

환자는 보통 증상 때문에 괴로워하고 일상적인 업무나 사회활동을 계속하는데 약간의 어려움을 느끼지만 그 기능이 완전히 중단되는 경우는 거의 없다.

2) 조증삽화(manic episode)

조증은 기본적으로 들뜬 기분과 육체적 · 정신적 활동 양과 속도의 증가를 특징으로 한다. 조증은 그 정도에 따라 경조증, 급성 조증, 정신 착란성 조증으로 분류할 수 있다.

경조증(hypomania)은 경한 정도의 조증이며, 기분과 행동의 이상이 순환성 기분장애(cylothymia)에 포함시키기에는 지속적(최소한 여러 날)이고 현저한 상태이다. 경도의 기분 고양, 활력 및 활동의 증가, 현저한 안락감(well- being), 신체적 · 정신적 효율이 증가한 느낌, 사교성의 증가, 다변, 성욕의 증가, 수면 욕구의 감소와 흔히 나타난다. 다행감(euphoria), 자극 과민성, 자만심 등과 새로운 모험에 대한 관심 및 과소비를 보이기도 한다. 조증의 기분 증상으로는 처한 상황에 어울리지 않게 들뜨고 태평스러운 쾌활함에서부터 거의 조절이 안 되는 흥분 상태에 이르기까지 다양하며 특징적인 증상으로는 ① 억제할 수 없는 언변, ② 수면욕구의 저하, ③ 과대성(grandisoity,) ④ 지나친 낙관주의가 있다. 통상적인 사회규범에 따르는 억제력이 상실되고 주의력이 유지되지 못해 정신적인 산만을 보이는 경우가 자주 있다.

경조증은 가장 가벼운 증상으로 말을 수다스럽게 하고, 모든 일에 자신감이 넘치고, 사교적이며, 주변의 일을 자진해서 맡아 처리하는 것을 좋아한다. 그러나 행동이 매우 유치하여, 사소한 일에도 곧 실망하는 충동형이다.

급성 조증(acute mania)은 심신이 흥분되어 있고, 항상 즐겁고 명랑하며, 자신의 능력이나 경제적 성공 및 출세에 대해서 과대망상에 차 있다. 감정의 기복이 심해서 때로는 친절하고, 때로는 야비하고 공격적이며, 때로는 아집에 사로잡혀 다른 사람의 입장을 수용하지 못한다. 앞뒤를 생각하지 않고 돈을 쓰며, 성생활이 매우 난잡한 것 등이 특징이다.

정신착란증 조증(delirious mania)은 매우 흥분되어 있으며 웃음을 그칠 줄 모른다. 증상이 발작하면 옷을 찢고, 가구를 부수는 등의 파괴 행위를 서슴없이 자행한다.[3]

---

3) 최수남, 앞의 책, p. 414.

경조증의 ICD-10 진단지침은 다음과 같다.

고양된 혹은 변화된 기분과 증가된 활동에 상응하는 몇 가지의 특징들이 최소한 며칠 동안 계속 나타나서 그 정도와 지속성이 순환성 기분장애에서 기술된 것보다 더 심하고 길어야 한다. 업무수행 혹은 사회활동이 완전히 와해되거나 심한 경우는 중증 진단을 붙여야 한다.

정신병적 증상이 없는 조증의 ICD-10 진단지침은 다음과 같다.

삽화는 최소한 1주는 지속되어야 하고, 일상 업무와 사회적 활동이 거의 완전하게 와해될 정도로 심해야 하며, 기분 변화에 수행되어 활력의 증가가 있고, 증상들 가운데 상당수(특히 억제할 수 없는 언변, 수면욕구 저하, 과대성, 지나친 낙관주의)가 나타나야 한다.

3) 양극성 정동장애(bipolar affective disorder)

양극성 정동장애는 기분과 활동 수준 장애의 삽화가 2회 이상 반복되는 것으로 어떤 삽화는 기분의 고양과 활력 및 활동의 증가(경조증이나 조증)를 나타내고, 어떤 삽화는 기분의 저조와 활력 및 활동의 감소(우울증)가 나타나기도 한다. 특징적으로 삽화와 삽화 사이에는 대부분 완전한 회복이 있다. 조증 삽화만 되풀이하는 경우는 매우 드물며, 가족력, 발병 전 성격, 발병연령, 예후 등이 우울증 삽화가 있는 경우와 매우 유사하므로 양극성으로 분류한다. 양극성 정동장애는 과거에 최소한 한 번의 조증이나 경조증 삽화가 있어야 하며, 그 분류는 현 삽화가 어디에 속하느냐에 따라 달라진다. 현재의 삽화가 우울증일 경우에는 우울증의 정도 및 증상에 따라 진단을 세분하고 있다.

혼재성 삽화는 정상적인 기분을 사이에 두고 조증과 우울증이 교대로 반복되는 전형적인 장애와는 달리, 우울 기분의 상태에서 활동과다, 억제할 수 없는 언변이 동반되거나, 조증 기분의 상태에서 초조성 흥분(agitation), 기력 및 성욕 상실이 더불어 나타나기도 한다. 그리고 우울 증상과 조증 또는 경조증 증상이 날마다 심지어 시간마다 교대로 나타나기도 한다. 혼재성 삽화는 최소 2주 이상 우울증과 조증의 증상들이 함께 현저하게 나타날 때 진단될 수 있다. 혼재성 삽화에 관한 상태는 과거에 최소한 한 번의 조증, 경조증 또는 혼재성 삽화가 있어야 하고,

덧붙여 경조증, 조증 또는 우울증 삽화가 한 번 더 있으나 현재는 뚜렷한 기분장애를 보이지 않는 상태를 말한다.

4) 순환성 기분장애(cyclothymia)

이 장애의 특징은 지속적인 기분의 불안정으로서 가벼운 우울증과 가벼운 기분고양의 기간이 수없이 나타난다. 기분의 동요가 비교적 가볍고 기분이 고양되더라도 유쾌한 정도일 수 있기 때문에 순환성 기분장애 환자는 병적이라고 인식되지 않는 경우가 많다.

기분 순환증의 ICD-10 진단지침은 다음과 같다.

핵심적 임상 특징은 기분의 지속적인 불안정으로서 가벼운 우울증과 가벼운 기분 고양의 수많은 기간을 포함하면서 그 어떤 기간도 양극성 정동장애나 반복성 우울장애의 기준을 충족시킬 정도로 심하게 지속되지 않는다. 이 말은 기분 동요의 개별적인 삽화가 조증이나 우울증 삽화에 기술한 그 어떤 범주에 대한 기준도 충족시키지 않는다는 뜻이다.

5) 기분저하증(dysthymia)

기분저하증은 매일 같이 거의 하루 온종일 우울 증상이 지속되는 것으로 특징지워지는 만성적 질환이다. 1980년대 기분저하증이라는 말이 소개되기 이전에 이 질환은 우울신경증(depressive neurosis) 또는 신경증적 우울증(neurotic depression)으로 분류되었으며, 이 진단은 1970년대에 가장 흔한 정신과적 진단이었다. 기분저하증은 남성보다 여성에서 보다 더 흔하며, 젊고 미혼인 경우와 경제적 수입이 낮은 경우에 더 흔하다. 또한 주요 우울장애, 불안장애, 약물남용 등의 정신과적 질환들이 동반되는 경우가 흔하다.

3. 정신분열증

정신분열증(schizophrenia)은 비교적 이른 나이에 발병하여 인간의 인지 · 지각 · 정동 · 의지 · 행동 · 사회활동 등 다양한 정신기능에 이상을 초래하는 질환으로서 증상뿐만 아니라 경과 · 치료반응 · 예후까지 다양하다. 현재까지 그 원인은 밝혀지지 않았지만, 심인성 질환(psychogenic disease)이 아닌 뇌의 질환(brain disease)이라는 것에는 상당한 의견의 일치를 보인다.[4)]

1) 원인

정신분열증의 원인의 규명에서 중요한 문제로, 이 장애가 단일한 원인에 의한 "단일질환(single disease entity)" 가설, 여러 원인에 의하여 발병할 수 있지만 이들 원인의 최종공통결근(final common pathway)이 정신분열병이라고 지칭되는 특정한 증후군으로 표현된다는 "복합질환(multiple disease entities)" 가설, 그리고 정신분열병의 다양한 증상은 서로 다른 병태생리학적 과정에 의하여 나타나며 한 환자가 하나 이상의 질병 과정을 가질 수 있고 각각의 질병과정은 정신분열병에서 관찰되는 임상적 이질성을 구성한다는 "다영역 정신병리학(multiple dimensions of psychopathology)" 가설 등에 있는데, 어느 쪽이 옳은지는 현재로서 알 수가 없다. 다만 현재의 진단기준에 의하면 정신분열병이 단일 질환이 아닐 것이라는 주장이 우세하다. 그 외 유전적인 요인, 신경해부학적 요인, 신경생리학적 요인, 생화학 및 정신약물적 요인, 심리사회적 요인 등 다양하게 거론되고 있다.

2) 진단지침

현재 널리 사용되고 있는 진단기준은 ICD-10과 DSM-Ⅳ이고 정신분열병의

4) 대한신경정신의학회 편, 앞의 책, pp. 305~329.

ICD-10 진단지침은 다음과 같다.

(1) 진단기준

아래에 언급하는 ①~④의 증상군 중 어느 한 군에 속하는 최소한 한 개의 명확한 증상을 보여야 한다. 또는 덜 명확한 경우, ⑤~⑨의 증상군 중 최소한 두 군에 속하는 증상들이 한 달 또는 그 이상에 걸쳐서 대부분의 시간 동안 뚜렷하게 존재해야 한다.

(2) 증상군

① 사고의 방향, 주입 또는 탈취 또는 전파
② 신체 또는 사지의 움직임, 또는 특정한 사고, 행위 혹은 감각 등에 분명히 관계되는 조종망상, 영향망상, 피동망상, 망상지각
③ 환자의 행동에 대하여 일일이 평가하거나 자기들끼리 환자에 대해 토론하는 환각 음성 또는 신체의 어떤 부위로부터 오는 다른 유형의 환각 음성
④ 문화적으로 부적절하고 전혀 있을 법 하지 않을 지속적인 망상, 즉 종교적, 정치적 주체 또는 초인적인 힘과 능력(예: 날씨를 조절할 수 있다거나 외계인과 교신을 하고 있다는 등)
⑤ 모든 형태의 지속적인 환각이 명확한 정감내용 없이 잠깐 스쳐 지나가거나, 또는 반쯤 형성된 망상을 동반할 때, 지속적인 과대평가된 관념을 동반할 때, 혹은 그런 환각이 수주 또는 수개월 동안 매일 일어나며 계속된 경우
⑥ 사고 흐름의 단절, 또는 중간 삽입으로 인한 연상의 지리멸렬, 부적절한 말, 혹은 조어 등을 초래하는 경우
⑦ 긴장성 행태, 즉 흥분, 자세유지 또는 납굴증, 거부증, 혼미 등
⑧ 음성증상, 즉 뚜렷한 무감동, 언어의 결핍, 감정반응의 둔마 또는 부조화(대개 사회적 위축과 사회적 수행 능력이 초래하는 것). 이들은 우울증이나 항정신병 약물 투여에 의한 것이 아니어야 한다.
⑨ 관심의 상실, 목표상실, 게으름, 자신의 생각에 빠져 있는 태도, 사회적 위축

등으로 나타나는 몇 가지 측면의 개인적인 형태와 질의 지속적이고도 의미 있는 변화

3) 유형

(1) 망상형(paranoid type)

피해망상이나 과대망상과 같은 망상이나 환청을 주된 특징으로 하며, 혼란된 말이나 행동, 둔마된 정동 등은 두드러지지 않다. 이들은 상대방에게 긴장되어 있고 의심이 많고 숨기는 것이 많다는 인상을 주고 때로는 상대방에게 적대적이고 공격적일 수도 있다. 지능은 정신병으로 장애를 받지 않으며 때로는 그런대로 사회생활을 적절히 영위하기도 한다. 즉, 20대 혹은 30대 후반까지 사회생활이 나쁘지 않아서 많은 환자들이 결혼을 하였고, 직장을 갖고 있는 경우가 많고 다른 유형보다 퇴행이 덜 일어난다.

(2) 파괴형(hebephrenic type)

파괴형에서의 망상과 환청은 지리멸렬하다. 이 유형은 발병 연령이 빠르고, 서서히 시작한다. 원시적이고 조직화되지 않은 말이나 행동을 특징으로 하며, 부적절한 감정반응이 두드러지며, 현실과 접촉이 극도로 나쁘다. 예를 들면 몰골이 지저분하고 주책 없고 어린애 같으며, 낄낄거리고 거울을 쳐다보고 웃는 등 부적절한 감정반응과 괴상한 짓을 한다. 최근의 연구에 따르면 항상 망상형에 비하여 정신병리의 가족력이 높고, 병전 적응이 나쁘고, 예후도 나쁜 것으로 알려져 있다.

(3) 긴장형(catatonia type)

정신운동성 장애가 특징적이며, 극단적인 운동과다와 혼미 또는 자동적 복종과 거부증 등의 양극단이 교대로 나타날 수 있다. 혼미형 긴장형(stuporous catatonia)은 겉으로 봐서는 혼미상태에 있으며, 자발적인 운동이 극도로 감소되어 있다. 이들은

침묵상태를 유지하며, 거부증, 상동증, 매너리즘, 반향어, 반향행동 등을 특징적으로 보인다. 이들은 극도의 운동저하 상태에 한참 있다가 어느 순간 갑자기 극도의 폭력을 행사하는 일도 있다. 흥분형의 긴장증(excited catatonia)에서는 극도로 흥분되어 있으며, 끊임없이 소리를 지르고 뭔가 행동을 하고 있다. 이들의 언어는 지리멸렬하며, 행동은 외부에 대한 적절한 반응이라기보다는 내적 욕구에 의해서 결정되는 것으로 보인다. 이들은 대체로 파괴적이고 다른 사람에게 폭력을 휘두르며, 그냥 놔두면 자해 또는 타해를 가하거나 탈진상태에 빠지기 때문에 신체적 구속(physical restraint)이 필요하다.

4) 치료

정신분열증의 치료는 약물치료와 정신치료를 포함하는 심리사회적 치료가 병행된다. 약물치료는 몇몇 한계점 때문에 항정신병 약품의 효과가 완벽한 것은 아니며, 행동주의적 치료법인 조작적 조건형성과 사회학습의 체계적인 적용을 통하여 부정적인 행동을 감소시키는 바람직한 반응을 학습시키고, 사회기술훈련과 가족관리를 조합시킬 때 그 효과가 높은 것으로 나타났다.

어떤 종류의 치료를 하던 간에 정신분열증 환자의 치료에는 다음 세 가지를 유의해야 한다.

첫째, 어떤 원인에서 정신분열증에 걸렸던 간에 환자는 각각 특이한 개인적 · 가족적 · 사회적 환경에 처한 인간이므로 모든 치료는 환자를 중심으로 개별화되어야 한다.

둘째, 비록 약물치료가 상당한 수준으로 발달해 왔다 하더라도 환자의 발병에 심리사회적인 원인이 크게 자리잡고 있으므로 심리사회적인 치료에 소홀해서는 안 된다.

셋째, 정신분열병은 인간존재의 거의 모든 측면에서의 장애인만큼 어느 한 가지 치료만으로는 소기의 성과를 거둘 수 없음을 명심해야 한다.

비록 약물치료가 기본적이고 효과적인 것으로 입증되었지만 심리사회적인 치료가 회복을 앞당기고 재발을 방지한다는 것이 여러 연구결과에 입증되었다. 따라서 정신분열병의 치료는 심리사회적 치료를 겸비한 약물치료를 원칙으로 한다.

4. 인격장애

인격장애(personality disorders)는 성격장애라고도 불리워지는 것으로 개인 인격상의 특징들이 보통 사람들에게 관찰될 수 있는 범위를 벗어나 매우 경직되고 비적응적이어서 사회적응상 심각한 장애를 일으키는 경우를 말하며, 일반적으로 개인의 주관적인 고통을 거의 수반하지 않는다. 인격장애는 한 개인이 속해 있는 문화권에서 보통사람들이 평균적으로 지각하고, 느끼고, 생각하는 방식, 특히 타인과의 인간관계 형성방식에서 심각하게 벗어나는 행동양식을 나타내기 때문에, 개인의 사회적 기능과 활동에 심각한 장애를 초래하고 드물게는 주관적 고통을 수반할 수도 있다.

일반적으로 인격장애 환자들을 정신증(psychoses) 환자에게서 볼 수 있는 퇴행적 행동이나 정신병적 사고장애 혹은 정동장애를 보이지 않으며, 정신신경증(psychoneuroses) 환자에서처럼 과장되고 고착된 방어도 거의 없다. 이들은 정신신경증 환자들과는 달리 스스로 정신과적인 도움을 요구하는 일은 거의 없으며, 오히려 자신의 문제를 부인하는 경향이 많기 때문에 평생 인격장애 상태로 지내는 것이 보통이다.

DSM-Ⅳ에서는 인격장애를 증상 및 정신병리의 유사성에 따라서 3집단으로 대별하고 있다.

1) A 집단(cluster)

A에 속하는 인격장애는 괴상하고 편벽된(odd-eccenteric) 인격특성을 보이는 집단으로서 편집성 인격장애(paranoid personality disorder), 분열성 인격장애(schizoid personality disorder), 분열형 인격장애(schizotypal personality disorder)가 있다.

(1) 편집성 인격장애(paranoid personality disorder)

편집성 인격장애 환자의 기본적 양상은 타인의 동기를 악의적으로 해석하는 등 타인에 대한 전반적인 불신감과 의심이다. 이런 인격양상은 성인기 초기에 시작되며, 여러 상황에서 출현한다. 이들은 남이 자신을 속이고 해치려 하고 곧잘 음해한다고 생각하는데 그럴만한 객관적인 근거는 없다. 이들은 흔히 배우자를 병적으로 질투하고 성적 순결성을 의심한다. 정서적인 면에서 냉담하며 권력과 지위에 대한 집착이 많고 자기보다 열등하다고 믿는 사람에 대해서는 경멸하는 태도를 보인다. 매우 사무적이며 능률적으로 보이기도 하나, 대인관계에서 내심으로는 불안과 갈등이 많다. 만성 정신분열병 환자나 망상장애 환자의 가족 가운데 발병하는 경우가 많으며 여자보다 남자에게 흔히 발병한다.

(2) 분열성 인격장애(schizoid personality disorder)

이 인격장애의 기본적인 양상은 대인관계 혹은 사회적 관계가 매우 위축되어 있고 적대감이나 공격성 같은 사회생활에 필요한 감정표현이 거의 없다는 것이다. 매우 내성적이며 지나치게 백일몽에 몰두하고 친밀한 인간관계를 형성하려는 욕구가 없고 이성교제도 드물며, 그런 기회가 주어져도 상대방에 대해서 무관심하다. 남이 볼 때 좀 괴상하고 고립되어 있으며 외로운 사람처럼 보인다.

(3) 분열형 인격장애(schizotypal personality disorder)

분열형 인격장애의 기본적인 임상특징들은 전반적으로 사회적 관계와 대인관계 장애가 현저할 뿐만 아니라 인지적 왜곡과 지각적 왜곡을 흔히 보이고 있으며, 행동상 괴짜 같은 면을 보인다. 이들은 타인과 가까운 대인관계를 맺지 못하며 위축된 면을 보인다. 관계관념을 보이기도 하고 심령술이나 독심술과 같은 초능력의 소유자라는 마술적 사고에 사로잡혀 있기도 하며, 이해하기 어려운 괴상한 태도를 보이기도 한다. 때로는 일시적으로 환시나 환청 등이 가볍게 나타나기도 한다. 불안, 우울, 기타 다른 언짢은 기분(dysphoric mood) 때문에 불편을 느껴 치료를 원하는 일이 있으나, 인격장애 자체 때문에 치료를 원하는 일은 거의 없다. 상당수가 우울증 삽화를 보인다.

2) B 집단(cluster)

B에 속하는 인격장애는 극적이고 변덕스런 인격특성을 보이는 집단으로서, 반사회성 인격장애(antisocial personality disorder), 경계성 인격장애(borderline personality disorder), 히스테리성 인격장애(histrionic personality disorder), 자기애성 인격장애(narcissistic personality disorder)가 있다.

(1) 반사회적 인격장애(antisocial personality disorder)

사회적 규범이나 도덕상 용납할 수 없는 무책임하고 파렴치한 반사회적 행동을 거리낌 없이 자행한다는 점이 비사회성 인격장애인의 기본적 양상이다. 많은 경우 이들은 불법적인 행동을 반복하는 경향이 있다. 이들은 남의 감정이나 기분은 아랑곳하지 않으며, 남에게 입힌 피해에 대해서는 반성하거나 후회하는 일이 없다. 이들이 후회하는 경우란 자신의 비사회적 혹은 반사회적 행위의 결과로 받게 될 처벌에 대한 두려움 때문이지 양심의 가책에서 비롯된 것은 아니다. 가족의 부양이나 안녕에 대한 책임감도 결여되어 있는 경우가 대부분이다.

(2) 경계성 인격장애(borderline personality disorder)

경계성 인격장애의 특징은 정서적 불안정성이며, 그 밖에 자신의 자아상, 목표, 내적 신호(성적인 것을 포함) 등이 불분명하거나 혼란스럽고, 보통 만성적인 공허감이 있다. 상대방을 지나치게 이상화(idealization)시키거나 반대로 지나치게 평가절하(devaluation)하는 등 격렬하고 불안정한 대인관계 때문에 정서적 위기를 반복해서 일으킬 수 있고, 대인관계에서 버림받는 것을 피하기 위해 지나친 노력 그리고 일련의 자살위협이나 자해행동을 통하여 자신과 가까운 주변사람들을 조종하려는 경향이 중요한 임상 특징이다.

(3) 히스테리성 인격장애(histrionic personality disorder)

히스테리성 인격장애의 핵심적인 증상은 광범위하고 지나친 정동성과 타인의 관심을 끌려는 행동이다. 이런 행동 양상은 초기 성인기에 나타나며 주로 여성에게서 발생한다. 히스테리성 인격장애 환자들은 자신이 남의 관심의 초점이 되기 위해 마치 연기하듯이 행동이나 감정의 표현 등에서 극적이고 과장된 표현을 한다. 왜냐하면 이들은 자신이 주위 사람들의 관심을 끌고 있지 못하다고 느끼는 상황에서는 불편하고 자신이 초라하고 무시당한다고 느끼기 때문이다. 이들은 첫인상에서 활기차고 유머감각이 풍부하며 열정적이고 개방적이라는 느낌을 주는 언행을 하지만, 계속해서 주위 사람들의 관심을 끌려하고 관심의 초점이 되고자 하는 욕구가 너무 현저하게 드러남으로써 결국 매력을 잃게 된다. 이들은 깊고 지속적인 인간관계를 유지하지 못한다. 이들은 성적으로 도발적이고 유혹적인 경향이 있으나 실제 성생활에서는 불감증이 많다.

(4) 자기애성 인격장애(narcissistic personality disorder)

자기애성 인격장애 환자의 기본적인 임상 특징은 전반적인 과대성, 타인의 존경을 받고자 하는 지나친 욕망, 타인의 감정을 이해하고 공감(emathy)하는 능력이 결핍되어 있다는 점이다. 이들은 자기가 매우 중요한 인물이라고 하는 과대감(gradiose sense)에 젖어 있다. 자신의 능력을 과대평가하고, 남의 업적이나 능력을 과소평가한다. 이들은 거만하고 잘난 체하며, 자신은 우수하고 특별한 사람이라고 믿고 있어서 남들도 그렇게 알아주기를 기대한다.

이들이 교제하는 사람들은 사회적 저명인사로서 이런 사람들만이 자신이 얼마나 특별한 사람이고 우수한 능력의 소유자인가를 알아줄 수 있다고 믿는다. 따라서 보통사람과의 교제는 무시하고 자신이 이상화시키는 특별한 인사들과 친분관계를 맺으려고 안간힘을 쓴다. 이들은 남에게 특별한 대우를 받아야 한다는 비이성적인 기대를 갖고 있으며, 남의 입장이나 어려움을 공감하지 못한다. 또한 남이 자기보다 우수하다는 것을 견디지 못하고 시기하며 질투한다. 자신이 항상 남의 과대성과 자존의식이 만족되는 한 대인관계가 유지되지만 상대방의 결점이나 약점이 포착

되고 이용가치가 없다고 생각되면 쉽사리 상대방을 경멸하고 평가절하한다. 그래서 대인관계가 오래 지속되지 못한다.

3) C 집단(cluster)

C에 속하는 인격장애는 불안하고 겁 많은 인격적 특성을 보이는 집단으로서, 회피성 인격장애(avoidant personality disorder), 의존성 인격장애(dependent personality disorder), 강박성 인격장애(obsessive compulsive personality disorder)가 있다.[5)]

(1) 회피성 인격장애(avoidant personality disorder)

회피성 인격장애의 필수 증상은 사회적 위축, 부적절함, 자신에 대한 부정적인 평가에 대한 과민성으로, 성인기 초기에 출현하며 여러 가지 상황에서 광범위하게 나타난다. 이 환자들을 비난, 꾸중 또는 거절의 두려움 때문에 대인관계를 회피한다. 사람들과 친교를 맺고 싶어하고 같이 어울리기를 원하면서도, 자기를 비웃고 받아주지 않으며 따돌릴 것 같은 생각 때문에 그렇지 않다는 것이 확실하게 보장되지 않는 한 대인관계를 회피한다. 이들은 자존심이 매우 낮으며, 남들로부터 부정적인 평가에 대하여 매우 민감하게 반응한다. 결과적으로 이들의 생활은 매우 제한되고 위축되게 된다.

(2) 의존성 인격장애(dependent personality disorder)

이 환자의 기본적인 특징은 모든 면에서 남에게 의존하려는 욕구가 매우 강하며 자신이 내려야 할 결정은 남에게 맡겨 버리고 남이 시키는 대로 따라서 하는 역할에 만족한다. 이런 의존적이고 굴종적인 태도는 남의 보살핌을 받으려는 욕구와 남의 도움 없이는 자신은 아무것도 스스로 할 수 없다는 생각에서 비롯된다. 이들은 매사에 자신감이 없으며 의존할 상대가 없이 혼자 있을 때 가장 불안해한다. 이들은 어떤 일의 책임자가 되는 일을 두려워하기 때문에 그런 상황은 기어이 피한다.

---

5) 대한신경정신의학회 편, 앞의 책, pp. 527~542.

의존적인 관계를 유지하기 위하여 매우 신경을 쓰며, 만약 이런 관계가 깨어지면 어찌 할 바를 모르고 두려움에 사로잡힌다. 예를 들면 이런 장애를 가진 부인은 남편이 자기를 버릴까 봐 겁이 나므로, 모든 모욕과 폭행까지도 감내해 가며 굴욕적인 삶을 살아간다.

(3) 강박성 인격장애(obsessive compulsive personality disorder)

강박성 인격장애 환자의 증상으로는 질서정돈주의, 완벽주의, 마음의 통제, 대인관계통제 등인데 이런 인격적 특성 때문에 융통성이 없고, 개방성 및 효율성이 상실되어 있다. 이런 양상은 대개 성인기 초기에 시작되며, 여러 상황에 출현한다. 이들은 너무 정확한 것을 추구하는 까닭에 사태의 전반적인 것에 신경을 쓰느라고 전체의 의미를 파악하지 못한다. 이들의 대인관계는 지배와 복종의 관계로 유지되고 있어서 자기가 윗사람에게 철저하게 복종하듯이 아랫사람들도 자기에게 그렇게 하기를 요구한다.

또한 매우 양심적이고 매사에 완벽하고 엄격하게 하려고 애를 쓴다. 이들은 너무 지엽적인 것에 매달리다 보니 하는 일에 생산성이 없다. 이들의 신조는 "나는 완벽해야 한다"라고 할 수 있다.

5. 신체형 장애

신체형 장애(Somatoform Disorder)란 명백한 병리적 소견이 없고 병태 생리가 뚜렷이 드러나지 않는 신체적 증상들이 특징적으로 나타나는 정신질환이다. 신체형 장애의 환자들은 심한 신체적 증상들 때문에 사회 및 직업적 역할 수행이 어려워지고 감정적 고통이 수반된다. 이와 같은 신체적 증상의 시작, 강도(severity) 및 지속기간 등에 심리적 요인 또는 갈등이 크게 관여한다고 알려지고 있다. 신체형 장애는

DSM-Ⅳ에서 임상적 효용에 따라 신체화 장애, 미분화 신체화 장애, 전환장애, 동통장애, 건강염려증성 장애, 신체추형 장애 및 불특정신체형 장애 등으로 분류된다. 그러나 ICD-10(1992)에서는 전환장애가 해리장애(dissociative disorder)로 명명되면서 신체형 장애의 분류에서 제외되었으며, 신체추형 장애는 건강염려증성 장애에 포함되었다.[6]

6. 섭식장애

독특한 섭식행동을 보이는 신경성 식욕부진증, 신경성 대식증은 서구사회에서는 오래 전부터 알려져 왔고, 국내에서는 1970년대부터 발표되기 시작하였다. 최근 20세 전후의 여성에게서 증가 추세에 있다. 좀 더 매력적이고 싶은 경쟁적인 목적과, 날씬함과 활동성에 대한 사회적 요구도 증가의 한 요인이라고 할 수 있다. 대개 사춘기에 처음 시작되며, 여성에게 압도적으로 많이 나타나고 체중에 대한 지나친 관심과 왜곡된 신체상을 가지며, 만성 경과를 밟는 증후군으로 볼 수 있다.[7]

---

6) 대한신경정신의학회 편, 앞의 책, pp. 446~455.

① 신체화 장애 : 신체적 운동이 명백히 드러나지 않은 많은 신체적 증상들이 지속적으로 나타나는 것이다. 다른 신체형 장애와 달리 신체화 장애는 신체의 여러 기관에 걸쳐 호소하는 증상이 매우 다양하다.

② 미분화성 신체형 장애 : 특정 신체형 장애의 진단기준에 맞지 않으며, 뚜렷한 신체적 원인이 없거나 어떤 신체질환에서 예상되는 증상보다 훨씬 더 심하게 신체적 증상이 나타날 때 미분화 신체형 장애로 진단한다.

③ 건강염려증적 장애 : 건강염려증이라 불리우기도 하며, 이 질환의 핵심적인 양상은 신체적 증상 그 자체보다 하나 또는 하나 이상의 심각한 신체 질환을 갖고 있다는 생각에 집착하거나 두려움에 빠져 있는 것이다.

④ 전환장애(conversion disorder) : 신경학적 또는 내과적 질환에 기인하지 않는 하나 또는 하나 이상의 신경학적 증상(마비, 감각이상, 시력마비)이 나타나는 것을 특징으로 하는 질환이다. 증상의 시작과 약화에 연관된 심리적 요인이 반드시 있어야 한다. 해리장애(dissociative disorder)는 정신적 충격과 밀접한 관계가 있다는 연구보고, 특히 소아기에 신체적, 성적 학대의 경험이 거의 모든 환자에게 있었다고 하며 발병시 정신적 충격이 중요한 요인임이 주장되고 있다.

7) 대한신경정신의학회 편, 앞의 책, pp. 502~506.

1) 신경성 식욕부진증(anorexia nervosa)

체중과 음식에 몰두해서 체중감소를 위한 행동과 독특한 음식 다루기, 체중증가에 대한 극심한 두려움, 무월경, 환자 스스로 유발하거나 의도적으로 지속시키는 체중감소, 심각한 신체상(body image)의 장애, 잔인한 정도로 날씬해지려는 추구 등을 특징으로 하며, 종종 기아 상태에까지 이르는 병이다. 식욕상실은 다소 드물고 대개 병의 경과 중반까지는 생기지 않고, 남자보다는 여자에게서 흔하게 나타나며 대개 청소년기에 시작한다.

2) 신경성 대식증(bulimia nervosa)

다량의 음식을 단시간 내에 재빨리 참을 수 없는 듯이 먹어 치우는 폭식(binge eating)과 체중조절에 지나치게 골몰하는 것이 특징이며, 복통과 구역질이 날 때까지 먹고 나서는 체중증가를 막으려고 토하고 이어서 죄책감, 우울, 자기 혐오감으로 괴로워한다. 또한 먹는 것을 절제하지 못하는 것에 대해 두려움을 가지며, 먹기 쉬운 고칼로리 음식을 먹으며, 정상체중을 유지하기도 한다. 신경성 식욕부진증보다 흔하고 여성에게 많이 나타나며 12~35세 사이에 생기나 대개 10대 후반, 20대 초반에 발병하며 (평균나이 18세) 식욕부진증에 비해 상류층에 많다.

7. 성 도착증

성 도착증(paraphilias)은 강력한 성적 충동과 함께 성적 흥분을 위하여 행위에 있어서 비정상적인 상상, 대상, 행동 또는 방법을 사용하는 성적 장애이다. 이는 지속적이고 반복적이며(최소 6개월 이상), 소수의 인구에게서만 나타난다.

성 도착증의 50% 이상은 18세 이전에 발병하고 남자에게서 많다. 도착행위는

15~25세 사이에 가장 많이 나타나고 이후에 감소한다. 50세 이후에는 고립적인 생활을 하는 사람을 제외하고는 도착행위가 드물다.

원인론적으로는 인격발달 과정 중 구강기, 항문기에 고착된 것으로 보는 견해와 Oedipus complex와 관련시키는 역동적 설명이 있다. 어머니와 이별 또는 어릴 때 받은 성적 폭행이 원인이 된다는 주장도 있다. 기질적인 원인으로는 성호르몬의 장애 혹은 대뇌 장애와 관련된다는 연구보고가 있으나 아직 객관성은 없다.[8)]

1) 여성물건애(fetishism)

성적 흥분과 만족을 위하여 여성의 브래지어, 내의, 슬립, 팬티, 스타킹, 헤어핀, 밴드, 손수건 등과 같은 이성의 몸과 친밀히 연관될 수 있는 여성의 옷가지 등을 주대상으로 의존하는 경우다. 드물게는 신체의 일부분인 머리카락, 눈썹, 손톱, 음모 등을 수집하고 이를 성적 공상이나 혼자서의 성행위에 사용한다. 극치감은 자위로써 얻으며 대개 사춘기 시절에 시작되며 만성화 경향이 있다.

2) 의상 도착증(fetishistic transvestism)

성적 흥분을 얻기 위해 이성의 속옷을 수집 · 보관하고 입는 경우다. 이성의 복장을 입고 있을 때 자위행위로써 극치감을 얻는다. 만약 옷을 입는 것을 금지하면 심한 좌절감을 느낀다. 의류에 속하는 성애성 물건을 단순히 입는데 그치지 않고, 반대의 성으로 보이기 위해 입는다는 점에서 단순한 여성물건애와 구별된다. 시간이 지나면 일부 사람들은 영원히 여자로서 옷을 입고 살기를 원한다.

3) 노출증(exhibitionism)

예기하거나 경계하지 않고 있는 낯선 사람에게 자신의 성기를 노출하고픈 강한 충동을 갖거나 실제로 노출하는 행위를 말한다. 성적 흥분은 노출의 기대에서 일어

8) 대한신경정신의학회 편, 앞의 책, pp. 494~495.

나며 극치감은 그러한 일이 있는 동안이나 그 후의 자위행위로써 경험한다. 주로 정서적 스트레스나 위기를 겪을 때만 나타나며 상대방에 대해서는 대부분 그 이상의 성행위를 요구하지 않는 경향이 있다. 발병은 사춘기 이전에서 중년 사이에 일어난다.

4) 관음(voyeurism)

노출증과는 반대로 타인의 성행위나 성기를 반복적으로 훔쳐 봄으로써 성적 만족을 갖는 경우이다. 그러나 보는 사람은 그 대상자와 성관계를 갖지 않고 극치감은 보통 자위행위로써 경험한다. 이것은 암소공포증(scoptophilia)으로도 알려져 있기도 하다. 첫 번째 관음 행동은 대개 어린 시절 동안 일어나며, 남자들에게서 흔히 볼 수 있다.

5) 소아성애증(pedophilla)

사춘기 전의 소아(대개 13세 이하)와 성행위 또는 그 공상이 성적 흥분에 되풀이 애용되는 유일한 방법이 되는 것이다. 환자가 16세 이상일 때이거나 상대방보다 최소 5세 이상일 때 진단된다. 법적으로 문제가 되는 도착증 중 가장 흔한 유형이다. 소아성애증은 여성들에게서는 거의 발견되지 않으며 95%는 이성애적(heterosex)이며, 중년 이후에 잘 일어난다.

6) 성적가학증(sexual Sadism)

성적 흥분을 위하여 타인에게 심신의 괴로움을 주는 것으로 다음 3가지 특징이 있다.

① 동의하지 않는 상대자에게 심신의 고통을 반복적으로 줌으로써 성적 흥분을 얻는다.

② 합의된 상대자와는 독특한 모욕과 거짓 혹은 신체상의 가벼운 상처를 반복해

서 일으킨다.

③ 합의된 상대자의 신체 상처는 심하고 영구적이며 혹은 생명을 위협할 정도일 수도 있다. 강간, 난폭한 성행동, 성적 살인행위와 관련될 수 있다.

7) 성적피학증(sexual masochism)

성적 파트너로부터 괴로움을 당함으로써 성적 만족을 찾는 도착증이다. 다음과 같은 두 가지 중의 하나로 ① 모욕, 구타, 채찍질, 묶음, 기타 고통을 당하는 방법이 성적 흥분을 얻기 위해 애용되거나, 또는 유일한 방법이 될 때, ② 성적 흥분을 얻기 위해서 신체적으로 상처를 입거나 생명의 위협을 받는 행동에 의도적으로 몸을 내맡기는 경향이 있을 때이다.

성적 피학증을 가진 사람들의 약 30% 정도는 가학적 환상도 함께 가지고 있다. 남자보다 여자에게 더 많고 성인 초기에 주로 시작된다. 경과는 만성적이다.

제 IV 부

사회체계와 인간행동

제1장

사회체계 이론

1. 체계의 개념
2. 체계의 기능
3. 주요개념
4. 사회체계의 역동성

1. 체계의 개념

사회체계 이론의 기본적 관점은 '체계(system)'라는 개념을 기반으로 하여 해결하고자 하는 대상에 접근하는 것을 말한다. Anderson과 Carter는 체계는 구별되는 방식으로 상호작용하고 일정 시간 동안 지속되는 요소들로 이루어진 조직화된 전체를 일컫는다고 하였다.[1] Buckley는 체계가 일정 기간 동안 어느 정도의 안정성을 가지고 인과적인 관계 속에 직접 혹은 간접적으로 관련되어 있는 구성요소들의 복합체계라고 하였다.[2] 그러므로 체계란 일반적으로 여러 가지 구성요소나 변수가 어떤 관계를 가지고 상호 의존하고 작용하면서 환경과 영향을 주고받는 것으로 볼 수 있다. Martin과 O'connor는 체계가 조직화(organization), 상호인과성(mutal causality), 항구성(constancy), 공간성(spatiality), 경계선(boundary)이라는 다섯 가지 속성을 가진다고 하였다.[3] 즉, 조직화는 체계의 부분 혹은 요소가 서로 관계가 있고 연결된 것을 뜻하고 상호인과성은 상호 의존을 의미하며, 체계의 한 부분에 일어난 사건들은 직접 · 간접적으로 모든 부분들에게 영향을 미친다. 항구성은 체계가 지속성이 없는 것을 말하며, 공간성은 체계가 물리적인 공간을 점유하며 관찰될 수 있는 것을 뜻하며, 경계란 체계의 테두리로 다른 체계들과의 환경을 구분하며 체계로 들어오고 나가는 정보와 자료를 여과하는 것을 뜻한다. 그러므로 사회체계란 사람들이 공동의 장소와 문화를 공유하는 사회의 구성요소로 이루어진 실체를 말한다. 그리고 각 구성요소들은 하위체계가 된다. 사람들이 공동장소와 문화를 공유하고 서로 상호작용하는 사회는 위에서 말한 다섯 가지 속성을 갖고

1) R. E. Anderson & I. E. Carter(1990), *Human Behavior in the Social Environment : A Social Systems Approach*, 4th ed. (Chicago: Aldine).

2) W. Buckley(1967), *Sociology and Morden System Theory*(Englewood Cliffs, NJ: Prentice- Hall), p. 41.

3) P. Y. Martin, G. G. O'connor(1989), *The Social Environment : Open Systems Applications* (White Plains, NY: Longman), pp. 37~38.

있다.[4)]

2. 체계의 기능

Parsons는 체계는 사회체계이든 그 아래의 하위체계이든 목표를 달성하기 위하여 다음과 같은 기본적인 기능을 수행한다고 하였다.[5)]

1) 적응 기능

적응(adaptation) 기능은 체계가 존속하기 위하여 외부 환경의 변동에 적응하는 것을 말한다.

2) 목표달성 기능

목표달성(goal attainment) 기능은 체계가 그의 목표를 달성하기 위하여 시간과 노력을 경주하는 것을 말한다.

3) 통합 기능

통합(integration) 기능은 체계가 구성요소의 활동을 조정 및 조절하는 것을 말한다.

---

4) 사회체계는 일정기간에 걸쳐(항구성), 서로 관계를 맺고 있으며(조직화), 적어도 한 사람 이상을 포함하며(공간성), 구성원이 아닌 사람은 어떤 식으로든 분리하면서(경계), 관련된 모든 구성원들이 서로 영향을 주고받는 상호연관성이다.

5) T. Parsons(1960), *Structure and Process in Morden Societies*, Glencoe, Ill: The Free Press, p. 19.

4) 현상유지 기능

현상유지(pattern maintenance) 기능은 체계가 자신의 기본적인 유형을 유지하고 세대를 계승하면서 재생산해 가는 것을 말한다.

3. 주요개념

1) 경계

사회체계의 경계(boundary)란 체계를 외부환경으로부터 구분하는 일종의 테두리를 말한다.[6] 사회체계의 경계는 사회적인 구조이므로 경계를 유지하는 행동을 통해서만 드러난다. Kuhn과 Bean은 경계는 행정지역, 정치적 성향, 법적 정의, 인종처럼 객관적인 기준에 근거할 수도 있으나 어떤 사람이나 집단을 열등하다고 낙인찍는 것처럼 인위적으로 정해질 수도 있다고 하였다.

Chess와 Norlin은 사회체계에서 경계는 두 가지 주요 기능을 한다고 한다.[7]

첫째는 체계의 정체성을 규정해 주며, 둘째는 주위환경과의 내적, 외적 교환을 통제한다. 한편 경계는 적어도 부분적으로 침투할 수 있으며, 사회체계는 경계를 통해 에너지와 정보의 전달이 가능하다.

2) 개방체계와 폐쇄체계

개방체계(open system)는 체계가 그것을 둘러싸고 있는 환경과 상호작용하는 것

---

6) B. Chetkow-Yanoov(1992), *Social Work Practice : A Systems Approach* (Binghamton, NY: Howorth Press, p. 19.

7) W. A. Chess & J. M. Norlin(1988), *Human Behavior and the Social Environment*, A Social Systems Model (Boston, Ma: Allyn and Bacon), p. 68.

으로 인식하는 것을 의미하며 체계 내에서 정보와 자원을 자유롭게 교환하며 체계 안과 밖으로 자유롭게 에너지를 통과한다. 개방체계는 반투과성의 경계를 가지므로 경계가 상대적으로 느슨해 에너지 정보, 자원을 다른 체계들과 교환한다.

폐쇄체계(closed system)는 하나의 체계를 둘러싸고 있는 환경과 관련성이 없는 자급자족적인 실체로 인식하는 것으로 체계의 내적 구조와 기능에만 관심을 갖고 환경변화에 의해 영향을 주고받는 것을 고려하지 않는다. 그러므로 폐쇄체계는 터놓지 않으며 환경으로부터 고립되어 있다. 그러나 현실적으로 완전한 폐쇄체계는 사회에 존재하지 않는다. 만약 체계가 폐쇄적이면 시간이 지나면서 모든 요소들이 비슷해지기 시작하여 결과적으로 조직과 효과적인 기능의 상실이 초래되는 엔트로피(entropy) 속성이 나타난다. 그러므로 사회체계가 성장하고 발달하려면 상호작용하는 다른 체계들로부터의 투입에 어느 정도 개방적이어야 한다. 건전한 체계는 반투과성의 경계를 가지며 이 경계를 잘 유지한다.

3) 대상체계, 상위체계, 하위체계

사회체계는 부분성과 전체성을 동시에 갖고 있다. 대상체계(subject system)는 분석의 대상이 되는 특정한 사회체계를 말한다.[8] 예를 들면 박씨네 가족의 갈등에 관심이 있을 경우 박씨 가족이 대상체계가 되는 것이다. 대상체계의 외부에 있으면서 그 체계에 기능적으로 연결되어 영향을 미치는 사회단위들은 그 체계의 상위체계(supra-system)가 된다.[9] 예를 들어 박씨 가족의 하위체계로 부부체계, 부모자녀체계, 형제체계 등을 들 수 있다. 이것을 그림으로 나타내면 [그림 Ⅳ - 1]과 같다.

4) 의사소통과 피드백

의사소통은 두 사람 또는 그 이상의 개인들 사이에 정보를 전달하는 체계이며, 개인들 간의 관계를 형성하는 기반이 되는 축적적인 상호교환이다. 두 사람 또는 그 이상의 사람들이 의사소통을 통하여 상호작용과 사회적 의사소통의 기반이

8) W. A Chess & J. M. Norlin(1988), ibid, p. 27.
9) W. A Chess & J. M. Norlin(1988), ibid, p. 70.

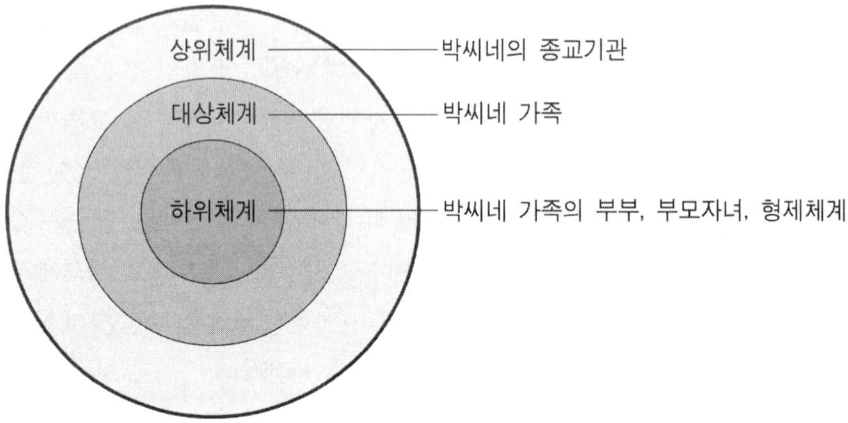

[그림 IV-1] 대상체계, 상위체계, 하위체계

되는 사회적 경험을 공유하게 된다. 상호작용은 두 사람 또는 그 이상의 사람들 사이에 일어나는 연속적이고 상호적인 일련의 접촉이라는 점에서 의사소통은 공유(sharing)의 과정이며, 상호보완적 과정이다. 체계는 환경과 상호작용할 때 정보를 주고받는데 이때 상호작용은 언어적 또는 비언어적 의사소통을 하게 된다.[10)]

피드백(feed back)은 정보의 투입에 대한 반응으로 작용하며, 연속적인 행동을 수정하도록 그 행동의 결과를 새로운 정보로 포함시키는 것을 말한다. Buckley는 사회체계는 목표와 관련된 피드백을 외부환경으로부터 받아들이기 때문에 목적지향적이라고 한다.[11)]

피드백의 종류는 부정적인 피드백과 긍정적인 피드백이 있다. 부정적인 피드백은 체계가 목표를 성취하기 어려운 방식으로 행동하고 있다는 정보를 주어서 목표와 조화를 이루도록 수정하게 하며, 긍정적인 피드백은 체계와 목표와 관련하여 적절하게 행동하고 있으며 그와 같은 행동이 요청된다는 의미를 전달한다. 예를 들면 아이가 학교에서 수업을 자주 방해한다는 부정적인 피드백을 받게 되면 부모는 그 동안 아이에게 지도해 온 그 방식을 그대로 계속할 수 있도록 자신감을 부여해 주는 것이다. 이처럼 인간은 사회환경으로부터 반응을 받고 환경으로부터 신호에 적응하므로 피드백은 일종의 적응기제(mechanism)인 것이다.

---

10) 비언어적 의사소통 : 침묵, 입을 씰죽거림, 어깨를 들썩거리거나 으쓱거림, 웃음, 미소, 눈물, 공시적 연설, 제스처 등을 통해 정보의 교환을 하는 것이다.

11) W. Buckley(1967), ibid, p. 53.

5) 투입, 전환, 산출

체계 내부나 체계 외부와의 상호작용이 증가함으로써 체계 내의 에너지양이 증가하는 현상을 상승작용(synergy0)이라고 한다. 이는 체계가 힘들을 연합할 때 일어난다. 반대로 체계가 소멸해 가거나, 무질서해지고 비조직화되는 과정을 엔트로피(entrophy)라고 한다.

체계가 외부로부터 정보와 에너지를 받아들여 필요로 하는 자원을 만들어 내는 과정을 투입 – 전환 – 산출이라고 한다.

투입(input)이란 체계가 환경으로부터 에너지, 사물, 정보 등을 받아들이는 과정을 말하며, 전환(through-put)이란 체계가 자신에게 적절하게 투입된 에너지를 변형시키고 재조직화하는 과정을 말하며, 산출(output)은 체계 내에서 변형된 에너지를 환경으로 방출하는 것을 말한다.

투입(input)은 과업관련 투입과 유지관련 투입으로 나눈다.[12] 과업관련 투입은 그 사회체계가 관심을 갖는 지각된 욕구, 문제 혹은 기회로 인해 발생하는 것이고 유지관련 투입은 지각된 욕구를 충족시키거나 문제를 다루거나 기회를 모색하거나 이용하는데 필요한 자원이다. 사회복지기관의 예를 들면 클라이언트의 문제는 과업관련 투입이고, 사회복지사 또는 돕는데 필요한 기타 자원들은 유지관련 투입이 된다.

전환은 구조와 상호작용으로 구성된다.[13] 구조는 체계의 투입이 산출되는 과정에서 나타나는 순서이다. 구조 내 포함되는 것은 역할, 공식적인 행정적 준비, 가치, 시간, 예산, 계획안, 공간, 다른 체계들과의 유대 등이다. 상호작용(interaction)은 실제 행동 그 자체로서 체계 내에서 일어나는 상호작용은 수평적이라 간주하며, 경계를 넘어 두 체계 간에 발생하는 상호작용은 수직적이라 간주된다.[14] 예를 들면, 가족 내의 부모자녀, 형제관계는 수평적 상호작용이고, 자녀와 학교교사, 부모와 직장상사나 조직의 상사의 관계는 수직적 상호작용이 된다.

---

12) W. A. Chess & J. M. Norlin(1988), ibid, p. 81.
13) W. A. Chess & J. M. Norlin(1988), ibid, p. 99.
14) I. T. Snders(1958), *The Community : An Introduction to a Social System* (New York: Ronald Press).

산출(output)은 과업산출, 유지산출, 소모로 분류된다.[15] 과업산출은 과업관련 투입이 처리된 결과로, 예를 들면 사회복지기관의 경우 원조를 요청한 클라이언트의 문제가 종결된 결과로 볼 수 있다. 유지산출은 클라이언트가 사회복지기관과 접촉함으로써 습득한 대인관계에 대한 지식과 기술을 예로 들 수 있다. 소모는 과업산출과 유지산출을 낳는데서 자원의 비효과적, 비효율적 사용 또는 부적절한 사용을 말한다. 예를 들면 사회복지사의 탈진(burnout)이 소모의 예이다. 산출은 다시 다른 체계의 투입을 통해 환경으로 내보내진다.[16]

6) 균형 · 항상성 · 안정상태

균형(equilibrium)은 외부환경으로부터 새로운 에너지의 투입 없이 현상을 유지하려는 체계의 속성이다. 균형은 폐쇄체계로 고정된 구조를 가지고 수평적 상호작용만 하므로 폐쇄체계는 내부균형을 낳는다.

항상성(homeostasis)은 환경과 지속적인 상호교환을 하는 체계이다. 그러므로 안정적이지만 역동적인 균형을 이룬다. 예를 들면 우리 몸은 외부 환경의 급격한 변화에도 불구하고 체내의 자동조절 장치가 작동하므로 안정된 상태가 유지된다. 즉, 외부기온이 변해도 인체의 조절 메커니즘인 땀, 수분함유량, 소름 등이 정상체온을 유지하기 위하여 작용하므로 체온이 크게 변하지 않게 되는데 이와 같은 균형을 유지하려는 자동적인 경향이 바로 항상성이다.

안정상태(steady state)는 부분들 간의 관계를 유지시키고, 쇠퇴해서 붕괴되지 않도록 에너지가 계속적으로 사용되는 상태를 의미한다.[17] 안정상태는 환경과의 교환, 적응을 위해 구조를 변경시킬 수 있는 개방체계에 속한다.

---

15) W. A. Chess & J. M. Norlin(1988), p. 83.
16) C. H. Meyer(1983), (Ed.), *Clinical Social Work in the Ecosystem Perspective* (New York: Columbia University Press), pp. 43~44.
17) E. Laszlo(1972), *The Systems View of the World* (New York: Braziller), p. 37.

4. 사회체계의 역동성

Parsons는 모든 사회체계가 두 가지 축을 중심으로 하여 구조적으로 분화된다고 보았다.[18] 수직축은 도구-완성 측면을 나타내는 것으로 수단-목적 차원을 의미한다.

Parsons는 이 두 축으로 사회체계가 안정상태를 유지하기 위해서 성공적으로 해결해야 될 네 가지 기능상 문제를 규정하는 모형을 만들었는데 [그림 Ⅳ-2]는 목적달성, 통합, 적응, 형태유지라는 네 가지 기능상의 문제를 나타낸 모형이다.[19]

체계의 존재를 유지하고 발달시키기 위해 모든 사회체계는 이 네 가지 문제에 직면한다.

사회체계의 문제해결을 위한 노력은 다음과 같다.[20]

	도구적(수단)	**완성적(목적)**
외적	적응 기능	목적달성 기능
내적	형태유지 기능	통합 기능

[그림 IV-2] 사회체계의 역동성 모형

첫째, 사회체계는 상위체계의 기대를 충족시키도록 과업목적을 달성하는 데 만족스러운 진전을 해야 한다(목적달성의 문제). 목적달성 문제는 욕구를 충족시키거나 기회를 모색한다는 점에서 완성적이며, 체계의 목적을 파생시킨 기회나 욕구가

18) T. Parsons(1961), "An Outline of a Social System", in T. Parsons et al. (Eds.), *Theories of Society* (New York: Free Press, 1961), pp. 30~79.
19) W. A. Chess & J. M. Norlin(1988), ibid, p. 116.
20) 이인정 · 최해경 공저, 앞의 책, pp. 380~381.

상위체계에 있다는 점에서 외적 차원이다.

둘째, 사회체계는 구성원들의 기대를 충족시켜야 하는 체계의 유지라는 목적달성을 하는데 있어서 만족스러운 진정을 해야 한다(통합의 문제). 통합의 문제는 체계 자체의 욕구 충족이라는 목적에 관련된다는 점에서 완성적 차원의 문제이며, 체계 자체의 욕구라는 점에서 내적 차원의 문제이다.

셋째, 사회체계는 과업산출을 달성하기 위한 수단으로서 상위체계를 목적달성에 용이하게 변화시켜야 한다(적응의 문제). 목적달성을 쉽게 하기 위한 수단으로 상위체계를 조정한다는 점에서 적응문제는 도구적 차원이며, 상위체계의 변화를 시도한다는 점에서 외적 차원의 문제이다.

넷째, 사회체계 자체에서 발생하는 변화뿐 아니라 계속 변화하는 상위체계 하에서 체계 자체의 기본적인 틀을 유지해야 한다(형태유지의 문제). 체계가 완성적 차원인 목적달성과 통합을 성취하도록 핵심적인 기조를 유지시켜야 한다는 점에서 형태 유지는 도구적 차원의 문제이며, 체계 내 구성원 간의 핵심인 구조적 특성의 유지라는 점에서 내적 차원의 문제이다.

체계는 끊임없는 변화와 이동의 과정이 있으면서 동시에 역동적 평형(dynamic equilibrium)을 유지해야 한다. 즉, 체계는 양 극단에 도달하지 않으면서 현상유지와 변화 간을 이동하는 역동적 평형을 유지해야 한다.

예상문제

1. 체계이론에 대한 설명으로 틀린 것은?

① 체계에서 한 성원의 변화는 전체에 영향을 미친다.
② 체계와 체계의 합은 단순한 합 이상이다.
③ 부부체계는 하위체계이다.
④ 체계의 환경은 체계의 경계선 외부의 것으로 규정한다.
⑤ 개방체계는 엔트로피적 속성을 가지고 있어서 체계가 건전한 방향으로 성장 · 발달한다.

2. 인간의 적응욕구로, 환경자원과 부합되는 정도를 의미하는 것은?

① 적합성 ② 유능성 ③ 피드백
④ 스트레스 ⑤ 엔트로피

3. 어떠한 접근이라도 동일한 결과를 나타내는 체계이론의 특성을 무엇이라고 하는가?

① 경계 ② 항상성 ③ 엔트로피
④ 동등결과성 ⑤ 평형상태

4. 체계 내에서 자신이 수행한 것에 대한 정보를 받는 것을 무엇이라고 하는가?

① 환류 ② 산출 ③ 투입 ④ 관계 ⑤ 역할

5. 다음 중 사회 체계적 관점의 주요 개념으로 올바른 것은?

① 적소는 부분인 동시에 전체적 총체이다.
② 경계는 체계의 정체성을 유지하기 위해 필요하다.
③ 건강은 긍정적이거나 부정적인 가치를 부여한다.
④ 피드백은 서로 다른 체계들이 접촉하거나 의사소통하는 과정이다.
⑤ 개방적인 체계는 엔트로피 속성을 나타낸다.

6. 다음 중 비교적 안정적이며, 지속적인 평형상태를 유지하기 위한 체계의 경향으로 옳은 것은?

① 균형 ② 항상성 ③ 적합성
④ 호혜성 ⑤ 상호교류

7. 다음 중 개인에게 직접 영향을 미치며, 성장과 함께 변화하는 생태학적 환경을 무엇이라 하는가?

① 중간체계 ② 미시체계 ③ 거시체계
④ 외부체계 ⑤ 대상체계

8. 다음 관점 중 이중적 관점으로 사회복지사의 전무직을 강조하는 것은?

① 생태학적 관점 ② 체계적 관점
③ 현상학적 관점 ④ 환경 속의 인간
⑤ 통합적 관점

9. 아동의 문제를 해결하기 위하여 부모와 학교가 서로 정보를 교류하는 체계는?

① 내부체계 ② 중간체계 ③ 외부체계
④ 거시체계 ⑤ 미시체계

10. 파슨즈의 사회 4가지 차원 체계 중 가장 상위체계는?

① 가치관 · 신념 · 규범 ② 정치 · 경계 · 사법
③ 성격 · 취미 ④ 인간의 생명체
⑤ 사회적 존재

11. 파슨즈의 4가지 차원의 체계가 상위체계로부터 하위체례로 바른 것은?

① 행동유기체계 – 인격체계 – 사회체계 – 문화체계
② 문화체계 – 사회체계 – 인격체계 – 행동유기체계
③ 사회체계 – 인격체계 – 행동유기체계 – 문화체계
④ 인격체계 – 사회체계 – 문화체계 – 행동유기체계
⑤ 문화체계 – 인격체계 – 사회체계 – 행동유기체계

12. 홀론에서 에너지 교환 시 내부 에너지의 부족으로 외부의 경제적 도움을 받아 상호작용이 증가하는 힘으로 바람직한 것은?

① 엔트로피 ② 시너지 ③ 넥엔트로피
④ 에너지 ⑤ 역동성

13. 구조기능주의 이론의 특징이라고 할 수 없는 것은?

① 사회학적접근 ② 미시적 · 개인적 · 심리학적 접근
③ 전체를 중요시 ④ 사회실체론

⑤ 현상유지(보수 성향 이론)

14. 파슨즈(Parsons)가 말하는 체계는?

> ㉠ 사회체계–정치 · 경제 · 사법　　㉡ 문화체계–가치관 · 신념 · 규범
> ㉢ 행동적 유기체적 체계–인간생명체　　㉣ 자연체계–유 · 무기체동물 · 식물

① ㉠, ㉡, ㉢　　② ㉠, ㉢　　③ ㉡, ㉣
④ ㉣　　⑤ ㉠, ㉡, ㉢, ㉣

정답 1. ⑤　2. ①　3. ④　4. ①　5. ④　6. ②　7. ②　8. ④　9. ②
10. ①　11. ②　12. ②　13. ②　14. ①

제2장

생태학적 이론

1. 체계의 개념
2. 기본가정
3. 주요개념
4. 생태학적 환경

1. 체계의 개념

브론펜브레너(Bronfenbrenner)는 생태학적 이론을 '활동적이고 성장하는 인간과 환경 간의 일생을 통하여 이루어진 진보적이고 상호적인 적응과정을 과학적으로 연구하는 것'이라고 하였다.[1] 즉, 생태학적 이론에서는 유기체를 환경과 분리할 수 없으며 상호작용하는 체계라고 보기 때문에, 개인과 환경을 이분화하는 것을 방지할 수 있으며, 양자 간의 상호작용에 초점을 둘 수 있게 해 준다.[2] 생태학적 이론은 인간과 환경 사이의 상호보완성을 설명하는데 관심을 두고 있으며, 환경과 인간을 하나의 총체로 간주하고 있다.

브론펜브레너는 인간발달은 '인간이 자신의 환경을 지각하고 다루는 방식에서 지속적인 변화'라고 정의하면서 세 가지 기본전제를 제시하였다.

첫째, 발달하는 개인을 단순히 환경의 영향을 받는 백지상태로 간주하는 것이 아니라 환경을 재구성하는 존재인 성장하는 역동적 실제로 간주한다.

둘째, 환경도 상호조절 과정을 요구하면서 발휘하기 때문에 개인과 환경 간의 상호작용은 상호호혜성의 특징을 가진 것으로 간주된다.

셋째, 생태학적 환경의 개념은 개인이 직접 참여하는 장면에 국한되는 것만이 아닌 개인이 직접 참여하는 장면들의 상호연결과 개인이 속해 있지 않은 외부환경으로부터 오는 영향까지 포함한다.

---

1) U. Bronfenbrenner(1979), *The Ecology of Human Development,* MA: Harvard University Press.
2) C. B. Germain(1973), An ecological perspective in casework practice, *Social Casework*, 54(6), pp. 323~331.

2. 기본가정

생태학적 이론은 생태학, 동물행동학, 자아심리학, 스트레스이론, 형태심리학, 역할이론, 문화인류학, 인본주의 심리학, 상징적 상호작용이론, 일반체계이론, 권력관계의 역동이론과 같은 다양한 이론의 영향을 받았다.

생태학적이론의 기본 가정은 인간과 환경은 분리될 수 없으며, 동시에 고려해야만 한다는 것이다. 생태학적 이론의 핵심적 가정은 개인과 환경이 상호 간에 영향을 미친다는 것이다. 상호교류(transaction), 즉 개인과 환경 사이의 상호교환은 개인-환경 단위 내에서 변화를 시킨다.

Greene이 정리한 생태학적 관점의 기본가정은 다음과 같다.[3)]

- 환경과 상호작용하고 타인과 관계를 맺는 인간의 능력은 타고난 것이다.
- 유전적 및 다른 생물학적 요인은 환경과 상호작용하는 과정에서 다양한 방식으로 표현된다.
- 개인 환경은 인간과 환경이 상호영향을 미치는 단일체계, 즉 호혜적 관계를 형성한다.
- 적합성이란 적응적 개인과 양육적 환경 사이의 상호작용을 통하여 형성되는 상호적 인간-환경과정이다.
- 사람은 목적지향적이다. 인간은 유능성을 획득하기 위하여 노력한다. 개인이 환경에 대해 갖는 주관적 의미가 발달의 열쇠이다.
- 사람은 자연스러운 환경과 상황 속에서 이해되어야 한다.
- 성격은 개인과 환경 사이의 상호작용의 산물이다.
- 긍정적인 변화는 생활경험으로부터 야기될 수 있다.
- 생활상의 문제는 전체적인 생활공간 내에서 이해하여야 한다.
- 내담자를 원조하기 위하여 사회복지사는 내담자의 생활공간에 개입할 준비가 되어 있어야 한다.

3) R. R. Greene(1991), "The Ecological Perspective." in R. R. Greene & p. h. Ephross, *Human Behavior Theory and Social Work Practice* (New York: Aldine De Gruyter), p. 271.

3. 주요개념

1) 적합성, 적응성, 유능성

적합성(goodness of fit)은 개인의 적응적 욕구와 환경의 속성 간의 조화를 이루는 정도를 의미한다.[4] 즉, 개인의 욕구나 집단의 욕구, 권리, 목표, 능력과 특정한 문화적, 역사적 맥락 속의 환경 간에 작용하는 실제적인 적합성을 의미한다.

적응성(adaptiveness)은 인간이 환경에 대한 적응 수준을 유지하고 높이고자 사용하는, 지속적이고 변화지향적이며, 인지적, 감각적 - 지각적, 행동적인 과정이다.[5] 적응성은 환경의 변화를 위한 행동이나 인간이 자기 스스로 환경변화에 적응하는 것을 포함한다.

유능성(competence)은 개인이 환경과 효과적으로 상호작용할 수 있는 능력이다.[6] 유능성은 환경과 성공적인 상호작용을 경험하는 데서 형성되는 것으로 일생에 걸쳐 확대될 수 있는 능력이다.

2) 상호교류

상호교류(transaction)는 개인과 환경이 한 단위, 관련체계로 합쳐질 뿐 아니라 개인과 환경 간의 영향의 상호관계를 의미한다.[7] 상호교류적 관점은 과정 혹은 시간이 지남에 따라 혹은 만나면서 발생하는 관계를 강조한다. 이에 비해 상호작용

4) C. B. Germain & A. Gitterman(1987), “Ecological Perspactives”, “in Minanhan et al.(Eds.), *Encyclopedia of Social Work* (MD: National Association of Social Workers).
5) R. R. Greene(1991), ibid.
6) R. W. White(1959), “Motivation Reconsidered : The Concept of Competence”, *Psychological Review*, 66. pp. 279~333.
7) R. S. Lazarus(1980), “the Stress and Coping Paradigm” L. A. Bond & J. C. Rosen(Eds.), *Competence and Coping during Adulthood* (NH: University Press of New England).

(interaction)은 개인과 환경이라는 두 요소가 서로 영향을 미치나 분리된 정체성을 보유한다.

3) 스트레스, 대처

스트레스(stress)는 사회적 변화, 발달적 변화, 충격적 사건, 다양한 생활 문화 등의 요구가 자신이 활용할 수 있는 인적 자원 또는 환경자원을 초과하는 상황에서 발생한다. 즉, 스트레스는 개인이 지각한 요구와 이러한 요구를 충족시킬 수 있는 자원을 활용할 수 있는 능력 사이의 불균형으로 일어난 것이라 할 수 있다.[8)]

스트레스는 반드시 문제가 되는 것은 아니다. 개인이 긍정적 자존심을 갖고 있고 유능성이 있다고 생각하는 경우에는 스트레스에 대한 반응은 부정적이지 않다. 그리고 어떤 스트레스는 개인의 성장과 발전을 도모하는 하나의 동기로 작용할 수 있다. 그러나 신체적, 사회적 요구와 이러한 요구에 대한 개인의 대처능력 사이에 균형이 심하게 손상될 때, 개인과 환경 사이의 적응적 균형이 혼란되었을 때 생활문제가 발생하는 것이다.

대처는 생활스트레스에 의해 발생되는 욕구를 해결해 나가기 위해 고안된 새롭고 특별한 행동들이다. 스트레스를 경험함으로써 자연적으로 발생하게 되는 대처기술(coping skill)은 정서적 고통을 통제하기 위하여 개인이 수행하는 행동이다. 대처능력을 갖추기 위해서는 내적 자원과 외적 자원이 필요하다. 내적 자원에는 자부심(자존심)과 문제해결기술 등이 포함되며 외적 자원에는 가족, 사회적 관계망, 조직의 지원이 포함된다.[9)]

4) 생활영역과 거주환경

생활영역(miche)과 거주환경(habitat)이란 용어는 인간의 문화적 환경을 설명하기 위하여 생태학에서 빌려 온 용어이다. 거주환경(habitat)은 개인의 문화적 맥락 내에

8) C. B. Germain & A. Gitterman(1986), "The Life Model Approach to Social Work Practive," in F. J. Turner, *Social Work Treatment* (New York: Free Press).
9) R. R. Greene(1991), ibid, p. 279.

존재하는 물리적 및 사회적 환경과 관계된 개념이다.[10)]

생활영역은 지역사회 성원들이 차지하고 있는 직접적 환경이나 지위들을 말한다. 즉, 특정의 집단이 지역공동체의 사회적 구조에서 차지하는 사회적 지위 또는 직접적 환경을 말한다. 특정집단이 한 생활영역의 수용 한계를 초과하면 선택의 압력이 작용한다. 그래서 경쟁이 유발되면 본래의 생활영역에 적응하지 못하는 성원들은 다른 생활영역으로 이주하게 된다.

4. 생태학적 환경

브론펜브레너는 개인의 생태학적 환경을 소속체계, 중간체계, 외부체계, 거대체계로 구성하였다. 이 네 개의 체계들은 서로 상호작용한다. 그는 생태학적 환경을 한 구조가 그 다음 구조 속에 끼워지게 되어 있는 일련의 겹구조로 보고 각 구조와 구조 간의 상호교류를 설명하였다.[11)]

소속체계(미시체계, microsystem)는 가족이나 학급, 친구들과 같이 개인에게 직접적인 영향을 미치는 환경이다. 즉, 활동, 역할, 대인관계 등의 유형을 말한다.

중간체계(mesosystem)는 소속체계 간의 연결망에 해당된다. 따라서 중간체계들로 구성된 체계이다. 즉, 학교와 가족과 같은 개인을 둘러싸고 있는 두 가지 이상의 환경에서 일어나는 과정과 연결성을 말한다. 중간체계는 발달하는 개인이 적극적으로 참여하는 둘 이상의 소속체계 간의 상호작용으로 이루어진다.

외부체계(exosystem)는 두 가지 이상의 환경 사이에 일어나는 연결성과 과정으로서, 이 중의 최소한 한 가지 체계는 부모의 직장과 같이 개인을 둘러싸고 있지 않은 체계이다. 즉, 개인이 직접 참여하지는 않으나 그 개인에게 영향을 미치는 환경요소를 말한다. 아동의 경우 부모의 직장, 형제가 속한 학급, 부모의 친구들, 교육청 등이 외부체계가 된다.

10) C. B. Germain & A. Gitterman(1987), ibid.
11) U. Bronfenbrenner(1979), ibid.

거시체계(macrosystem)는 민족 집단체계와 같이 특정 문화의 유형이나 보다 광범위한 사회적 맥락을 의미한다. 즉, 개인이 소속한 문화나 하위문화로 개인에게 간접적인 영향을 미치는 교육적, 사회적, 경제적, 법적, 종교적 체계이다.

거시체계는 소속체계, 중간체계, 외부체계라는 환경에 포괄적으로 영향을 미치게 된다. 어린 시절에는 소속체계만이 중요한 사회환경이나 성장하면서 외부체계와 거시체계들이 점점 더 인간에게 중요한 영향을 미친다. 거시체계 가운데 브론펜브레너가 관심을 가졌던 것은 국가정책이 인간의 생활여건을 결정함으로써 인간의 복지를 향상시키고 인간발달에 영향을 미치는 힘을 갖는 측면이었다.

생태학적 체계수준을 그림으로 제시하면 다음의 [그림 Ⅳ－3]과 같다.

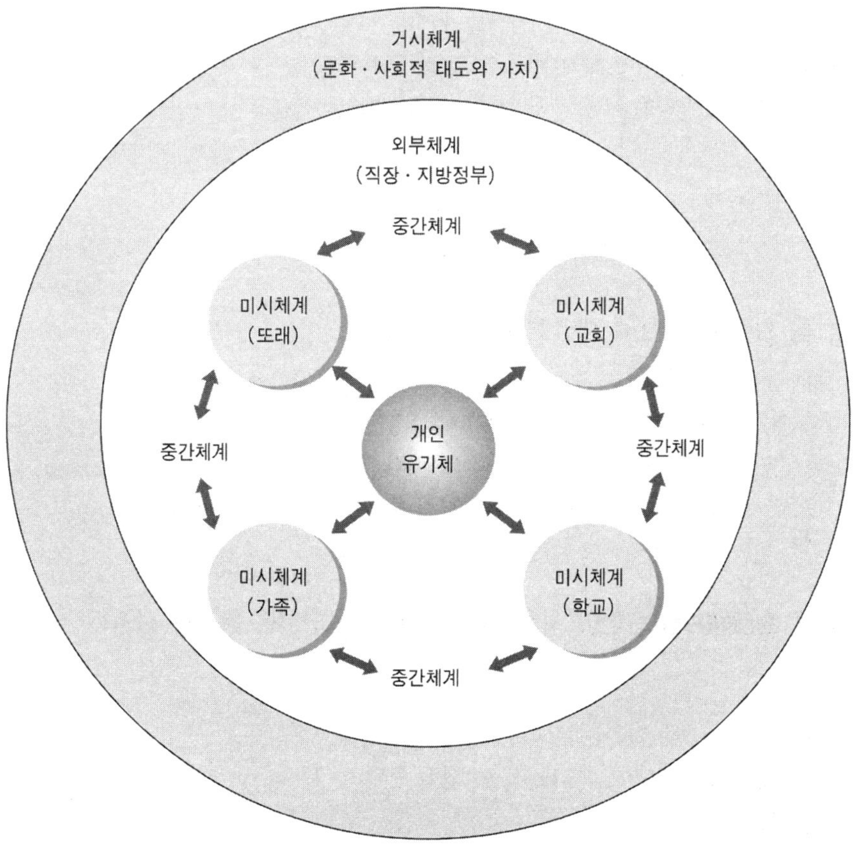

[그림 IV-3] 생태학적 체계의 수준
출처 : 김동배 · 권중돈 공저, 앞의 책, p. 463.

예상문제

1. 생태학적 관점에서 생태학적 환경을 구분할 경우 체계에 해당하지 않는 것은?

① 가족　　② 학교　　③ 시너지
④ 사회복지관　　⑤ 사회적 관계망

2. 생태학적 관점에서 본 조직의 특성은?

> ㉠ 조직은 목표달성욕구가 있다.
> ㉡ 조직은 각 부분은 일정한 기여를 한다.
> ㉢ 조직의 경계는 분명하고 투과성이 있어야 한다.
> ㉣ 조직은 조직을 유지하기 위해 다른 조직과 교류를 한다.

① ㉠, ㉡, ㉢　　② ㉠, ㉡　　③ ㉡, ㉣
④ ㉣　　⑤ ㉠, ㉡, ㉢, ㉣

3. 다음 중 생태체계이론에 해당할 수 있는 내용은?

① 생태체계이론은 일반체계이론이 등장하기 이전의 이론이다.
② 고무줄 이론체계모델로 발전하였다.
③ 생태체계이론은 생태체계모델로 발전하였다.
④ 인간과 환경의 상호교류에 초점을 두며 특히, 환경적 측면의 사정이 중요하다.
⑤ 전통적 접근과 관련성이 있다.

4. 다음 중 생태체계적 관점이 사회복지실천에 미친 영향을 바르게 설명한 것은?

> ㉠ 환경 속의 인간이라는 관점을 유지하게 한다.
> ㉡ 클라이언트에게 개입할 수 있는 특정 기법을 제시해준다.
> ㉢ 클라이언트가 처한 상황을 다양한 체계수준에서 설명하게 한다.
> ㉣ 개인과 사회의 문제를 원인과 결과의 관계로 해석할 수 있게 한다.

① ㉠, ㉡, ㉢, ㉣　② ㉡, ㉣　③ ㉠, ㉡, ㉢
④ ㉠, ㉢　⑤ ㉣

5. 생태학적 이론을 '활동적이고 성장하는 인간과 환경 간의 일생을 통하여 이루어진 진보적이고 상호적인 적응과정을 과학적으로 연구하는 것'이라고 정의한 사람은?

① 브론펜브레너　② 타일러　③ 밀러
④ 저메인　⑤ 그리너

6. 브론펜브레너는 개인의 생태학적 환경을 미시체계, 중간체계, 외부체계, 거시체계로 구성하였다. 다음 중 외부체계(exosystem)에 해당되는 것은?

① 문화 · 가치　② 부모의 직장　③ 학교
④ 또래　⑤ 종교

정답

1. ③　2. ⑤　3. ④　4. ④　5. ①　6. ②

제3장

가족

1. 사회환경으로서 가족체계
2. 가족의 형태
3. 가족체계의 역동성

1. 사회환경으로서 가족체계

가족은 개인이 성장하고 발달하는데 가장 친밀하고 영향력 있는 사회환경이다. 로즈는 체계로서의 가족의 특성을 네 가지로 설명하고 있다.

첫째, 가족구성원은 가족 내에서 상호의존 상태에 있는 다양한 위치를 가진다.

둘째, 가족과 가족 외부체계를 구분하는 경계의 두께는 그 엄격함과 침투성의 정도에 따라 다양하다.

셋째, 가족은 시간이 지나면서 반복되는 상호작용 패턴을 나타내는 적응과 균형을 추구하는 단위이다.

넷째, 가족은 더 큰 사회체계를 대표하는 외부체계의 요구 그리고 가족성원들의 내적 욕구와 요구를 모두 충족시켜야 하는 과업수행 단위이다.

2. 가족의 형태

1) 핵가족

핵가족은 가장 보편적인 가족형태로서 부부와 미혼인 직계자녀로 구성된 가족으로 가족 구성이 부모와 자녀의 2세대로 한정된다.

부부중심의 핵가족이 지니는 가정 내외의 문제점은 다음과 같다.

가정내적 문제점으로는 가족기능의 축소, 가족결합의 약화, 가족구성원 생활태도의 개성화, 가족구성원 상호 간 사회적 관심과 생활태도에서의 차이로 인한 갈등 증가가 두드러지는 것이고 가정외적 문제는 사회 문화적 배경이 다른 배우자 선택으로 인하여 가족 성립조건이 불안정하고 주위 친족 및 지역사회에서의 지원이 없으므로 위기시 가족이 쉽게 해체되어 버리는 점이다.[1)]

2) 확대가족

확대가족이란 한 집에서 여러 세대가 사는 가족을 말한다. 확대가족은 종적, 횡적으로 연결되어 형성되며 자녀가 결혼한 후에도 부모와 동거하는 가족형태이다.

종적으로 확대된 직계가족(stem family)은 장남이 본가에 남아서 부모를 모시면서 가계를 계승하고 차남부터 분가하는 가족형태이다. 횡적으로 확대된 방계가족은 같은 세대의 형제들이 결혼한 후에 부모와 다시 동거하는 가족형태이다. 수정확대가족이란 비록 지리적으로 떨어져 살고 있으며 자율적이지만 핵가족 외의 친족관계를 중요하게 여기며 유지하고자 하는 가족을 말한다.

3) 노인가족

노인인구는 평균수명의 연장으로 2000년에는 전체 인구에 대한 65세 이상의 인구비율이 7.0%를 넘어 이미 고령화 사회를 맞이하였다. 노인 인구부양비율이 1980년의 6.5%에서 2000년에는 9.4%, 2021년에는 18.4%로 증가될 전망이다. 우리나라의 경우 노인가족은 1994년 현재 재가노인 중에서 61.5%가 가족이나 친척들과 동거하고 있으며 38.5%는 부부 또는 독신 노인으로 생활하고 있다. 또한 이들 노인가구의 지역 분포를 보면 도시지역(28.7%)보다 농촌지역(52.2%)에서 노인 단독가구의 비율이 높다.[2)]

4) 한부모 가족

한부모 가족은 별거, 사별, 미혼모 등의 사유로 인하여 부모 중 한쪽만 있거나,

1) 최재율, "현대가족의 가족문제와 가족윤리에 관한 연구." 전남대논문집, 28, 1983.
2) 권육상 · 이명재 공저, 앞의 책, p. 387.

법적 또는 현실적으로 부모의 역할을 다하지 못하여 발생되는 가족이다. 한부모 가족은 1971년에 4.2%에서 1987년 7.9%, 1989년에는 10.8%로 증가추세에 있다. 한국여성개발원의 조사결과에 따르면 편부모 가족의 문제는 경제적인 문제가 71.1%, 가사일 11.6%, 정서적 문제 10.4%, 자녀양육의 문제 4.9%, 대인관계의 문제는 0.5%인 것으로 나타났다. 편모가족이 편부가족보다 더 경제적인 문제에 봉착한 것으로 되어 있으며, 소득이 낮을수록 한부모는 더 우울한 것으로 나타났고, 자녀양육 역시 경제적인 문제로 곤란이 심화되는 것으로 보고 있다.[3]

5) 재혼가족

재혼가족은 가장 복잡한 가족 형태를 이룬다. 재혼가족은 적어도 이전에 결혼한 적이 있는 한 명 이상의 배우자와 한 명 이상의 자녀들로 구성된 가족이다. 재혼가족의 부부는 계부모로서의 기능, 자녀양육관, 금전관리에 대해 미리 고려해야 한다.[4] 이러한 영역들에서 재혼한 부부와 그 자녀들이 가치의 차이를 좁히지 못하면 일상생활이 어렵게 된다. 우리나라도 이혼율이 급증한 관계로 재혼가족이 증가하고 있다. 남녀를 불문하고 이혼자의 90% 이상이 재혼을 원하고 있으므로[5] 많은 한부모 가족이 언젠가는 재혼가족이 된다.

3. 가족체계의 역동성

가족체계가 인간행동에 미치는 영향에 대해서 리스는 가족이 성격 형성의 생물학적인 측면과 문화적인 측면을 연결하는 사회제도이며, 동시에 아동이 적응하고

---

3) 김정자, "편부모 가족의 지원방안에 관한 연구," 「여성연구」, 3:1, 1985, pp. 25~47.
4) L. Messinger(1984), *Remarriage : A Family Affair* (New York: Plenum Press).
5) 윤영효, "이혼, 그 이후." 사잇소리(편), 「이혼 또 하나의 선택」, 여성사, 1993.

성숙하는데 필요한 기본적인 수단, 제도, 역할 등을 배우게 되는 사회체계라고 설명하였다.[6] 사회체계론적 관점에 의하면 가족 내의 구조가 변하면 가족구성원들의 위치, 역할, 기능이 변하게 되므로 가족구성원 개인의 행동도 변한다.[7]

미누친(Minuchin)은 개인의 문제는 그 가족체계에 원인이 있다고 보고 가족 내 하위체계 간 경계선의 기능으로 가족원의 문제를 진단하였다. 그는 가족구조의 속성을 속박된 경계선(enmeshed boundary)과 유리된 경계선(disengaged boundary)이라는 양극으로 구분하고 대부분의 가족체계가 갖는 경계선의 기능은 이 양극을 잇는 연속상의 어느 지점에 있다고 설명하고 있다. 속박된 경계선은 가족구성원 간의 상호작용에서 그 관계가 지나치게 밀접하고 강력해서 서로의 생활에 관여하고 과잉 염려를 하는 것을 말한다. 이런 가족은 가족구성원들 간의 경계선이 매우 개방적이고, 거리감이 없으며, 결속력이 강하다. 따라서 한 가족구성원의 행동은 다른 가족구성원에게 즉시 영향을 미치게 된다. 극단적인 경우는 가족구성원들 간의 구분이 없어져 구성원 중 하나가 가족으로부터 독립적인 행동을 취하게 되면 이를 배신행위로 간주한다. 이러한 지나친 일체감과 소속감 때문에 가정 내에 프라이버시란 없다. 가정에 대한 소속감이 절대적이어서 가족구성원 개개인의 독립적인 자아의식은 발달하기 어렵다. 유리된 경계선을 가진 가족은 경계선이 폐쇄적이며, 가족구성원들 간의 상호작용이 없다. 따라서 가족구성원들은 가족에 대한 소속감이 거의 없고 가족구성원 간에 서로 독립되고 분리된 감정을 갖고 있다. 이런 사람들은 가족 내에서 다른 사람과 관계 맺는 경험을 하지 못했기 때문에 가족 밖에서도 대인관계가 원만하지 못하다. 미누친과 그의 동료들은 비행아동의 가족을 조사한 결과 그 특징이 지나치게 속박된 가족이거나 유리된 가족 또는 속박과 유리가 번갈아 일어나는 가족이라는 사실을 발견하였다.[8]

---

6) 장인협 외 공저, 「인간행동과 사회환경」, 집문당, 1990, pp. 204 ~205.
7) S. Minuchin(1974), *Families and Family Therapy* (Cambridge, MA: Harvard University Press), p. 2.
8) 이인정 · 최해경 공저, 앞의 책, p. 405. 재인용.

예 상 문 제

1. 우리나라 가족구조상의 변화로 볼 수 있는 것은?

㉠ 가족규모의 축소와 단순화	㉡ 가족주기 변화
㉢ 친족관계 변화	㉣ 부부간의 성 역할 분업구조 변화

① ㉠, ㉡ ② ㉠, ㉡, ㉢ ③ ㉠, ㉢
④ ㉠, ㉣ ⑤ ㉠, ㉡, ㉢, ㉣

2. 가장 보편적인 가족형태로 부부와 미혼인 직계자녀로 구성된 가족으로 가족구성이 부모와 자녀의 2세대로 한정된 가족을 무엇이 하는가?

① 확대가족 ② 대가족 ③ 핵가족
④ 한 부모 가족 ⑤ 재혼가족

3. 다음 중 손자의 양육을 부모에게 맡기고 조부모의 역할에 충실한 조부모 유형은?

① 대리부모형 ② 공식형 ③ 가족지혜형
④ 재미추구형 ⑤ 거리두기형

4. 미누친의 가족체계는?

㉠ 사회적 환경과 끊임없는 상호작용의 결과다.
㉡ 사회구조는 개인에게 적대적이다.
㉢ 사회구조적 문제가 개인의 문제에 영향을 준다.
㉣ 개인보다는 가족 내의 문제다.

① ㉠, ㉡ ② ㉠, ㉡, ㉢ ③ ㉠, ㉢
④ ㉠, ㉣ ⑤ ㉠, ㉡, ㉢, ㉣

5. 미누친의 가족체계에 대한 설명으로 맞는 것은?

① 속박된 경계선은 가족구성원의 상호작용에서 지나치게 밀접하고 강력해서 과잉염려를 한다.
② 속박된 경계선의 가족구성원은 매우 폐쇄적이다.
③ 속박된 경계선의 가족구성원은 서로 거리감이 있으며 결속력이 약하다.
④ 속박된 경계선의 가족구성원 행동은 서로에게 영향을 미치지 않는다.
⑤ 유리된 경계선의 가족은 매우 개방적이고 가족구성원 간의 상호작용이 많다.

6. 개인의 문제는 가족에게 원인이 있다고 보고 가족 내 하위체계 간 경계선의 기능으로 가족구성원의 문제를 진단한 사람은?

① 체스 ② 노리린 ③ 로스
④ 미누친 ⑤ 에드워드

정답

1. ⑤ 2. ③ 3. ② 4. ③ 5. ① 6. ④

제4장

집단

1. 사회환경으로서 집단체계
2. 집단체계의 유형
3. 집단구성원의 행동역할

1. 사회환경으로서 집단체계

일반적으로 집단은 한 개인으로서 서로 인식하고 상호작용하며, 사회적 실체로서 집단에 대한 의식을 갖고, 구성원의 집단과 관련된 행동에 의해 영향을 받으며, 표현적인 행동이 지배적인 두 명 이상으로 구성된 사회적 조직형태로 정의된다.[1)]

하트포드(Hartford)는 집단이란 두 사람 이상이 공동목적이나 관심을 가지고 모여서 서로 인지하고, 감정을 공유하며, 집단기능을 위해 규범을 만들고, 행동을 위한 목표를 수립하며, 응집력을 발전시키므로 타 집단과 구별된다고 하였다.

사회체계 관점에서 집단의 특성을 Chess와 Norlin은 다음과 같이 제시하였다.[2)]

첫째, 집단의 크기는 작다. 최소한의 크기는 두 명이며 최대의 크기는 명시될 수 없으나 집단구성원끼리 서로 대면적 상호작용을 해야 하는 점에서 최대 크기는 제한된다. 대면적 특성이 상실되면 더 이상 집단이 아니다.

둘째, 집단의 최소한의 역할분화 수준이 특징이다.

셋째, 모든 집단 구성원은 공통된 집단 정체성을 가지며 집단을 하나의 실체로 지각한다. 집단은 집단구성원의 개성에 영향을 미친다.

넷째, 집단은 구성원들에게 중요한 사회화 및 사회통제 기능을 수행한다. 집단은 구성원들의 집단과 관련된 행동에 영향을 미치는 규범체계를 포함한 하위문화를 가진다.

다섯째, 집단 구성원들 간의 관계와 상호작용은 구성원의 내적 혹은 자연적 상태를 토대로 이루어진다.

한편 와이즈만은 집단의 발전과정을 다섯 가지 특성으로 설명하였다.[3)]

첫째, 집단은 환경에 적응한다. 적응 대상은 집단의 외적 체계이다.

둘째, 집단은 목표지향적 행동을 통해서 필요로 하는 적응적 행동을 능가하는 활동, 감정 및 상호작용을 발전시킨다. 이것이 내적 체계가 된다.

1) W. A. Chess & J. M. Norlin(1988), ibid, p. 135.
2) W. A. Chess & J. M. Norlin(1988), ibid, pp. 135~136.
3) 장인협 외 공역, 앞의 책, p. 181.

셋째, 내적 체계가 정교해지면서 유대, 응집력, 규범, 역할 및 지위 등이 발달한다.

넷째, 피드백으로 인해 집단의 적응은 환경과 더불어 발달하는 내적 체계에 의해 영향을 받는다.

다섯째, 집단은 집단 구성원들의 기능을 수정한다.

2. 집단체계의 유형

퇴니스는 사회적 관계의 두 가지 기본적 유형을 대비시키기 위해서 게마인 샤프트(Gemein Schaft)와 게샬사프트(Gesellschaft)라는 개념을 제시하였다. 게마인 샤프트 관계는 절친한 친구의 관계와 같은 것이고, 게샬사프트 관계는 판매자와 구매자 사이의 관계와 같은 것이다.

쿨리는 원초집단과 이차집단이라는 개념으로 사회적 관계를 유형화하였다. 즉, 혈연과 지연을 바탕으로 하여 자연발생적으로 이루어지는 원초집단(primary group)과 목적달성을 위한 인위적인 계약에 의해 만들어진 이차집단(secondary group)으로 분류하였다.[4)]

집단은 구성동기에 기초해서 자연발생적인 집단과 의도적으로 형성된 집단으로 유형화된다.[5)]

자연적 집단(natural group)은 자연발생적으로 만들어진 집단으로 공식적인 지원체계가 없는 것이 특징이다. 또래 혹은 갱집단이 이 유형에 해당된다. 자연적 집단은 보통 공식적 집단과 유사한 속성을 갖는다. 형성된 집단(formed group)은 치료팀처럼 특정한 목적을 위해 만들어진다. 형성된 집단은 보통 공식적 규칙과 일련의 과업을 갖는다. 형성된 집단은 이차집단과 유사한 속성을 갖는다. 자조집단(self-help group)은 공통된 쟁점(issue)에 대해 개인 또는 환경에 바람직한 변화를

---

4) C. Cooley(1909), *Social Organization* (New York: Charles Scribner's Sons).
이인정 · 최해경 공저, 앞의 책, p. 409. 재인용.

5) 김종옥 · 권중돈(편), 「집단사회방법론」, 홍익재, 1993, pp. 21~22.

가져오기 위해 뜻을 함께 하는 사람들로 구성된다. 이들은 비슷한 환경에 있으면서 공통의 이익을 도모하기 위해 서로 돕거나, 공통의 문제를 함께 해결하려는 사람들이다. 자조집단은 개인들로 하여금 상호지원, 역할모방 등을 통해 공통된 생활문제를 대처하게 돕는다.

3. 집단구성원의 행동역할[6)]

1) 과업역할

① 주도자(initiator contributor) : 문제에 대한 기발한 아이디어나 새로운 접근방식, 지금까지 나오지 않았던 가능한 해결책을 솔선해서 제안한다.

② 정보수집가(information seeker) : 다른 사람들에게 관련 정보를 요청함으로써 사실을 파악하는 데 중점을 둔다.

③ 의견수립가(opinion seeker) : 태도, 가치, 감정과 같은 보다 질적인 형태의 정보를 요청한다.

④ 정보제공자(information giver) : 전문가로부터 나온 사실들을 포함해 결정을 내리는 데 필요한 자료를 제공한다.

⑤ 의견제공자(opinion giver) : 의견, 가치, 감정에 관한 정보를 제공한다.

⑥ 상세한 설명자(elaborator) : 다른 사람들이 지적한 사항들에 관해 예를 들거나 다른 말로 설명해 주며, 앞으로 어떻게 처리될 것이고 어떤 결과가 초래될 것인가에 대해 설명하는 추가정보를 제공한다.

⑦ 조정자(coordinator) : 아이디어의 적절성 여부와 전반적인 문제에 관한 관련성을 지적하며 집단구성원이나 하위집단의 활동을 조정한다.

⑧ 방향제시자(orienter) : 진행사항들을 요약하고 집단의 목표를 고려해서 필요

6) R. F. Bales(1970), *Personality and Interpersonal Behavior* (New York: Holt, Rine Hart & Winston).

할 때 초점을 다시 잡아 준다.

⑨ 평가자 · 비평가(evaluator-critic) : 집단과업과 관련된 집단기능의 기준에 비추어 집단의 성취를 평가한다. 집단의 노력을 논리성, 실현가능성, 방법에 근거하여 평가한다.

⑩ 활력원(energizer) : 집단이 활동이나 결정을 하도록 자극하고 질적, 양적으로 우수한 활동을 하도록 자극하거나 환기시키는 행동을 한다.

⑪ 절차전문가(procedural technician) : 운영에 필요한 세부사항들을 담당한다. 자료를 나눠 주거나 자리를 정돈하고 기계를 조작하는 일이 이에 해당한다.

⑫ 기록원(recorder) : 안건과 집단의 의사결정 사항 그리고 토의의 결과를 기록하는 비서기능을 하는 행동을 한다.

2) 사회정서적 역할

① 격려자(encourager) : 다른 집단구성원의 기여를 칭찬하고, 동의하며, 수용한다. 온화하고 의견일치를 주로 보인다.

② 조화자(harmonizer) : 집단구성원들 간의 차이를 중재하고, 의견의 불일치를 화해시키며, 재치 있는 말을 하거나 파란을 진정시켜 갈등상황에서 긴장을 해소시키는 행동을 말한다.

③ 타협자(compromizer) : 갈등에 관련되었을 때 자신의 입장을 양보하거나 과오를 시인하며 집단의 조화를 위해 자신을 조정하거나 집단의 의사를 따르기 위해 어느 정도 양보하여 타협하는 행동을 한다.

④ 감독자와 촉진자(gatekeeper and expediter) : 절차를 수립하고 구성원들의 동등한 참여를 보장함으로써 커뮤니케이션을 원활하게 하려는 행동을 한다.

⑤ 기준설정자(standard setter) : 집단과정의 질을 평가하기 위한 기준에 관해 의견을 제시하거나 토의를 요청한다.

⑥ 집단관찰자 및 논평가(group observer and commentator) : 집단의 역동성에 대한 긍정적, 부정적 측면들을 지적하고 필요한 경우 변화를 요청한다.

⑦ 추종자(follower) : 다른 구성원들이 내놓은 아이디어를 받아들이고 다른 사람들의 생각을 수동적으로 받아들여 집단의 진행을 따라 간다.

3) 개인적 역할

① 공격자(aggressor) : 다른 구성원의 입지를 약화시키고, 다른 구성원의 행동이나 감정을 배척하며, 집단에 기여하는 사람을 질투한다.

② 방해꾼(blocker) : 이유 없이 혹은 비합리적인 이유로 집단토의에서 반대하고, 반대하는 사람들을 규합하여 집단을 방해한다.

③ 인정받고 싶어하는 사람(recognition seeker) : 열등한 위치에 있는 구성원으로 열등감을 보상하기 위해 자신의 업적이나 행동을 과잉 선전해 관심을 집중시키려 한다.

④ 원조 추구자(help seeker) : 열등감, 부적응, 혼란 등으로 인해 불안해하며 다른 구성원이나 전체 집단으로부터 동정을 구하는 행동을 한다. 의존적인 행동을 주로 한다.

⑤ 국외자(playboy) : 집단 밖의 여러 가지 사건을 끌어들인다. 집단과정에서 냉소, 무관심, 수다 등 부적절한 행동을 한다.

⑥ 독재자(dominator) : 집단과정에서 자기과시와 위압적 행동을 하며 권위나 우월감을 내세우는 행동을 한다.

집단체계는 그 구성원 개인의 동기, 태도, 행위 등에 영향을 미친다. 켈만에 의하면 집단을 통한 사회화는 세 가지 종류로 개인에게 발생한다.[7)]

첫째, 추종하는 유형은 무조건 따른다.

둘째, 동일시하는 유형은 집단을 자기 자신의 정체성의 일부로 만들어 집단의 견해를 채택한다.

셋째, 내면화하는 유형은 집단이 그를 위해 문제를 해결해 주기 때문에 집단의 견해를 채택한다.

사회체계로서 집단이 인간행동에 미치는 영향은 집단의 역동성으로 나타나게 된다.

노든(Northen)은 집단의 역동성을 사회적 상호작용, 집단목적, 집단감정, 집단구조, 집단규범, 긴장, 응집력 등으로 나누어 다음과 같이 설명하였다.[8)]

---

7) 장인협 외 공역, 앞의 책.

8) H. Northen(1988), *Social Work with Group* (New York: Columbia University Press), pp. 24 ~25.

첫째, 역동적인 힘의 작용을 일컫는 사회적 상호작용은 사람들 간의 접촉이 태도와 행동을 변화시킨다는 것을 시사한다. 사회적 상호작용의 핵심인 커뮤니케이션은 정보, 느낌, 태도 등이 전달, 수신, 해석, 반응되는 복잡한 사회적 과정이다. 개방된 커뮤니케이션 체계는 구성원들이 자신들의 문제와 집단의 문제에 대처하고 해결하는 기회를 증가시킨다.

둘째, 집단목적은 집단구성원들이 갖고 있는 소망과 욕구가 사회적 상호작용을 통해 발전하게 되는 것이다.

셋째, 집단감정은 집단 내에서의 커뮤니케이션을 통해 의견이나 사실뿐 아니라 감정의 긍정적, 부정적 표현이 전달되는 것이다. 즉 긍정적 유대 - 사랑, 애정, 공감, 온정, 동일시를 나타내나 부정적 감정 - 증오, 적개심, 혐오, 공포, 편견, 무관심을 나타내기도 한다.

넷째, 집단구조는 사람들을 알게 되고 서로 긍정적, 부정적 감정을 전달하면서 그 관계의 구조가 발달한다. 즉, 지위와 역할이 분화되며 하위집단이 형성된다. 집단구성원은 자기가 속한 각자의 집단에서 각기 다른 지위를 가지며, 동일집단에서도 시간이 지나면 지위가 달라지며, 지위를 근거로 역할이 결정된다. 하위집단의 형성은 '끼리끼리 모인다'와 '서로 다른 사람끼리 끌린다'는 상반되는 논리로 흔히 설명된다. 하위집단이 가끔은 집단의 효율성과 응집력에 방해가 되기도 하나 보통은 개인적 발달과 집단 발달에 기여한다.

다섯째, 집단규범은 집단이 기대하는 행동의 기준인데 이 규범이 발달하는 과정은 집단이 무엇에 가치를 부여하고 수용하는가에 대한 집단 구성원들의 동일시에서 시작된다.

여섯째, 긴장은 인간의 발달에 본질적이다. 갈등이 개인, 집단의 다른 구성원들 사이에 미치는 영향이 건설적이지 않고 파괴적일 수 있으나 대부분 갈등이 집단관계에서 건설적인 힘이 되고 상호작용에 대한 토대가 되기 때문이다.

일곱째, 응집력은 구성원들 상호 간에 집단에 대해 끌리는 것을 말한다. 보통 집단의 매력은 구성원들의 욕구를 충족시키는 정도에 따라 결정된다. 집단의 응집력이 강할수록 구성원에게 미치는 영향이 크다. 응집력이 강한 집단은 외부환경으로부터 새로운 정보투입이 상대적으로 더딜 수 있다.

예 상 문 제

1. 집단의 역동성과 관련된 것은?

① 외부집단과의 경쟁 ② 집단의 크기 ③ 집단의 상호작용
④ 집단의 규범 ⑤ 집단의 문화

2. 다음 중 사회복지실천에서 활용하는 집단의 기능으로, 옳은 설명으로만 묶인 것은?

㉠ 대인관계 속의 개인을 원조한다.
㉡ 구성원들을 위한 재활기능을 한다.
㉢ 성장과 발달을 촉진하는 기능을 한다.
㉣ 구성원의 신념 · 태도 · 감정을 수정하도록 도와준다.

① ㉡, ㉣ ② ㉠, ㉡, ㉢ ③ ㉠, ㉢
④ ㉣ ⑤ ㉠, ㉡, ㉢, ㉣

3. 알코올중독, 흡연 등 문제를 가진 집단이 문제 해결을 위해 성원 간 지지와 상호작용을 하는 집단은?

① 자조집단 ② 성장집단 ③ 과업집단
④ 교육집단 ⑤ 행정집단

4. 다음 중 연결이 옳은 것은?

㉠ 지지집단 : 부부생활 향상집단
㉡ 치유집단 : 청소년의 비행문제
㉢ 치유집단 : 암 환자 모임
㉣ 지지집단 : 장애아동을 둔 엄마 모임

① ㉠, ㉡, ㉢ ② ㉠, ㉢ ③ ㉡, ㉣
④ ㉣ ⑤ ㉠, ㉡, ㉢, ㉣

5. 사회체계 관점에서 집단의 특성으로 옳지 않은 것은?

① 구성원의 행동에 영향을 미치는 하위문화가 있다.
② 사회화 및 사회통제기능을 수행한다.
③ 집단은 최소한의 역할분화수준이 특징이다.
④ 집단의 크기는 작다.
⑤ 적응과 균형을 추구하는 단위이다.

6. 사회체계적 관점에서 집단의 특징으로 옳은 것은?

① 집단의 크기는 매우 크다.
② 집단은 최대한의 역할분화수준이 특징이다.
③ 모든 집단구성원은 구별된 집단정체성을 가지며 집단을 하나의 실체로 자각하지 못 한다.
④ 집단구성원 간의 관계와 상호작용은 구성원의 외적 · 물리적 상태를 토대로 이루어진다.
⑤ 집단은 구성원에게 중요한 사회화 및 사회통제기능을 수행한다.

7. 치료집단, 사회적 변화집단, 창조적 집단은 무엇을 설명하는가?

① 성장집단 ② 치료집단
③ 자조집단 ④ 인카운터 집단
⑤ 역할집단

정답

1. ① 2. ⑤ 3. ① 4. ③ 5. ⑤ 6. ⑤ 7. ③

제5장

조직

1. 사회환경으로서 조직체계
2. 조직의 유형
3. 조직과 인간행동

1. 사회환경으로서 조직체계

조직은 일정한 목표를 가진 개인들로 구성된 하나의 사회체계이다. 개인은 조직을 통해서 자신이 바라는 욕구를 성취하려고 하고 조직은 그 개인들을 통해서 조직의 목적을 성취한다. 파슨즈(Parsons)는 조직의 정의를 다음과 같이 하였다.[1]

"조직(organization)이란 특정한 목표를 추구하기 위해 구축된 사회적 사회체계 또는 인간집단이다."이라고 하였다. 회사, 군대, 학교, 병원, 조합, 교회, 교도소 등이 조직에 포함되며 부족, 계급, 인종집단, 친목집단, 가족은 조직에서 제외된다. 조직의 세 가지 특징은 ① 분업, 권력, 의사소통의 책임, ② 조직의 협동노력을 통제해서 목표로 지향시키는 권력의 집중, ③ 구성원의 교체이다.

밀러(Miller)는 조직이 여러 가지 목표를 가지고 있으며, 목표를 추구하려고 상호작용하는 하위체계들로 구성된 체계라고 하였다.[2]

에치오니(Etzioni)는 조직의 목표란 조직이 실현하려고 하는 바람직한 상태라고 정의하였다.[3]

굴드너(Gouldner)는 체계로서의 조직의 특성을 다음과 같이 정리하였다.[4]

첫째, 조직체는 하나의 체계로서 유기적인 속성을 가진다.

둘째, 구조적 변화는 합리적인 작용에 의해서라기보다 조직의 평형 상태를 깨뜨리는 위협에 대한 누적적, 비계획적, 적응적 반응의 결과이다.

셋째, 조직체의 욕구 중 가장 중요한 것은 목표의 달성이다.

또한 굴드너(Gouldner)는 폐쇄체계에 해당하는 합리적 모형과 개방체계에 해당

---

1) T. Parsons(1960), *Structure and Process in Modern Societies* (Glencoe, I 11 Free Press), p. 17.

2) 장인협 외 공역, 앞의 책, p. 144.

3) A. Etzioni(1964), *Modern Organizatios* (Englewood Cliffs, NJ: Prentice-Hall), p. 6.

4) A. W. Gouldner(1961), "Metaphysical Pathos and the Theory of Bureaucracy," in A. Etzioni(Ed.), *A Sociological Reader on Complex Organizations* (New York: Holt, Rinehart & Winston), pp. 394~395.

하는 자연적 체계모형으로 조직을 구별하였다.[5]

합리적 모형에서 조직은 도구(instrument)로 간주된다. 즉, 조직이 목표를 실현하기 위한 합리적인 수단이 된다. 자연적 체계모형은 조직이 목표의 달성뿐 아니라 조직 자체를 위하여 역동적 평형을 이루려 한다고 본다. 일반적으로 조직의 공식적 구조로는 조직구성원의 심리사회적 욕구와 관심을 충족시킬 수 없으므로 비공식적 구조가 이를 충족시키게 된다. 비공식적 구조는 구성원들의 성격, 감정, 개인적 목적, 동기, 태도, 전문적 소신, 이데올로기 등에 의해 형성된다. 이 요소들이 조직생활의 스트레스 요인에 대한 적응기제로서 조직 내의 하위문화를 낳는다.

2. 조직의 유형

파슨즈(Parsons)는 개별조직과 사회 전체와의 관계에 관심을 가지고 체계이론의 기본틀을 조직에 적용하여 각 조직이 사회의 유지 발전에 어떤 공헌을 하였는가에 따라 생산조직, 정치조직, 통합조직, 잠재적 형태의 조직으로 구분하였다.[6]

생산조직은 경제활동을 통하여 적응의 기능을 하는 것으로 기업조직이 대표이고, 정치조직에는 사회의 목적 달성 기능을 하는 정당이나 국회와 같은 조직이 있다. 통합조직에는 사회의 질서유지를 담당하는 군대와 같은 조직이 포함되고, 잠재적 형태 유지조직에는 사회화를 담당하는 교회나 학교 같은 조직이 해당된다.

블라우와 스코트(Blau and Scott)는 조직의 활동으로부터 누가 가장 이익을 얻느냐에 따라 조직을 분류하였다.[7] 노동조합과 같이 조직구성원 모두가 상호이익을 얻게 되는 조직을 호혜조직이라 하고, 조직의 소유자가 이익을 독점하는 것을 기업조직, 병원이나 학교와 같이 조직의 이용자가 가장 이익을 얻게 되는 봉사조직,

---

5) A. W. Gouldner(1959), "Organizational Analysis," in R. K. Merton et al. (Eds.), *Sociology Today* (New York: Harper & Row), pp. 404~405.
6) T. Parsons(1960), ibid.
7) P. M. Blau & W. R. Scott(1962), *Formal Organization* (San Franisco: Handler).

군대나 경찰과 같이 일반대중이 조직 활동의 대상이 되는 것을 공익조직이라 하였다.

에치오니(Etzioni)는 조직을 강제적인 조직, 자발적인 조직, 공리적인 조직 세 가지 유형으로 구분했다.[8] 강제적 조직이란 감옥이나 군대처럼 조직구성원의 의사와 관계없이 물리적 힘을 사용하거나 음식을 주거나 박탈함으로써 강제적으로 조직에 참여하게 하고, 강제적으로 조직의 목적을 위하여 행동하도록 하는 조직체이다.

자발적 조직이란 종교나 정치, 자원봉사 또는 전문직 단체 등과 같이 자유롭게 가입할 수 있고, 또 자유롭게 탈퇴할 수 있는 조직을 말한다. 공리적 조직에서는 회사나 기업체와 같이 구성원들이 실리적인 목적을 위해서 소속되게 된다. 이러한 조직에 소속된 구성원은 자신의 이익을 위하여 조직체에 가입하기 때문에 자신의 기본적인 욕구충족의 정도에 따라서 조직에 머물거나 탈퇴할 수 있다. 또한 에치오니는 조직의 통제를 신체적 통제, 물질적 통제, 상징적 통제로 구분하면서, 각 조직이 사용하는 통제의 형식에 기초하여 세 가지 조직들을 설명하였다.[9]

강압적 조직은 위협과 처벌을 통제수단으로 사용해서 조직구성원들 사이에 소외를 초래하기 쉽다. 보상적 조직은 조직구성원들로 하여금 그들이 받는 혜택을 계산하게 하여 통제한다. 규범적 조직은 도덕적 개입과 사회적 수용을 통제수단으로 사용하여 조직구성원들이 조직에 강한 의무를 느끼게 만든다.

3. 조직과 인간행동

체계로서 조직은 조직의 목표, 구조, 기능에 따라 조직구성원의 행동에 상이한 영향을 미치게 된다. 특히 조직에서 결정한 조직의 목표와 조직이 의도하는 목표가

8) A. Etzioni(1961), *A comparative analysis of complex organizations*, New York: Free Press.
9) A. Etzioni(1964), ibid, pp. 47~59.

효율적으로 달성되도록 만들어진 조직의 구조는 조직구성원의 행동에 큰 영향을 미친다. 즉, 조직의 목표달성을 위해 조직구성원은 목표지향적인 활동을 하도록 기대되며 조직의 구조는 수직적, 수평적, 장소상 분화의 정도와 관련된 복잡성(complexity), 규칙과 절차가 이용되는 정도와 관련된 공식화(formalization), 의사결정권이 집중되어 있는 정도와 관련된 집권화(centralization) 차원에서 영향을 미치게 된다.[10] 또한 조직은 게마인 샤프트와 게샬사프트의 인간관계 속성을 모두 가지고 있는 것으로 볼 수 있다. 조직이 특정한 목적을 성취하기 위한 수단이라는 점에서는 조직 내에서 게샬샤프트적인 관계가 지배적이다. 게샬사프트적인 관계가 공식적 조직에서 지배적이다면 조직의 인위적인 속성을 극복하도록 돕는 것은 게마인샤프트 속성이다. 즉, 사람들을 결속시키도록 돕는 개인적인 관계 때문에 조직구성원은 조직의 목적을 달성하기 위해 협조적으로 일할 수 있는 것이다.[11]

프레스터스(Presthus)는 관료적 조직의 구성원인 개인이 조직에 적응하는 양상에 따라 상승형(upward mobile), 무관심형(indifferents), 모호형(ambivalents)이라는 세 가지 행동유형으로 구분하였다.[12]

상승형은 조직에서 비교적 상위직에 많다. 이들은 낙천적이며 조직 내의 생활에 만족한다. 조직에 대한 일체감과 충성심이 높고, 조직이 하는 일에 전적으로 긍정적이며, 조직을 행동의 준거틀로 삼는다.

무관심형은 조직 내의 하위직에 주로 많다. 이들은 조직이 좌절감을 제공하는 체계라고 간주한다. 조직에 대한 소외감을 느끼고 조직 밖의 일에 더 흥미를 갖는다. 조직의 가치를 마음으로 인정하지 않으며 조직에 충성심도 없다.

모호형은 수적으로는 가장 적은 유형으로 참모직에 주로 많다. 조직에 의한 조정과 통제의 필요성을 인정하지 않는다. 프레스터스가 설명한 상승형은 에치오니가 제시한 '관료적 성격'과 유사하다. 톰슨(Thompson)은 관료적 조직에서의 특징적인 인간행동을 관료병리(bureaupathology)로 설명하고 있다.[13] 이 관료병리는 규칙에 대해 과잉으로 의존하는 행동, 인간관계의 비인격성, 업무에서 사소한 권리나 특권을 주장하는 행동, 변화에 반대하는 행동 등이다. 조직구성원들 사이에는 탈진(burn

10) 김종재, 「조직행위론」, 박영사, 1985, pp. 418~423.
11) 이인정 · 최해경 공저, 앞의 책, pp. 424~425.
12) R. Presthus(1978), *The Organizational Society* (New York: St. Martin's Press).
13) V. A. Thompson(1961), *Modern Organizations* (New York: Knopf).

out)현상이 흔하다. 베닝거와 스프래들리(Veninga & Spradly)는 탈진은 해소되지 않은 긴장으로 인해서 오는 일종의 쇠약한 심리적 상태이며, 에너지의 축적이 고갈된 상태, 병에 대한 저항력의 저하, 불만과 비관의 증대, 결근과 일에 대한 비능률의 증대와 같은 결과를 가져온다고 하였다.[14)]

베닝거와 스프래들리는 탈진을 첫 번째 단계로 초기의 일에 대한 만족 단계, 두 번째 단계로 에너지의 고갈 등이 나타나는 단계, 세 번째 단계로 증상이 만성적이 되며 직장과 가정에서 기능이 저하되는 단계, 네 번째 단계로 문제에 압도당하기 시작하여 탈진의 상태가 생활을 지배하는 단계, 다섯 번째 단계로 일이 전혀 기능을 발휘하지 못하고 생활이 심각한 방향으로 쇠퇴하는 단계로 보았다.[15)]

---

14) R. L. Veninga & J. p. Spradley(1981), *The Work-Stress Connection* (Boston: Little Broun & Co.), pp. 6~7.

15) R. L. Veninga & J. P. Spradley(1981), ibid, pp. 38~39.

예상문제

1. 다음 중 조직과 집단의 차이점으로 옳은 것은?

① 구성원의 상호작용 ② 역동성
③ 체계의 수준 ④ 목표달성 및 달성을 위한 노력
⑤ 리더의 존재

2. 집단과 조직의 차이에 관한 일반 설명으로 옳은 것은?

① 조직이 집단보다 개인적 성장에 더 관심을 갖는다.
② 조직이 집단보다 통제하기 힘들다.
③ 집단의 구성원보다 조직의 구성원이 더 자율적이다.
④ 조직의 위계질서는 집단의 위계질서에 비해 뚜렷하지 못하다.
⑤ 조직은 특정한 기능을 효율적으로 수행할 수 있도록 분화되어 있다.

3. 베닝거와 스프래들리가 탈진의 단계를 다섯 단계로 나누었다. 여기서 에너지의 고갈 등이 나타나는 단계는 몇 번째 단계인가?

① 첫 번째 단계 ② 두 번째 단계 ③ 세 번째 단계
④ 네 번째 단계 ⑤ 다섯 번째 단계

4. 파슨즈의 조직의 유형에 들지 않는 것은?

① 생산조직 ② 정치조직 ③ 통합조직
④ 잠재적 조직 ⑤ 봉사조직

5. 조직구성원이 해소되지 않는 긴장으로 인해서 오는 일종의 심리적 상태이며, 에너지의 축적이 고갈된 상태를 무엇이라 하는가?

① 탈진 ② 스트레스 ③ 관료병리
④ 체계 ⑤ 반사회적 행동

정답

1. ③ 2. ⑤ 3. ② 4. ⑤ 5. ①

제6장

지역사회

1. 사회환경으로서 지역사회

지역사회(community)는 지역공동체(human community)라고도 하는데 이 말은 인구 · 생태학 등과 같이 생물학적 용어에서 빌려 온 말이다. 그 기본 뜻은 생물의 어떤 종이 지역적 또는 공간적으로 분리되어 한데 모여 생활하는 모습을 의미한다. 따라서 사회 생태학에서도 인간의 삶의 지역성 · 공간성을 띤 측면에서 다룰 때, 이 지역사회라는 말을 사용한다. 인간의 공동생활은 생물학적인 삶에 그치지 않고, 문화, 동일시, 상호작용을 통한 공동생활의 맥락에서 이루어진다. 이 같은 뜻에서 지역사회는 한 지역적 테두리에서 모여 사회 조직을 이루고 문화를 공유하며, 그 공동체에 대한 일체감을 지니는 삶의 터전이라고 말할 수 있다.[1)]

'커뮤니티(community)'를 '공동체'로 볼 때는 지리적인 공간 속의 주민 뿐만 아니라 친목회나 기관들의 협의회 같은 공동체 의식을 갖는 개인 혹은 기관들의 결합체도 포함되며, '커뮤니티(community)'를 '지역사회'로 볼 때는 "일정한 지리적 공간인 생활권 안에서 사회적 상호작용을 통하여 공통된 이해관계, 문화 등을 형성하여 공통의 경험과 공동생활을 향유하는 일정 지역의 범위"로 정의한다.[2)] 이런 맥락에서 지역사회는 지리적 공간, 생활공간, 지역사회 주민, 조직, 상호작용에 의해 구성된다고 할 수 있다. 지역사회는 일정한 경계를 갖는 지역(지리적 공간), 사람들의 삶터(생활공간), 지역사회에서 생활하는 사람들(지역사회 주민), 지역사회 내에서 하위공동목표를 갖는 사람들의 집합체(조직), 지역사회 주민들의 문화를 공유하는 과정(상호작용)을 중심으로 구성된다.[3)]

로스(Ross)는 지역사회를 지리적 공동체(geographic community)와 기능적 공동체(functional community)로 구분하였다.[4)]

---

1) 최순남, 앞의 책, p. 506.
2) 강준렬, 「지역사회복지와 사회복지관」, 동인출판사, 1997, p. 15.
3) 최옥재 외 공저, 앞의 책, p. 320.
4) M. G. Ross(1967), *Community Organization : Theory, Principle, and Practice* (New York: Harper & Row).

지리적 공동체는 일정한 지리적 영역 내에 사는 사람들을 포함하는데, 동, 읍, 면, 시가 지리적 공동체에 해당된다. 로스는 기능적 공동체를 복지, 농업, 교육, 종교 등에서 공동의 관심과 기능을 함께 하는 사람들의 집단이라 정의하였다. 기능적 공동체는 동일한 관심을 가진 사람들로 구성되는 정당, 교회, 전문직 단체가 여기에 해당된다.

워렌(Warren)은 지역사회란 지리적인 면과 심리적인 면을 포함하고 있다고 말했는데, 심리적인 면에서의 지역사회란 사람들이 공동감정, 공동이익을 추구하는 생활양식을 의미하고, 지리적인 면에서는 사람들이 함께 모여 생활하는 특정지역을 의미하고, 사회적으로는 이 두 가지 면이 결합된 것이라고 보았다.

체계로서 지역사회의 특징은 크게 네 가지로 정리될 수 있다.[5)]

첫째, 물리적 또는 지리적 장소에 근거한 사회적 조직 형태이다.

둘째, 공통된 지역에 살거나 동일시된 사람들에 초점이 주어진다.

셋째, 상호의존은 공통된 욕구, 공통된 문제, 성장과 발전을 위한 기회가 있다는 것을 전제로 한다.

넷째, 지역사회는 개인을 전체사회에, 전체사회를 개인에게 연결하는 중간체계이다. 개념상 지역사회는 전체사회의 하위체계이다.

2. 지역사회의 기능

지역사회란 사람들이 단순하게 일정한 지역에 거주하는 것만을 의미하는 것이 아니라 서로의 감정과 이익을 나누면서 생활하는 공동체이다.

워렌(Warren)은 사람들이 지리적으로 근접한 생활을 하게 되면 생활을 만족시키는 데 필요한 사회구조와 사회적 기능을 발전시킨다고 하면서 지역 공동체를 지역

5) W. A. Chess & J. M. Norlin, ibid, pp. 325~326.

적 적합성을 지니며 중요한 사회적 기능들을 수행하는 사회단체들과 체계들의 결합이라고 정의하였다. 그는 지역사회는 보다 작은 하위체계들로 구성된 전체체계로 가정되며 이 하위체계들이 지역과 관련된 다섯 가지 기능을 수행한다고 하였다.[6]

첫째, 생산(production) · 분배(distribution) · 소비(consumption)의 기능은 지역사회의 구성원들이 상품과 서비스를 생산하고, 분배하며, 소비하는 과정의 기능이다. 이 기능은 기업, 학교, 종교기관, 정부기관, 건강 및 복지서비스, 주택체계 등에 의해 수행된다.

둘째, 사회화(socialization)의 기능은 사회가 향유하고 있는 일반적인 지식, 사회적 가치, 행동양태 등을 그 사회의 구성원들에게 전달시키는 과정을 말한다. 사회화의 최초의 장은 가족이며 친구, 학교, 지역사회가 된다. 인간은 사회화를 통해 사회의 구성원으로 기능할 수 있게 준비된다.

셋째, 사회통제(social control)는 공동체가 구성원들의 행동을 규범에 동조하도록 규제하는 과정이다. 이 기능은 경찰, 법원, 학교, 가족, 종교조직, 사회기관 등에 의해 수행된다.

넷째, 사회참여(social participation)는 공동체가 제공하는 제반활동에 구성원들이 자발적으로 참여하는 것인데 종교조직, 인간조직, 비공식집단 등에 의해 주도된다.

다섯째, 상부상조(Mutual support)는 사회구성원들이 개인적으로 자신의 욕구를 충족할 수 없는 상황에서 필요한 사회적 기능이다. 이는 가족, 친구, 이웃, 보건 및 복지조직에 의해 제공된다.

도시공동체의 진화과정은 다음과 같이 5단계로 나눌 수 있다.[7]

첫 번째 단계는 인구 5만 명 이내를 수용하는 사방 2km의 지역으로, 중심지에서 변두리까지 도보로 10분 이상 걸리지 않는다.

두 번째 단계는 인구 5만 명 이상을 수용하는 사방 6km의 지역으로, 도보로 30분 이상 걸리지 않는다.

---

6) R. L. Warren(1978), *The Community in America* (Chicago, I 11: Rand McNally & Co.), pp. 9~10.

7) 장인협 외 공역, 앞의 책, pp. 113~114.

세 번째 단계의 도시는 지하철이나 고가철도에 의존하여 영역을 넓힌다. 이 단계의 도시는 잠시 동안은 만족스러웠으나 불편이 심해서 자동차 교통수단에 적응하기 위한 초고속도로가 건설되었다.

네 번째 단계는 수많은 도시 문제들로 시달리고 있는 현대도시이다.

다섯 번째 단계는 네 번째 단계의 문제들을 해결하지 못했기 때문에 그대로 남아 있는 병리를 안고 있는 거대도시(megalopolis)이다.

예상문제

1. 사회체계들 중에서 공통적인 지리를 기반으로 하는 유형은?

① 가족 ② 집단 ③ 조직
④ 문화 ⑤ 지역사회

2. 워렌은 지역사회를 어떻게 설명하였는가?

① 사람들의 집합체
② 기능적 공동체
③ 지리적 영역 내에 사는 모든 사람들의 집합체
④ 지역적 적합성을 지니며 사회적 기능을 수행하는 사회단위의 집합체
⑤ 농업, 교육, 종교 등에 공동의 관심과 기능을 함께하는 집단

3. 지역공동체의 특성이 아닌 것은?

① 공통된 지역에 살거나 동일시된 사람들에게 초점을 둔다.
② 물리적 · 지리적 장소에 근거한 사회적 조직 형태이다.
③ 전체사회를 개인에게 연결하는 중간체계이다.
④ 상호의존은 공통된 욕구, 문제, 성장, 발전의 기회였다는 것을 전제한다.
⑤ 지역공동체는 전체사회의 상위체계이다.

4. 지역사회체계의 속성으로 알맞은 것은?

> ㉠ 지리적 공통성 ㉡ 문화적 이질성
> ㉢ 의식적 인구집단의 소속감
> ㉣ 두 사람 이상이 상호 협력하는 영속적인 사회의 단위

① ㉠, ㉢ ② ㉠, ㉡ ③ ㉠, ㉡, ㉢
④ ㉣ ⑤ ㉠, ㉡, ㉢, ㉣

정답

1. ⑤ 2. ④ 3. ⑤ 4. ①

제7장

문화

1. 문화의 정의
2. 주요개념
3. 문화의 특성

1. 문화의 정의

전경수는 문화란 "인간이 집단을 이루어서 살아가는 삶이며, 그 삶이 표현하고 있는 행위와 행위를 이루어 내는 전체 과정의 사고와 그에 관련된 삶의 현상이다"라고 하였다. 타일러(Tylor)는 "문화란 지식, 신앙, 예술, 도덕, 법률, 관습 그리고 사회 구성원으로서의 인간이 습득한 모든 능력과 습성의 복합적인 총체이다"라고 하였다.[1] 윌리엄스(Williams)는 문화를 땅을 가꾸고 식물을 경작하고 동물을 키우는 행위, 마음을 가꾸는 것, 사회의 발전과정, 특정집단에 의해서 공유되는 의미 가치와 삶의 방식, 의미를 만들어 내는 의미화의 실천으로 정의하고 있다.[2]

일반적으로 문화는 "공유하는 가치와 믿음, 생활의 일과로 조직된 활동, 감정적인 의미를 지니고 있는 상호작용 등의 혼합체"로 "사회의 구성원인 인간이 획득하는 능력과 습관을 포함하는 복잡한 총체로서, 지역적 · 사회적으로 구분되며, 집단과 개인들에게 정체성과 다른 사람에 대한 차이를 만드는 요소이며, 사회성원들이 서로에 대해, 그들의 환경과 관련하여 지니는 방향 지시의 요소"로 정의되고 있다.

폭넓은 문화의 개념은 사회복지실천 측면에서 인간의 적응체계와 관념체계로 볼 수 있는데, 적응체계로서 문화는 문화를 자연환경에 대한 적응체계로 간주함으로써 생태학적으로 유용하고 사회적으로 전달되는 행동양식으로 여긴다. 또한 문화의 변화를 적응의 과정으로 여김으로써 인간의 정신활동을 중시한다.[3]

인간은 문화적인 수단을 통하여 적응하면서 삶을 영위해 나가는데, 문화적 적응이란 인간이 삶을 영위하기 위하여 사고나 기술을 변화시켜 최선의 생활을 얻는 방법을 의미한다.[4]

---

1) B. Edward Tylor(1970), *The Origins of Culture*, Gloucester, Mass: Peter Smith.
2) 강정구, 「현대 한국사회의 이해와 전망」, 한울, 2000. p. 376에서 재인용.
3) 최옥채 외 공저, 앞의 책, pp. 338~339.
4) 권육상 · 이명재 공저, 앞의 책, p. 464.

2. 주요개념

1) 문명

문명(civilization)은 한 개인이 행동에서 보이는 일정한 품위를 함축하며, 도시화된 국가수준의 사회에 대한 약호처럼 쓰인다.[5] 이 정의는 미개 또는 야만이라는 용어와 반대되는 개념으로 사용되고 있다. 문명의 개념은 18C 프랑스 사상가들이 '야만'의 개념과 반대되는 뜻으로 발전시켰다. 또한 문명화되었다는 것은 좋은 것이고 문명화되지 않았다는 것은 나쁜 뜻으로 이해함으로써 문명이 사회를 평가하는 판단기준을 제공하였다. 따라서 문명은 물질적으로 생활이 편리해지고 정신적으로도 발달하여 세상이 진보한 상태로 한정한다.[6]

2) 문화변용

문화변용(acculturation)은 독립된 문화를 지닌 둘 이상의 사회가 장기간 직접적인 접촉에 의해 한쪽 또는 양쪽의 문화체계에 변화가 일어나는 현상이다.[7]

문화 변용은 상이한 문화를 지닌 개인 혹은 집단이 접촉했을 때 이들 당사자간 관계의 성격에 따라 달라진다.

3) 문화생태학

문화생태학(cultural ecology)은 인간 사회가 환경에 적응하고 환경을 변형시키는

---

5) B. M. Fagan(2000), 이준희 역, 「인류의 선사문화 : 선사시대 인류의 문화와 문명」, 사회평론, p. 227.
6) 최옥채 외 공저, 앞의 책, p. 340.
7) 파스칼 세계대백과사전, 1999. p. 5746.

방식들에 관한 연구를 의미한다. 문화생태학은 인간과 환경 간 관계를 중시한 생태학을 바탕으로 문화를 환경에 대한 적응 체계로 간주하고 문화의 특정 영역이 환경과 밀접한 관계를 맺는다는 점을 강조한다.[8] 여기서 환경은 자연적인 환경뿐 아니라 제도나 풍습과 같은 사회적 환경을 포함한다.

4) 문화층

문화층(layers of culture)은 개인이 접하는 문화의 여러 수준을 의미한다. 한 개인은 국가, 지역, 종교, 언어, 성별, 사회계층, 조직 등과 같은 다양한 수준에서 문화를 복합적으로 형성함과 동시에 각 수준의 문화로부터 영향을 받는다.[9] 이것은 인간이 여러 유형의 집단이나 조직과 같은 생활현장에서 층층이 각 수준의 문화를 갖고 있기 때문이다.

3. 문화의 특성

1) 보편성

문화의 보편성은 모든 사회에 공통적인 문화 형태가 있음을 말한다. 문화는 우리의 감정적 · 도덕적 가치와는 관계없이 생활의 주요부분을 이루고 있으며, 그것은 문화의 구성요소가 될 수 있는 것이다. 이러한 뜻에서 문화는 그것이 문화사회이건 미개사회이건 간에 모든 사회에 존재한다. 사람은 독특한 개인으로 존재하지만 그 개인은 국가, 조직, 가족 등의 성원들이 추구하는 문화를 수용함으로써 공통의 문화를 지닌다.[10]

8) 전경수, 앞의 책, p. 148.
9) G. Hofstede(1996), 차재호 · 나은영 역, 「세계의 문화와 조직」, 학지사, p. 33.
10) 최옥채 외 공저, 앞의 책, p. 344.

2) 상징성

문화의 상징성은 모든 문화가 외형으로 드러나는 것 외에 속으로 품고 있는 의미가 따로 있음을 말한다. 그래서 문화를 "사람들의 경험을 해석하고 행동을 유도, 규제하는 의미와 상징의 체계"로 정의하기도 한다.[11] 예를 들면 각 나라나 지방자치단체가 꽃이나 나무, 각 학교의 교기 등을 내세우는 것을 들 수 있다.

3) 학습성

문화의 특성은 인간이 태어날 때부터 가지고 나오는 것이 아니라 태어난 후에 후천적으로 학습되는 것이다. 문화의 학습성은 문화가 특정한 사회에서 살아온 자들의 삶의 직접적인 결과로서 개인에게 학습되는 것을 의미한다.[12] 이런 맥락에서 문화는 일시적으로만 나타나는 현상이 아니라 언제나 특정한 부류들에 의한 '사회적인 상속'으로 전승되어, 전통 혹은 유산이 되어 온 것으로 강조된다.[13]

4) 역동성

문화의 역동성은 문화가 고정되어 존재하는 것이 아니고, 특정 문화 내에서 뿐만 아니라 문화 간에도 움직임이 매우 강하게 이루어지고 있음을 의미한다. 문화의 역동성은 문화마찰(culture conflict), 문화변용(acculturation), 문화변화(culture change), 문화접촉(culture contack), 문화진화(culture evolution) 등과 같은 용어에서 볼 수 있다. 문화는 시간의 흐름에 영향을 받아 새로운 문제를 제기하며, 이 새로운 문제는 변화된 행동과 신념에 적응해야 하기 때문에 문화는 역동적일 수밖에 없다.[14]

---

11) 전경수, 앞의 책, pp. 127~128.
12) 유태용, 「문화란 무엇인가」, 학연문화사, 1999. p. 17.
13) 고병익, "한국 문화와 세계문화", 「한국사 시민강좌」 제4집, 일조각, 1989. p. 2.
14) 최옥채 외 공저, 앞의 책, p. 345.

5) 다양성

문화의 다양성은 인간사회의 문화 형태가 매우 상이함을 말한다. 예를 들면 인도에서는 소를 우상화하고, 한국이나 중국에서는 개고기를 먹으며, 이스라엘이나 이집트에서는 돼지고기를 먹지 않고, 티베트에서는 형제들이 한 부인을 공동소유하는 일처다부제의 결혼형태가 널리 행해지고 있고 어떤 가정에서는 한 여자가 일곱 남편을 거느리는 가정으로 구성된 것이라든지, 뉴기니아(New Guinea)섬의 바나르족의 경우에 첫 아이는 남편의 아이가 아니어야 하기 때문에 첫 아이의 아버지는 신부 아버지의 가까운 친구가 됨에도 불구하고 그 아이가 태어나면 남편의 성을 따르고 재산을 상속받고[15], 캄보디아에서는 뱀을 신성시하는 것을 들 수 있다.

15) 최순남, 앞의 책, p. 518.

예상문제

1. 문화에 의해 영향을 받지 않는 것은?

① 목표의 명확화　② 사회적 규범　③ 개인무의식
④ 행동의 지침　⑤ 생활양식

2. 다음 중 문화체계의 특징으로 맞는 것은?

① 미시체계에 영향을 끼치지 않는다.
② 과학적인 분석을 할 수 없다.
③ 생활 속에서 만들어지며 일상생활 행동의 지침이 된다.
④ 인간이 만드는 것이므로 적응할 필요가 없다.
⑤ 문화는 각 부분에서 독립적이다.

3. 다음 중 문화의 주요 특성에 대한 설명이 아닌 것은?

① 정체되어 있지 않고 항상 변화한다.
② 세대 간에 전승되며 축적되어 간다.
③ 다른 사회구성원들과 구별되는 어떤 공통적인 경향이다.
④ 인간은 특정한 문화를 가지고 태어난다.
⑤ 사회를 구성하는 다양한 부분들이 하나의 전체를 이룬 통합체이다.

4. 은현문화란 무엇인가?

① 사람의 머릿속에 있는 관념적 형태의 문화이다.
② 인간의 물질이용과 관련된 기술 및 능력이다.
③ 의사소통의 방식에 대한 지침을 제공하는 문화이다.
④ 관련문화 중 동질화되지 않은 요소로 문화권 사람들의 독특한 심리적 반응에 기인한다.
⑤ 문화 중 인간과 자연환경과의 관계에 대한 지침을 제공하는 문화이다.

5. 문화의 특성으로 맞는 것은?

㉠ 학습성	㉡ 주도성
㉢ 상징성	㉣ 근면성

① ㉠, ㉢　　② ㉠, ㉡　　③ ㉠, ㉡, ㉢
④ ㉣　　⑤ ㉠, ㉡, ㉢, ㉣

6. 문화를 인간집단 생활양식의 총체로 정의한 사람은?

① 로스　　② 화이트　　③ 타일러
④ 로렌츠　　⑤ 에드워드

정답

1. ③　2. ③　3. ④　4. ③　5. ①　6. ③

참고 문헌

1. 국내 문헌

강봉규, 「발달심리학」, 정훈출판사, 1994.
강정구, 「현대 한국사회의 이해와 전망」, 한울, 2000.
강준렬, 「지역사회복지와 사회복지관」, 동인출판사, 1997.
계영애 외 공저, 「유아교육개론」, 정민사, 2005.
고병익, "한국문화와 세계문화", 「한국사 시민강좌」, 제4집, 일조각, 1989.
곽형식 외 공저, 「인간행동과 사회환경」, 형설출판사, 2002.
권육상 · 이명재 공저, 「인간행동과 사회환경」, 대영문화사, 2004.
권중돈, 「한국치매가족연구」, 홍익재, 1997.
김경중 외 공저, 「아동발달심리」, 학지사, 1998.
김동배 · 권중돈 공저, 「인간행동과 사회환경」, 학지사, 1998.
김정자, "편부모 가족의 지원방안에 관한 연구," 「여성연구」, 3 : 1, 1985.
김종옥 · 권중돈 편, 「집단사회방법론」, 홍익재, 1993.
김종재, 「조직행위론」, 박영사, 1985.
김태련 · 장휘숙, 「발달심리학」, 박영사, 1994.
김혜란 외 공저, 「사회복지실천기술론」, 나남출판사.
대한신경정신의학회 편, 「신경정신과학」, 하나의학사, 1998.
류동훈, 「신교육학탐구」, 창지사, 2003.
서영숙 · 김경혜, 「영유아 보육론」, 양서원, 2003.
서영숙 · 이경우 역, 「유아를 위한 사회교육」, 교문사, 1991.

양옥승 외 공저, 「영유아보육개론」, 학지사, 1999.
유태용, 「문화란 무엇인가」, 학연문화사, 1999.
유효순, 「아동발달」, 창지사, 2000.
유효순 · 홍순정 공저, 「유아사회지도」, 한국방송통신대학 출판부, 1992.
윤영효, "이혼, 그 이후." 사잇소리(편), 「이혼 또 하나의 선택」, 여성사, 1993.
이성진, 「교육과 심리」, 한국방송통신대학 출판부, 1990.
이성진 · 이찬교 · 정원식 공저, 「교육과 심리」, 한국통신대학출판부, 1990.
이소희 외 공저, 「인간행동과 사회환경」, 학현사, 2005.
이인정 · 최해정 공저, 「인간행동과 사회환경」, 나남출판사, 2000.
이장호, 「심리학개론」, 박영사, 1996.
이하숙 · 노명완, 「유아언어교육」, (서울 : 동문사), 1995.
이혜성 역, 「성장심리학」, 이화여자대학교 출판부.
임상사회사업연구회 역, 「임상사회사업기술론」, 홍익재, 1991.
장인협 외 공저, 「인간행동과 사회환경」, 집문당, 1990.
전남련, 「영유아보육개론」, 형설출판사, 2004.
전남련, 「아동복지」, 형설출판사, 2002.
전병재, 「사회심리학」, 경문사, 1993.
정옥분 역, 「인간발달의 이론」, 교육과학사, 1991.
조복희 · 정옥분 · 유가효 공저, 「인간발달 : 발달심리적 접근」, 교문사, 1988.
조정숙 · 김은심 공저, 「유아언어교육」, (서울 : 정민사), 1998.
최미현 외 공저, 「영유아보육의 이해」, 창지사, 2000.
최순남, 「인간행동과 사회환경」, 한신대학교 출판부, 1997.
최옥재 외 공저, 「인간행동과 사회환경」, 양서원, 2005.
최재율, "현대가족의 가족문제와 가족윤리에 관한 연구." 전남대논문집, 28. 1983.
최정훈, 「지각심리학」, 을유문화사.
한국유아교육학회 편, 「유아교육사전」, 한국사전연구사, 1996.

2. 국외 문헌

Adler, A.(1907), *A Study of Organ Inferiority and Its Psychical Compensation : A Contribution to Clinical Medicine*, New York : Nervous and Mental Disease Publishing Co.
Adler, A.(1930), *The Pattern of Life*, New York : Holt, Rinehart. & Winston.
Adler, A.(1931), *What Life Should Mean to You*, Boston : Little, Brown, & Co.
Adler, A. & Orgler, H. 지음(1992), 설영환 옮김, 「아들러심리학해설」, 선영사.
Alder, A.(1927), *The Practice and Theory of Individual Psychology*, New York : Harcourt, Brace & World.
Alder, A.(1956), *The Individual Psychology of Alfred Adler : A systematic Presentation in*

Selection from His Writings, Ansvacher, H. L. & Ansvacher, R. R.(Eds.), New York : Basic Books.

Alder, A.(1964), *Superioirity and Socia Interest : A Collection of Later Writigs, Ansbacher, H. L. & Ansvacher, R. R.*(Eds.), Evaston, I ll : Northwestern University Press.

Anderson, R. E. & Carter, I. E.(1990), *Human Behavior in the Social Environment : A Social Systems Approach*, 4th ed, Chicago : Aldine.

Ansbacher, H. L. & Ansbacher R. R.(Eds.)(1956), *The Individual Psychology of Alfred Adler*, New York : Basic Books.

Ansbacher, H. L.(1971), "Alfred adler and Humanistic Psychology", *Journal of Humanistic Psychology.*

Atchley, R. C.(1988), *Social Forces and Aging : An Introduction to Social Gerontology*, 5th ed, Belmont, C.A. : Wadsworth Publishing Co.

Ault, R. L.(1982), 「아동의 인지발달」, 곽금주 역, 서울 : 중앙적성출판사, 1989.

Bales, R. F.(1970), *Personality and Interpersonal Behavior*, New York : Holt, Rine hart, & Winston.

Baltes, P. B. & Schaie, K. W.(1974), "Aging and the IQ : The Myth of the Twilight Years", *psychology Today*, 7.

Bem, S. L.(1975), Sex-role adaptability : One consequence of psychological and rogyny, *Journal of personality and Social Psychology*, 31.

Birren, J. E.(1974), "Translation in Gerontology-from Lab to Life : Psycho Physiology and Speed of Response", *American Psychologist*, 29.

Bischof, L. J.(1976), *Adult psychology*(2nd ed.), N.Y. : Harper and Row.

Blau, P. M. & Scott, W. R.(1962), *Formal Organization*, San Franisco : Handler.

Bloom, B. S.(1964), *Stability and change in human characeristics*, N.Y. : John Willey & Sons.

Brehm, S. S. & Brehm, J. W.(1981), *Psychology Reactance : A Theory of Freedom and Control*, New York : Academic press.

Bronfenbrenner, U.(1979), *The Ecology of Human Development,* M.A. : Harvard University Press.

Buckley, W.(1967), *Sociology and Morden System Theory*, Englewood Cliffs, N.J. : Prentice-Hall.

Bukatko, D. & Daehler, M. W.(1992), *Child development : A topical approach*, Boston : Houghton Mifflin Company.

Chess, W. A. & Norlin, J. M.(1988), Human Behavior and the Social Environment, *A Social Systems Model*, Boston, Ma. : Allyn and Bacon.

Chetkow-Yanoov, B.(1992), *Social Work Practice : A Systems Approach,* Binghamton, N.Y. : Howorth Press.

Chomsky, N.(1972), *Language and Mind*(2nd ed.), New York : HarCourt Brace Jovanovich.

Clark-Stewart, A., Friedman, S. & Koch, J.(1985), *Child Development : A Yopical approach*, N.Y. : John Wiley & Sons, Inc.

Cole, C. & Cole, A. L.(1985), "Husband and Wives Should Have an Equal share in Making the Marriage Work", in Feldman, H. & Feldman, M. (Eds), *Current Controversies in Marriage and Family*, California : sage.

Cooley, C.(1909), *Social Organization*, New York : Charles Scribner's Sons.

Coopersmith, S.(1967), *The antecedents of self-esteem*, Princeton, N.J. : Princeton University Press.

Craig, J. C.(1996), *Human Development,* Engewood Cliffs, N.J. : prentice- Hall.

Curtis, S. R.(1982), *The joy of movement in early childhood,* N.Y. : Teachers college press.

Damon, W.(1983), *Social and Personality development*, N.Y. : W. W. Norton & Company.

Dorfman, R. A.(Ed.)(1991), 임상사회사업연구회 역, 「임상사회사업기술론」, 홍익재.

Dreikurs, R.(1950), *Fundamentals of Adlerian Psychology,* New York : Greenberg.

Dunphy, D. C.(1963). *The social Structure of urban adolescent peer groups*, Sociometry, 14.

D'Alton, M. E. & Decherney, A. H.(1993), Prenatal diagnosis, *New England Journal of Medicine*, 328.

Eckerman, C. O., Whatly, J. L. & Katz, S. L.(1975), Growth of Social Play with Peer during the Second Year of Life, *Developmental Psychology*, 11.

Edward, Tylor B.(1970), *The Origins of Culture*, Gloucester, Mass : Peter Smith.

Ellis, A.(1962), *Reason and Emotion in Psychotherapy*, Secaucus, N.J. : Citadel.

Erikson, E. H.(1963), *Childhood and Society*, 1st ed., New York : W. W. Norton.

Erikson, E. H.(1975), *Life History and the Historical Moment*, N.Y. : Norton.

Etzioni, A.(1961), *A comparative analysis of complex organizations*, New York : Free Press.

Etzioni, A.(1964), *Modern Organizatios,* Englewood Cliffs, N.J. : Prentice- Hall.

Fagan, B. M.(2000), 이준희 역, 「인류의 선사문화 : 선사시대 인류의 문화와 문명」, 사회평론.

Fergusson, D. M., Horwood, L. J. & Lenskey, M. T.(1993), *Mental smoking before and after pregnancy : Effects on behavior outcomes in middle childhood.* Pediatrics, 92.

Flavell, J. H.(1985), 서봉연 · 송명자 공역, 「인지발달론」, 서울 : 중앙적성출판사, 1990.

Flavell, J. H., Miller, P. H. & Miller, S. A.(1993), *Cognitive development*(3rd ed.), New Jersey : Prentice Hall.

Florian, V. & Kravetz, S.(1983), "Fear of personal Death : Attribution Structure, and Relation to Religeous Belief," *Journal of personality and Social Psychology*, 44.

Freud, A.(1923), *The Ego and the Id,* London : Hogarth press.

Freud, A.(1960), *The Ego and the Id*, N.Y. : Norton.

Freud, A.(1996), *Introductory Lecture on Psychoanalysis*, N.Y. : Norton.

Frick, W.(1971), *Humanistic Psychology : Intervieus with Maslow,* Murphy. and Rogers, Ohio : Merrill.

Gerald Corey 저(2003), 조현춘 · 조현재 공역, 「심리상담과 치료의 이론과 실제」, 시그마프레스.

Germain, C. B. & Gitterman, A.(1986), "The Life Model Approach to Social Work practive," in F. J. Turner, *Social Work Treatment,* New York : Free press.

Germain, C. B. & Gitterman, A.(1987), "Ecological Perspactives", in Minanhan et al. (Eds),

Encyclopedia of Social Work, M.D. : National Association of Social Workers.

Germain, C. B.(1973), An ecological perspective in casework practice, *Social Casework*, 54(6).

Golombock, S. & Fivush, R.(1994), *Gender development*, Cambridge, England : Cambridge University press.

Gould, S. J.(1978), *Transformation, Growth and Change in Adult Life*, New York : Simon and Schuster.

Gouldner, A. W.(1959), "Organizational Analysis," in Merton, R. K. etal. (Eds.), *Sociology Today,* New York : Harper & Row.

Gouldner, A. W.(1961), "Metaphysical Pathos and the Theory of Bureaucracy," in Etzioni, A.(Ed.), *A Sociological Reader on Complex Organizations,* New York : Holt, Rinehart & Winston.

Green, R. R., Ephross P. H.(1991), *Human Behavior Theory and Social Work Practice*, N.Y. : Aldine de Gruyter.

Greene, R. R.(1986), *Social Work with the Aged and Their Families,* N.Y. : Aldine De Gruyter.

Greene, R. R.(1991), "The Ecological perspective." in Greene, R. R. & Ephross, P. H. *Human Behavior Theory and Social Work practice,* New York : Aldine De Gruyter.

Hall, C. S. & Lindzey, G.(1978), *Personality theory*, New York : John Wiley & Sons.

Havighust, R. J.(1972), *Developmental Tasks and Exucation*(3rd ed.), New York : David Mckay.

Heider, F.(1959), *The Psychology of Interpersonal Relationship,* New York : Wiley.

Hjelle, L. A. & Ziegler, D. J.(1976), *Personality Theories*, London : Mcgraw- Hill, Inc.

Hofstede, G.(1996), 차재호 · 나은영 역, 「세계의 문화와 조직」, 학지사.

Jung, C. G. 지음(1995), A. 야페 엮음, 이기춘 · 김성민 옮김, 「융의 생애와 사상」, 현대사상사.

Jung, C. G.(1933), *Modern man in Search of a Soul* (Dell, W. S. & Banes, C. F. trans.), New York : Harvest Book.

Jung C. G.(1961), *Memories, dreams, reflections* (A. Jaffe, E. R. & C. Winston, trans.).

Jung, C. G. *Civilizatioin in Transition*, C. W. 10.

Jung, C. G. *The Archetypes and The Collective Unconsciousness*, C. W. 9.

Karmer, J. A., Hill, K. T. & Cohen, L. B.(1975), Infant's development of object permanence : A refined methodology and new evidence for piaget's hypothesized ordinality, *Child Development*, 46.

Kostelnik, M. J., Stain, L. C., Whiren, A. P. & Soderman, A. K.(1993), *Guiding children's Social development*, South-Western Publishing Co.

Laszlo, E.(1972), *The Systems View of the World,* New York : Braziller.

Lazarus, R. S.(1980), "The Stress and Coping Paradigm", Bond, L. A. & Rosen, J. C.(Eds.), *Competence and Coping during Adulthood,* N.H. : University Press of New England.

Lecompte, G. K. & Gratch, G.(1972), Violation of a rule as a method of diagnosing Infant's level of object concept, *Child Development*, 43.

Levinson, D.(1978), *The seasons of a man's Life,* New York : Ballantine Books.

Maier, H.(1969), *Three Theories of Child Development : The Contributions of Erik H. Erikson,*

Jean Piaget Robert R. Sears and Their Applications, New York : Harper & Row.

Marcia, J.(1980), Identity in adolescence, in Adelson J.(ed). *Handbook of Adolescent Psychology,* N.Y. : John Wiley.

Martin, P. Y. & O'connor, G. G.(1989), *The Social Environment : Open Systems Applications,* White Plains, NY : Longman.

Maslow, A.(1970), *Motivation and personality,* New York : Harper & Row.

Messinger, L.(1984), *Remarriage : A Family Affair,* New York : Plenum Press.

Meyer, C. H.(Ed)(1983), *Clinical Social Work in the Ecosystem Perspective,* New York : Columbia University Press.

Minuchin, S.(1974), *Families and Family Therapy,* Cambridge, M.A. : Harvard University press.

Morrison, G. S.(1988), *Education and development of infants toddlers, and preschoolers,* Boston : Scott. Foresman and Company.

Neimark, E. D.(1982), "Adolescent Thought : Transition to Formal Operation", in Wolman, B. B.(Ed.), *Handbook of Developmental Psychology,* Englewood cliffs, NJ : Prentice-Hall.

Neugarten, B. & Weinstein(1964), "The Change American Grand Parent", *Journal of Merriage and the Family,* 26.

Neugarten, B. L. & Kraines, R. J.(1965), *Menopausal Symptoms in women of various ages,* Psychosomatic Medicine, 27.

Newman, B. M. & Newman, P. R.(1987), *Development through Life : A Psychosocial Approach,* 4th ed., Chicago : Dorsey Press.

Newman, B. M. & Newman, P. R.(1991), *Development through Life : A Psychosocial Approach,* 5th ed., Califonia : Books / Cole Publishing co.

Nightingale, E. O. & Goodman, M.(1990), *Before birth : prenatal testing for genetic disease,* cambridge, MA : Harvard University press.

Northen, H.(1988), *Social Work with Group,* New York : Columbia University Press.

Nothman, M. T. et al.(1991), "Woman's Unique Developmental Issues Across the Life Cycle.", *Review of Psychiatry.*

Nye, Robert D. 지음 (1999), 이영만 · 유병관 옮김, 「프로이드 · 스키너 · 로져스」, 중앙적성출판사.

Olshan, A. F., Baird, P. A. & Teschke, K.(1989), Paternal occupational exposures and the risk of Down Syndrome, *American Journal of Human Genetics,* 44.

Ostfeld, B. M.(1971), *Children's fears : What They are and what causes them Daycare / Staff Development Program,* N.Y. : Curriculum Development, Inc.

O'neil, J. M., Tollefson, C., Barke, N., Pigott, C., Watts, T. & D.(1980), Factors, Correlates, and problem areas affecting career decision marking of a cross-sectional sample of students, *Journal of Counseling Psychology,* 27.

Papalia, D. E., Olds, S. W. & Feldman, R. D.(1998), *Human Development* (7th ed.), New York : McGraw-Hill.

Parsons, T.(1960), *Structure and Process in Modern Societies,* Glencoe, I 11 Free Press.

Parsons, T.(1961), "An Outline of a Social System", in T. Parsons etal, (Eds.), *Theories of Society,*

New York : Free Press, 1961.
Presthus, R.(1978), *The Organizational Society,* New York : St. Martin's Press.
Rogers, C. R.(1951), *Client-Centered Therapy*, Boston : Houghton Mufflin.
Rogers, C. R.(1980), *A Way of Bein,* Boston : Houghton Mifflin co.
Rosenhan, D. L. & Seligman, M. E. P.(1989), *Abnormal Psychology*, 2nd ed, New York : W. W. Norton.
Ross, M. G.(1967), *Community Organization : Theory, Principle, and Practice,* New York : Harper & Row.
Rovet, J. & Netley, C.(1983), The triple X chromosome syndrome in childhood : Recent empirical findings, *Child Development*, 54.
Sarbin, C. R. A.(1959), "Perface to a psychological analysis of the self", *Psychology Review*, 52.
Schaie, K. W. & Herzog, C.(1983), "Fourteen-Year Cohort-Sequential Analyses of Adult Intellectual Development", *Development Psychology*, 19.
Senberg, M. R.(1979), *Conceiving the Self*, N.Y. : Basic Books.
Shlien, J.(1963), Phenomenology and Personality, in Wepman J. & Heine R.(Eds.), *Concepts of personality*, Chicago, IL : Aldin.
Snders, I. T.(1958), *The Community : An Introduction to a Social System,* New York : Ronald press.
Specht, R. & Craig G. J.(1987), *Human Development : A social work perspective*, 2nd ed., Englewood cliffs, N.J. : Prentice-Hall.
Super, D. E.(1957), *The Psychology of Careers*, N.Y. : Haper and Row.
Thompson, V. A.(1961), *Modern Organizations,* New York : Knopf.
Troll, L. E.(1985), *Early and Middle Adulthood*(2nd ed.), pacific Grove, CA : Brooks & Cole.
Veninga, R. L. & Spradley, J. P.(1981), *The Work-Stress Connection,* Boston : Little Broun, & co.
Veroff, J., Douvan E. & Kulka R. A.(1981), *The Inner American,* New York : Basic Books.
Wadsworth, B. J.(1972), *Piaget's theory of cognitive development. An intraduction for Student of Psychology and education*, New York : David Mckay Company, Inc.
Warren, R. L.(1978), *The Community in America,* Chicago, I 11 : Rand McNally & Co.
White, R. W.(1959), "Motivation Reconsidered : The Concept of Competence", *Psychological Review*, 66.
Zastrow, C. & Kirst-Ashman, K. K.(2001), *Understanding Human Behavior and the Social Environment*, Belmont : Wadsworth / Thomson Learning.
Zastrow Charles and Kirst-Ashman K. Karen, 김규수 외 공역, *Understanding Human Behavior and the Social Environment*, 5th ed. 나눔의 집

저자 소개

✍ 전남련

중앙대학교 대학원 유아교육학과 졸업(문학석사)
평택대학교 대학원 사회복지학과 졸업(사회복지학 박사)
전) 동남보건대학, 서라벌대학, 삼육간호대학, 고려대학교 사회교육원, 평택대학교 사회복지대학원, 평택대학교 평생교육원, 제주관광대학, 제주한라대학, 덕성여대 평생교육원, 한국방송통신대학교, 수원여자대학 평생교육원, 수원여자대학 외래교수
현) 평택대학교 외래교수
글로벌멘토링연구소 소장
7감각글로벌영유아학교 창시자
저서) 아동복지(2004), 영유아보육개론(공저, 2005), 보육실습의 실제(2003), 보육학개론(공저, 2006), 인간행동과 사회환경(공저, 2006), 보육실습일지(2003), 사회복지실천론(공저, 2006), 아동복지론(공저, 2008), 지역사회복지론(공저, 2009), 사회복지개론(공저, 2009), 사회복지 프로그램 개발과 평가(공저, 2009), 사회복지 행정론(공저, 2009) 사회복지 조사론(공저, 2009), 사회복지실천기술론(공저, 2011) 외 다수

✍ 김치건

숭실대 대학원 사회복지학과 졸업(석사)
성균관대 대학원 사회복지학 박사과정 중
현) 한국심리검사연구소 선임 연구원
한국직업능력개발원 연구원
부천아동발달센터 책임 연구원
글로벌멘토링연구회 연구원
한국사이버대 사회복지학과 외래교수
cybermba 평생교육원 강사
저서) 사회복지실천론(공저, 2011), 사회복지실천기술론(공저, 2011)

✍ 김선미

계명대학교 여성학대학원 사회복지학과 졸업(석사)
계명대학교 대학원 사회복지학과 박사과정 중
현) 대구과학대학교 강사
영진전문대학 강사
계명문화대학 평생교육원 강사
북구자활기관 1급장애교육 강사
대한적십자사 보건강사
대한응급구조사협회 전문강사
글로벌멘토링연구회 연구원

✍ 정명희

중앙대학교 영어교육대학원
호서대학교 사회복지대학원 사회복지학과(석사)
평택대학교 대학원 사회복지학과 졸업(박사)
전) 한세대학교 사회복지대학원, 한세대학교 사회복지학부 외래교수
평택대학교 사회복지대학원, 성결대학교 사회복지대학원 겸임교수
성결대 사회복지학부 겸임교수, 수원여자대학, 동원대학교, 호서대학교 평생교육원,
성결대학교 평생교육원 외래교수, 한국다문화총연합회(KMC)사무총장
현) 성결대학교 사회복지학과 객원교수
안양시 비산사회복지관 관장
(사)한국다문화사회연구소 대표이사
한국다문화가족학회 이사
국제지역학회 이사
글로벌멘토링연구회 연구원
저서) 초중고생을 위한 알기쉬운 다문화 교과서(경기북부 다문화교육센터, 2009)
알기쉬운 다문화교육 - 일반인편(2010, 공저, 양서원),
사회복지실천론(2011, 공저, 양서원), 사회복지실천기술론(공저, 2011)

✍ 정채기

건국대학교 대학원 교육학과 졸업(교육학박사)
경안신학대학원대학교 사회복지과 석사과정 재학 중
평택대학교 대학원 사회복지학과 졸업(박사)
전) 법무부 연수원, 고려대, 숙명여대, 명지대, 강원대, 건국대, 국가전문행정연수원,
중앙 및 지방 공공기관의 양성평등교육 강사
법무부 공무원 승진(교육학) 시험출제 및 문제선정 위원
현) 강원관광대학 사회복지과 교수
글로벌멘토링연구회 연구원
저서) 교육심리, 교육심리학의 응용, 성격심리학, 이상심리학, 특수아상담론,
아버지가 나서면 딸의 인생이 바뀐다, 아버지학교, 아버지 리더십-아버지의
'거울 교육'이 자녀의 인생을 바꾼다.

✍ 엄영숙

청주대학교 대학원 사회복지학과 졸업(석사)
청주대학교 대학원 사회복지학과 박사과정 중
현) 충청대학아동복지학과 외래교수
아동코칭연구소 소장
영유아지원센터 부모교육 강사

아동보호전문기관 유아위원
영유아 발달진단평가 전문가
글로벌멘토링연구회 연구원

논문) 평가인증제에 대한 보육시설장 인식연구 - 충북지역중심으로

저서) 영아발달(공저, 2012), 보육학개론(공저, 2012), 보육과정(공저, 2012)

✍ 김철벽

백석대학교 사회복지대학원(석사)

서울벤처 정보대학원대학교 사회복지상담학과 박사과정 중

전) 호원대학교 겸임교수

현) 오금어린이집 원장
한솔에듀평생교육원 관리교수
글로벌멘토링연구회 연구원

저서) 보육학개론(공저, 2012), 사회복지실천기술론(공저, 2011)

✍ 김연옥

숭실대학교 교육대학원 유아교육과졸업(석사)

상명대학교 정치경영대학원 사회복지과 졸업(석사)

백석대학교 기독교전문대학원 사회복지과 졸업(박사)

전) 예영어린이집 원장
예지유치원 원장

현) 예영어린이집 원장
고구려대학교 보건복지과 겸임교수
글로벌멘토링연구회 연구원

저서) 보육학개론(공저, 2011), 사회복지실천론(공저, 2011), 보육과정(공저, 2012), 영아발달(공저, 2012)

인간행동과 사회환경

전남련
2012. 3

초판인쇄 2012년 3월 25일
초판발행 2012년 3월 30일

저 자 전남련 · 김치건 · 김선미 · 정명희
정채기 · 엄영숙 · 김철벽 · 김연옥

발행인 김현태
발행처 태영출판사

주 소 (152-705) 서울 구로구 구로동 104-10 동남오피스텔 201호
전 화 02 · 839-3757, 839-3752
팩 스 02 · 837-3754
등 록 2005년 5월 30일 제12-421호
http://www.taeyeongbook.co.kr
E-mail tys2005@paran.com
ISBN 978-89-6302-090-7 93370
정 가 19,000원

NAVER
태영출판사

* 잘못 만들어진 책은 교환해 드립니다.